国家社科基金一般项目"聚合效应"视域下高校学生思想政治教育微载体建设研究结项成果（项目编号:16BKS129）

吉林师范大学学术著作出版基金资助

"聚合效应"视域下高校学生思想政治教育微载体建设研究

张宝君 著

人民出版社

目　　录

前　言 ·· 1

第一章　聚合效应和高校学生思想政治教育微载体概述 ········· 1

　　第一节　聚合效应及其本质 ·························· 1

　　　　一、聚合效应相关概念 ························ 1

　　　　二、聚合效应本质内涵 ························ 3

　　第二节　高校学生思想政治教育载体概述 ············· 6

　　　　一、载体内涵 ······························ 6

　　　　二、高校学生思想政治教育 ··················· 7

　　　　三、高校学生思想政治教育载体 ··············· 14

　　第三节　微媒体载体本质、特征和功能概述 ··········· 21

　　　　一、微媒体载体概念与本质内涵 ··············· 22

　　　　二、微媒体载体的基本特征 ··················· 24

　　　　三、微媒体载体功能 ························ 28

　　第四节　高校学生思想政治教育微载体的内涵与特点 ···· 31

　　　　一、高校学生思想政治教育微载体的内涵与种类 ··· 31

　　　　二、高校学生思想政治教育微载体的主要特点 ····· 35

　　第五节　研究现状、内容框架与研究价值 ············· 38

　　　　一、研究缘起与现状 ························ 38

　　　　二、研究内容与方法 ························ 46

　　　　三、研究价值 ······························ 47

第二章　"聚合效应"视阈下高校学生思想政治教育微载体

　　　　模式建构 ·································· 49

　　第一节　高校学生思想政治教育与微媒体聚合的现实依据 ·· 49

　　　　一、微传播生态引发高校学生思想政治教育样态变革 ·· 49

　　　　二、"聚合"是高校学生思想政治教育创新发展要求 ··· 53

第二节　高校学生思想政治教育与微媒体聚合的生成逻辑 …………… 55

一、微媒体多主体契合思想政治教育全员化要求 ……………… 55

二、微媒体"全程""全息"契合思想政治教育全程化要求 ……… 58

三、微媒体扩布性契合思想政治教育全方位要求 ……………… 59

四、微媒体即时性契合思想政治教育时效性要求 ……………… 60

五、微媒体精准性契合思想政治教育差异化要求 ……………… 62

第三节　"聚合效应"视阈下高校学生思想政治教育微载体
　　　　模式架构 ………………………………………………… 63

一、确立"三聚合"微载体建设思维 ……………………………… 63

二、遵循"四维"联动微载体建设行动导向 ……………………… 71

三、落实"三·六协同"微载体建设实践进路 ………………… 83

第三章　"聚合效应"视阈下高校学生思想政治教育微载体
　　　　样态分析 ……………………………………………… 95

第一节　"聚合效应"视阈下高校学生思想政治教育微载体
　　　　应然样态 ……………………………………………… 95

一、教育载体混合化态势明显 …………………………………… 95

二、教育资源共享化症候显著 …………………………………… 97

三、教育主体专业化需求迫切 …………………………………… 99

四、内容品质化体现载体活力 ………………………………… 100

五、服务精智化彰显时代标志 ………………………………… 101

六、平台智慧化凸显未来发展 ………………………………… 104

第二节　"聚合效应"视阈下高校学生思想政治教育微载体
　　　　实然状态 ……………………………………………… 105

一、营建和合共生的"微"生态环境 ………………………… 106

二、打造协同共促"微"教育矩阵 …………………………… 109

三、确立聚合共进"微"意识取向 …………………………… 118

四、构建精准共融"微"供给体系 …………………………… 121

第三节　"聚合效应"视阈下高校学生思想政治教育微载体
　　　　实然状态成因解析 …………………………………… 124

一、需要理念更新,实现深度发展 …………………………… 125

二、促进载体发展平衡,推动平台协同发力 ……………… 127

　　三、加强组织协作，强化支撑保障 …………………………… 128

　　四、健全配套体制，增强建设合力 …………………………… 132

第四章　"聚合效应"视阈下高校学生思想政治教育微载体
　　　　建设行动导向 …………………………………………… 135

　第一节　以先进理论为微载体建设"夯实基础" ………………… 135

　　一、马克思关于人的自由全面发展观是微载体建设的理论
　　　　基础 …………………………………………………… 135

　　二、习近平总书记相关重要论述是微载体建设的行动导向 …… 138

　　三、网络媒介传播理论是微载体建构的实践依据 …………… 148

　第二节　以"四因"理念促进微载体"常建常新" ……………… 154

　　一、找准问题，把握症结，促进微载体建设"因事而化" …… 154

　　二、紧扣主题，提质增效，促进微载体建设"因时而进" …… 160

　　三、把握优势，瞄准需求，促进微载体建设"因势而新" …… 165

　　四、以人为本，彰显个性，促进微载体建设"因人而异" …… 169

　第三节　以"四化"为目标助力微载体"精准智慧" …………… 175

　　一、供给资源融合化是微载体"精准智慧"之要 …………… 175

　　二、供给内容品质化是微媒体"精准智慧"之根 …………… 177

　　三、供给匹配精智化是微载体"精准智慧"之势 …………… 181

　　四、供给效能最优化是微载体"精准智慧"之能 …………… 182

　第四节　以"四个统一"为原则确保微载体建设有据可依 …… 184

　　一、建设性与批判性相统一是微载体建设的基本遵循 ……… 184

　　二、政治性与学理性相统一是微载体建设的价值依归 ……… 187

　　三、统一性与多样性相统一是微载体建设的实践导向 ……… 189

　　四、主导性与主体性相统一是微载体建设的效能保障 ……… 192

第五章　"聚合效应"视阈下高校学生思想政治教育微载体
　　　　建设实践进路 …………………………………………… 195

　第一节　营造"四全"生态格局，夯实微载体建设环境基础 …… 195

　　一、破除传统时空壁垒，构建"全程"共在生态格局 ……… 196

　　二、强化优势要素聚合，构建"全息"传播生态格局 ……… 197

　　三、促进多元主体协同，构建"全员"共促生态格局 ……… 200

　　四、强化功能资源聚合，营造"全效"供给生态格局 ……… 204

第二节　坚持"六微"协同,构建微载体建设实践体系 ················ 205

　　一、增强"微意识",为微载体创新发展筑基 ················ 205

　　二、精研"微模式",为微载体创新发展建模 ················ 208

　　三、创优"微内容",为微载体创新发展铸魂 ················ 215

　　四、锤炼"微"话语,为微载体创新发展搭桥 ················ 222

　　五、提升"微能力",为微载体创新发展夯基 ················ 230

　　六、净化"微环境",为微载体创新发展护航 ················ 240

第三节　推进"六微"载体建设,搭建思想政治教育立体矩阵 ········ 242

　　一、建好宣教微载体矩阵 ································ 242

　　二、健全教学微载体矩阵 ································ 247

　　三、建细管理微载体矩阵 ································ 251

　　四、建强活动微载体矩阵 ································ 256

　　五、建优文化微载体矩阵 ································ 261

　　六、建精服务微载体矩阵 ································ 264

第六章　"聚合效应"视阈下高校学生思想政治教育微载体
　　　　支撑机制体系建设 ································ 269

第一节　建立健全组织领导和督导体制机制 ···················· 269

　　一、健全领导主体责任落实机制 ···················· 269

　　二、建立组织创新发展机制 ························ 273

　　三、完善督导问责机制 ···························· 275

第二节　建立健全资源协同共享体制机制 ···················· 277

　　一、健全"微"数据资源协同共享机制 ················ 278

　　二、健全微载体建设共建共享机制 ·················· 281

第三节　建立健全舆论引导与舆情监管体制机制 ················ 286

　　一、建立完备舆论"管理"机制 ···················· 286

　　二、建立规范舆论"引领"机制 ···················· 288

　　三、建立舆论"协同治理"机制 ···················· 291

第四节　建立健全"微"队伍发展体制机制 ···················· 294

　　一、完善"微"队伍遴选配备机制 ·················· 294

　　二、健全"微"队伍层级培育机制 ·················· 297

　　三、完善"微"队伍职业发展机制 ·················· 302

第五节　建立健全微载体运行体制机制 …………………………… 307

　　一、构建多主体全员参与育人机制 ………………………… 308

　　二、建立传播"节点"衔接联动机制 ……………………… 313

第六节　建立健全质量评价体制机制 ……………………………… 318

　　一、建立评价目标导向和体系架构厘定机制 ……………… 318

　　二、健全评价指标内容动态调整机制 ……………………… 324

　　三、落实评价关键技术创新机制 …………………………… 326

参考文献 ……………………………………………………………… 332

后　记 ………………………………………………………………… 341

前　言

　　思想政治工作是党的优良传统、鲜明特色和突出政治优势,是一切工作的生命线。高校学生思想政治教育担负着为党育人、为国育才的时代重任,是高校培根铸魂、启智润心的核心工程。加强和改进高校学生思想政治工作,事关党的前途命运,事关国家长治久安,事关民族凝聚力和向心力。教育是培养人的活动,教与学是学校永恒的主题,从"教"走向"育",必须从"人"开始归于"人"。着力于人灵魂的塑造,是思想政治教育的核心。党的十八大以来,党和国家高度重视立德树人,坚持把立德树人,促进学生身心健康、全面发展作为检验学校一切工作的根本标准。这既决定高校办学的价值取向和办学行为,也给高校思想政治教育改革与发展带来新契机。高校学生思想政治教育担负着为党育人、为国育才的时代重任,关系到国家和民族的未来,是新时代高校培根铸魂、启智润心的重要抓手。

　　移动通信、数字技术、智能设备极速发展,将人类带入移动化、视频化"实时互动、自由言说"的微传播时代,也将思维活跃、善于接纳新事物的青年学生带入多元微媒体融合的微传播场域。微博、微信、微视频、易班社区、一站式社区以及各类应用软件,具有"便捷化、个性化、体验化、智慧化"的传播特点,充分满足青年学生思想、心理和行为需求,一经出现就"赢得"高校学生"芳心",成为他们学习、交往、娱乐"新伴侣"。"一机走天下""五指定乾坤"成为青年学生的时代标志和生活常态。多元媒体、平台的"管涌式"创生和普及,移动智能终端设备和传播技术迭代更新,推动媒体全程、全息、全员、全效发展,重塑媒介信息和舆论传播格局和生态,场景沉浸体验的"虚实共在"传播图景已悄然融入大众生活。媒介信息和舆论传播格局与生态重塑场景沉浸体验虚实共在传播样貌的现实存在,为高校学生思想政治教育守正创新、提质增效提供新契机。面对高校思想政治教育对象、实践模式和空间场域的深刻变化,高校要紧扣国家、社会人才战略需求,因应时代科技大势,遵循教育规律,不断提升教育供给精准度。要抓好顶层设计,善用新技术、新机制、新模式,以理念、目标、行动聚合推进"思想政治教育+微媒体"进程,创新传播载体范式,打造微传播载体矩阵,实现覆盖全方位、延伸全天候、渗透全过程的教育目标,使思想政治教育实现受众更广、实效更强、沉浸更深,全场域提升高校学生思想政治教育时度效。

课题因应环境新变化、学生样貌和媒体演进新图景,按照"互联网+"思维,以"思想政治教育+微媒体"为落脚点,以优势要素聚合为着力点,通过构建高校学生思想政治教育微载体建设实践模式,力图达成高校学生思想政治教育覆盖全方位、延伸全天候、渗透全过程目标,为高校学生思想政治教育受众更广、实效更强、沉浸更深提供理论与实践借鉴。本书主要围绕概念界定、模式建构、样态分析、行动导向、实践进路和支撑机制六个层面进行探究,以期推动思想政治教育与微媒体深度聚合,为高校学生思想政治教育微载体建设开辟新视野,提供新路径。

新课题新方向。全面梳理学界相关研究成果,紧盯党和国家新要求,紧盯时代新特征,明确课题研究视角和主要内容。在诠释聚合、聚合效应、高校思想政治教育微载体相关概念的基础上,重点从事物与形势、理念与规律、要素与资源三个层面剖析聚合效应的本质内涵。从时空延伸、内容推送、空间范围三个方面,阐释高校学生思想政治教育微载体的本质属性。从主客共存交互化、内容推送即时化、产品供给精准化、呈现方式多样化、服务手段智能化等方面分析把握高校微载体新特点,找准研究突破点。

新模式新架构。围绕"聚合效应"视阈下高校学生思想政治教育微载体模式建构,从新时代高校学生思想政治教育样态变革和创新发展两个维度,分析微媒体与思想政治教育有效聚合的现实依据。从微媒体多主体契合思想政治教育全员化,微媒体"全息""全程"契合思想政治教育全程化,微媒体扩布性、即时性、精准性契合思想政治教育全方位、时效性和差异化,阐释高校学生思想政治教育与微媒体有效聚合生成逻辑,提出"聚合效应"视阈下高校学生思想政治教育微载体建设的"三聚合+四维联动+三·六协同"实践模式架构,找准研究创新点。

新技术新样态。移动通信、数字技术、智能设备无不赋予高校思想政治教育微载体新动能,促使高校思想政治教育载体呈现出"应然"的样态,即载体混合化、资源共享化、主体专业化、内容品质化、服务精智化、平台智慧化。同时折射出当下高校思想政治教育实然状态的不足和缺憾,即和合共生"微"生态环境急需营建、协同共促"微"教育矩阵仍需打造、聚合共进微载体行动取向尚需确立、精准匹配"微"供给体系亟须构建。要准确把握高校学生思想政治教育微载体"实然"样态,直面问题,解析成因,找准微载体新样态。

新理论新机制。理论推动实践，机制保障实践。十八大以来，党的新思想新战略新举措，特别是习近平总书记关于立德树人、思想政治教育、青年观等重要论述，赋予高校思想政治教育微载体建设新的理论内涵和时代要求。找准问题"因事而化"、紧扣主题"因时而进"、把握优势"因势而新"、以人为本"因人而异"成为微载体建设新理念。供给资源融合化、内容品质化、匹配精智化、效能最优化、参与最大化成为实现微载体"精准智慧"建设新目标。建立完善组织领导督查、资源协同共享、舆论引导监管等体制机制，成为高校学生思想政治教育微载体建设有力支撑。

新实践新路径。推进"聚合效应"视阈下高校学生思想政治教育微载体建设是课题研究的现实价值追求。从打破传统时空壁垒、强化技术要素融合、促进多元主体协同、强化功能资源聚合四个层面，提出微载体全程、全息、全员、全效生态格局建设措施。从增强"微意识"、精研"微模式"、创优"微内容"、锤炼"'微'话语"、提升"微能力"、净化"微环境"六个层面，探寻"六微"协同微载体实践体系构建策略。从建好宣教微载体、健全教学微载体、建细管理微载体、建强活动微载体、建优文化微载体、建精服务微载体入手，提出"六微"载体矩阵建设路径。

创新只有进行时，没有完成时。新时代新征程新作为。分析高校学生思想政治教育微载体的演变机理，探究发展规律，提出因应策略，正是高校着眼时代之标、顺应学生之需、融合科技之能的应然选择。发挥微载体"立德树人"效能，高校要按照党和国家的要求，凝心聚力，砥砺前行，持续推进智媒体时代微载体建设，实现高校学生思想政治教育与网络通信、媒介传播和数字技术深度耦合，发挥1+1>2聚合效应，真正成为学生成长成才的新场域。

第一章　聚合效应和高校学生思想政治教育微载体概述

对标教育对象,是教育成败的关键。高校学生思想政治教育对象群体的独特性,决定其是对学生思想意识的影响、价值认知的澄清、行为方式的引领。这一师生交互过程的介质成为教育成效得以实现的桥梁。在微媒体时代,信息传播样态的变革使得人与人之间的沟通介质愈发表现为数字化形态。顺应微媒体矩阵传播样态,推进"思想政治教育+微媒体",是思想政治教育迭代创新的具象彰显。探讨新技术趋势与新媒体样态下高校学生思想政治教育微载体的基本内涵,是一切相关研究的前提和必要基础。

第一节　聚合效应及其本质

"聚合效应"作为一个复合性词汇,以其复杂的多维意义,被应用于多个研究领域。如何将其科学、规范界定并合理应用到高校思想政治教育领域,是推进"思想政治教育+微媒体"、实现二者要素优势聚合的应然之需。

一、聚合效应相关概念

概念的形成体现过程性特征,必然遵循一定规律,具有一定的演变过程。要明晰"聚合效应"的本质和内涵,就必须对与"聚合"相关的概念,诸如"聚合反应""聚合数据""聚合效应"等予以阐释。

（一）聚合的含义

"聚合"作为汉语词汇,是"结合、集合、团聚"的意思。《现代汉语词典》中,"聚合"意为"结合,团聚"①的意思。《宋书·褚叔度传》载"景平二年,富阳县孙氏聚合门宗",此句中"聚合"的意思是聚集在一起。清朝画家沈复在其《浮生六记·闺房记乐》中写道:"聚合之权,总在夫人也。"此句中的"聚合"是家人团聚的意思。谢觉哉在《人造"鹊桥"》中写道:"就是在父母子女之间,也必须有别离

---

① 中国社会科学院语言研究所词典编辑室编:《现代汉语词典》第7版,商务印书馆2016年版,第709页。

的辛酸,才能知道聚合的愉快。"此句中的"聚合"也是亲人团聚的意思。《现代汉语分类大词典》中,"聚合"指分散的人或物聚集在一起。

由此可以看出,"聚合"从词义上是指结合、集合、团聚和类聚的意思,既包括各类物质的结合、整合,产生量的累积,进而发生质的变化;也包括任何动物、人等生命个体的类聚、团聚和群体化。"聚合"作为一种思维模式,是指一种有方向、有范围、有条理的思维方式,是指人们通过对各种观念的梳理和重新整合,最终达成统一的目标指向和行动指向,进而形成解决问题的唯一有效方案和计划的思维模式。然而,由于学科和研究领域的差异,在不同学科中"聚合"亦呈现不同的学科属性和特殊内涵。

(二)聚合反应

"聚合"作为化学专有名词,是"聚合反应"的简称,在化学中特指"单体聚合成为高分子的反应"(《中国大百科全书》第三版)。根据不同的分类方法,"聚合反应"可分为许多类型。根据反应单体的数量和种类,可分为共聚合和均聚合;根据聚合物的组成和结构,可分为加聚反应(聚合反应)和缩聚反应(缩合反应)两种类型。加聚反应作为一种链式聚合,是指烯类单体间相互作用生成一种高分子化合物的反应,通过引发剂进行引发后,单体一一逐个与聚合链的顶端发生加成反应,形成聚合物。缩聚反应通常是官能团间的聚合反应,特指单体经多次缩合逐步聚合成大分子的反应。常用本体、悬浮、溶液和乳液等聚合方式达成反应。

(三)聚合数据

作为计算机和网络用语,"聚合数据"源于英文 Aggregation 一词,包含聚集、集成、集结、聚集体等词义,特指网站对互联网承载的海量内容信息进行筛选、分析、归类,为网民提供优质信息的过程。这一聚合过程基于 COM 技术,COM 对象可以聚合.NET 对象、内部.NET 对象可通过不同方式聚合任何托管对象。本处的"聚合"具有定制化特性,只有可定制,聚合才能彰显其价值和意义,如 RSS 订阅、Google Reader 等。

同时,在网络信息技术服务领域,"聚合"特指聚合数据。聚合数据,指数据服务商利用数据科技为用户提供相应服务,以数据赋能行业升级,驱动产业发展的行为。聚合数据主要依托聚合云数据平台,以 API 数据接口形式,向下游客户提供数据查询、信息验证和充值接口等数据服务;以大数据清洗、分析、挖掘等技术为主要手段,为企业客户提供数据应用系统或定制化的数据分析成果,帮助企业进行经营决策的数据应用服务。

此外,聚合支付、聚合短信等新的聚合数据平台也成为大数据时代的标志。聚合数据作为提供原始数据 API 服务的综合性云数据平台,其服务对象主要包括智能手机开发者、网站站长、移动设备开发人员等,聚合数据主要包含手机、网站和 LBS 聚合三个部分,其功能类似于 Google APIS。聚合数据允许开发者免费自由调用 JUHE 平台所开放的,包含多个分类的数千万 LBS 数据的有效数据API 接口。

(四)聚合效应

"聚合效应"作为经济学名词,特指企业和产品的品牌效应。"聚合效应",指企业或其产品一旦形成品牌,既可获得较高社会利益,也可获得较好经济效益,进而形成品牌资本促进企业发展壮大。由于品牌效应,品牌企业或产品可获得更多社会资源,既可以进一步稳固自己的实力,也可以稳固与供应商及其相关企业的关系,进而集聚生产规模,产生规模效益。同时,"聚合"作为期货市场术语,是指随着期货合约期临近,现货与期货价格将趋于会合,现货与期货基差将趋于零。

"聚合效应论"作为犯罪心理学名词,是指中国犯罪心理学者提出的一种犯罪心理形成的理论。"聚合效应论"认为,产生犯罪心理活动效应是由诸要素聚合在一起所引发的。因此,分析犯罪心理形成过程,既要关注起主要影响作用的因素,也要注意其他因素的相互作用。[1]

二、聚合效应本质内涵

"聚合"是部分相互融会而成为整体并基于新结构而具备显著效能,是新的性质、特征、功能的涌现,是一种具有创造性的创设与发展。本书中的"聚合效应"指在新媒体时代,高校学生思想政治教育与新兴社交媒体——"微媒体"的有效聚合,是按照"互联网+"理念,遵循跨界融合思维模式,将高校学生思想政治教育与微媒体(主要指与微博、微信、微视频、微直播等微媒体及其衍生品)进行深度融合、相互嵌入的过程,也可以说是二者在资源、队伍、技术、实践等方面的深度耦合,其目的在于整合资源,突出优势,革新载体范式,拓展教育空间,使高校学生思想政治教育真正做到因事而化、因时而进、因势而新,进而构建线上、线下和合共生的高校学生思想政治工作新模式。

(一)事务与形势聚合

高校学生思想政治教育作为实践活动,是在实践中不断创生和发展的。构

---

[1] 林崇德等编:《心理学大辞典》,上海教育出版社 2003 年版,第 654 页。

建高校思想政治教育微载体,既要依托实践基础,也要因应实践情景。在"事务"作为实践基础、"形势"作为实践基本特征的情境下,注重二者聚合。

"兵无常势,水无常形"。高校学生思想政治教育微载体建设中的"事务",既包括高校人才培养目标和各项具体实务,也包括学生真实需求和相关事宜。高校学生思想政治教育微载体建设要突出"事务",要紧紧围绕高校立德树人目标,切实与学校各项实务——具体工作相融合。既要把其有机融入思政课程和课程思政课堂教学之中,又要将其融入高校学生教育管理服务事务以及各项活动和社会实践中,构建集教育、管理、服务于一体的立体化思想政治教育微矩阵,使微空间思想政治教育无处不在、无处不有,发挥立体式、全息化效能。

"远势止墙阴,高足限台砌"。高校学生思想政治教育微载体建设中的"形势",既包括世界和国家发展大势,也包括教育与思想政治教育发展态势,还包括网络和微媒体发展趋势。高校要与时俱进,就必须紧扣时代发展"形势",立足世界大变局和民族复兴战略全局,依据国内外形势发展动态,精准研判思想政治教育时代责任和使命;要盯紧思想政治教育环境样貌和精准化发展趋势,找准高校学生思想政治教育微载体建设出发点和落脚点;要明晰网络、数字技术赋能微媒体精智匹配的大势,选准高校思想政治教育与微载体聚合的契合点和着力点。

"循物及理,知微知彰"。要注重事务与形势的有效聚合,高校学生思想政治教育要放眼世界,与国家政治经济社会发展,与高等教育和新媒体发展同步,将事务与形势高度融合,要按照事物发展规律,在筑牢高校思想政治教育实践与实务前提下,充分利用移动通信和微媒体技术,顺应学生现实需求的发展态势,优化高校学生思想政治教育运行模式、实践范式,使工作之"事务"与发展之"形势"合而不异,聚而超卓。

(二)理念与规律聚合

理念作为人的思维导向,在事物发展中具有指向作用。规律作为事物之间的必然的、本质的、普遍的联系,是事物发展遵循的基本准则。在高校学生思想政治教育与微媒体聚合实践中,理念是行动价值导向,规律是行动基本依据。本书的"聚合效应"是指按照"思想政治教育+微媒体"以聚合要素功能优势,提升教育效能的理念,在遵循教育、微媒体和学生成长规律前提下,有目的、有计划实施思想政治教育载体范式革新。

思想是意识的向导发生,理念是正确的思想体现。微媒体时代,高校学生思想政治教育微载体建设,要在把握微媒体时代教育环境的"复杂化"、教育载体的"融合化"、教育方式的"多样化"、学生价值取向的"多元化"等时代特征,并熟知思想政治教育对象差异化、多样化个性特征和需求特点的基础上转变思维,秉承"因事而化、因时而进、因势而新"的理念,以聚合意识确保高校学生思想政治教育微载体建设能够顺应时代呼唤,与时代发展趋势、技术进步规律同频共振。

规律作为事物发展的本质联系和发展趋势,是确保事物科学发展的基本依规。微媒体时代,教育混合化、智慧化、可视化已成为时代发展的必然要求。学生"无微不在"的生存特点已成为时代发展的新样态,高校学生思想政治教育"因时而进"已成为时代的必然选择。契合微媒体时代场域和对象现实样貌,决定高校学生思想政治教育载体的范式变革,既要在发展理念上与数字技术同频共振,也要在实践中遵循事物发展与演变规律。遵循"思想政治教育+微媒体"动态生成规律,就要从二者聚合构成要素自身规律着眼,明确"数字"未来发展图景,既与思想政治教育自身规律相协调,同时也要在实践范式上与数字技术发展规律相适应。要以学生成长和思想政治教育规律为实践依归,也要遵循移动通信、媒体传播等技术发展规律,还要围绕学生的特点和现实需求,以微媒体为新载体,以"一站式"学生社区服务为着力点,为学生构建全员、全过程、全方位成长成才微平台。注重理念与规律聚合,是高校学生思想政治教育微载体守正创新的基本要求。

(三)要素与资源聚合

博观而约取,厚积而薄发。高校学生思想政治教育与微媒体聚合,不仅要在理念和规律上有效契合,还要在优势要素和优质资源上深度聚合。思想政治教育是一个实践体系也是一个组织系统,终归属于复杂性结构,复杂性体现在其结构模型上就是由多种元素构成。相对于系统而言,教育者、受教育者、教育载体等要素,是思想政治教育的构成单元和基本要件。[①] 当前,学界对思想政治教育要素构成存在多种学说,凡此种种,论其实质就是,究竟要将哪些内容划归为思想政治教育的要素。本书认为,思想政治教育要素至少包含以下要素(要件):一是教育者和教育对象,体现教育活动关系的交互主体。二是教育场域,彰显教育环境与情境。"思想政治教育环境是构成思想政治教育过程的要素之一。"[②]三是实施内容和方法。思想政治教育是实践活动,必须具备活动实现的中介性

---

①　梁友佳:《思想政治教育要素构成的分析》,《佳木斯大学社会科学学报》2012年第4期。

②　张耀灿等:《现代思想政治教育学》,人民出版社2006年版,第294页。

要件。主要指社会和教育者的要求、受教育者实际样态以及不同时期的教育内容等,同时还需要包括将上述中介性要件所内含的功效加以实现的方法手段。四是预设性目标。作为活动内在规定性,校正活动运行方向,规范运行整个过程。将目标单独作为实践活动构成要素,旨在凸显思想政治教育存在所具有的目的性。①

资源,是指活动涉及的各种物质(人、财、物)的总称。在一些研究中,有学者认为思想政治教育资源是实施思想政治教育所涉及人、财、物等物质资源以及文化、信息等要素的总和。作为元素,资源集成整体结构的目的,是为了促进思想政治教育活动目标的达成。因此,思想政治教育资源必须全面融入活动。在这一实践活动中,思想政治教育资源中介效用突出,作为承载工具,优质资源可通过思想政治教育主体的传输对学生产生影响。本书认为,将高校学生思想政治教育资源等同于要素,是由二者在活动中具有的共性特征决定的,但同时也忽视了两者所指代内容的内在区别。要素是整体的构成部分,是构成高校学生思想政治教育整体的组件,而资源是使这一整体得以运行的物质基础,较接近于实体本身与实体得以实现自身功能所需材料的关系模式。"聚合"正是实现活动"实体"高效运行的一种样态。高校学生思想政治教育微载体作为聚合体,实现了要素与资源的聚合,使各组成要素与运行资源之间达到科学化、合理化与最优化。

第二节 高校学生思想政治教育载体概述

实践是教育的源头。思想政治教育是一项双向互动的实践活动。载体是实现教育双方互动的介质和承载工具。离开载体这一工具,教育活动就会陷入虚无,成为没有着落的虚拟架构,得不到可以落实的本基。准确把握思想政治教育载体相关概念是实施本研究的关键,也是构建微媒体时代高校思想政治教育新实践范式的基础。

一、载体内涵

载体,是指能够承载其他事物的事物。"载体"(vector)作为化学专有名词,是指能载带微量物质的常量物质,而在信息技术和通信领域,载体是指信息传播的媒介。中国古代的"载"为装的意思,特指用交通工具载,包含"搭载""载客"

---

① 杨增岽、张再兴:《关于思想政治教育要素问题的思考:"四要素说"与"六要素说"的对比分析》,《思想理论教育》2008 年第 19 期。

"载货""装载""承载"等意思,如,"载"的释义为"载,乘也"(《说文》)、"陆行载车,水行载舟"(《史记》)、"载卷契而行"(《战国策·齐策四》)、"黔无驴,有好事者船载以入"(柳宗元《三戒·黔之驴》)、"水则载舟,水则覆舟"(《荀子》),等等。《现代汉语词典》认为,载体是能传递能量或运载其他物质的物质。不同领域载体形态不同,既有能量介质,也有细胞和催化剂附着体,还有图书、广播、电视等文化、信息载体。[①] 载体也可以从西方词汇中找到对应解释,即为 media,为 medium 之复数名词,代表的意义为"中介",举凡概念、思想沟通的形式以及借以沟通所使用的工具,皆可称为载体,而多媒体即代表多种载体形式之运用。载体的释义也可以从狭义与广义上加以界分,狭义的载体所指传播工具,例如,纸张、模型、电视、电脑、行动装置等;广义载体除涵盖传递资讯的工具之外,更包括了资讯本身,或知识的内涵。从"载体"一词的本义和引申意义看,"载体"即能够承载其他物质的物质,作为事物传递的中介物质,载体具有承载和传递物质的功能。[②]

人类文明进入 21 世纪的资讯时代,资讯的获取由传统"面对面"形态而进步到超越空间、时间界限的数字化虚拟形态。各种视听媒介强调充分利用视觉、听觉以及其他感官接收的需求,以人们讯息接收层面而论,配合多种载体提供讯息可以强化讯息接收。随着科技进步,特别是数字技术的发展,纸质形态早已不是资讯传播的唯一载体,数字化载体形式愈加成为资讯传播的主渠道。未来,科技将朝着多元化与整合性的方向发展,不但在呈现形态上满足人们讯息接收的感官需求,更会不断满足人们对各类载体有效运用、处理与储存的需求,发挥其工具价值的最大效用,使载体在呈现形式上更趋于数字化形态、智能化样态。

二、高校学生思想政治教育

概念是事物本质属性的反映。明晰思想政治教育概念,是把握其本质属性的关键。作为群体对象特殊的高校学生思想政治教育,是"立德树人"的核心要件。当前,加强和改进高校学生思想政治教育工作,已成为高校人才培养培根铸魂工程。改进和加强,首先要以明晰概念为前提。

(一)思想政治教育概念演进与内涵界定

2021 年 7 月,中共中央、国务院印发《关于新时代加强和改进思想政治工作

---

① 中国社会科学院语言研究所词典编辑室:《现代汉语词典》第 7 版,商务印书馆 2016 年版,第 1630 页。

② 佘双好、李秀:《关于思想政治教育途径、载体、方法关系的思考》,《马克思主义理论学科研究》2016 年第 1 期。

的意见》指出:"思想政治工作是党的优良传统、鲜明特色和突出政治优势,是一切工作的生命线。加强和改进思想政治工作,事关党的前途命运,事关国家长治久安,事关民族凝聚力和向心力。"作为一切工作的生命线,思想政治教育是中国共产党的优良传统,明确概念演进和发展,是促进思想政治教育实现创新的基础。

1.思想政治教育概念历史演进

概念演进是事物发展的写照。思想政治教育从诞生至今已近百年,其概念也从建党之初的"宣传"和"宣传工作"、革命战争年代的"政治工作""思想教育"以及中华人民共和国成立后的"思想政治"和"政治思想"工作逐渐演变为党的十一届三中全会以来的"思想政治工作"或"思想政治教育"。作为学科概念,思想政治教育首现于1984年。2005年,思想政治教育学学科设立,标志其更加完整化、系统化、科学化。目前,学界研究呈现视角多元化、过程阶段化的特点。关于思想政治教育概念的形成源流与历史沿革,大致可以从三个角度加以阐释。第一种说法认为思想政治教育概念源于马克思主义经典作家著述所蕴含的思想,如"宣传工作"①"政治教育"②"政治工作和政治教育工作""思想工作和政治思想工作"③。第二种说法认为思想政治教育概念源于中国共产党思想政治工作实践和工作重心。如建党之初的"宣传工作"、新民主主义革命时期的"政治工作"、中华人民共和国成立后的"思想政治工作"④。第三种说法认为思想政治教育概念是在马克思主义思想指导下,具体工作实践中不断发展演变形成的,在各阶段有其不同概念形式,诸如,孙其昂的"三阶段"说⑤、罗震与易艳华的"四阶段"说⑥⑦和余一凡"五阶段"说⑧;但无论从几个阶段加以界说,都围绕"宣传""思想""政治""工作""教育"等核心概念和关键词进行排列、组合,并从

---

① 石书臣:《思想政治教育概念的学科梳理和探讨》,《思想教育研究》2008年第8期。
② 武东生、冯乐:《对"政治教育"到"思想政治教育"概念演变的解析》,《思想理论教育导刊》2014年第8期。
③ 侯勇等:《"思想政治教育"概念学科辨析与新认识》,《学术论坛》2010年第5期。
④ 高亮、刘永雷:《思想政治教育概念的逻辑演变及认识路径探究》,《景德镇高专学报》2014年第4期。
⑤ 孙其昂:《党的思想政治教育的实质是政治教育》,《南京林业大学学报(人文社会科学版)》2001年第2期。
⑥ 罗震:《关于思想政治教育概念的几点思考》,《宿州学院学报》2014年第6期。
⑦ 易艳华:《"思想政治教育"的内涵发展》,《九江学院学报》2010年第2期。
⑧ 余一凡:《中国共产党"思想政治教育"概念的发展》,《理论与改革》2009年第2期。

概念缘起、概念提出的角度分析概念的发展。①

综上所述,思想政治教育概念的演变,体现其与党的历史任务发展、中心工作转换具有高度契合性,体现了其在意识形态领域内的教育功能,彰显思想政治教育内在规定性上具有认识与实践相统一的本质特征。

2. 思想政治教育内涵界定

关于思想政治教育的内涵界定,学界研究成果颇丰,虽在文字表述上有所不同,但在核心思想上具有内在一致性,都围绕意识形态、思想、道德等关键词加以阐析,只是在释义角度与切入点上略有差异。

第一个维度从社会实践角度切入。主要包括:教育部将其界定为,"思想政治教育是指社会或社会群体用一定的思想观念、政治观点、道德规范,对其成员施加有目的、有计划、组织的影响,使他们形成符合一定社会所要求的思想品德的社会实践活动。"②陈万柏、张耀灿认为,"思想政治教育是一定的阶级、政党、社会群体用一定的思想观念、政治观点、道德规范,对其成员施加有目的、有计划、有组织的影响,使他们形成符合一定社会、一定阶级所需要的思想品德的社会实践活动。"③而郑永廷认为,思想政治教育是目的性、超越性的实践活动。④ 仓道来认为,"思想政治教育是指一定的阶级、政治集团为实现其根本政治目的和经济利益,而对人们进行有意识、有目的、有计划地施加本阶级、本集团思想政治等意识形态方面影响的社会活动。"⑤王勤认为,"所谓思想政治教育,就是一定的阶级或政治集团,为实现一定的政治目的,有目的地对人们施加意识形态的影响,以期转变人们的思想,塑造人们的品德,进而指导人们行为的社会实践活动。"⑥孙其昂认为,"思想政治教育是指一定政党或集团组织开展的,对所属成员进行以政治为核心的思想教育,培育新人,动员大家为当前和长远目标而奋斗的社会实践活动。"⑦罗洪铁认为,"思想政治教育是在人类社会进入阶级社会后才产生的一项重要社会实践活动,它同社会的其他活动一道构成社会实

---

① 倪愫襄:《思想政治教育概念的历史演进》,《思想教育研究》2012 年第 11 期。

② 教育部社会科学研究与思想政治工作司:《思想政治教育学原理》,高等教育出版社 1999 年版,第 4 页。

③ 陈万柏、张耀灿:《思想政治教育学原理》,高等教育出版社 2001 年版,第 4 页。

④ 郑永廷:《论思想政治教育的本质及其发展》,《教学与研究》2001 年第 3 期。

⑤ 仓道来:《思想政治教育学》,北京大学出版社 2004 年版,第 11 页。

⑥ 王勤:《思想政治教育学新论》,浙江大学出版社 2004 年版,第 6 页。

⑦ 孙其昂:《思想政治教育学基本原理》,河海大学出版社 2004 年版,第 5 页。

践活动的系统。"①

第二个维度从教育实践角度切入,邱伟光认为,"思想政治教育是培养、塑造一定社会新人思想道德素质的教育实践活动,受社会经济政治文化的制约和影响,包括思想教育、政治教育、道德教育。"②李春认为,"思想政治教育就是研究人们的社会主义、共产主义思想意识和道德品质形成、发展的规律以及如何按照这些规律实施教育的科学。"③陈秉公认为,"思想政治教育是一定阶级或政治集团,为了实现其政治目标和任务而进行的,以政治思想教育为核心和重点的思想、道德和心理综合教育实践。"④王礼湛、秦在东等分别认为,思想政治教育是品德培育工程⑤,是施加意识形态影响的社会活动⑥。还有学者认为,"思想政治教育是指教育者按照社会发展的要求,在社会主义核心价值体系指导下,通过一定的内容、方法、手段对受教育者有目的地施加影响,促使其思想政治品德形成、发展的教育实践活动。"⑦2005 年,国务院学位委员会将其定义为,"思想政治教育是运用马克思主义理论与方法,专门研究人们思想品德形成、发展和思想政治教育规律,培养人们正确世界观、人生观、价值观的学科。"⑧王晓丽认为学界主要以思想政治教育的"政治性或意识形态性""思想品德转化性""目的性、实践性和超越性""多维性"等性质作为种差进行概念界定,或以思想政治教育对象的功用角度进行界定,如"生命线"说、"教育实践活动"说、"社会行为"说,等等。⑨

随着研究的深入,"思想政治教育"概念的界定也趋于一致。本书以张耀灿等学者的概念界定为标准作为一种特殊的教育实践,实现一定阶级、政党、社会群体的政治、思想和道德观念和规范,是思想政治教育的目的和己任。

(二)高校学生思想政治教育的内涵特点

高校是"为党育人,为国育才"的主阵地。高校学生思想政治教育作为教

---

① 罗洪铁:《思想政治教育学原理》,西南师范大学出版社 2009 年版,第 1 页。
② 邱伟光:《思想政治教育学概论》,人民出版社 1988 年版,第 1 页。
③ 李春:《高校思想政治教育概论》,河北教育出版社 1989 年版,第 2—3 页。
④ 陈秉公:《思想政治教育学原理》,高等教育出版社 2006 年版,第 2 页。
⑤ 王礼湛、余潇枫:《思想政治教育学(修订版)》,浙江大学出版社 1999 年版。
⑥ 秦在东:《思想政治教育管理理论》,湖北人民出版社 2003 年版。
⑦ 成媛:《思想政治教育学原理》,上海中医药大学出版社 2007 年版,第 9 页。
⑧ 教育部思想政治工作司:《加强和改进大学生思想政治教育重要文献选编(1978—2008)》,中国人民大学出版社 2008 年版,第 477 页。
⑨ 王晓丽:《思想政治教育概念研究述评》,《许昌学院学报》2017 年第 3 期。

育群体、场域特殊的思想政治教育，既具有公共性，又具有群体的特殊属性，其特殊教育对象，决定了其阶级性、导向性、实践性和时代性的特点和价值指向。

1. 高校思想政治教育内涵

作为文化集散地和人才培养基地，高校教育群体、环境的特殊性，决定其思想政治教育的领域和行业特性，是高校对师生员工进行的思想教育活动。高校思想政治教育具有活动统一性、责任统一性、意义统一性三重内涵。活动统一性表明高校思想政治教育在思想和要求上是统一的。为党育才、为国育人是高等教育使命，立德树人是高校思想政治教育本质要求，实现育人目的需要思想引领和知识培育相统一。责任统一性表明高校思想政治教育具有双重责任，一是高校师生作为知识分子与未来的知识分子必须承担起教书育人的责任，将教与学的任务做好；二是没有将教与学的本职工作做好，就必须承担"失职"的责任和后果。意义统一性体现在价值取向上，高校思想政治教育与人文关怀具有高度一致性。思想政治教育归根结底是为人服务的，在哲学层面上可以理解为，思想政治教育是指导人类的活动，使人朝着既定目标、方向前进，并按计划根植于行动中。

从教育对象看，高校思想政治教育群体主要包括教职员工和学生。教职员工既是教育者又是受教育者。受教育者指教职员工作为社会公民的重要组成部分必须接受社会公民应该接受的教育，具备公民应具备的思想道德品质。同时，作为学生成长成才的知识传授者、价值观念引领者、行为规范诠释者，高校教职员工还应具备更高的、符合职业道德要求的、能够发挥"以身示范"作用的思想道德品质。学生是教职员工的教育对象，他们既接受教育，又传播知识。作为受教育对象，他们需要将所接受的思想、观念、规范，在认知、认同的基础上，内化为自我意识，外化为日常行为规范，成为思想、知识的传播者。

习近平总书记指出："教育是国之大计、党之大计。培养什么人、怎样培养人、为谁培养人是教育的根本问题。育人的根本在于立德。全面贯彻党的教育方针，落实立德树人根本任务，培养德智体美劳全面发展的社会主义建设者和接班人。"①这一论断明确了高校思想政治教育的责任和使命、地位和作用。

2. 高校学生思想政治教育内涵与特点

高校学生思想政治教育概念是根据教育对象界定的，是高校专门针对学生这一群体实施的思想政治教育实践活动。青年兴则国家兴，青年强则国家强。

---

① 《习近平著作选读》第一卷，人民出版社2023年版，第28页。

学生思想政治教育是高校立德树人的核心工程。作为培养符合一定社会、阶级要求的人的社会实践活动,高校学生思想政治教育必然具有阶级性、导向性、实践性与时代性。

第一,阶级性。思想政治教育作为统治阶级维护自身利益的工具,是阶级和阶级意识的产物,是统治阶级意志的体现,具有鲜明的阶级性。"思想政治教育活动普遍存在于阶级社会发展的历史进程之中,伴随阶级社会的演进而发展,不断地改变着自身的存在形态和发展方式"[1],因此,思想政治教育的"本质是社会主导意识形态的灌输和教化"[2]。马克思指出:"统治阶级的思想在每一时代都是占统治地位的思想。这就是说,一个阶级是社会上占统治地位的物质力量,同时也是社会上占统治地位的精神力量。"[3]"统治阶级为了保证自己的思想占统治地位,也要像进行物质的生产和分配一样,进行'思想的生产和分配'。"[4]在此,"思想的生产和分配"就是通过形式多样的意识形态(宣传思想)教育活动,培养能够按照统治阶级意志进行思想的生产和分配的人的过程。为此,思想政治教育必然要服从与服务于国家、政党对人才培养的需求。新时代,高校学生思想政治教育阶级性就体现在高等教育人才培养的"四个服务"定位上。

第二,导向性。阶级属性决定思想政治教育的价值取向,即引导接受教育的人向预设方向发展。中国特色社会主义思想政治教育必须符合无产阶级专政以及为全民族利益服务的内在要求和价值取向,决定了高校学生思想政治教育实践的导向。导向性即政治方向性。对于高校这一特殊领域来说,其导向性就是高等教育的使命,具体体现为"为党育人、为国育才"。德育是"五育"之首。"立德树人"是高等教育的价值旨归和根本遵循。导向性作为价值取向,是由党的教育方针决定并延伸到适应国家发展趋势,符合国家发展要求的整体性目标。当前,对学生价值、理想、信念和道德、行为引领,是思想政治教育时代具象性导向的体现。"青年一代有理想、有本领、有担当,国家就有前途,民族就有希望。"[5]培养担负民族复兴重任的时代新人,是时代赋予的责任和使命。

---

[1] 郑永廷:《思想政治教育学原理》,高等教育出版社 2018 年版,第 42 页。

[2] 陈万柏、张耀灿:《思想政治教育学原理》,高等教育出版社 2015 年版,第 53 页。

[3] 《马克思恩格斯选集》第 1 卷,人民出版社 2012 年版,第 178 页。

[4] 王升臻:《和谐思想政治教育刍议》,《求实》2009 年第 1 期。

[5] 《习近平谈治国理政》第三卷,外文出版社 2020 年版,第 54 页。

第三，实践性。习近平总书记指出："中国共产党是用马克思主义武装起来的政党，马克思主义是中国共产党人理想信念的灵魂。"①"马克思主义理论不是教条，而是行动指南，必须随着实践的变化而发展。"②实践性是马克思主义的显著特征。"思想政治工作从根本上说是做人的工作，必须围绕学生、关照学生、服务学生……有针对性地回答一些综合性、深层次的理论和认识问题。"③实践性是思想政治教育的本质特性。这一特性在相关概念界定中得以充分展现。思想政治教育是"促进社会成员形成符合一定社会、一定阶级所需要的思想品德的社会实践活动"④，也是一种具有目的性和超越性的实践活动⑤，还是"塑造人们的品德，进而指导人们行为的社会实践活动"⑥，更是"培育新人，塑造一定社会新人的社会实践活动"⑦。因此，习近平总书记指出："要坚持理论性和实践性相统一，用科学理论培养人，重视思政课的实践性，把思政小课堂同社会大课堂结合起来，教育引导学生立鸿鹄志，做奋斗者。"⑧新时代高校学生思想政治教育，只有紧紧围绕党的中心工作，切实把握好实践的时、度、效，才能增强其吸引力和感染力，发挥其正面宣传鼓舞学生、激励学生和塑造学生的作用，使之成为团结和凝聚全国各族人民的重要阵地。

第四，时代性。"做好高校思想政治工作，要因事而化、因时而进、因势而新。要遵循思想政治工作规律，遵循教书育人规律，遵循学生成长规律。"⑨时代性是思想政治教育的本质要求，其目标、内容、方式因时代差异而变。仅从目标上，我国思想政治教育就经历了"思想领先""又红又专""有理想、有道德、有纪律、有文化"等不同定位，归结起来，都是要培养满足中国革命、建设、改革和中华民族伟大复兴需要的时代人才，从不同时代背景下的培养目标的变化中，我们可以明确看出思想政治教育的时代性特征。新时代，随着第一个百年奋斗目标的实现，"党和国家事业发展对高等教育的需要，对科学知识和优秀人才的需要，比以往任何时候都更为迫切……广大青年要肩负历史使命，坚定前进信心，

---

① 《习近平谈治国理政》第三卷，外文出版社 2020 年版，第 74 页。
② 《习近平谈治国理政》第四卷，外文出版社 2022 年版，第 30 页。
③ 《习近平著作选读》第一卷，人民出版社 2023 年版，第 540 页。
④ 陈万柏、张耀灿：《思想政治教育学原理》，高等教育出版社 2015 年版，第 4 页。
⑤ 郑永廷：《论思想政治教育的本质及其发展》，《教学与研究》2001 年第 3 期。
⑥ 王勤：《思想政治教育学新论》，浙江大学出版社 2004 年版，第 6 页。
⑦ 孙其昂：《思想政治教育学基本原理》，河海大学出版社 2004 年版，第 5 页。
⑧ 《习近平谈治国理政》第三卷，外文出版社 2020 年版，第 331 页。
⑨ 《习近平谈治国理政》第二卷，外文出版社 2017 年版，第 378 页。

立大志、明大德、成大才、担大任,努力成为堪当民族复兴重任的时代新人"①。可见,新时代,高校学生思想政治教育是帮助学生树立远大理想和共产主义信念的主阵地,高校思想政治教育是关系到社会主义事业将由什么样的一代人来继承、能否代代相传的关键。

三、高校学生思想政治教育载体

思想政治教育载体自引入至今研究成果丰硕。载体的发展呈现出与时代发展、社会进步和科技创新相向而行的态势。伴随着技术进步与实践范式变革,新载体不断涌现,促进高校思想政治教育载体因事、顺时、应势动态生成,为其理论拓展注入新鲜血液,为其实践范式多元化涌现设置新的发展变量,推动其守正创新,与时共进。

(一)思想政治教育载体内涵

1992年,杨广慧提出思想政治教育载体这一概念。② 学界围绕这一视角展开深入研究和系统阐释,使其内涵界定呈现出不断演进的态势。研究过程中,被学界广泛接受的思想政治教育载体内涵包括以下观点。一是活动说。该观点主要存在于20世纪90年代,即思想政治教育载体是一种教育活动和过程。杨振明③、陈伯良和傅洪伟④、张运来⑤、赵野田⑥等学者从不同视角予以阐释。二是中介说。认为载体作为信息传递的中介物质,是连接主客体的桥梁和纽带——载体中介,主要包括内容、载体、环境和方法等。曾令辉等认为,"思想政治教育载体是指在思想政治教育实践过程中,能够承载和传递思想政治教育的内容或信息,能为教育者所运用,促使教育者与受教育者之间相互作用的一种活动形式和物质实体。"⑦张耀灿等认为,作为承载并传递内容和信息的物质存在方式和外在表现形态,思想政治教育载体"是主客体相互作用的一种活动形式和物质实体"⑧。杨威认为,是能承载、传导和反馈思想政治教育信息的可控方式和外

---

① 《习近平在清华大学考察时强调 坚持中国特色世界一流大学建设目标方向 为服务国家富强民族复兴人民幸福贡献力量》,《人民日报》2021年4月20日。
② 杨广慧:《探索新路子,寻找新载体》,《思想政治工作研究》1992年第10期。
③ 杨振明:《试论企业思想政治工作载体》,《求是》1993年第6期。
④ 陈伯良、傅洪伟:《努力寻找思想政治工作新载体》,《山东金融》1994年第10期。
⑤ 张运来:《德育工作的活动载体刍议》,《上海教育》1995年第11期。
⑥ 赵野田:《试论思想政治教育的载体》,《思想教育研究》1999年第2期。
⑦ 曾令辉等:《思想政治教育载体研究的回顾与展望》,《思想教育研究》2014年第10期。
⑧ 张耀灿等:《现代思想政治教育学》,人民出版社2006年版,第392页。

显形态①。三是载体说。即按照载体的"传导、承载"本义界定思想政治教育载体的概念。张耀灿、陈万柏认为,是教育内容或信息承载并传递的形式。② 陈义平也认为,是教育活动传导的形式和手段。③ 四是中和说。中和说,主要从介体作用和载体的传导、承载功能对内涵予以界定。④ 贺才乐、常永军等学者认为,思想政治教育载体既能承载和传递教育信息,又能促进教育双方产生联系的存在方式、表现形态和活动形式。⑤⑥

另外,还有"要素说"和"工具说"。"要素说"⑦主要从构成要素的视角,认为载体是既能承载内容和信息,又能为教育者所控制和操作,还能促进主客互动的一种教育形式⑧,是联结教育双方的纽带,具有促进目标、任务实现的功效⑨。"工具说"⑩是以思想政治教育载体作为一种物质存在形式,是能承载教育信息的工具性事物,具有功能性、对象性、属人性。

综上所述,无论是"活动说""载体说""中介说""中和说",还是"要素说"和"工具说",都是离不开"既能为思想政治教育者所操作,又能承载思想政治教育信息,还能促进教育主客体互动"这三项功能。本书主要围绕这三项功能对载体展开探究,具体说,目的、中介、承载、可控等特性,是载体本质属性的外在具象体现。

(二)思想政治教育载体种类

研究视角的差异,尤其是学者关注点的不同,思想政治教育载体种类划分也呈现各抒己见的多元化态势。有学者通过文献梳理归纳发现,思想政治教育载体主要围绕性质、内容、呈现、形态等视角划分其种类。⑪ 目前学界比较认可的分类方法,主要有以下几种。

---

① 杨威:《思想政治教育载体运用的三个维度》,《学校党建与思想教育》2009年第6期。
② 陈万柏、张耀灿:《思想政治教育学原理》,高等教育出版社2001年版。
③ 陈义平:《思想政治教育学原理》,安徽大学出版社2008年版。
④ 朱景林:《关于思想政治教育载体分类的研究》,《思想理论教育导刊》2014年第11期。
⑤ 贺才乐:《思想政治教育载体及其研究价值》,《上海交通大学学报》2002年第2期。
⑥ 常永军、崔永学编:《思想政治教育原理概论》,辽宁大学出版社2008年版。
⑦ 曾令辉等:《思想政治教育载体研究的回顾与展望》,《思想教育研究》2014年第10期。
⑧ 杨新宇:《社会转型期高校思想政治教育新载体初探》,《高等农业教育》2004年第8期。
⑨ 刘杰:《思想教育媒体初探》,《思想教育研究》1999年第3期。
⑩ 曾令辉等:《思想政治教育载体研究的回顾与展望》,《思想教育研究》2014年第10期。
⑪ 曾令辉等:《思想政治教育载体研究的回顾与展望》,《思想教育研究》2014年第10期。

一是从历史和发展的角度,分为传统、现代和未来载体①②。所谓传统载体,是指过去曾经发挥积极作用的思想政治教育载体。现代载体即当下正在应用的载体,如网络、传媒、文化、管理、心理等载体③。未来载体是指随时代、社会发展,预计可以产生的载体。二是从呈现形态看,分为文化、管理、活动和大众传媒等载体。④⑤ 三是从存在状态出发,可分为动态载体和静态载体,如活动、语言、符号、实物等载体。⑥ 四是从功能和价值角度,分为人文和自然环境载体⑦以及显性和隐性载体等。五是从存在方式和外在表现形态看,可分为直观例证型(解说、图表、图像等)、示范引导型(展示、活动、竞技类活动)和实践情境型载体(锻炼、感悟、养成型实践活动)。⑧

综上,本书认为,关于思想政治教育载体的分类,学界虽未形成统一的观点,但无论从哪个角度界定,都是围绕教育者易于操作,可承载教育内容,促进教育主客体互动这三项功能展开,从事物发展的规律性与螺旋上升的过程角度审视,随着研究深入,最终会达成共识。本书采用何才乐、陈万柏、张澍军等学者从形态呈现予以分类的方式,按教学、管理、活动、文化、大众传媒以及网络新媒介等类别,进行思想政治教育载体分类的方式,开展课题研究。

(三)思想政治教育载体功能

事物的功能是其内部固有效能的彰显。思想政治教育载体作为承载教育、引导教育对象达到符合教育者标准所需教育内容和信息的载体,其研究视角不同,功能表述也有一定的差异,但都离不开能为思想政治教育者所操作、能承载思想政治教育信息、能促进教育主客体互动这三个核心内容。

1. 功能的概念界定

功能这一概念,首先作为物理学概念被适用,西方社会学家19世纪将其应用于社会学研究,20世纪90年代,我国开始使用这一概念形式。关于功能的概念界定,学界有"主观论"与"客观论"两种界定角度。即"从总体来看,对于'功能是什么'的解释存在着'主观论'与'客观论'的分歧。主观论者把功能看成主

---

① 张耀灿等:《现代思想政治教育学》,人民出版社2006年版。

② 董世军:《现代思想政治教育载体论》,吉林大学2008年博士学位论文。

③ 孙祥军:《论大学生思想政治教育载体的发展与创新》,山东师范大学2007年硕士学位论文。

④ 贺才乐:《思想政治教育载体研究理路》,《学校党建与思想教育(高教版)》2003年第8期。

⑤ 陈万柏:《思想政治教育载体论》,湖北人民出版社2003年版。

⑥ 陈秉公:《21世纪思想政治教育工作创新理论体系》,吉林教育出版社2000年版,第459—460页。

⑦ 陈义平:《思想政治教育学原理》,安徽大学出版社2008年版。

⑧ 朱景林:《关于思想政治教育载体分类的研究》,《思想理论教育导刊》2014年第11期。

观的东西,并将功能与目的互换使用;'客观论'者认为功能是客观存在的,它是不以人的主观意志为转移的。"①持"主观论"观点的学者包括:涂尔干、帕森斯以及我国学者李太平等;持"客观论"观点的学者主要包括:曹书庆、谭变娥等学者的"作用论",默顿、吴康宁、鲁杰等学者的"结果论",傅维利、雷鸣强等学者的"价值论"及其他学者的"效用论""函数论""职能论"等②。本研究认同从作用和价值的视角对功能概念进行阐释。

2. 思想政治教育功能界定

学界主要从功能与作用、价值和效能等不同角度对思想政治教育功能进行阐释。如曹书庆③、谭变娥④、陈万柏⑤、仓道来⑥等学者的"功能与作用等同论"认为,作用、后续作用、独特作用或影响以及极其重要的社会作用即思想政治教育功能;王立仁⑦、桑新民⑧、雷鸣强⑨等学者的"功能与价值等同论"强调事物有用性即功能,有用性的实现即价值,功能与价值等同、功能与价值可并列使用;陈秉公⑩、陈建宝⑪等学者的"功能与职能等同论"认为,思想政治教育"功能"与"职能"可在同一意义上使用,思想政治教育的职能就是其功能。此外还有侯丹娟⑫的"功能与本质等同论"、芮明杰⑬等学者的"功能与效用等同论"以及李太平⑭、卢跃青⑮等学者的"功能与结果等同论"。

3. 思想政治教育功能分类

相关研究文献发现,学界对思想政治教育功能主要从价值取向、系统结构、

① 张耀灿:《思想政治教育学前沿》,人民出版社 2006 年版,第 179 页。
② 李辽宁:《思想政治教育功能研究综述》,《求实》2005 年第 1 期。
③ 曹书庆:《关于德育功能的辩证探讨》,《河北师范大学学报(社会科学版)》1996 年第 1 期。
④ 谭变娥:《试论德育的经济功能》,《前进》2001 年第 5 期。
⑤ 陈万柏等:《思想政治教育学原理新编》,华中师范大学出版社 2000 年版,第 99 页。
⑥ 仓道来:《思想政治教育学》,北京大学出版社 2004 年版,第 49 页。
⑦ 王立仁:《德育价值论》,中国社会科学出版社 2008 年版,第 76 页。
⑧ 桑新民:《呼唤新世纪的教育哲学:人类自身再生产探秘》,教育科学出版社 1993 年版,第 271—274 页。
⑨ 雷鸣强:《教育的万能、无能、本能:对教育功能、价值认识的反思》,《南京师范大学学报》1996 年第 2 期。
⑩ 陈秉公:《思想政治教育学原理》,辽宁人民出版社 2001 年版,第 127 页。
⑪ 陈建保、侯丹娟:《思想政治教育功能研究述评》,《理论月刊》2010 年第 6 期。
⑫ 侯丹娟:《论思想政治教育的本体功能与具体功能》,《学校党建与思想教育》2014 年第 5 期。
⑬ 芮明杰、孙远:《思想、心理、行为:思想政治工作学探索》,重庆出版社 1990 年版,第 13 页。
⑭ 李太平:《德育功能德育价值德育目的》,《湖北大学学报(哲学社会科学版)》1999 年第 6 期。
⑮ 卢跃青:《试论德育功能与德育实效》,《教育探索》2001 年第 11 期。

个人与社会及自然间关系和宏观四个角度进行分类。从价值取向角度看,思想政治教育具有正功能和负功能,即既有正效应,也存在低效应,甚至是零效应和负效应①,也就是说既有促进、提升功能,也可能引发逆反心理、产生抵制情绪。从系统结构层面,思想政治教育功能包括:内部功能(适应、认同和享用功能)与外部功能(自然性、政治、经济和文化功能)②。从个人与社会及自然间关系看,有学者认为包括:社会性功能(政治、经济、文化等功能)、个人性功能(个体生存、发展和享用功能)、教育性功能等③;也有学者认为包括:政治、经济和文化等功能④。从宏观的角度看,李辽宁梳理、归纳总结了学界对思想政治教育功能的相关阐释。⑤

4.思想政治教育载体功能界定

结构决定功能。从思想政治教育载体结构视角出发,学界重点从宏观和微观两方面阐释了思想政治教育载体的功能⑥。从宏观角度看,学界主要围绕思想政治教育载体的目的、地位、作用等方面论述其功能。张耀灿、郑永廷等学者从载体的定位来阐释其功能和作用,认为,作为介体,载体是联系各要素的桥梁和纽带,是保证任务完成的必要活动形式。⑦ 陈秉公以目的定位功能,认为载体可促进矛盾转化,实现教育目的的功能。⑧ 多数学者从思想政治教育载体作用的角度阐释其具体功能,主要包括:传递(传输)功能、增效(减阻)功能、互动(中介)功能及蕴含、渗透、教化等功能。陈秉公的"五功能说"(传输、增效、减阻、互动和检测功能)⑨,张耀灿、郑永廷的"多角度功能说"(贮存、携带和促进反应;承载与传递;中介;蕴含以及导向与养成等功能)⑩,董世军的"四功能说"(承载、蕴含、传导和教化功能)⑪,以及其他学者的"四功能说"(传输、增效、减阻和互动功能)⑫,等等。从微观角度看,依据载体的形态,探寻其功能。如郑永廷阐

① 余秀兰:《谈高校德育的功能》,《上海高教研究》1996年第2期。
② 李太平:《德育功能德育价值德育目的》,《湖北大学学报(哲学社会科学版)》1999年第6期。
③ 檀传宝:《德育功能简论》,《中国教育学刊》1999年第5期。
④ 张耀灿、陈万柏:《思想政治教育学原理》,高等教育出版社2001年版,第57页。
⑤ 李辽宁:《思想政治教育功能研究综述》,《求实》2005年第1期。
⑥ 万长军:《改革开放以来思想政治教育载体研究综述》,《理论月刊》2009年第8期。
⑦ 张耀灿等:《现代思想政治教育学》,人民出版社2006年版,第410—412页。
⑧ 陈秉公:《21世纪思想政治教育工作创新理论体系》,吉林教育出版社2000年版,第462页。
⑨ 陈秉公:《21世纪思想政治教育工作创新理论体系》,吉林教育出版社2000年版,第463页。
⑩ 张耀灿等:《现代思想政治教育学》,人民出版社2006年版,第395—397页。
⑪ 董世军:《现代思想政治教育载体论》,吉林大学2008年博士学位论文。
⑫ 张宝君:《高校学生思想政治教育载体建设研究》,东北师范大学2004年硕士学位论文。

释了思想政治教育文化、活动、传媒和管理载体的隐性教育功能和作用。① 夏旭莹认为思想政治教育社团活动载体具有导向、拓展、激励、调节和开发五大功能。② 袁信认为，"结合和渗透功能、导向和养成功能、规范和约束功能、沟通和协调功能、激励和转化功能"③是思想政治教育管理载体的五大功能。

综上，关于思想政治教育载体功能，学界均以载体"既能够为教育者所操作，又能够承载教育信息，还能促进教育主客体互动"这三项主要功能展开的，即承载与传递、中介与互动、增效与减阻、蕴含与渗透以及教化与养成等功能。"承载与传递功能"指载体具有承载和传递教育信息、内容的功能和作用；"中介与互动功能"指具有桥梁和纽带作用，能够促进教育主体和教育客体联系、交流和互动；"增效与减阻功能"指载体具有促进信息、内容的有效传递，减少教育过程中产生的阻力，提升教育效果的作用；"蕴含与渗透功能"指载体能够蕴含教育内容，具有潜移默化的作用；"教化与养成功能"指有助客体提高认识，自我养成的作用。

（四）高校学生思想政治教育载体

教育对象的独特性，规定了高校学生思想政治教育载体具有三个特征，即能够为高校教育工作者掌控并运用，具有承载、传递教育内容或信息的桥梁和纽带功能，并能促进教职员工与学生相互作用的活动形式和物质实体。"立德树人"目标实现，要求高校学生思想政治教育在特征、功能和载体类型等方面，既有其独特性，又与思想政治教育有共同性，是二者的聚合体。

1. 高校学生思想政治教育载体特征

新时代，"加快推进教育现代化，建设教育强国、办好人民满意的教育，努力培养担当民族复兴大任的时代新人，培养德智体美劳全面发展的社会主义建设者和接班人"④的时代使命，在本质上规定了高校思想政治教育在培养目标上是指向未来的，关系到国家存续和民族振兴。为此，其载体建设的旨要就是促进学生的全面发展，培养中国特色社会主义合格建设者和可担民族复兴大任的时代新人。同时，青年学生作为特殊群体，其思想观念、价值取向、行为特点都有其异于其他群体的特殊性，他们思想开放、善于接受新事物，个性张扬、注重自我价值

---

① 郑永廷：《思想政治教育方法论》，高等教育出版社 2010 年版，第 168—185 页。
② 夏旭莹：《以大学生社团为载体的高校思想政治教育模式研究》，山东大学 2011 年硕士学位论文。
③ 袁信：《论思想政治教育的管理载体》，华中师范大学 2001 年硕士学位论文。
④ 习近平：《论党的青年工作》，中央文献出版社 2022 年版，第 186 页。

实现。围绕立德树人价值指向和学生现实样态,思想政治教育载体建设要体现以下特性:一是引领性。思想教育的核心指向是人的灵魂的塑造。坚持社会主义办学方向,决定了高等教育要"坚持教育为人民服务、为中国共产党治国理政服务、为巩固和发展中国特色社会主义制度服务、为改革开放和社会主义现代化建设服务"[①]的人才定位,明确了高等教育的意识形态属性。规定高校学生思想政治教育载体的政治导向性和思想引领性。其建设的基本遵循,即坚持用习近平新时代中国特色社会主义思想、系列重要讲话精神和治国理政的新理念新思想武装学生,帮助学生增强政治、理论和情感认同,帮助他们树立马克思主义和共产主义信仰,帮助他们坚定中国特色社会主义信念,帮助他们筑牢中华民族伟大复兴中国梦信心,这是时代的要求,也是载体建设的灵魂。二是时代性。引领性是基本遵循,时代性是创新要求。时代变迁,青年学生的责任、成长环境发生深刻变化,学生思想和行为特点、现实和成长成才需求也会随时代而不断演化。因时而进,要求高校思想政治教育载体建设必须与时俱进,呈现鲜明时代特点。三是多样性。面对学生个体和需求的差异,高校思想政治教育要避免"一般齐",要坚持"漫灌"和"滴灌"相结合,在找准学生情感"触发点"、思想"共鸣点"上下功夫。高校学生思想政治教育载体应具有多样性和丰富性,把深刻道理通过鲜活的载体与表现形式讲清、讲透,增强教育的感召力和吸引力。四是聚合性。当前,随着新媒体的快速发展,微信、微博、抖音等微媒体不断涌现,不仅使高校学生思想政治教育时空深度拓展,也丰富其中介载体和承载工具。按照构成要素优势聚合的理念,推进多元媒介互联互通,发挥正能量的集群效应,构建微媒介传播矩阵,成为微空间思想政治教育迭代创新的实践导向。五是智慧性。面对媒体的智慧发展,尤其是教育人工智能的深度发展,智能、智慧、智力既是媒体智慧的彰显,也是思想政治教育载体达成因材施教、精智供给目标的价值追求。

2. 高校学生思想政治教育载体功能

从构成要素看,虽然高校学生思想政治教育实施场域和教育对象具有相对的独立性和特殊性,但依然从属于思想政治教育,在功能层面也具有一致性。一是传输功能。作为承载和传输教育信息的工具,载体是促进思想政治教育讲"深"讲"细"、落"小"落"细"、做"精"做"实"的重要支撑。二是增效功能。作为思想政治教育的活动环节和辅助性手段,恰当的载体可以在速度、广度、深度

---

① 《习近平谈治国理政》第三卷,外文出版社 2020 年版,第 328 页。

等层面对思想政治教育起到烘托、深化和增效的巨大作用。三是减阻功能。高校学生思想政治教育载体作为承载思想教育因素的工具和中介,具有真实性、相容性和客观性,是调动受教育者积极性的最佳方式,尤其微媒介载体的应用,进一步活化师生主体间性,进一步打破现实交往心理阻隔,和谐主客关系。四是互动功能。载体的有效应用,有利于师生互相启发、互相影响、互相制约、互相激励、互相促进、共同进步,实现感情交融、人格升华。微媒体的主体平等性、实时交互性为师生提供新的空间场域和交互平台。五是反馈功能。载体既承载教育因素,也有效果检验和测评功能,可以及时反馈教育效果。大数据时代,承载平台的数字化和可视化,提高载体对教育过程和效果的动态监控、实时跟踪和即时反馈。

3. 高校学生思想政治教育载体基本类型

笔者曾在相关研究中,对高校学生思想政治教育载体的基本类型进行了阐释。本书基本延续此前分类方法,即将高校学生思想政治教育的载体分为:课堂教学活动载体,主要有思政课程、课程思政和主题教育课程。管理活动载体,按照管理主体大体分为党务、学生、后勤等管理载体。活动载体,按照类型可分为社团、社会实践、科研等活动载体。按内容可分为党团、实践、社团、文体等活动载体;校园文化载体,主要包括物质、制度和精神文化载体;网络传媒载体,包括网站、广播、电视等。当前新媒体载体具有信息资源的开放性、传播的快捷性、资源的庞杂性和共享性。随着微信、微博、抖音等微媒体的涌现,线上微活动载体已呈星火燎原之势,从"指尖"直抵"心间",有态度、有温度、有厚度、有力度已成为网络新媒体的标志。

第三节　微媒体载体本质、特征和功能概述

微媒体的发展,促进媒介传播形态的重构和新型传播矩阵的形成,解构传统媒体单向传播的固有模式。微媒体时代,在互联网、数字通讯、移动通信技术支撑下,微信、微博、微视频 APP 等微传播媒介技术日趋成熟,微生活已成为人类社会生活的新常态。高校学生对世界的认知方式,也随着微媒体技术的发展而发生深刻变革。环境和对象样貌的改变,要求思想政治教育善用微媒体促进其范式创新,产生"链式革命"。要明晰微媒体概念,把握其本质内涵,了解其特征和功能,做到扬长避短,推进学生思想政治教育和微媒体优势要素聚合,发挥 1+1>2 的效果。

一、微媒体载体概念与本质内涵

当前,学界关于"微媒体(Micro Media)"概念界定相对较少,观点主要集中在微媒体是新媒体的一种形式;微媒体是微信、微博等社交媒介平台;微媒体是新型网络传播方式;等等。在实践中能够为教育者掌握,满足承载思想政治教育目的、任务、内容的工具要求,又可以将思想政治教育主客体联系在一起的微媒体,将作为本研究的微媒体载体加以阐述。

(一)微媒体载体概念演进

微媒体作为一种传播方式,源于微博,成熟于微信、微视频的普及和应用。微型博客,简称微博(2006 年),由埃文·威廉姆斯(Evan Williams)率先推出。2008 年,Twitter("推特")创建。随着国内"饭否网"(2007 年)上线,新浪微博(2009 年)的推出以及微电影、微语录、微公益等微媒体的逐渐兴起,特别是微信(WeChat,2011 年)的诞生,标志着人类已步入"微时代"。微博、微信、抖音、微视频等"微媒体"以其快捷方便、信息丰富等特点推动"微媒体"的快速发展。

学界对"微媒体"内涵的界定,因存在研究视角差异,导致认识不尽相同。本书通过对相关文献梳理发现,关于"微媒体"的内涵,学界主要有新型媒体和媒介平台说、新媒介(微博、微信)说、新型网络传播结构说等,具体阐释如下:认为微媒体是基于新技术支撑,产生的媒体新形态。胡德平认为,微媒体是由众多独立的发布点构成的一种网络传播结构,是一个通过微传播方式而形成的"信息场域、关系场域和叙事场域"[①];李铁锤认为,微媒体作为新型的媒体形态,是以新技术为支撑手段的新媒体,相对于传统媒体而言,微媒体被称为"第五媒体"[②];王继夏认为,微媒体是以微博、微信为代表的新兴媒体,是 Web2.0 概念下的多种新形态[③];易鹏、王永友认为,"微博、微信、QQ 空间为代表的微媒体平台借助智能手机、平板电脑等移动终端实现了迅猛发展,成为普通大众使用最广泛的交互媒介平台"[④]。

上述文献梳理可知,学界对"微媒体"概念界定尚未明确,以"微媒体"为研究视角的成果相对薄弱,多从单一微形式和现象出发,围绕单一视角,如微博、微信、微视频等展开研究的成果颇丰。"微时代"是指以数字通信技术为基础,以

---

① 胡德平:《主流意识形态在微媒体场域的注意力生产》,《思想理论教育》2015 年第 8 期。
② 李铁锤:《网络热词与网络流行语概念差异辨析》,《传媒观察》2012 年第 4 期。
③ 王继夏:《微媒体视角下大学生思想政治教育的挑战与应对》,《社科纵横》2017 年第 7 期。
④ 易鹏、王永友:《微媒体舆情监管困境与应对策略》,《中国行政管理》2017 年第 10 期。

智能终端设备和新兴社交平台为载体,实时、互动、高效进行信息交互传播的时代。因此,本书认为,"微媒体"是基于用户关系而搭建的圈群结构,是具有信息实时分享、传播及获取的功能平台,是以网络信息和通信技术为依托,以智能终端设备为载体,以信息交互类 APP［微博、腾讯 QQ、微信(WeChat)等］、学习资讯类 APP(慕课、钉钉、腾讯会议等)和短视频类 APP(抖音、快手、播客等)等一系列方便快捷、时尚个性的媒体平台为具体形式的新媒体样态。

(二)微媒体载体的本质内涵

微媒体作为微媒介传播载体的统称,其既秉承传统媒体固有属性,同时也彰显新媒体尤其是微博、微信、微视频等微媒体传播的时代特点。从形式上看,微媒体是指具有强大社交属性的信息传播平台;从形态角度看,微媒体是具有结构属性并呈现多点联结的新型网络传播模式。

微媒体从形式看是多元媒体的集合体。宫承波、田园认为,微媒体即新型媒体(微博、微信)。[①] 李璐认为,微媒体就是指微博、微信、播客等即时通信和互动媒介。[②] 赵前卫、汪兴和认为,微媒体是指以微博、微信、新闻客户端为代表的基于移动互联网具有社交属性的信息传播平台。[③] 成爱萍认为,微媒体是"以微博、微信为代表的信息发布与共享的新型网络传播方式"。[④] 张爱萍认为,微媒体即是指以微博、微信等微媒体为代表,传播内容短小精悍,传播速度快,传播内容广泛的新型网络传播媒体。[⑤] 因此,从形式上看,"微媒体"是指具有强大社交属性的信息传播平台。微媒体作为以网络信息和通信技术为依托,以智能终端设备和微博、微信等为载体的一种新媒体形态,其特点必然具有媒体的本质属性,同时也具有网络信息、通讯的新技术烙印和时代痕迹。微媒体应用的普及,主要得益于其应用的便捷化以及对碎片化时间的有效利用。诚然,微媒体不仅仅是微博、微信、短视频等几种形式,还包括可供阅读、办公、学习、交互的其他形式,但仍以微博、微信、短视频等为绝大多数用户所使用而成为微媒体的主导力量。

微媒体从形态角度看是新型网络传播结构。网络传播结构是网络传播中各要素的关系形态与运行方式,即传播者、受众、传播内容、传播渠道、传播环境等

---

① 宫承波、田园:《构建"微时代"的对外传播体系》,《对外传播》2014 年第 6 期。

② 李璐:《"微媒体时代"的舆情危机与应对策略》,《山东省农业管理干部学院学报》2013 年第 4 期。

③ 赵前卫、汪兴和:《微媒体舆情传播特点》,《今传媒》2017 年第 12 期。

④ 成爱萍:《新媒体时代高校图书馆数字阅读微媒体推广研究》,《图书与情报》2015 年第 2 期。

⑤ 张爱萍:《微媒体时代高校思想政治教育话语权研究》,兰州大学 2017 年硕士学位论文。

彼此联结并相互作用。基于微媒体作为一种新型网络传播结构,学者给出了不同视角下的界定。严宏伟认为,依托数字、网络和移动通信等技术,其传播具有实时、高效、互动、短小精悍的特点。[①] 马佳军、李雪松提出,"应该把许多微小的博客所组成的信息传播网络看作是一种媒体,而这类由许多独立发布点构成的网络传播结构,便称为微媒体。"[②]宋瑞丽等认为,微媒体是具有社交属性的移动端,是基于用户社交关系搭建的,信息发布、分享、传播即时的网络传播结构平台。[③] 谢伍瑛、赵周认为,微媒体是信息即时交互的网络社交关系平台。[④]

从形态角度看,微媒体具有结构属性并呈现多点联结,于交互中承载内容并在运行中实现目标,受众可以随时随地以多种方式沟通交互,既可以将自己所见、所闻、所思、所感第一时间上传,也可对自己认同的各类信息进行即时转发和评论。微媒体信息海量,传播即时,对舆论场具有极大的冲击力,已成为大众信息传播的主渠道。学界对微媒体特征的研究主要围绕其传播特性展开。因此,这一界定较为符合思想政治教育微载体的功能性与目的性价值定位。

二、微媒体载体的基本特征

移动通信技术迭代创新,促进微媒介载体形态演进。作为"互联网+"时代链式革命的结晶,数字化、分众化、交互化是微媒介载体内在特质,为此,要从媒体的传播特质出发,围绕传播主体、内容、方式和过程四个层面特点阐释其特征。

(一)传播主体大众化与交互化

传播主体大众化。网络覆盖范围的扩大,信息、通信等技术的提升和智能移动设备的升级换代,使微媒体应用进入大众化、普及化时代。微媒体时代,微博、微信等社交软件应用的便捷性,提高受众的"可及性",使受众呈现"指数级"增长态势。第54次《中国互联网络发展状况统计报告》显示:截至2024年6月,我国互联网普及率78.0%,网民规模近11亿,使用手机运行微信、微支付(手机网络支付)、微视频(短视频)的用户规模巨大,其中,网络视频用户使用率达97.1%。另据腾讯公司2024年9月发布的统计数据,WeChat月活跃用户达13.82亿。这显示微媒体已经成为社会大众最为主要的沟通、交互方式,也是大

---

① 严宏伟:《微媒体舆论引导:策略·方法·案例》,国家行政学院出版社2013年版,第8页。
② 马佳军、李雪松:《微媒体传播局限及对策研究》,《新闻研究导刊》2016年第13期。
③ 宋瑞丽等:《微媒体研究现状综述》,《科技传播》2016年第16期。
④ 谢伍瑛、赵周:《微媒体时代当代大学生媒介素养问题研究》,《东南传播》2014年第9期。

学生群体日常学习、生活的必需品,体现数字时代微媒体无孔不入的显著特征以及被广泛接受的泛众化发展趋势。

传播主体交互化。互联网覆盖范围扩大,微媒体使用的便捷性降低了新媒体应用的技术门槛,使传播由单向线性传播向双向交互式、网状扩散式传播模式转变,使信息传播者和受者地位发生深刻变化,角色呈现交替、错叠和融合态势,信息传播者同时也是信息接收者,这是基于数字化信息传播的交互式特征而产生的角色间性所致。微博、微信、微直播、公共社区和论坛等新媒介平台,为受众提供平等交流的新平台,其信息传播呈现双向互动和多向流动特征,信息传收双向互动促进参与主体角色平等。微媒体传播话语权平等性和信息主体身份交替转化,弱化传播主体中心地位,促进信息传播主客体平等对话,调动客体积极性,为草根阶层提供"发声"的渠道,使受众在对话中实现话题的参与,进而成为信息传播的主体。在数字技术支持下的微媒体智能化共享模式,使得人人都有"麦克风",即便是受众群体,既是信息接收者,同时也是信息传播者。

(二)传播内容碎片化与个性化

以"微"著称并获取受众的微社交媒体,传播信息内容碎片化是其显著特征。微媒体时代,传播信息内容碎片化已成为受众彰显个性和自我价值的新样态。微博、微信、微视频等微社交平台的快速发展,不仅满足人们交流互动新需求,也为人们获取信息提供多样化新途径。碎片化原意是将完整的东西拆解成诸多碎片。在传媒领域,碎片化是指由于社会阶层的多元裂化,导致社会群体细分化,传播媒介小众化,简单说,社会阶层的"碎片化"是导致信息传播"碎片化"的根源。随着数字、网络和传输技术的广泛应用,强化受众信息处理能力,社会阶层的"碎片化",一方面使受众群体和需求呈现"碎片化",另一方面也使信息传播呈现"碎片化"。"低头族""拇指族"已成为人类生活中的常态化情景。公众已习惯于在零散的时间"随时随地"接收或传播信息,公众随意化、情绪化表达方式,也强化传播信息内容的碎片化呈现模式。由此可见大部分用户仍以快餐式、碎片化阅读为主。前述数据为多年前的统计数据,随着数字智能技术的不断发展,社会生活数字化的不断蔓延,当前数据必然大幅超过此前统计结果。微媒体传播信息内容的碎片化、普及化,满足了由于公众身份层次、思想认知和价值倾向导致的差异化,差异化信息需求,也使微媒体受到公众广泛接受与普遍适用。

传播信息内容的个性化。个性化,顾名思义,即为特色鲜明、独具特色,具有个体特性的需求和服务,又称定制化,指为适应特定个体而推出的特定产品。个性化是微媒体传播的特质。微媒介载体信息传播主体的交互化,尤其是微媒介载体应用和发声的低门槛，使信息生产和消费者之间的界限愈加模糊。数据技术的快速发展，为有效满足受众需要，为实施精准供给提供依据。大数据的数据汇集功能，实现对受众媒介应用痕迹数据的全域全程全方位采集和归类，算法关联分析功能可实现对用户的"画像"精准，进而实现供需匹配精准，利于为用户提供针对性强的、量身打造的个性信息，提高信息供给精准性。尤其是微博、微信、微视频和移动终端应用的普及，使得圈、群、吧、贴、区中的个体都能成为信息源，实时浏览自己关注的信息，发表自己的看法，不仅可以提高个体参与的积极性和主动性，而且还可以提高个体存在感、价值感和获得感。以个体为中心的个性化传播模式已从边缘走向主流，成为信息传播的新样态。人人皆可是主播的信息传播环境下，个体的差异性必然导致信息内容因不同个体的特性而呈现个性化和特色化。

（三）传播形式聚合化与扩布化

"新"是媒体传播的力量源泉，内容是媒体传播的核心。随着微媒体的发展和受众的大众化，"万物皆媒"的数字化全媒体时代已然成为现实。

传播形式聚合化。微媒体标签式与情绪化传播，使微媒体传播具有强大的聚合性。微媒体操作应用的智能化和便捷性，话语模式的碎片化和随意性，符合大众阶层的话语风格，为受众宣扬个性、展现自我提供场域。微媒体信息传输便捷性，使得讯息发布者与接受者既能获取自己喜欢和感兴趣的信息，也能自由转发并发表评论。微媒体的信息传播效能可以抹平传统传播媒体无法覆盖的死角，使讯息迅速被传递到每一个拥有移动通信设备的使用者，让最广泛的人群因微媒体而被聚合在一起，信息的弥散性与无孔不入的扩张力，使信息所携带的影响效应被迅速激发。这一信息交互过程可以将信息传播双方有效融合，产生情感助燃与感受共情的聚合化效应，突破原有信息传播主体与客体单向度发出信息与接收信息的单体化传播模式，改变传统的"灌输"式的信息流向。借助微博、微信、微视频等微社交平台，即便是信息接收者也被赋予将信息效果膨胀的"扩音器"，而不再是单纯的"听话筒"，为信息接收者能够参与信息传播和交流互动装上"传声筒"。面对热点问题和社会突发事件，尤其重大突发事件，受众可以实时了解并转发信息，阐述观点，发表评论，引发广大受众的关注和转发，形成信息流，产生信息聚合效应。比如，在参政议政方面，微博、微信公众号等微政务服务平台，已成为群众参政议政的新途径，网络问政、网络建言、网络提案等网络问政平台以及各类微反馈平台的建立，极大地激发人民群众参与政务讨论、为国家和社会发展建言献策的积极性和主动性，实现人民群众与政府、企事业单位的沟通交流与互动,拓展人民群众参政议政的渠道和途径。数字化微媒体环境下,各种"圈、群、吧、贴"以及社区论坛、部落、个人空间、直播平台等微媒体载体为受众提供展示自我、参与互动的新途径,将受众的情绪与认知聚拢到某一个预设节点,加以积极认知引领与情感烘托,燃爆受众的情绪热度,达到思想引领与行动导向的正向效应,为信息和舆情有效传播和快速聚合搭建新载体,对网络热点问题和社会重大事件的发展尤其有效处置提出新的契机。

传播形式扩布化。第 54 次《中国互联网络发展状况统计报告》显示:截至2024 年 6 月,我国网民规模近 11 亿人(10.9967 亿人),微信、微博、短视频的广泛应用,使微媒体成为中国社会人际交往与信息发布的重要平台与内容来源。在众声喧哗、思潮繁杂的"流量"时代,人人都是信息源、都是微"主播",信息会随着扩散而依次对受众产生影响,使其传播呈现极强的扩布性。媒介传播扩布性的特点,可以引发受众对热点问题的广泛传播与扩散。以社交关系为纽带的微媒体时代已然来临。微媒体环境下,以微博、微信等微载体搭建的"圈、群、吧、贴"以及社区、论坛、部落具有强大的关系传播功能,易形成网络意见共同体。微媒体关系资源传播的特点,使信息传播者可以基于自己所处的不同社会关系网,以情感为联结纽带,开展信息生产和交换活动。比如,微信圈、群结构正是社会群体间现实社会关系的集中反映,是基于现实中真实社会关系而建立的。微信朋友圈、微信群中的成员一般是认识或比较熟悉的亲人、同事(同学)和朋友等社会相近群体。圈群成员群体的相近性,使信息传播是基于关系资源的信息传播,其信息传递是建立在相互信任"好友"基础上的,相近的社会群体、共同的兴趣爱好和价值取向,使他们易形成共同语言,产生相似的意向,发出共同的声音。因此,微信内容分享,既是成员间获取信息的渠道,也是成员间建立关系的渠道,分享代表肯定和认同。微博则是依赖于关注与被关注而建立的联系,博主和受众是松散的陌生人关系,关注是对博主推出博文内容、观点或价值观等方面的认同,这一关系看似松散,却能以情感为纽带,进行社会动员,聚集群体,形成强大的社会舆情。

(四)信息传收即时化与互动化

信息传收即时化。微媒体时代,4G、5G 网络传输的高速性,移动智能设备便捷性,采编设备的智能化,极大缩小信息推送与接收的时间差异,随着 5G 技术的广泛应用、4K 传输技术的成熟以及 AR、VR、人工智能技术的应用,使微传播的即时性更加突出,推送与接收的同步,彰显信息传播即时化。未来,随着移动智能设备的迭代更新,尤其是手机、IPAD 以及未来数字化便携设备的发展,其体积小,方便携带已成为人们获取信息的新工具,新型智能手机、智能手表、健身腕带等可佩戴式微型设备,可以确保终端用户始终处于联网状态,特别是10Gbps 及以上的传输速率,使得用户可在智能终端即时浏览、观看各类信息。在数字技术与移动设备的不断更新换代背景下,微媒体信息传播即时性将会得到进一步凸显,社会信息交互将进入到实时与瞬时状态。

信息传受互动化。互动作为最普遍的日常生活现象,是由自我互动、人际互动和社会互动组成。通常所说的互动是指"角色互动"。微媒体时代,微信、微博等新社交平台,其关注、转发、评论、回复、分享等互动功能,为受众提供新的互动交流平台,网民可以文字、微表情、图片等多种形式进行互动交流。微媒体环境下的互动,具有较强的自主性、灵活性,也具有较强的扩散性和多样性,可打破时空限制,实现即时沟通和交流。微互动形式多样、内容简单、途径多元、时效性强,同时,在微媒体上,人与人之间没有阶层、收入、身份等差别,互动双方角色平等,激发网民交流兴趣,获得良好交流体验。信息内容和数量的丰富,易引发阅读兴趣,使网民产生互动的愿望。人的社会属性决定人的社会生活中必然基于交往而存在,人类社会经历过古代信笺、信物、诗词以及现代电报、电话进入到数字时代媒介信息交流平台,人们借助各种信息交互平台,诸如微信、微博、短视频等数字化智能形式与周围人群进行交流。从用户关注、投入时间和参与程度看,目前,微媒体用户形成了以关系为链接、内容为介质、技术为支撑,用户齐关注、网民共参与的微交互新常态。

三、微媒体载体功能

微媒体载体作为时代产物,是由网络、通讯、数字、传播技术和移动智能终端构成的聚合体,是以微社交软件为承载工具的综合传播介体。作为数字化新媒体工具性平台,必然带有数字化传播特征与功能。

(一)激发受众参与

传统大众媒体,专业化信息与资讯内容生产,专业化和职业化传播主体,传播受众多处于"消费者"和"被动接受者"地位,信息具有定向传播的"单向性"。受众与信息生产者的话语地位差异、信息资源的拥有程度差异,弱化了双方交流交互。微媒体时代,微社交媒体使用的简便快捷,主体发声的随意化和即时化,供给平台和推送形式的多样化,尤其是信息来源和传播主体的交互化,打破传统媒体单向传播模式,媒介参与主体对平台信息既可以即时生产推送,也可以即时接受、交流和再加工生产,使媒体信息和资讯呈现关系传播、幂级扩散、交互交织传播的新样态。平台的多元、多样,呈现形式的视听集成、门槛低的准入特点,使传播主体呈普泛化趋势。尤其是传播主体的虚拟性,使众多处于"沉默的螺旋"地位的民众成为平台新秀和草根网红,激发受众参与热情。

微传播样貌下,信息内容的海量供给、渠道的多元共在、方式的交互共享,为受众获取和发布信息提供新载体。数字技术的发展,引发内容呈现形式的变革,文字、图片、音频、视频的多元聚集,赋予传播内容更多感官体验,激发受众的体验感和愉悦感。传播主体的"大众化""平民化",使平台内容更贴近生活,贴近人们话语模式,增强受众获得感。平台多样、内容的无所不包、海量多元,满足受众多样化需求,直接激发民众参与性。同时,受聚类性和从众性影响,多数受众看到其他人发了自己想发的信息、说了自己想说的话,必然激发自我的参与热情,许多受众也效仿其他信息主体,将自己所思、所感以及生活点滴上传平台,实现自己的"情感倾诉"和"创作梦",正是在这样一个"你中有我、我中有你"传播样态下,推动受众参与群体、参与途径、参与范围的日渐拓展,形成全员参与信息传播新格局。

(二)丰富传播内容

随着科技的发展,微媒体正逐渐向多元、融合趋势发展。作为网络信息技术发展产物的微媒体是数字时代媒体的重要组成部分,是传统媒体与网络新技术叠加的结果。微媒体大数据的汇聚功能,为平台海量信息的汇集奠定坚实基础。依靠网络信息和数字技术,可以实现平台内信息数据的汇集,也可以通过平台间数据的共享向人们提供相关信息。使受众可以获得的信息不论是在类型上,还是在内容上都得到极大丰富。由于信息传播节点呈网格化,在人人都有"麦克风"的背景下,各种传播资源呈现在信息受众面前,同时,传播的低门槛和便捷化也会导致信息传播者将所占有的资源,通过转发、点赞、评论、小视频或直播方式向外传递,使传播范围更加广泛,使草根文化在微媒体环境下被进一步放大,普通人也可以成为"焦点",例如,在短视频平台的推送下,更多新内容呈现给广大受众,受众范围的扩大以及被仿照加以推送,使得内容涉及面与覆盖面进一步延展。

微媒体内容的丰富性与多样性,源于信息生成主体的多样化,也体现了平台承载信息的个性化和平民化,这一特性更容易感染受众,提高信息接受甚至仿效度,引发平台内信息传播的群体共振效应。随着移动通信和媒介技术创新,微媒体开放性特点愈加凸显,这也意味着信息在传播内容上跨界性愈强,可以将不属于同类属性的内容加以聚合,而成为一个多面体,不受时间限制全天候式推送。随着微媒体的快速发展与普及,只需一部智能手机,网民就可以随时随地进行信息传播,打破以往约束,能及时有效地解决各类问题,为生活、工作、学习带来便捷。这一过程也间接地促成信息传收主体角色交互叠加,实现信息内容在资源摄取与利用上的同频共进。

(三)提升传播时效

微媒介即时、跨界传播的特性消解传统媒体信息再生产时间的延迟,克服固定场域、空间阻碍,实现信息推接的即时共在。旧媒体时代,信息推送途径呈单向度传播。受社会生产、科学技术制约,信息再生产过程较长,致使知识和信息资讯传递具有相对延迟、滞后性,信息资讯传播时程较长。网络通信技术的升级,尤其是数字技术的迭代,催生微媒体"井喷"式的诞生和普及。微信、微博以及微视频的交互性传播,实现信息交互的即时性传播。

作为通用、便捷社交平台,微媒体因其双向互动、即时呈现的信息传播特点,打破传统媒体边界束缚,跨越国界,实现不同社群、产业间的数据共享,实现了信息跨界传递,摆脱时间、空间、技术上的局限,不论身在何处,"一网"在线、"一机"在握,即可尽知天下事。人是一切社会关系的总和。作为"熟人"关系而建立的"圈、群、吧、贴",因其受众同质性,更易因议题、话题的趋同性,引发关注,实现共鸣、共情,催化信息传播的广度和效率。当前,随着5G的普及,媒体的全程化,尤其是H5、VR以及智能采编系统的升级,资讯传播"零时差"已成现实。随着媒体的深度融合,全球一体的即时传播趋势明显。受众不仅可以即时获取第一手资讯,还会有身临其境的现实体验。2021年中国空间站首次"太空授课",就是媒体即时传播的最好例证,可以说,未来即时交互、场景沉浸的传播样态已不再是一种愿景。

(四)拓展传播渠道

微媒体时代,微博、微信、微视频及其衍生平台,为大众提供自由、平等、开放、便捷的传播矩阵。一方面,各类微平台为信息汇聚和加速传播提供新的空间和场域。微媒体平台交互共享和信息矩阵式传播,扩大受众信息选择、获取范围,促进信息传播主体对承载载体选择的自主、多元,也为受众价值信息获取提供多元渠道。信息传递主体的交互与扩布,使信息传播形式与途径变得更多元化,渠道更开阔。传播载体的集成和互联,打破传统媒介受众群体界限障碍,拓宽了信息传播渠道。

另一方面,微媒体具有矩阵传播属性,可以通过形成一个持续、可参与性、有意思的话题,构建线上与线下联动的多种传播形式与途径。各类圈群吧贴和社区的出现,使每个受众都成为网络信息传播的社会网格节点,有利于信息传播主体在数字技术基础上,构建有效的金字塔形状传播矩阵,以微博为例,可以构建包括官方微博、管理层微博、工作人员微博与信息接收者进行信息沟通,抑或是利用公众号将需要信息主客体加以联结,通过矩阵式信息传播途径保障信息可以层层推进,这正是数字技术支撑下的微媒体最为突出的功能。

第四节　高校学生思想政治教育微载体的内涵与特点

微媒体信息集约化传播与共享,为学生信息获取提供新场域。既改变学生接受知识和信息的惯习,也对高校学生思想政治教育提出新挑战。如何把握微媒体传播形态,促进思想政治教育载体现代化,成为高校必须直面的现实问题。深化"思想政治教育+微媒体"进程,聚合优势功能,提高载体效能,需要研究者明晰高校学生思想政治教育微载体的本质属性、种类和特点,为研究提供学理支撑。

一、高校学生思想政治教育微载体的内涵与种类

时代和技术变革,媒体传播形态演进,推动高校思想政治教育范式革新。高校学生思想政治教育微载体,作为功能"聚合"和链式革命实践的结晶,是高校运用微信、微博、微视频等一系列与"微"相关的传播方式,开展学生思想政治教育的新样态。

（一）高校学生思想政治教育微载体的内涵与本质属性

微载体作为"微文化"辐射嬗变的产物,始于 20 世纪 90 年代麦子提出"微文化"理念。"微文化"作为网络流行文化,是文化发展的新形态,是一种亚文化。微载体作为网络媒介传播的样态,是指微信、微博、微视频等一系列与"微"相关的传播方式的聚合体。高校学生思想政治教育微载体,是指高校思想政治教育工作者以微信、微博、微视频、微直播等新兴网络微媒介载体及其衍生品为承载工具,对学生开展思想政治教育的全部实践和活动过程。作为思想政治教育的线上延伸与拓展,高校学生思想政治教育微载体,突破教育主客传统界限,也打破传统场域和时间的限制,为其跨时空提供新载体,有利于高校思想政治教育因材施教、深耕细作,为学生个体提供差异化、个性化教育,增强学生对教育内容、场域和时间的可选择性,进一步提升学生的获得感和幸福感。

把握事物的本质,是推进事物发展的关键。高校学生思想政治教育微载体作为新生事物,源于微文化,是时代发展的产物。其本质属性是微媒体和思想政治教育二者内在共性本质的彰显。作为承载中介和工具,其主要具备下列本质属性:

时空延伸体现主客共在。人类的实践活动离不开特定的载体,载体既是可感的物质形态,也是实践活动的承载者。一方面,从工具论的视角出发,高校学生思想政治教育微载体作为系统性的活动场域,既包括具体的客观场域,也包括情境、心理、精神等主观场域;另一方面,从本体论的视角出发,其建设的目的是使学生通过对微载体搭载内容的认知和内化,引导学生坚定理想信念、提升品德修养和精神境界、夯实报国本领、增强责任和担当意识,从这一层面上看,微载体也就从实践场域延伸至教育对象,成为学生需要对其特征、功能进行认知的社会存在形态,其蕴含着自身展开的空间和方式,即教育目标的达成既需要以微媒介传播技术为支撑所营造的微活动空间,也需要搭载思想政治教育内容的微课、微视频、微电影、"微"话语等微传播模式。因此,高校思想政治教育微载体建设者既要把握承载活动本身的微社交媒介载体,又要把握构成微载体的诸要素。发挥其承载工具作用,是教育者提升主体认知作用的彰显。

内容推送体现动静共进。作为新兴承载中介,高校学生思想政治教育微载体所承载的内容多以文本、图片、视频等形式为学生所感知和接受,数字化传送方式和多样性的呈现形式,以及受众主体感知的情景化,共同构成高校学生思想政治教育微内容"推、接、转"的情境空间。高校学生思想政治教育微载体内容呈现形式的多样化,使其所承载的内容丰富多彩,学生以自身"期待视野"关注高校思想政治教育微空间所呈现的思想政治教育微内容,并以自身的"审美经验"为标准,感知、定义微空间所搭载的思想政治教育微内容,形成想象情境,拓展微空间范围。作为线上线下高度融合的教育形态,高校学生思想政治教育微载体既是互联网和移动信息技术的拓展,也是师生人际交往场域的扩展。由此可以看出,内容静态空间和社交动态空间的融合与发展,进一步促进思想政治教育微空间活动情境和场域的形成,延伸和拓展教育教学的实践空间。

多维空间实现同生共在。作为优势要素、功能聚合体,高校学生思想政治教育微载体实践空间是物理空间、精神空间和社会空间的共在。一是物质场域,移动通信、媒介传播和数字技术创新,推动"思想政治教育+微媒体"深度发展,延展高校思想政治教育时空,为其提供新的信息传播微物理空间。无论是官媒、社媒、自媒,还是能够精准推送信息的"智媒",其大体量、高精度、分众化的信息传播样态,极大推动思想政治教育物理空间的扩展。二是基于意识场域,各类微"圈群"成员共同的兴趣爱好、行为方式、情感表达为"圈群"趣缘群体的共在共享,提供精神支撑,塑造共同的精神意识微空间。人的本质是一切社会关系的总和,交往和共享是人现实存在的本质特征,无论在任何空间和场域,都离不开人的沟通与交往。微媒介社交软件的迭代更新,为人们提供更为便捷的交往平台,当前,人们运用微媒体新技术表达自己的观点、诉求,并寻求社会进步已成为人类发展进步的推动力。承载思想政治教育活动的各类微载体,比如,博客、微博、微信、直播、抖音等媒体都具有"圈层"的结构特点。精神意识作为各类"圈群"最终的价值共识和行为导向,能够提升"圈群"成员的价值认同、集体认同。因此,作为维系"圈群"存在的价值共享,已成为"圈群"微活动意义和精神共享的关键所在,价值共识作为一个不断深化和拓展的过程,其具有向下的兼容性。三是基于交往场域,高校学生思想政治教育微载体作为师生活动的实践平台,在师生教学相长中形成以交往实践为支撑的社会空间。教育教学既是一个教育引导过程,也是一个师生间交往互动过程。无论是教育教学技术的应用,还是师生思想、观念的交流,都离不开师生间有效的沟通,学生的理想信念、价值观念和行为认同的产生和建构都离不开思想交汇和行为交往。

在微媒体时代,微交流、交互、沟通成为微空间师生教育实践的现实存在。高校学生思想政治教育微载体作为技术环境的物理空间、意识形态的精神空间和师生交往实践空间的共在,成为学生思想政治教育微场域新的桥梁和纽带。

（二）高校学生思想政治教育微载体种类

微媒体时代,"微生活"成为青年学生社会存在新图景。作为教育媒介载体,与教育对象特点和生存环境相匹配、相适应,同频共振,是思想政治教育微载体建设的价值依归。为此,适应微空间学生的行为特点和信息传播样态,拓展思想政治教育网络空间阵地,构建微载体供给矩阵,具有极强的现实价值。当前,就高校学生思想政治教育载体分类而言,从承载媒介视角看,思想政治教育载体可分为传统媒介载体和网络媒介载体。传统媒介载体主要包括:纸质媒介载体（书籍、报刊、文件等）、电子媒介载体（广播、电视、电话等）、网络媒介载体（互联网及其衍生的各类新媒体）。高校学生思想政治教育微载体作为"思想政治教育+微媒体"实践结晶,是专门针对青年学生这一特殊群体开展微空间思想政治教育的新型载体。从当前高校对微载体的应用看,主要包括以下种类:

公众号。目前,高校公众号主要包括,微信公众号、微博、播客与博客（BLOG）,具体而言,高校学生思想政治教育公众号,按照运营主体可分校级、院（部）和教师（学生）个人公众号三类。一是校级公众号。俗称"官微",是由高校责成职能部门策划和运营的官方资讯平台。华中科技大学"官微""华小科",2012年首次上线运维,成为高校资讯传播由传统媒体向微媒体转向的时代标志。当前,"官微"已成为高校资讯平台"标配"。二是院（部）微信公众号。作为对"官微"的补充,院(部)微信公众号,是由职能部门和二级学院运维的微公众资讯平台,主要包括,学院、团学、教务和其他教辅系统职能部门公众号和圈群组。三是个人公众号。多由教职员和学生个人开设。这类微平台较为复杂,把控难度大,需要高校严格规范。

短视频。为顺应学生视觉化需求,教育可视化趋势明显。2016 年,抖音的"爆款",掀起短视频热潮。快手、抖音等短视频平台受到学生"热捧",并成为其产品的深度用户和忠实"粉丝"。[①] 短视频爆发性增长,推动舆论生态、受众对象、传播技术样态的变革,[②]使"内容制作与传播"从专业媒体转变为大众生产与传播的行为,[③]助推短视频大众化传播。青年学生作为新生事物的易受者和媒体技术推广、普及者,短视频"霸屏"已成为其生活常态。这也为高校思想政治教育视频化提供新契机。

移动终端设备。多指笔记本电脑、平板和手机等可移动接收端。一般情况下,高校学生常用的移动终端是智能手机。当前,智能手机已成为高校教育管理服务的最佳中继站。将智能手机作为思想政治教育移动接收终端,是时代和学生应然要求。发挥智能手机终端接收功能,将思想政治教育内容通过各类小程序、微信圈群和一站式服务平台,以显隐结合的方式有效传递给学生,是高校思想政治教育工作者需要深入探究的新课题。

易班。易班作为综合性互动社区,是通过对微博、博客、社交等主流 Web2.0 应用的融合,支持 Web、手机客户端等多种访问形式,为高校师生提供一站式教育服务的信息定制化平台。易班社区诞生于 2007 年 8 月,经过三批高校试点(2011 年 6 月改版升级后,试点高校达 44 所,2012 年 12 月易班网络互动社区开始在厦门大学试点,2015 年 1 月再次改版升级),据《上海教育系统深化"三圈三全十育人"推动高校立德树人新发展》一文显示,2018 年"易班优课"已覆盖全国 29 个省区市,汇聚教学课件 6 万多个、课程视频 8000 多部,搭建了覆盖全国的网络思政教育资源生态圈。

一站式服务社区。一站式服务平台作为高校内部各类信息集中和发布平台,是师生在线办理日常事务的统一入口。一站式服务平台以服务师生为终极目标,通过整合高校管理服务资源,优化管理服务流程,构建起集咨询服务、网上

---

① 王肖:《大学生短视频热现象的原因分析、潜在风险及应对策略》,《思想理论教育》2021 年第 1 期。
② 张艳虹、王诗乐:《大学生短视频平台使用状况及引导》,《高校辅导员学刊》2020 年第 2 期。
③ 顾翔:《自媒体时代大学生短视频生产与传播行为分析》,《鞍山师范学院学报》2020 年第 5 期。

办事、信息公开和督查督办为一体的立体化服务平台。当前,一站式服务平台作为高校智慧校园建设标志,已成为学生自主管理、自主服务的最佳途径,是高校围绕、关照、服务学生,实现学生教育管理服务优势"有效"聚合的具体体现。

当前,微空间思想政治教育的引领性和辐射度不断增强,2021 年 5 月 28 日,《首批高校思政类公众号重点建设名单》出炉,"包括清华大学、北大青年、中国大学生在线、首都教育等在内的高校公众号、高校共青团公众号、知识服务类机构公众号共 12 个类型、200 个公众号。"①怀进鹏明确指出,要继续深化学生社区综合管理模式改革,遴选 31 所高校开展"一站式"建设试点工作。②

二、高校学生思想政治教育微载体的主要特点

作为崭新的教育承载中介,高校学生思想政治教育微载体是以微传播介体为工具而搭建的聚合移动传播矩阵。因应载体的特殊性,高校学生思想政治教育微载体,一方面具有教育的本质属性,另一方面也共享了微媒体主客交互、内容传递即时、呈现多元等特质。作为学生惯用工具,微媒介载体发挥其传播优势,助力思想政治教育的范式创新和内容革命。

(一)主客地位交互平等化

媒介载体种类决定传播样态。传统纸媒呈单向传播态势,而以自媒体为主体的新媒体,传播形态呈交互态势。高校思想政治教育微载体是以微媒介为承载介体的新范式,其一定兼具教育和新媒体二者共同的本质属性。微媒体相较于传统媒体,在传播形态上,将个人传播、人际传播与组织和大众传播完美地融为一体。信息传收主体呈平等性、交互性关系存在。在微空间思想政治教育实践样态中,教育主客体呈现互为转化,互为主体关系呈现。这种关系的形成是由微媒介空间信息双向互动传播所决定的。

微媒介空间信息传收低门槛,促进信息主体大众化,在微传播场域"人人皆主体""处处有主播",传统媒体"特定把关人""风光不再"。媒介信息交互性传递,使微空间每个成员都成为信息节点。节点的网格化和泛化,促进信息扩布性传播,打破传统思想政治教育主体的"主宰"地位,弱化教育主体"权威性"和"把关人"地位。微媒体传播"交互性"特质,密切传收主体间关系,促进信息良性互动,③实现信息生产与接受的一体化。微载体的趣缘和熟人关系特性,决定平台

---

① 《中央宣传部等部署重点建设高校思政类公众号》,《中国青年报》2021 年 5 月 28 日。
② 怀进鹏:《不断推动高校思想政治工作高质量发展》,《人民日报》2021 年 12 月 10 日。
③ [加拿大]罗伯特·洛根:《理解新媒介》,何道宽译,复旦大学出版社 2012 年版,第 45 页。

空间成员具有价值、兴趣取向的趋同性,这也促进信息的"二次"传递,以及个别受众自我价值融入后重组再发送,实现信息节点流转与指数级扩散。在微媒体虚拟交往空间中,思想政治教育者主体"光环"隐匿,为其贴近学生,走进学生心里,敞开心扉,深度交互提供新场域。新媒介传播图景下,微空间信息主体角色的交互,促进教育双方关系和地位的平等。虽弱化传统教育主体的地位,但却强化对象主体性,实现传收主体角色动态转换,推动思想政治教育内容节点式扩散,提高教育覆盖度。

(二)内容推送即时同步化

罗伯特在其《理解新媒介》一书中指出:媒介传播的即时性包括两个方面的含义,一是信息收发的实时性,编码—解码同时进行,信息制造者和受众可实时互动;二是信息获取的适时性,受众可根据自己的需要,跨越时空束缚,随时随地获取过往信息。[①] 同时,大数据时代,数字媒体技术的发展,尤其是网络直播、微视频的出现,使信息制造者对正在发生的事件及其场景,既可以适时拍摄与记录保存后推送给受众,也可以对事件及其现实场景通过直播及时推送,为受众创造身临其境的现场感与参与感。

高校思想政治教育微载体,无论是高校设立"官微"资讯平台,还是教育管理服务一站式社区,或者是各类"圈群"组织和趣缘社区,其都具备微媒介传播特性,简单快捷。这一功能优势,捕获学生"芳心",受到高校各级组织和群体"青睐"。信息获取即时、便捷的特点,符合学生第一时间了解世界大事、关注社会热点的"猎奇"心理,也契合思想政治教育第一时间将党和国家大政方针、现实要求送达学生"心田"使命,可以说,高校思想政治教育微载体建立,符合学生获取资讯、知识的惯习,契合高校思想政治教育即时送达要求。当前,"官微"已成为各级各类高校的标配,易班和"一站式"社区正以不可阻挡之势进入高校。供给时效性是教育效果彰显的重要保证。只有将最新理论、资讯以最快速度送达教育对象,才能更好发挥理论教化和指导作用。新时代,国家、社会迅猛发展,要求高校将新思想新理论新目标新成就第一时间送达青年学生,让青年学生在丰富"精神食粮"营养下,立大志、成大才、担大任。实现这一目标需要高校教育者,在夯实政治理论素养基础上,潜心钻研新媒介载体传播技术,将其即时传播功能发扬光大。

---

① [加拿大]罗伯特·洛根:《理解新媒介》,何道宽译,复旦大学出版社 2012 年版,第 42 页。

（三）产品供给匹配精准化

随着技术进步，媒体智慧化程度日趋显现。微媒体可以运用大数据分析，对受众的思想和行为特点进行精准"画像"，在此基础上，针对受众的需求特点，为受众推送其所需求的定制服务或产品，最大限度满足受众对接受信息产品的功能要求和现实需求，实现供给产品与人的需求、习惯、心理的完美融合。随着媒介技术和移动智能终端设备的迭代更新以及学生手机用户的不断攀升，作为顺应互联网SOLOMO（即"Social—社交的、Local—本地的、Mobile—移动的"三个单词的前两个字母的叠加）的发展态势，又符合自媒体并喷式的发展趋势的高校思想政治教育微载体，只有从目前单向非精准的大众传播转变为开放、双向、互动，真正服务个性化传播，才能不断优化"受众体验"，提高新受众的"到达率"和老受众的"返回率"。

高校思想政治教育微载体借助大数据的样本采集、分析和筛选功能，可以对学生"圈群"和"个体"进行精准"画像"，借助思想政治教育各类微载体，为学生提供个性化的教育和服务产品，通过手机智能终端传递给学生。其内容既有理想信念、职业生涯规划、心理健康等教育产品，又有学籍管理、宿舍管理、日常管理等管理产品……"个性化"服务理念是高校学生教育、管理与服务工作落实"学生中心"的现实要求，也是高校思想政治教育微平台建设出发点。

（四）呈现方式沉浸多样化

智媒体时代，微媒体平台具有强大的承载功能，不仅可以推送文字、图片，而且可以推送微视频，还可以推送融文字、图形、图像、动画、声音和视频等多元化呈现形式于一体的优化组合，最大限度使受众获得更及时、更多角度、更多听觉和视觉的满足，达到技术手段全、受众面广的效果。

"技术+内容"是高校微空间思想政治教育双轮驱动的动力源。将理论、信息资讯以适合大学生审美风格、认知习惯的方式加以推送，在甄别内容并剔除对大学生有不利影响的负面内容后，为大学生投送精神"给养"，在技术赋能的基础上，开拓出属于高校思想政治教育的微空间。"智能+智慧+智库"已成为高校思想政治教育数字化微平台发展新趋势，微媒体技术为学生提供"视、听、读、聊"的全场景、多元化、沉浸式呈现方式。针对学生感官沉浸体验方式的多元，教育者可以通过视、听、读等方式，也可以通过场景沉浸体验，将文化知识、思想观念和行为规范即时推送，在提升大学生角色和感官体验的同时，实现将传统教育内容、推送渠道和呈现方式融合为新的场景展现，极大丰富高校思想政治教育工作实现方式，推进其教育数字化重塑。

(五)服务手段智慧集约化

高校思想政治教育微平台以微信、微博、易班和"一站式"社区等平台为主要载体,运用大数据技术,既监测微媒体账号和分析微媒体平台运营数据,又对学生进行群体和个体实时监测。通过大数据运算对他们的关注热点和行为特点进行精准分析,针对学生个性化需求,寻找共鸣点;运用社交性原则,抓住学生社交心理,探寻新模式;坚持情感性原则需求,让情感成为微空间思想政治教育信息传播的助推器。

技术创新永无止境。高校思想政治教育微平台要基于人工智能、H5、语音和意图识别、AR(增强现实)、VR(虚拟现实)到无人机、视频直播等技术,通过对短视频、微课程、专栏、话题、直播等微思想政治教育栏目的完善,设置更多场景分类,实现因人而异、差异化推送,更精准满足学生需求,让高校与学生之间、学生与产品间产生"强链接",扩大思想政治教育微内容分发维度。基于微媒体数据分析能力以及智能化应对手段,高校思想政治教育微平台可以对学生进行个性化分类,根据其日常行为和媒介使用习惯和偏好等,分门别类创建学生数据库,量身打造最符合其需求的个性化微思想政治教育产品,运用多样化平台和多元化技术,满足学生多元化需求。未来,高校思想政治教育微平台只有围绕"融合化、智能化、个性化、定制化"标准加强建设,才能真正做到以"学生视角"为圆心,实现"精准送达",与学生实现"零距离"。

第五节　研究现状、内容框架与研究价值

微媒体的涌现,开启人类媒介传播与社会交往新样貌。因应环境变化,树立"思想政治教育+微媒体"思维,探究高校学生思想政治教育微载体建设路径,推进其优势要素深度聚合,更好服从服务人才培养目标,需要明确微载体研究现状,以厘清现实问题,找准建设重点。

一、研究缘起与现状

回望来路,检视反思,找准事物缘起,才能砥砺前行,持续推进。坚持问题导向,检视高校学生思想政治教育微载体演进与发展现状,明确其实然状态与应然要求的归因,是课题研究起点和依归。

(一)研究缘起

21世纪以来,通信、传播和数字技术持续变革与迭代创新,尤其是微博、微信、抖音等微社交媒体元年的接续开启,虚实共在的"数字生存"样貌,成为人类的时代"标识"。随着国家、人民由富变强进程的提速,我国网络科技发展成就

斐然,网络应用亦呈持续攀升态势。第 54 次《中国互联网发展状况统计报告》显示:我国网民规模近 11 亿人,手机网民规模达 10.96 亿人,即时通信、网络视频、短视频用户规模分别达 10.78 亿人、10.68 亿人和 10.50 亿人,用户使用率分别为 98.0%、97.1% 和 95.5%。青年学生作为科技应用的"代言人",更是牢牢占据着网络微媒体应用主体位置,他们与微媒体相伴而生、共同成长,无微不在、无处不微是他们"真实写照"。移动终端设备的智能化,尤其是智能手机的迭代,使其成为高校学生的"新宠"和须臾难离的"伴侣",作为他们学习、生活的新应用,"机不离手"的现实图景目及之处,皆可呈现。知识、信息获取和人际交互的渠道多元、匹配精准、实时在场和沉浸体验,引发思想政治教育场域、环境、对象、载体的深度变革,也促使学生对教育环境、内容质量和呈现样态的需求持续提升。面对青年学生"生存"样貌演进和变迁,高校要想在喧嚣复杂微空间有所作为,把握教育主动权,就需要主动入驻,创优微载体,以主流价值充盈整个微空间。

青年学生是国家和民族的希望。党和国家历来高度重视人才培养。新时代,为彰显立德树人"生命线"作用,连续出台思想政治教育相关配套文件,把其创新创优提到前所未有高度,这既为思想政治教育发展带来新契机,也为思想政治教育革故鼎新提出新要求。为党育人、为国育才的核心使命,要求高校学生思想政治教育要因事、因时、应势而变、而新、而上,以新姿态迎接技术革命"范式洗礼"。高校学生思想政治教育微载体作为"思想政治教育+微媒体"的实践结晶,其源于大众传媒和网络的固本强基,随着微媒体形态和数字技术演进而与时俱进,融合共生。

新时代新要求新作为,满足党和国家对人才需求,要求高校要围绕立德树人目标,建强建优高校学生思想政治教育微载体,以达成帮助学生解思想之惑、答生活之问、塑理想之魂、立鸿鹄之志、育经世之才的使命;顺应时代发展,要求高校强化"思想政治教育+"思维,发挥移动通信、微媒体和人工智能技术优势,以微载体建设为落脚点,达成推进思想政治教育固本强基、提质增效、融会生成的目的;因应学生时代样貌,高校要树立"工匠"意识和"精智"思维,突出问题和需求导向,精准"把脉"青年学生,精研细磨微载体,以达成内容鲜活生动、供给匹配精准、呈现沉浸体验的育人图景。本选题的确立,正是课题组着眼时代之需、顺应学生之要、融合科技之能的价值彰显。要遵循高校学生思想政治教育与微媒体聚合现实依据、生成逻辑,把握其应然要求、实然状态,从行动导向、实践进路和支撑机制推进微载体建设,实现高校学生思想政治教育与网络通信、媒介传播和数字技术深度聚合,发挥 1+1>2 的化学效应,使微载体真正成为学生成长成才的新场域。

(二)研究现状

进入 21 世纪,时代性、实用性、综合化是国外德育发展的实然态势。认知发展、人本主义、价值澄清等理论诞生,催化西方道德教育理论与实践体系的深化与完善,显隐融汇、以人为本、实践为要、场景体验是其全方位协同发展新样态。国外特别关注网络空间意识形态和价值观的传播,学界从伦理学、社会学、教育心理等多学科和多视角展开深入探究,许多力作影响深远,如尼古拉·尼葛洛庞帝的《数字化生存》、马歇尔·麦克卢汉的《理解媒介:论人的延伸》、曼纽尔·卡斯特的《网络社会的崛起》、罗伯特·洛根的《理解新媒介》、古塔斯夫·勒庞的《乌合之众》、埃瑟·戴森的《2.0 版数字化时代的生活设计》、马克·波斯特的《第二次媒介时代》、丹尼斯·麦奎尔的《麦奎尔大众传播理论》、托马斯·鲍德温的《大汇流:整合媒介信息与传播》、杰姆斯·摩尔的《什么是计算机伦理学》、罗格逊和拜努的《信息伦理学:第二代》、霍夫兰的《传播与说服》、沃尔特·李普曼的《公众舆论》、霍金斯的《自由而负责任的传媒》、施拉姆的《大众传播学》等等。

国内高校思想政治教育微载体研究,源于 20 世纪 90 年代。自发端以来,学界围绕"能被教育者掌握,具有承载和中介功能,利于主客互动"三个核心指标,对高校思想政治教育载体进行接续研究,主要经历大众传媒、网络和微媒介载体三个发展阶段。关于思想政治教育、载体等相关概念前文已做简述,本部分主要对高校思想政治教育微载体相关研究动态予以梳理。思想政治教育微载体源于微文化概念的衍生,发展壮大于微信、微博、微视频等微媒介载体的盛行,其发展时间虽仅十余年,但其研究成果颇丰。

从宏观视域看,学界主要针对网络、新媒体(自媒体)、微媒体、人工智能等大背景,围绕高校思想政治教育网络、媒介载体变革与创新等问题展开探究。

一是从网络载体视角,学界主要围绕网络对思想政治教育机遇与挑战、教学载体、方法载体、话语载体变革与创新等视角进行了探寻,研究成果较为丰富,相关视角研究已成体系。杨立英[1]、韦吉锋[2]、姜国峰[3]、宋元林[4]在明晰网络思想

① 杨立英:《网络思想政治教育论》,人民出版社 2003 年版。
② 韦吉锋:《网络思想政治教育研究》,新华出版社 2005 年版。
③ 姜国峰:《网络思想政治教育理想模式的构建研究》,云南大学出版社 2009 年版。
④ 宋元林:《网络思想政治教育》,人民出版社 2012 年版。

政治教育基础理论,分析面临问题的基础上,探寻了网络思想政治教育的理论架构和实施方法,张耀灿、郑永廷、孙其昂、黄榕生等也在其相关著作中对网络载体进行探讨。随着"互联网+"理念的提出,学界从不同维度对高校思想政治教育网络载体展开系列研究。曾洁[①]、王利平[②]、葛红兵[③]、崔海英[④]、刘小春[⑤]等分别以教育方法和教学创新、机制建构、话语变革以及评价创新等视角对高校网络思想政治教育进行了探究。

二是从新媒体载体视角,学界结合思想政治教育构成要素,系统化地对新媒体时代思想政治教育展开了探究。季海菊[⑥]、潘传辉[⑦]、左柏洲[⑧]、尹婷婷[⑨]等主要从新媒体背景下思想政治教育面临的机遇和挑战、概念、内容、话语、载体变革与建构以及评估机制和路径研究等层面进行了系统探究,李林英和郭丽萍[⑩]、神彦飞[⑪]、邹慧[⑫]、丁凯[⑬]主要围绕教育教学模式、载体变革与转换、策略创新和高校宣教网络建设等不同维度展开探究。

同时,学界主要针对微时代这一思想政治教育新环体样貌,围绕思想政治教育创新展开了探索,研究成果颇丰。许健宝[⑭]、李小丽[⑮]、杨立淮[⑯]、童卫丰[⑰]、余佳莹[⑱]、曹德欣[⑲]、刘丽琴[⑳]等学者主要从微时代大学生思想政治教育面临机遇

①　曾洁:《"互联网+"背景下高校思政教育模式探究》,世界图书出版公司 2017 年版。
②　王利平、刘健:《网络环境下高校思想政治教育方法研究》,武汉大学出版社 2021 年版。
③　葛红兵:《思想政治教育话语体系研究》,中国文史出版社 2016 年版。
④　崔海英:《高校学生网络话语与网络舆情引导研究》,上海人民出版社 2018 年版。
⑤　刘小春:《高校网络思想政治教育引论》,重庆大学出版社 2021 年版。
⑥　季海菊:《新媒体时代高校思想政治教育的解构与重塑》,东南大学出版社 2014 年版。
⑦　潘传辉:《新媒体时代思政教育创新探索》,黑龙江人民出版社 2019 年版。
⑧　左柏洲:《新媒体时代下的高校思想政治教育研究》,经济管理出版社 2019 年版。
⑨　尹婷婷等:《新媒体时代高校思想政治教育创新探究》,研究出版社 2020 年版。
⑩　李林英、郭丽萍:《新媒体环境下高校思想政治教育教学研究》,人民出版社 2015 年版。
⑪　神彦飞:《新媒体时代高校思想政治教育范式转换与实践》,山东大学出版社 2021 年版。
⑫　邹慧:《新媒体时代思想政治教育创新研究》,中国社会科学出版社 2022 年版。
⑬　丁凯:《自媒体时代高校宣教网络建设研究》,中国人民大学出版社 2017 年版。
⑭　许健宝:《"微时代"背景下的高校思想政治教育》,东北师范大学出版社 2017 年版。
⑮　李小丽:《微时代高校思想政治教育话语分析及发展前沿问题探究》,新华出版社 2017 年版。
⑯　杨立淮、徐百成:《"微时代"下大学生思想政治教育的应对》,《中国青年研究》2011 年第 3 期。
⑰　童卫丰:《"微时代"大学生思想政治教育创新研究》,《浙江师范大学学报(社会科学版)》2012 年第 3 期。
⑱　余佳莹:《"微时代"大学生思想政治教育载体创新》,《人民论坛》2014 年第 32 期。
⑲　曹德欣:《略论"微时代"背景下的大学生思想政治教育》,《学校党建与思想政治教育》2015 年第 1 期。
⑳　刘丽琴:《"微时代"背景下高校思想政治"微教育"探析》,《学校党建与思想教育》2019 年第 4 期。

和挑战、内涵界定、应对策略、创新路径、体系构建以及环境、内容、力量等"微"要素建设等不同视角,对微博、微信、微电影等微载体如何有机融入思想政治教育,提升教育实效进行了全面的探究。

三是从微媒介载体的视角,学界从不同层面、不同视角围绕微媒介载体对思想政治教育影响、功效、应用等方面进行了宏观和微观探究,成果较为丰硕。

首先,从微观视域看,学界主要围绕微文化、微信、微博、短视频、抖音、人工智能等对思想政治教育影响、作用、应用与改进策略等方面展开全面探究。

陆江峰[1]、李莉[2]、胡娅[3]等学者以微文化为切入点,主要围绕微文化对思想政治教育影响、功能、实效性以及问题与应对策略展开探究,多从微文化内涵、特征、载体功能入手,探寻微文化对学生实现、道德和价值养成的影响,从更新理念、提升队伍素质、加强引导、发挥载体作用等层面提出了相关策略;鲍中义[4]、周源源[5]、黄春丽[6]、吴宇[7]等学者,以微博为切入点,从微博视域下,思想政治教育面临挑战与影响、问题与对策、模式创新等主题展开探究,多从微博特点、传播优势入手,探寻微博对传统模式冲击,探寻微博思想政治教育功能,从模式、内容、队伍等方面提出改进策略,2015 年研究成果达到波峰;米华全[8]、王贺[9]、刘际飞[10]等学者以微信为切入点,主要围绕微信公众平台建设这一主题,从其思想政治教育功能、价值、存在问题以及优化策略展开系列探究,形成较微文化、微博

---

① 陆江峰:《对"微文化"融入高校思想政治教育的思考》,《学校党建与思想教育》2017 年第 6 期。

② 李莉:《微文化背景下大学生思想政治教育问题与对策研究》,华中师范大学 2013 年硕士学位论文。

③ 胡娅:《微文化背景下的大学生思想政治教育实效性研究》,武汉工业大学 2014 年硕士学位论文。

④ 鲍中义、陈俊:《微博的思想政治教育功能及实现路径研究:以在校大学生为例》,中国社会科学出版社 2019 年版。

⑤ 周源源、费国强:《微博视野下大学生思想政治教育对策研究》,《思想理论教育》2011 年第 9 期。

⑥ 黄春丽等:《微博时代大学生思想政治教育工作的新途径》,《思想政治教育研究》2013 年第 4 期。

⑦ 吴宇、徐智:《"微博时代"下大学生思想政治教育多维互动模式构建研究》,《思想政治教育研究》2014 年第 6 期。

⑧ 米华全、古长乐:《高校微信公众平台的思想政治教育功能和实现路径》,《重庆邮电大学学报(社会科学版)》2015 年第 6 期。

⑨ 王贺:《论高校微信公众平台的思想政治教育功能》,《思想理论教育导刊》2016 年第 11 期。

⑩ 刘际飞、吴惠:《应用微信公众平台开展大学生思想政治教育工作的四个着力点》,《思想教育研究》2015 年第 12 期。

更为丰富的研究成果;骆郁廷①、高宇②、徐炜炜③、江华④等学者,从慕课、快手、抖音等微视频入手,主要围绕微视频、慕课对思想政治教育及其思想政治理论课教学影响、功效、价值、应用、实践等主题展开探究,相关研究视角多元,多围绕单一微载体思想政治教育实践展开,理论化、系统化的论著相对较少。

四是从数字技术应用视角看,自2019年以来作为前沿问题,已成为学界研究热点。目前,学界主要围绕大数据、VR、智媒体、人工智能、元宇宙、ChatGPT等数字技术对思想政治教育的挑战与应对、价值与赋能、应用与定位、供给精准、数字化转型等主题开展系列研究。

卢岚⑤、罗红杰⑥、冯刚⑦等学者以大数据为研究视角,主要围绕大数据思想政治教育的本质内涵、主要问题、实践路径以及数据逻辑分析等视角展开探究,目前,相关研究虽初具规模,但尚有探寻的空间;于丽丽⑧、温旭⑨、高盛楠⑩、李文静⑪、艾楚君⑫等学者,主要以VR、区块链、短视频等技术赋能思想政治教育展开探究,相关研究多从技术赋能层面切入,当前,相关成果比较零散,系统、全面的理论与实践探究空间较大;吴满意⑬、崔聪⑭、杨仁财⑮、胡华⑯、操菊华⑰等

① 骆郁廷、李勇图:《抖出正能量:抖音在大学生思想政治教育中的运用》,《思想理论教育》2019年第3期。
② 高宇、胡树祥:《微视频APP:网络思想政治教育的新场域——基于"快手正能量"的大数据分析与思考》,《思想教育研究》2017年第12期。
③ 徐炜炜、徐睿:《大学生抖音使用状况的调研报告》,《思想理论教育》2019年第7期。
④ 江华:《思想政治理论课程中翻转课堂的应用现状及展望》,《黑龙江高教研究》2017年第7期。
⑤ 卢岚:《数字环境中分众思想政治教育研究》,《思想理论教育》2021年第6期。
⑥ 罗红杰:《大数据与思想政治教育深度融合:前提认知·结构革新·实践策略》,《思想教育研究》2021年第12期。
⑦ 冯刚:《思想政治教育数据分析的逻辑理路》,《河海大学学报(哲学社会科学版)》2023年第1期。
⑧ 于丽丽:《新媒体视阈下基于VR技术的思想政治教育研究》,知识产权出版社2020年版。
⑨ 温旭:《VR技术赋能高校思想政治教育的价值与应用》,《思想理论教育》2021年第11期。
⑩ 高盛楠、吴满意:《区块链赋能"大思政"教育的切入点、结合点和着力点》,《学校党建与思想教育》2023年第6期。
⑪ 李文静:《沉浸式体验下高校思想政治教育发展路径研究》,《学校党建与思想教育》2023年第18期。
⑫ 艾楚君:《短视频对青年大学生价值观的影响及应对策略——基于10305名青年大学生的调查研究》,《中国青年研究》2023年第1期。
⑬ 吴满意、景星维:《精准思政:内涵生成与结构演化》,《学术论坛》2019年第5期。
⑭ 崔聪:《人工智能时代思想政治教育的算法风险及其应对》,《思想理论教育》2020年第5期。
⑮ 杨仁财:《人工智能赋能高校思想政治教育的挑战与应对》,《国家教育行政学院学报》2020年第5期。
⑯ 胡华:《智能思政:思想政治教育与人工智能的时代融合》,《思想教育研究》2022年第1期。
⑰ 操菊华、熊娟:《人工智能赋能思政课教学的三重审视》,《学校党建与思想教育》2023年第12期。

学者,以人工智能和智媒体为研究视角,对技术赋能思想政治教育予以探究。相关研究方兴未艾,但多从机遇、挑战、问题与应对策略等层面展开,尚未形成体系化、系统化的研究成果。

以元宇宙为研究视角,赵建超①、石磊②、王慧媛③等学者主要围绕元宇宙技术对高校思想政治教育挑战、赋能和样态重塑展开研究,相关研究尚处于起始阶段,核心作者集群和研究共同体有待形成④。

以 ChatGPT 为视角的研究,王少⑤、常宴会⑥、崔聪⑦等学者主要从 ChatGPT 对思想政治教育的机遇、挑战以及风险防范和化解等维度展开探讨,相关研究还停留在技术层面上⑧。

从数字化转型的视角切入,目前已成为学界的热点和前沿问题,卢岚⑨、王学俭⑩、吴满意⑪等学者,从思想政治教育数字化创新、技术应用和风险防范以及数字化转型等维度展开研究,目前相关研究正处于深化和拓展的阶段,研究空白较多。

五是从微载体视角看,自 2013 年起,相关研究逐渐增多,通过对相关文献梳理发现,学界多从微文化、微时代、"互联网+"、自媒体、单一微媒介以及通信和数字技术等视角展开探究。而针对思想政治教育微载体的创新研究,成果较为单薄,目前,仅有李新华⑫、赵佳寅⑬、姜瑶⑭等学者以微载体为视角对高校学生

①　赵建超:《元宇宙重塑网络思想政治教育论析》,《思想理论教育》2022 年第 2 期。

②　石磊、张笑然:《元宇宙:思想政治教育的未来场域》,《思想教育研究》2022 年第 3 期。

③　王慧媛:《探索元宇宙:思想政治教育媒介的进化与创新》,《学术探索》2022 年第 10 期。

④　谈传生等:《元宇宙高校思想政治教育的研究综述与展望:基于等文献数据的可视化分析》,《长沙理工大学学报(社会科学版)》2023 年第 6 期。

⑤　王少:《ChatGPT 介入思想政治教育的技术线路、安全风险及防范》,《深圳大学学报(人文社会科学版)》2023 年第 2 期。

⑥　常宴会:《ChatGPT 对思想政治教育的潜在挑战及其应对》,《青年学报》2023 年第 3 期。

⑦　崔聪:《类 ChatGPT 技术赋能思想政治教育:图景、风险与实现》,《青年学报》2023 年第 3 期。

⑧　黄欣荣、刘亮:《ChatGPT 赋能思想政治教育:技术路径与可能问题》,《江西财经大学学报》2023 年第 6 期。

⑨　卢岚、李双胜:《数字时代思想政治教育方法创新的三维审视》,《思想政治教育研究》2022 年第 3 期。

⑩　王学俭、冯瑞芝:《数字技术与思想政治教育高质量发展的耦合逻辑及风险防范》,《北京工业大学学报(社会科学版)》2023 年第 3 期。

⑪　吴满意、高盛楠:《思想政治教育数字化转型:理论内涵、核心指向与实践进路》,《思想理论教育》2023 年第 4 期。

⑫　李新华:《"聚合效应"视域下的高校思政教育微载体建设》,《中国高等教育》2018 年第 8 期。

⑬　赵佳寅:《大学生思想政治"微教育"模式研究》,吉林大学 2017 年博士学位论文。

⑭　姜瑶、伍林生:《传播语境中研究生思想政治教育"三微"平台的构建》,《学校党建与思想教育》2015 年第 24 期。

思想政治教育载体进行探究,系统化的理论研究相对较少,研究尚有一定空白。

由上述国内研究现状可以看出:网络的出现,使高校思想政治教育载体研究进入新的窗口期,随着微文化、微博、微信、短视频等微媒介载体的不断涌现,高校思想政治教育微载体研究也呈现"百花齐放、百家争鸣"的新样态。

从研究成效看:一是高校网络思想政治教育研究成果丰硕,理论与实践研究已成体系。二是微博、微信、抖音、微视频等单一微媒体视域下的高校思想政治教育微载体研究随着媒介载体的发展与成熟,呈现出从单一、零散现象研究和具体运用逐步向理论与实践体系完善的转变过程,研究成果日渐丰厚,理论与实践成果已初具规模。三是通信技术、媒介技术赋能高校思想政治教育研究,随着VR、人工智能、元宇宙、ChatGPT、数字化等概念的出现,而不断以新的打开方式呈现,相关研究日趋多元。从目前看,数字化、智慧化、可视化、精细化已成为高校学生思想政治教育未来研究的热点,虽然当前相关研究还处于团队协作化、团队化不强,相关理论与实践研究体系化、系统化程度不高的状态,但作为学科前沿和国家未来发展导向,其热度呈上升趋势。

从研究问题和展望看,由于高校思想政治教育微载体研究是随着微载体、通信技术、数字技术的演进与发展而逐步展开的,因此,高校思想政治教育微载体研究具有较强的时代痕迹。目前,学界多围绕单一背景、单一现象、单一技术、单一微媒介等单一视角展开研究,虽然理论与实践成果颇丰,但从研究理论化、系统化的要求层面看,高校学生思想政治教育微载体研究,既缺乏横向和纵向相结合的纵深研究,也缺乏前瞻性、全局性的策略与建议研究。同时,囿于高校学生思想政治教育微载体建设滞后于媒介的衍生与发展、滞后于移动通信和数字技术迭代更新速度的现实,高校学生思想政治教育微载体建设研究依然前景广阔。

主要表现为:一是基础和理论研究有待深入。一方面,学界较重视应用研究,而对高校学生思想政治教育微载体本质、内涵、功能、运维规律等元问题的研究还有待深化;另一方面,高校思想政治教育因事而变、因时而新、因势而进的特点和要求,决定了高校学生思想政治教育微载体建设和研究要与教育环境、对象,特别是媒介载体、技术同在共进。然而,受理念的习惯制约,高校学生思想政治教育微载体建设存在实践应用"超前"与理论研究"滞后"的现实问题,这也使高校学生思想政治教育微载体建设理论还存在"多而不精""泛而不深"的问题,其理论探索依旧任重而道远。二是跨学科协同的理论研究有待加强。高校学生思想政治教育微载体,作为思想政治教育、媒体技术、通信技术、网络技术"的聚合"产品",其涉及思想政治教育学、教育学、社会学、传播学、心理学、统计学、大数据科学等多个学科，只有多学科专业人员协同，才能精准把握其理论、运行机理，更好推进其建设。然而由于学科交叉融合的研究团队形成的滞后性，受学缘结构、专业能力和行业素养等因素限制，目前学界相关研究，多为浅表化的现象和应用研究，这也是系统而深入理论研究论著较少的原因所在，由此，高校学生思想政治教育微载体跨学科理论交叉研究仍需加强，研究领域仍需拓展。三是高校学生思想政治教育微载体模式架构、实践路径和保障体系尚未提出。一方面，由于理念滞后于微媒体和相关技术发展，致使高校部分学者对相关研究重视程度不够、参与度不高；另一方面，受学缘结构和专业能力制约，特别是媒介素养和专业能力限制，目前学界对高校学生思想政治教育微载体建设模式架构、实践路径和保障体系尚无系统化的理论和实践论著，这也为本选题的确立提供了依据。

为此，课题组面对上述问题，遵循跨界思维，以优势要素聚合为落脚点，以固本强基，提质增效、动态生成为出发点，力求构建"思想政治教育+微媒体+数字技术"新模式，以推动三者产生"聚合效应"，提升思想政治教育能效。

二、研究内容与方法

（一）研究内容

新时代对高校学生思想政治教育提出新要求，新技术赋予高校思想政治教育新动能。课题组立足新要求，重新审视新媒体时代高校思想政治教育微载体诸要素作用机理，发掘优势、补短板、强聚合，遵循"互联网+"思维，以"思想政治教育+微媒体"为基本遵循，在"聚合效应"视域下，提出高校学生思想政治教育微载体模式构建理论基础和逻辑起点，分析当下高校学生思想政治教育微载体建设应然要求和实然状态，探寻高校学生思想政治教育微载体模式构建的核心内容与外形设计，围绕构建"三聚合"+"四维联动"+"三·六协同"的高校学生思想政治教育微载体新模式展开系列研究。具体而言，在准确界定主要概念、明确其本质属性及特征、把握高校学生"思想政治教育+微媒体"现实依据与生成逻辑基础上，提出"聚合效应"视阈下，以"三聚合"导航、以"四维"联动夯基、以"三·六协同"为实践进路的高校学生思想政治教育微载体模式架构；在探究"聚合效应"视阈下高校学生思想政治教育微载体应然要求、实然状态及问题成因前提下，从简述研究主题依托理论入手，明确"聚合效应"视阈下高校学生思想政治教育微载体的建设理念、建设目标和建设原则，为深入研究找准落脚点；从"四全"生态格局、"六微"协同微载体实践体系和"六微"载体矩阵建设三个层面，提出"聚合效应"视阈下高校学生思想政治教育微载体建设实践进路，并从资源协同、队伍发展、载体运行、质量评价等六个层面,阐释支撑机制体系建设策略。

研究重点是搭建高校学生思想政治教育微载体建构新模式,尤其是微载体实践体系、载体矩阵、保障机制建设策略的探究;研究难点是"聚合效应"视域下高校学生思想政治教育微载体模式构建的内核遴选甄别与外形设计建构。

(二)研究方法

本研究将按照大思想政治教育观,采用内证与外证相结合方法,调研、搜集、梳理高校学生思想政治教育微载体研究相关资料,勾勒高校学生思想政治教育微载体演进历程。

1.文献考据与个案研究相结合。广泛收集与研究主题相关概念、相关文献,整理、分析概念形成与演进;从微文化、微时代、微博、微信等不同切入视角,分类收集、梳理高校学生思想政治教育微载体相关原始资料,收集、分析地区、高校等相关建设资料,从点、线、面不同维度把握青年学生、高校学生思想政治教育微载体研究动态。

2.实证调研与比较分析相结合。通过网络调研和实地走访,对微媒体背景下,学生思想行为现状、高校学生思想政治教育微载体建设与应用的实然状态进行调研分析,为研究找准现实依据;通过其与传统载体、未来智媒体微载体发展应然趋势进行比对,为研究提供理论支撑,做到有理有据。

3.理论探究与行动检验相结合。选择不同地区和类型高校对研究模式、应用策略进行实践应用,并按照应用反馈检验、修正理论研究成果。

三、研究价值

(一)学术价值

多元微媒体的诞生与融合发展,引发思想政治教育"链接革命",推动高校学生思想政治教育范式革新。树立"思想政治教育+微媒体"思维,促进优势要素深度聚合,实现二者"共生共赢",是时代和现实发展的应然要求,是高校学生思想政治教育微载体守正创新的必然选择。高校学生思想政治教育微载体系统构成复杂,涉及学科领域多元,作为交叉学科研究,跨界研究为思想政治教育研究提供新研究视角,拓展思想政治教育研究领域,丰富和发展思想政治教育学科体系和理论图谱;作为"思想政治教育+微媒体"的实践结晶,高校学生思想政治教育微载体研究,从整体、系统性研究切入,利于推进微媒介传播样态下,高校学生思想政治教育由"单一"微现象研究向"系统"微模式研究演进。目前,学界从网络、大数据、新媒体、微时代的视角研究思想政治教育创新的专著较多,但从微载体角度切入的专著,笔者尚未发现。本选题为高校学生思想政治教育载体研究提供新视角,将进一步丰富高校思想政治教育理论与实践体系,不断拓展深化研究新场域。

(二)应用价值

全媒体时代的开启,重塑媒体全程、全息、全员、全效传播格局,契合高校学生思想政治教育"三全"育人和效能提升的内在要求。遵循"思想政治教育+微媒体"思维,推进二者优势要素深度聚合,发挥功能"聚合效应",构建新型微载体传播矩阵,有助于拓展高校思想政治教育时空,达成移动传输、矩阵传播和沉浸体验的新教育形态;有助于高校落实学生中心,实现高校学生群体和个体思想、行为的动态把控、科学预判和精准施策,提升教育精致度;有助于高校思想政治教育载体建设与时俱进,实现技术赋能思想政治教育,推进其固本强基、提质增效、动态生成,促进学生接受、接纳、介入和融入,提高思想教育的针对性、实效性和学生获得感。

总之,本书在一定程度上会对微传播样态下高校思想政治教育载体建设产生积极的促进作用。对深化高校思想政治教育研究,促进思想政治教育学科发展,推动思想政治教育工作守正创新具有一定现实意义和历史意义。

第二章 "聚合效应"视阈下高校学生思想政治教育微载体模式建构

　　微媒体作为信息传播新载体,微信、微博、微支付、抖音、快手等微平台已成为人们日常生活与交流须臾难离的新"伴侣"。数字技术加持下的微媒体以"无微不至,无处不微"的强大统摄力成为人们社会生活新样态。圈、群、吧、贴等趣缘群体的迭起,信息节点传播和指数扩布,引发高校思想政治教育的新变革,一场基于数字技术而衍生的新模式正在各个领域逐渐形成,思想政治教育领域也需应势而进。

第一节 高校学生思想政治教育与微媒体聚合的现实依据

　　事物的发展过程必然是合规律性与合目的性的统一,工业时代,标准化造就了标准统一、整齐有序的实践思维。时代发展、技术进步、数字智能化媒体广泛应用背景下,社会实践思维与范式必将遵从在无序中发现内隐秩序复杂性的实践需要,寻求在适应新趋势下进一步完善自身发展新路径。高校学生思想政治教育工作已然沉浸于数字化微媒体环境中,必须积极顺应技术变革,主动回应高校学生思想政治教育工作发展趋势。

一、微传播生态引发高校学生思想政治教育样态变革

　　网络新媒体迭代更新,颠覆人类信息传收方式,"是人类思想中这些看不见的变化所带来的看得见的后果"①。微传播形态和格局的重塑,致使传统媒体对信息源绝对的掌控权随微媒体的衍生和蝶变日趋式微。高校思想政治教育也因媒体传播样态变革而不断演进,只有准确把握其在微媒体生态中的现实样态,才能建好思想政治教育微载体。

　　(一)微传播样态致思想政治教育空间内容呈现杂糅多元

　　微媒介载体的矩阵传播形态,信息海量,内容多元,使思想政治教育微空间

---

① ［法］古塔斯夫·勒庞:《乌合之众》,秦传安译,新世界出版社 2013 年版,第 91 页。

呈现内容杂糅的多元样貌。物联网联通一切的功效,为高校思想政治教育内容汇集提供新工具。借助大数据和物联网技术,高校思想政治教育工作者可以将古今中外蕴含思想政治教育的知识和信息以数字化形式存储在"信息池"和数据库中。借助大数据的数据汇聚功能,可以把全媒体中的教育资源有效汇集,对社会生活中的正面和负面案例的图、文、影、音进行发掘、汇聚和归类,为教育者提供典型素材,以声情并茂、生动直观的呈现形式,提高思想政治教育内容的穿透力、感染力和传播力。

微媒体传播主体的平民化,使每个网民都可以成为媒体主播。信息的冗杂、杂糅源于网民素质和价值认知。网民身份来源、知识结构背景、思想意识现状以及话语习惯和行为诉求的差异,在一定程度上决定其"发声"的内容。由于发声的低门槛和难控性,网民可匿名并以任意方式,选择任意平台设置话题、发表言论。这也引发话语的千差万别,导致内容多元杂糅。有积极向上的主流话语、励志话语,也有个人情绪和不满的宣泄。微媒体主体话语的匿名性、自由性、便捷性,是媒体空间话语情绪化、片面化、娱乐化的直接诱因。

受文化霸权主义影响,西方国家利用网络和媒介传播优势,打着人权、民主的大旗,对他国进行意识形态、文化和价值输出,致使极端个人主义、新自由主义、虚无主义隐含在各种"正义""公平""民主"的包装下,粉墨登场,对主流意识形态产生冲击,诱导学生产生片面认识。同时国内一些不良思潮,尤其是历史虚无主义,也借助平台的虚拟性,以"娱乐化"的表征充斥微空间。

微媒体空间内容泛化,掩盖主流媒体和思想政治教育的"光芒"。受资本逻辑影响,算法推荐造成的"信息茧房"加速内容供给的同质化。青年学生身处微空间信息"海洋",因信息"过载",陷入认知迷茫和甄选困境,看似内容海量可选,实则处于"被动接受"的"信息藩篱"①,这在一定程度上消解和重构他们的思想和政治认同。②

(二)微传播样态致思想政治教育主体呈现多元扁平结构

旧媒体时代,媒介主体和客体呈现单向传输特点。传播主体具有信息内容把控权,作为承载工具"传播媒介拥有不可抵抗的强大力量……能够左右人们的态度和意见,甚至直接支配他们的行动。"③这一现象的产生,源于传播媒介渠

---

① 侯波:《基于数据时代的校园文化建设研究》,《教育理论与实践》2018年第35期。
② 刘醒、张健:《从"最大变量"到"最大增量":自媒体时代高校思想政治教育的新视野》,《江苏高教》2019年第11期。
③ 郭庆光:《传播学教程》,中国人民大学出版社2011年版,第176页。

道的单一性和信息主体的信息绝对占有性。微媒体时代,平台的多样性、应用的低成本和易操作性,尤其是信息主体的交互性,使人人都有可能成为信息源头,引发微媒体空间信息主体"泛化"。在主体多元、泛化的微空间场域中,高校思想政治教育传统教育主体的角色和地位发生深刻变革,由传统组织和教职员工组成单向"灌输"群体向组织、个体、学生和社会多元主体转变。微媒体空间主体多元淡化、消解传统思想政治教育主体的"权威"性,使教育主客体呈现为扁平化的主体间性模式。[①]

微媒体不断涌现,学生知识、信息接收渠道呈现多元多样的新样态,这一样态的演进,解构传统高校思想政治以课堂和主流媒体为主阵地,以口授、文字及图像等方式的知识呈现方式。[②] 教育者绝对"权威"的时代已成过去时。学生不再是单一的教育接受者,他们不仅有受教育的机会和权利,而且有说的条件。[③] 除学生之外,微空间的开放性,也打破"象牙塔"界限,社会组织和成员也成为微空间的教育主体。微传播样态下,高校思想政治教育主体多元已成定局,全员传播、全员参与成为时代之需。高校要把握这一契机,直面新问题,树立新理念,建强专业队伍,尽快融入新媒体,发挥主导作用。同时,关注微空间其他成员,尤其是学生骨干力量的发掘、培养与打造,发挥他们在微空间思想政治教育中的"领袖"作用,形成全员育人新格局。

（三）微传播样态致思想政治教育对象存在状态呈弥散化

传统现实场域中,教育对象在思想政治教育过程中呈现固定化特点。由于教育时间、空间、场域固定化,教育对象接受教育过程多以固定时间、地点存在。新媒体的快速发展,尤其是微博、微信、短视频等微社交媒体的崛起,人们生存空间不断拓展,高校思想政治教育场域亦以虚实共在呈现。高校学生学习、生活空间的转场,使高校学生接受思想政治教育过程在时间、空间上呈现弥散化状态。在空间场域上,学生因个人喜好、习惯偏好,多游离于不同微空间场域,既有在微信圈群中"刷存在感"的,也有"钟情"于抖音、快手等微视频的,还有在各类圈群贴吧"奔波穿梭"的,可以说因个人思想认知、个性特点和习惯偏好,学生对平台选择、使用惯习以及所处圈群存在较大差异,这改变着传统思想政治教育固定场域样态,使教育对象接受教育的平台、空域发生深刻变化,教育关系在微空间处

① 丁科、胡树祥:《网络思想政治教育的主体间性新论》,《毛泽东思想研究》2013年第4期。
② 张森:《智媒时代思想政治教育符号叙事的透视、镜像及其实践》,《江苏高教》2021年第12期。
③ 匡文波:《关于新媒体核心概念的厘清》,《新闻爱好者》2012年第10期。

于弥散化状态。同时,在传统教育场域中,教育关系相对紧密,学生接受教育时间相对固定,在微空间中,由于技术、平台等因素制约,一方面,一对多的网络课程或网络会议,常常会出现"卡顿"和学生在线"监控"难的问题,致使效果不佳。通过 APP 平台开展的主题教育、学习活动,往往因"任务"要求关系,导致"挂网"现象时有发生。另一方面,高校开展的各类隐性教育,因难以契合学生特点,无法引发学生关注,最终"淹没"在平台海量信息"流瀑"中。教育"在场"和学生"在场"时间的不同步,导致学生在教育过程中呈弥散化状态。由此可以看出,微空间信息主体的解构,虽赋予了学生平等的话语权与信息获取机会,①但还需在教育平台研发、教育内容制作、教育过程监管上下功夫,以克服教育对象弥散化甚至"离场"现象发生。

(四)微传播样态致思想政治教育过程方式呈现非系统化

传统教育过程主要由教育主客体、内容、方法等要素构成。② 微空间思想政治教育传播形态的演变,使教育过程要素构成由系统结构向非系统结构转变。微空间场域开放性、虚拟性、平等性,打破时空界限,推动教育信息呈节点式跨界传播。面对传播形态的演变,多数高校迅速出击,主动适应微传播模式,正逐步从网站、官微到易班和一站式社区过渡,形成线上线下虚实结合的思想政治教育新空间,思想政治教育呈现形式也由静态向动静结合转变。上述变化,引发传统教育过程产生变革。教育者和教育对象的关系由传统单一主体转变为多元主体和交互主体。知识、信息获取渠道的多元,弱化传统教育主体信息持有者和把控者地位,微空间教育者与被教育者在一定程度上,都是学习者,也都是知识的传递者,终身学习成为教育主客体的时代趋势;③微空间思想政治教育内容呈现为动静结合的现实样态。讲授、文字等内容传递形式,随着数字技术的突破,逐渐变成图文视听一体化的动静结合传授模式,满足学生感官体验的仿真场馆、智慧教室和远程实践场馆共建共享,逐步成为思想政治教育现实场域建设新常态。教育资源实现多元开放发展,教育资源不再局限于一校一域,借助物联网和数字技术,实现国内乃致世界各类教育机构、实践基地的资源共享。同时,移动互联技术的发展,也催生了思想政治教育手段的变革。讲授、案例、实践等传统教学手段不再"独步天下",随着学生对教育手段要求多样化,集可视化、体验化于一

---

① 蒋广学、周培京:《网络社会中青年思想教育的机遇与挑战》,《学校党建与思想教育》2018 年第12 期。

② 廉永杰等:《社会主义核心价值体系教育影响因素分析》,《理论学刊》2010 年第 4 期。

③ 张延昭:《试论教育时空的建构与重构》,《基础教育》2017 年第 2 期。

体的情景化教育正日趋走向前台,极大促进思想政治教育手段和途径的跃迁和突破。① 微传播样态重塑,加速教育过程的非系统化进程。

二、“聚合”是高校学生思想政治教育创新发展要求

微媒体聚类发展、矩阵式传播,为思想政治教育提供新介体。面对学生需求的迭代升级、面对教育场域的不断拓展,推进微载体链式革新,成为高校思想政治教育新课题。

(一)优势要素聚合是微媒体嵌入思想政治教育的现实要求

党和国家对立德树人工作的重视,促进高校思想政治教育快速发展。系列政策持续出台、专业队伍不断壮大、空间平台有序拓展,为高校微空间思想政治教育奠定坚实的物质基础。微媒体发展与技术更新,特别是5G技术的成熟,为高校思想政治教育提供动力源。尤其是大数据和人工智能技术的崛起,为微空间思想政治教育教情、学情可视化反馈提供技术支撑,供需匹配精准效果日趋凸显。队伍之“智”、教育之“优”、媒体之“效”和技术之“能”完美聚合,为高校学生思想政治教育微载体建设提供“核动力”,促进其模式与样态重构,为思想政治教育提质增效夯实基础。

推进微媒体与思想政治教育深度耦合,是高校学生思想政治教育因应数字时代变革创新创优价值取向的彰显。“思想政治教育+微媒体”,推动二者优势功能契合与彰显,可以将宏大、晦涩的理论细分为系统的知识点,鲜活、易懂的生活话语,短小精悍的微课程和微阅读,“帮助学生拧紧理想信念的‘总开关’,筑牢人生航向的‘定盘星’,提升砥砺奋斗的‘原动力’”,“掌握认识和改造世界的‘总钥匙’的‘助推器’和‘新引擎’”。② 微媒体即时、高效的传输作用与高校学生思想政治教育传统优势相契合,可以快速建立起教育者和教育对象之间的联系,促进知识、思想和价值观念有效传播。微媒体数据筛选功能嵌入思想政治教育,可以对学生行为痕迹进行精准“画像”,结合“学生个性特点和现实需求,不断改进‘工艺’,为青年学生构筑理论和实践的‘同心圆’,提升教育引导的‘长久性’与‘有用性’”。③ 微媒体数据汇集功能嵌入高校学生思想政治教育,可以全

---

① 刘醒、张健:《从“最大变量”到“最大增量”:自媒体时代高校思想政治教育的新视野》,《江苏高教》2019年第11期。

② 张宝君、孙志林:《智媒体时代高校微空间思想政治教育的审视与创优》,《思想理论教育》2021年第2期。

③ 张宝君、孙志林:《智媒体时代高校微空间思想政治教育的审视与创优》,《思想理论教育》2021年第2期。

方位汇集、整合思想政治教育资源,搭建数字化"共享平台",实现资源共建共享。高校要善用微媒体传播功能,推进微空间思想政治教育精智化、移动化、沉浸化发展进程。

面对学生样貌变革,促进其获得感提升,高校要强化精准意识,善用微媒体和算法技术,要精准把握学生共性和个性需求特点,构建思想政治教育微媒体传播矩阵,要将"漫灌"与"滴灌"相结合,提升教育广度、精度和效度。要积极谋划,有力推进微媒体优势要素与高校学生思想政治教育传统优势聚合,构建简单便捷、内容丰富、模块细分的思想政治教育微媒体传播生态格局。

(二)先进技术赋能是微媒体嵌入思想政治教育的动力支撑

移动通信、智能传播技术聚合发展,为思想政治教育提供教育教学实践场域,也为其移动化、立体化、智慧化传播提供技术支撑。高校要抓住信息传播移动化、矩阵化和智能化发展大趋势,强化技术赋能意识,以满足学生现实需求为目标,创新创优高校微空间学生思想政治教育。微媒体时代,思想政治教育赢得和留住学生,需要突出问题意识,强化用户思维,积极围绕学生思想和现实问题及现实需要,以技术夯基,以提升内容品质为着力点,促进思想政治教育迭代升级。

"微媒体网络化、技术化、智能化以及生态系统化和盈利模式多元化的传播特点,不仅为微媒体与用户有效连接、精准匹配提供技术保障,而且其技术驱动、智慧连接、用户主导等特点,也为微媒体移动化、视频化和智慧化发展提供了新动能。要科学合理运用人工智能技术,既不迷信技术万能,也不完全依赖技术;既要端正技术使用者的价值观,提高他们的信息甄别能力,以应对弱人工智能'智慧缺失'引发的'信息茧房''过滤气泡''回音室效应'等现象,避免不良舆情的扩散和蔓延,及时堵住信息传导漏洞,适时解决价值引领偏离问题,也要按照'表达创新、创意出新、策划制胜'的指导思想,提升教育真实感、体验感;既可以将H5、直播、动画、VR等新技术应用于思想政治教育内容作品制作,也可以运用H5、4K技术增强微作品交互感和视觉效果,还可以运用短视频、VR直播、VR短视频增强学生的体验感和获得感,进而全面、快速、高产、高效地为学生提供有高度、有深度、有态度、有温度的可视化、体验化的优质内容,让微空间充满思想政治教育的'光芒'。"①

提升技术赋能思想政治教育能力,"要求教育者要强化学习,不断提高自己

---

① 张宝君、孙志林:《智媒体时代高校微空间思想政治教育的审视与创优》,《思想理论教育》2021年第2期。

运用大数据对学生个体进行精准'画像'和筛选共性群体的能力。""实现人机协同,要求教育者参与人工智能应用研发……要在加强网络数字技术学习、掌握微媒体应用技术、把握人工智能技术发展趋势基础上,积极投身微空间思想政治教育人工智能应用的设计与开发,提升'信息池'内案例、素材的现实指向性,提升智能系统简便性、易操作性以及资源供给针对性,全面促进人机协同。"①

第二节　高校学生思想政治教育与微媒体聚合的生成逻辑

当前,微媒体"个性化、体验化、灵活化、生活化"的特点成为学生日常生活的"新伴侣"。智能设备,尤其是智能手机已成为学生形影不离的"生活工具"。微传播样态的变迁、智能移动终端的升级,改变学生生活和教育实践场域,推动教育模式迭代。如何推动思想政治工作传统优势同信息技术高度融合,全面占领微空间,唱响空间主旋律,成为高校亟待解决的新课题。推进高校学生思想政治教育与微媒体有效聚合,需要遵循一定的生成逻辑。从微媒体传播特点与思想政治教育的基本要求出发,我们可以发现,思想政治教育全员化要求与微媒体多主体现实相匹配,全程化要求与微媒体"全程"传播特征相适应,全方位要求与微媒体扩布性特点相吻合,时效性要求与微媒体即时性传播特点相一致,差异化要求与微媒体匹配精准相契合。由此不难发现,二者优势功能和要素聚合有着天然的内在统一性。

一、微媒体多主体契合思想政治教育全员化要求

微媒体作为一个平等交互的虚拟场域,主体交互是其基本特征,全员参与是其基本形态。微媒体传播图景的演进,引发思想政治教育范式革新。媒介传播主体的多元化、交互化使传统思想政治教育单向度、灌输式传导模式会因微媒体的嵌入而向多主体趋向发展。

（一）微媒体主体多元推动思想政治教育主体地位嬗变

微媒体平台的快速兴起,平台参与主体的多样性,形成"全员"媒体形态。社会各主体均可以借助微媒体平台参与信息交互,极大地激发了公众参与度。"全员"媒体的出现,为高校借助微媒体实现思想政治教育的全员化奠定了场域和实践基础。

---

① 张宝君、孙志林:《智媒体时代高校微空间思想政治教育的审视与创优》,《思想理论教育》2021年第2期。

新媒体时代,尤其是融媒体、智媒体的不断发展,思想政治教育内容传播实现由单向直线传播转为多元媒体联动的立体化交互式传播,呈现为立体互动的网格式"舆论场"。这一趋势以多元联动为基本特点,体现的是高校思想政治教育从传统的思想政治教育工作者单一主体向多主体联动的立体化传输形式迁移。特别是微社交平台的异军突起、移动智能终端设备功能叠加、移动通信技术的提速升级以及数字技术的不断创新,降低了媒体应用"门槛",激发教育者和教育对象参与的积极性和主动性,促进高校学生思想政治教育多元主体协同联动良好氛围的营造。

微媒体时代,主体的平等交互性,虽然促进信息传收关系的和谐,但却对传统教育活动中教育者和学生的关系提出新挑战,在一定程度上弱化教育者的单一主体地位,由教育主体转向突出教育者主导同时教育者与学生互为主体的结构模式。受数字化技术影响,高校学生思想政治教育活动中教育者与学生的关系模型是"主导性主体"和"学习性主体"结构。思想政治教育工作者作为目标的责任主体,担负着微空间思想政治教育"把关人"重任,是教育目标设定、素材遴选、内容制作、载体选择的具体操作者;学生既是思想政治教育的参与者,也是思想政治教育微活动的主体,只有学生自愿、自觉参与,才能真正内化为思想认知、外化为实践行动。

数字化时代,随着技术赋能高校学生思想政治教育,高校学生思想政治教育多元主体趋势愈加明显,这有助于以技术为支撑、以教育者为纽带、以学生需求为导向创设高校学生思想政治教育工作新样态,用适合于微媒体的微内容把微空间装满,把微空间的灯点亮,用接地气、聚人气的微作品化解学生心中的疑问、涵养学生心智、塑造学生灵魂。

(二)微媒体主体多元促进思想政治教育全员氛围营造

立德树人目标达成需要多元主体凝心聚力。全员育人是高校全过程、全方位育人的前提。"育人"既包括知识技能的传授,更包括思想的引领、品德的培育。由传统的"教书育人"到教书、管理和服务"三育人",再到"全员育人",可以说,"立德树人"人人有责,每个高校成员都承担着教育引导学生,为党、国家和社会培养人才的历史使命和责任担当。

微载体多主体呼唤队伍意识和能力转变。习近平总书记指出:"媒体竞争关键是人才竞争,媒体优势核心是人才优势。要加快培养造就一支政治坚定、业务精湛、作风优良、党和人民放心的新闻舆论工作队伍。"①培养党和人民放心的

---

① 《习近平谈治国理政》第二卷,外文出版社2017年版,第333页。

队伍,要求高校要抓住高校学生思想政治教育与微媒体聚合这一契机,通过"优配优选""专研结合""激励支撑""品牌建设"等途径加快队伍的融合,打造一支能文能武,"善使十八般兵器"新型工作队伍,建好"三微平台"、易班和"一站式"服务社区,提升"微课堂"与"微思享"亲和力。为此,教职员工只有在数字技术助力工作的基础上,从明道、信道、行道出发,使自己在工作中对微媒体做到"真学、真懂、真信、真用",使自己成为理想坚定、理论扎实、业务精湛、能力突出的高校学生微空间思想政治教育工作者。高校思想政治教育的对象包括教职员工和学生两个方面,教职员工既是教育者又是受教育者。教职员工作为学生成长成才的知识传授者、引路人和人生导师,必须首先接受教育,具备更高的符合职业道德要求、能够发挥"以身示范"作用的思想道德品质。队伍是思想政治教育实践的核心要素,是微载体建设核心力量。

微载体资源协同要求高校组织协同。教育部等八部委将高校育人体系分为教学、管理、科研等"十大育人体系"。这"十大育人体系"涵盖高校教学、管理、科研等各个方面,然而受传统条块化管理的影响,"十大育人体系"间还存在分工不清、职责不明的问题,这就需要明晰职责和健全组织,结合各自职能分工,制定相应育人职责,最大限度地发挥各体系员工的育人职能。数字时代,微媒体可以促成高校学生思想政治教育在工作方式上从"条块分割"向"以块为主"的转变,以数字化微媒体为载体,以基层学工系统、群团组织为工作网格,整合联动网格内各种思想政治教育资源,实行"条块结合、以块为主、任务分解、细化到格"链式工作网,使思想政治教育工作方式由传统的"上边千条线,下边一根针"改变为"上边千条线,下边一张网"的清晰层级管理和高效能模式。改变原有思想政治教育工作中"一事一议"的单一性条块化限制。传统条块化实施模式将高校学生思想政治教育从整体分割成了若干个"小组件",在"专人负责"的实施过程中,造成思想政治教育过程性不连贯的现象,而拼凑在一起的思想政治教育就失去了整体性的功能,如同人的肢体、器官若想组合成完整的人,则有完备的功能,但是单一性组织器官,在没有其他联动协调下就失去了本身的功能与效果。而微媒体可以通过大数据聚合,将整个的思想政治教育工作合二为一,将分割的部分组合成完整的整体。微媒体数字技术有助于改变传统思想政治教育过程中"具体人""具体事"的单打独斗的粗放式模式,通过整合思想政治教育资源实现"集约化管理"。同时,数字智能化技术,可以使思想政治教育过程中,从一个学生多人、多部门分别管转变成多人、多部门协同共管的统筹式、科学化形态。"染于苍则苍,染于黄则黄",外部环境的熏陶、校园风气的感染,会对学生的思想、品质产生重要的影响。全员育人环境的营造,旨在让学生在春风化雨中,潜移默化地接受教育、提升自我。

二、微媒体"全程""全息"契合思想政治教育全程化要求

"全程""全息"媒体的出现,为信息传递提供新场域和空间,促进事物无限互联、信息全程汇集和储存,极大地丰富教育资源,为高校学生思想政治教育的全程化传播、全息化呈现提供技术支撑。

(一)"全程"传播为思想政治教育全程化提供实践场域

随着互联网的快速发展,微博、微信及其衍生圈群、社区的不断涌现,尤其是抖音、快手、播客等短视频软件的普及,使人们进入了一个多元媒介信息互通互联的全新传播场域。新场域下,信息传播不再是单项点对点的、由上而下的、固定受众和场域的传统信息架构,而是多元媒体共同发力的矩阵式、节点式传播。传播形态的改变,不仅改变人们的生存环境,也改变人们学习和接受信息的习惯,跨时空便捷、即时、碎片化的移动信息接受方式,成为人们茶余饭后和公共空间的行为表征。

信息传播和接收方式的改变,为思想政治教育提供了新的打开方式,也为高校学生思想政治教育提供新空间和新承载工具。各级各类微博和微信圈群的组建、易班和"一站式"社区试点运维、"三微"(微信、微博、抖音)平台的上线,为高校学生思想政治教育提供全新的、立体的、智慧的教育管理服务信息承载矩阵,进而构建多元一体的感官体验平台,为学生获取知识和信息、接受管理和服务提供新途径,也推动微空间学生思想政治教育的数字化、现代化转型。高校应顺势而为,借助"全程"媒体的技术优势,以聚合思维,推进思想政治教育与微载体深度耦合,建优高校学生思想政治教育微载体,营造全程化思想政治教育新形态。

(二)"全息"传播为思想政治教育全程化提供技术支撑

大数据时代,在互联网、人工智能、云技术等新技术的加持下,各种各样的传感器使各种信息内容越来越"全息化"。借助数字化技术的发展,微媒体可以将某一特定信息加以不同形式呈现,生成形式各异且色彩斑斓的全息式多维形态,使受众可以从多元化视角审视同一内容,在不同形式的场景体验中,加深对特定事物的了解与认识,增强对事物所指的认识深度,超越对原有单一化文字所表达内容的单调化、浅表化的认识。

在微媒体逐渐融入高校思想政治教育的过程中,单一的命令式传达、指导性文字已成为与数字技术存在代际差异的"旧手段",并有被逐渐取代,弱化存在

地位的趋势。同时,微媒体使高校思想政治教育实践过程在信息传递与内容表达上具备多元立体呈现方式,不论是思想政治教育者还是接受教育的学生,他们的用户体验都将更加丰富,这是微媒体在数字技术赋能下所展现出信息技术维度的跃迁与对传统形式的超越。在数字赋能,技术革新加速的背景下,"思想政治教育+微媒体"进程加速,微媒体的智能化全息性功能在思想政治教育过程中得以凸显与放大,使思想政治教育实际中,需要的内容抑或是各种元素都得到很好地呈现,在这一过程中突出了思想政治教育对人的思维与认识的改变功能。

三、微媒体扩布性契合思想政治教育全方位要求

微媒体的扩布性,亦称传播性,是指信息在微空间的拓展与延伸。微媒体时代,信息的节点式传播,提升信息延伸的空间和领域。思想政治教育的全方位,就是指教育的全方位、无死角,充盈整个思想政治教育场域。就信息传播的视角,微媒体信息的扩布性传播特征契合思想政治教育全方位要求,具有内在的一致性。

(一)微媒体传播扩布性促进思想政治教育网格化传播

微媒体信息传播具有扩布性,在一定程度上拓展高校学生思想政治教育的广度,为其效能提升呈现更为宽广的实践空间。当前,随着数字化微媒体的普及,果壳、知乎、豆瓣等问答与兴趣互动社区的兴起,尤其是抖音、快手、火山等微视频和网络直播平台出现,信息传播已经不再是单一平台(中心)的发散式传播,而是多元媒介融合化的节点式、网格化传播,实现传播速度和扩散范围最大化,也间接地促成了高校思想政治教育工作的空间和场域的扩展。

微媒体时代,信息发布"低门槛"的特点,使每一个使用者都可以成为信息话语传播的主体。由于微媒体参与主体具有多元化特点,提高微媒体圈层内的所有参与者潜在的参与度,形成无数个网络传播节点。参与主体交互性的特征,使每个信息主体既是信息生产者又是信息接收者,使用者可以通过各类圈、群、吧、贴,如网络社区、网络直播、微信圈群等,这既可以有选择地接受信息,也可以将蕴含自我或群体愿望、意见和诉求的信息推送、转发给受众。信息传收的便捷性,将进一步激发学生参与微空间思想政治教育的积极性、主动性与参与性,极大地拓展思想政治教育的实践空间。同时,微媒体信息传播的扩布性,提高思想政治教育的辐射度。"圈群"传播是微媒体信息传播的主要形式,公众号、朋友圈、微信群"三圈"之间的无障碍关联,使每一个受众既是信息传播的终点,也是信息传播的起点,一个个传播节点构成信息传播层级结构。朋友圈、微信群对信息传播具有扩散与放大作用。

（二）微媒体传播高覆盖性延伸思想政治教育现实空间

数字化智能时代，信息技术已经全面接管人的社会生活，微传播模式的发展，不仅拓展信息传播途径，也为高校学生思想政治教育实践搭建新平台，未来，跨平台、融合化工作范式将成为高校思想政治教育新趋势。传统思想政治教育是在一定的空间和场域下进行的，受空间和场域的限制，场所大小、设施条件以及距离远近等都会对思想政治教育的效果产生影响。网络媒体，尤其是微媒体的出现，在一定程度上弥补了场域限制这一现实不足，打破了物理空间上的限制。随着5G网络的投入使用和移动终端设备——手机的智能化程度的不断更新，思想政治教育网络即时传播成为现实，其功能齐全、便于携带、多媒体融合等特点，使手机成为高校思想政治教育新平台。

目前，中宣部推出的手机版"学习强国"、吉林省委组织部推出的手机版"新时代e支部"等学习APP平台就是最好的例证。这些新学习平台集视频、音频、图表等各类教育产品于一体，集成化的新闻资讯、新理论、新思想、快闪、经济、人物、健康、科技等文字产品以及短视频、联播频道、听广播、听音乐、看电视、理论、人物、科技等音视频产品实时推送，实现随时随地学，有"网"便有"教"。微媒体的发展，拓展教育的空间和场域，打破传统教育的"象牙塔"，使教育不再局限于固定的教室、报告厅等物理空间实体场所，而是拓展到网络虚拟空间，促进现实与虚拟共在智能化教育模式的形成。为此，高校要把握学生"机不离身""机随人动"这一现实，构建以微信公众号、学习APP平台为显性渠道，以微信"圈、群、吧、贴"为隐性渠道的一体化高校学生思想政治教育微矩阵。

四、微媒体即时性契合思想政治教育时效性要求

微时代，在信息泛化、内容同质化的时代背景下，源于生活、鲜活易受的优质思想政治教育内容才是吸引学生、"缠"住学生的关键所在，也在资源供给上保证思想政治教育内容的时效性，发挥信息传播的最大功能。

（一）微媒体信息供给快捷满足思想政治教育的内容时效性追求

微媒体时代，媒体传播融合化、智能化已成为时代发展新趋势。因此，以新心态、新语态、新形态顺应微媒体传播新常态，成为高校应对时代挑战的应然选择。思想政治教育是大学生思想境界提升的基本路径，是学生思想引领的第一条战线。思想政治教育就是要与最新、最前沿的思想交锋，对大学生群体的思想状态加以陶冶与引领。思想源于思维认知，但是扩散、传播要靠媒介，传统媒介特别是纸质媒介传播速度较慢，对最新消息的呈现明显迟滞，除去报纸类对新鲜信息资讯回应速度较快以外，其他都明显处于"迟钝"状态，即便是新闻报纸新鲜信息呈现速度快,但扩散范围有限、传播速度也受到纸质媒体自身限制,当这些传统媒体呈现给受众之时,资讯已失去了新鲜性与冲击力,但是影响力却已经开始加强。当学生思想状态发生变化之后,再采取行动应对思想波动,明显就是被动应对模式,在新鲜感失去的同时,思想政治教育工作的实施难度也会随之倍增。因此,思想政治教育工作对于信息资讯、思想潮流的把握都要抢占先机。

数字技术时代,微媒体利用移动终端设备以及其他数据传输工具,使得微媒体拥有大量的使用人群,在思想文化、信息资讯的传播速度、信息新鲜感等方面都有着得天独厚的优势。思想政治教育借助微媒体平台更新资讯的同时融入思想政治教育正向价值信息,可以最有效地利用数字为媒体新鲜信息所带来的影响力和时效性,满足思想政治教育工作者第一时间获取最新知识、理论和资讯的需求,提高教育者以最新理论引领大学生的时效性,达到事半功倍的教育效果。

(二)微媒体接受同步适应思想政治教育应对问题的时效性需求

网络新媒体的快速发展,尤其是网络微媒介平台的不断涌现和普及,使"网络社群"成为人类新的连接纽带和信息传播节点。微媒体时代,信息传播主体的多元化,信息传播的快捷化和无界化,打破传统信息传播主体的权威化、传播渠道的单一化以及传播时空的有限化,使信息传播呈现跨时空、无界化特点。微直播、微课、微信等微媒体传播平台,以及信息传播快捷、即时的特点,改变了传统思想教育受时间和空间限制的问题,实现思想政治教育内容推送与接收的同步,缩短思想政治教育内容和信息传送时差,提高教育时效性和针对性。

思想政治教育是思想的引领,是在时代巨变中,发挥思想"导航仪"作用的教育实践。思想政治教育必须要对社会思想动态、嬗变趋势做即时性回应,为主流思想站稳阵地,澄清非主流思想,抵制不良思想等发挥其自身特有功效与积极作用。传统媒体受限于自身传播形式、传播速度,难以将社会思想即时性呈现,具有明显的滞后性特征,导致在一定时间阶段上,思想政治教育滞后于社会实际需要,当面对思想变化时,明显地表现为"后知后觉",也只能采取被动式应对行动,而不能根据事实发展、社会需求作出主动性、先导性反应。但是,数字化媒体时代,各种信息、思想会瞬时间传递到移动端的受众面前,在带来新鲜资讯、信息的同时,将社会、具体人群、某一地域所发生的思想动态最迅速地呈现,微媒体可以赋能思想政治教育工作者科学地把控学生思想动态,甚至提前预判思想动态,抢占教育先机,化"危机"为教育契机。

五、微媒体精准性契合思想政治教育差异化要求

大数据技术的发展,尤其人工智能的助力,推进微传播供给模式的变革。微媒体供给匹配精准,为思想政治教育提供平台和技术支持。按照聚合思维,强化智能媒介载体赋能意识,推进供需精准对接,满足教育差异化需求,将成为高校面临的新课题。

(一)微媒体算法功能助力思想政治教育供给个性化

数字技术日新月异赋能信息传播效度。大数据的数据汇集、筛选和分析功能,可以通过对海量数据进行关联性分析,让数据发声,预判学生总体状况,为高校全面、准确了解和把握学生思想、行为现状以及思想政治教育活动情况提供技术支撑。微空间思想政治教育主客体在场的虚拟性,易使高校学生消除心理负担,以真实自我袒露心声。高校学生思想政治教育工作者可以根据学生上网痕迹,即时抓取学生上网习惯、学习兴趣、关注热点、交往对象以及其接收和转发信息内容等众多的学生"原生态"数据,发挥算法技术优势,分析数据,了解他们的思想动态、现实需要和特点,进行整体精准"画像",研判其思想发展的动态与趋势,做到精准发力,有针对性地制定群体引领计划、开列个性化培育菜单,为因材施教提供科学依据和技术支撑。同时,通过对教育实践活动过程数据反馈、信息个性化和行为概率预判,高校思想政治教育工作者可以对微思想政治教育活动进行全程化和立体式数据记录和跟踪,及时掌握教育过程的整体和具体态势,为高校适时修订教育目标、改进教育手段、调整教育内容提供现实依据,有利于提高思想政治教育的水平和质量。

(二)微媒体节点传播助力思想政治教育传播多样化

微媒体节点式传播特性,扩大受众群体,拓展信息广度,提升思想政治教育影响力。微媒体时代,信息发布"低门槛",主体呈现交互性的特征,使每个信息主体既是信息生产者又是信息接收者,微民通过各类微媒介载体,既可以有选择地接受信息,又可以将蕴含自我或群体愿望、意见和诉求的信息推送、转发给受众。这一特点,在一定程度上激发了学生参与思想政治教育的积极性和主动性。"圈群"传播是微媒体信息传播的主要形式,公众号、朋友圈、微信群之间的无障碍节点式关联,使每一个受众既是信息传播的终点,也是信息传播的起点,一个个传播节点构成了信息传播层级结构,各类"圈群"叠加和交汇对信息传播具有扩散与放大作用。当前,随着"三微一端"的普及,果壳、知乎、豆瓣等问答与兴趣互动社区的兴起,尤其是抖音、快手等微视频和网络直播平台出现,信息传播已经不再是单一平台(中心)的发散式传播,而是多元媒介融合化传播,实现传

播速度和扩散范围的最大化。

传统高校思想政治教育工作受时空、方法、模式等限制,出现就高不就低,适用于普通学生群体,对于有特殊需要的学生,特别是"特殊"学生的思想动态很难加以跟踪与引导,而微媒体的信息推送可以在精准分析的前提下,通过大数据兴趣爱好分析,为有特定需要的学生提供最好的、最有针对性的思想疏导与引领。从某一角度上利用微媒体的精准靶向性,及时将传统思想政治教育应该覆盖而没有覆盖的学生群体加以补充性覆盖,在精准分析的前提下,为高校思想政治教育工作做到群体全覆盖又加上一层新保障。未来,随着微媒体矩阵化发展、圈群节点的扩容,尤其是信息的靶向性供给,高校学生思想政治教育"象牙塔"内一家独大,独领风骚的时代将不再重现,随之而来的是教育智能与人类智能聚合下的智慧化矩阵式传播,高校学生思想政治教育深度和广度发展将成为时代必然要求。

第三节 "聚合效应"视阈下高校学生思想政治教育微载体模式架构

"聚合效应"视阈下高校学生思想政治教育微载体属于复杂性结构模式,是一个系统的架构。模式作为结构主义用语,是理论和实践之间的中介,是主体行为方式的体现,具有结构性、稳定性、可操作性等特征。模式运行需要与现实相结合,其要素与结构只有因事、因时、因势而变,才有现实性和可操作性。在如何构建"聚合效应"视阈下高校学生思想政治教育微载体模式这一关键问题上,本研究按照复杂性、结构性、整体性思维,尝试提出构建"三聚合"+"四维联动"+"三·六协同"的高校学生思想政治教育微载体模式。"三聚合",即理念聚合、目标聚合、行动聚合;"四维联动",即以"四因"理念为导向、以"四化"目标为追求、以"四结合"原则为遵循、以"四全"生态为保障;"三·六协同",即构建"六微矩阵"、建优"六微要素"、健全"六大机制",进而搭建从理念到目标、到行动遵循再到具体实践的立体、综合、系统模型结构。

一、确立"三聚合"微载体建设思维

高校微空间思想政治教育作为"思想政治教育+微媒体"实践产物,是高校学生思想政治教育由线下现实场域向微空间场域转变的应然要求,是促进高校学生思想政治教育立体化、形式多样化、手段智能化的重要渠道。高校学生思想政治教育微载体作为时代发展产物,"如何建设,怎样建好"已成为高校学生思想政治教育面临的现实问题。应对这一现实问题,必须从理念、目标和行动"三

聚合"为基本出发点,构建高校学生思想政治教育新模式,只有这样,才能进一步彰显高校学生思想政治教育微载体建设价值。①

(一)理念聚合:高校学生思想政治教育微载体建设先导

理念是人们对事物理性化的看法和见解,或者说理性化的思维活动模式。发展离不开理念,理念是行动先导、是方向、是钥匙,是发展的动力源泉。"创新决胜未来,改革关乎国运。"②理念创新是国家科学发展、繁荣富强的关键,只有以先进的理念为指导,才能攻无不克、战无不胜。

理念决定态度,态度决定行动。推进学生思想政治教育微载体建设首要问题是树立正确的理念。一是高校学生思想政治教育微载体建设作为立德树人的重要阵地,在建设理念上要与"为党育人、为国育才"的人才战略目标相契合。"青年兴则国家兴,青年强则国家强。"③高校学生作为现代化国家建设和中华民族伟大复兴的接续奋斗者,只有坚守初心、明确使命,才能树立正确的信仰、信念和信心,立鸿鹄志,做奋斗者;只有勤学善思、聚集才气,才能心怀"国之大者",勇于担当;只有志存高远、脚踏实地,才能知行合一,做到"实干兴邦"。党的教育方针和国家人才培养战略是微空间思想政治教育实践的核心指向。二是作为"思想政治教育+微载体"的结晶,高校学生思想政治教育微载体建设在理念上要与"立德树人"根本任务落实,与培育全面发展能担负民族复兴时代新人的现实要求相聚合。高校立身之本在于立德树人。习近平总书记指出:"要把立德树人融入思想道德教育、文化知识教育、社会实践教育各环节⋯⋯教师要围绕这个目标来教,学生要围绕这个目标来学。"④这既是新时代人才培养的价值导向,也是微载体建设的目的和价值所在。为此,紧扣"立德树人"这一根本任务,围绕坚定理想信念、坚定"四个自信"、树立"四个意识",帮助学生运用马克思主义立场、观点和方法认识世界和中国发展大势,明晰时代责任和历史使命,是当前高校学生思想政治教育微载体建设必须遵循的基本理念。三是高校学生思想政治教育微载体建设在理念上必须与高等教育"四个服务"的人才培养定位相聚合。发挥高校人才培养基地作用,要"坚持教育为人民服务,为中国共产党治国

---

① 张宝君:《强化"三维"聚合构建"五位一体"微德育模式》,《北华大学学报(社会科学版)》2020年第4期。

② 《习近平在中国科学院第十九次院士大会、中国工程院第十四次院士大会开幕会上发表重要讲话强调 瞄准世界科技前沿引领科技发展方向 抢占先机迎难而上建设世界科技强国》,《人民日报》2018年5月29日。

③ 《习近平谈治国理政》第三卷,外文出版社2020年版,第54页。

④ 《习近平著作选读》第二卷,人民出版社2023年版,第203页。

理政服务、为巩固和发展中国特色社会主义制度服务、为改革开放和社会主义现代化建设服务。"①这既为高等教育改革发展提供根本遵循,也为高校学生思想政治教育微载体建设提供价值依归,高校要紧紧围绕这一要求,把高校学生思想政治教育微载体建设成为筑牢学生"四个服务"意识的新空间。四是高校学生思想政治教育微载体建设必须结合现实环境,才能发挥作用,因此其在理念上还须与本校的办学理念、特色相聚合。每个学校因其所在地域、发展环境、专业设置和生源特点等体现出不同的"办学特色"。作为高校的重要标识和实力彰显,特色鲜明已成为高校办学水平、优势、竞争力和生命力的集中体现。立足本校实际,体现本校特色是高校学生思想政治教育微载体适用性和可操作性提升的前提。结合本校办学理念、校园文化积淀和专业特色,构建符合生源特点、契合本校校园文化和地域特点、特色的微教育管理服务微平台是思想政治教育微载体建设落脚点。五是高校学生思想政治教育微载体建设在理念上要落实用户思维,与学生思想、行为和需求特点相契合。微空间场域发展,传播环境和形态演进,数字化学习、生活新样态,学生知识、信息获取渠道已由传统单一渠道向立体、多元、融合渠道转变,"指尖阅读""碎片化"学习已成为青年学生信息内容接受的新形态,多元化、混合化学习模式改变过去单纯的课堂教学,拓展学生学习的空间和领域,提高了他们知识选择的"口味",有温度、有深度、有品质的内容成为他们的新追求。满足需求才能赢得受众,落实用户思维,突出需求导向,高校学生思想政治教育微载体才能提高生命力,增强黏性,留住受众。

随着现代信息技术的快速发展,精准传播以其精准的方法,能够将传统高校思想政治教育方向从无目标引向有针对性,从传统经验传播转移到科学传播②,微媒体时代,教育精智化已成为时代发展的必然要求,思想政治教育"因时而进"已成为时代的必然选择,学生"无微不在"的生存特点已成为时代发展的新样态。因此,高校学生思想政治教育微载体建设只有遵循教育、思想政治教育、学生成长和微媒体发展规律,紧跟教育发展步伐,突出学生中心地位,围绕学生的特点和现实需求,以微媒体为新载体,构建线上、线下全方位融合的学生思想政治教育新模式,才能如雨露洒满校园,为学生成长成才搭建新平台。

(二)目标聚合:高校学生思想政治教育微载体建设核心

维克多·弗鲁姆的"期望理论"认为,在工作中,员工积极性的大小取决于

---

① 《习近平谈治国理政》第三卷,外文出版社2020年版,第328页。

② 刘滢:《以精准传播理念推进马克思主义大众化》,《人民论坛》2019年第13期。

效价和期望值的乘积。效价即目标的可接受度,期望值即目标达成度。高校思想政治教育微载体建设的积极性、主动性与其效价和期望值成正比。由此可以看出,高校思想政治教育微载体建设目标的设定至关重要。目标设置太高,超过其能力所及的范围,则效价和期望值低,会影响建设积极性。因此目标设置要"适度",要遵循规律,依据现实,科学合理设置。人是大学一切活动的逻辑起点和终极价值取向。① 高校思想政治教育微载体建设目标的设定要结合学校现实,要考虑教育者和学生群体特点,还要依托微媒体传播的时代特点,通过不同目标的聚合,增强高校思想政治教育微载体建设目标效价和期望值,激发组织和个体的积极性和能动性,为达成目标凝心聚力,协同共进。

为了使高校学生思想政治教育在实践中所需要的资源能够得到保障并能够充分发挥其作用,提高分布式资源的消纳能力,充分挖掘相应资源的响应特性,高校思想政治教育资源聚合成为必然。聚合是指将多种特性单一、效能值并不高的资源,基于适用属性评价后根据一定聚合原则,将其整合成单个或几个具有一定灵活性、机动性的思想政治教育资源的聚合体。把"目标聚合"作为行动指向,其核心目的在于通过高校学生思想政治教育微载体建设目标,将所有相关人员的目标、干劲、精神凝聚在一个事物上,积极搭建目标一致、行动统一、落实有力的实施保障,推进微媒体有机融入高校学生思想政治教育所应具备的数字化意识、所需技术支持、运行平台等实施保障,与学校提供的政策配套、物资保障等协调到位。目标聚合是一种综合,是把分散的目标集群统整为单一性、统一性目标,是多对一的对应关系(映射),目标聚合能保持在思想政治教育工作的过程中有机、有效、有序地融入微媒体元素,保持实践过程与数字化模式的一致性,当数字化信息发生变化时,只要具备统一性目标,即便数字技术、信息内容、形式发生变化,也会根据同一目标与当前高校思想政治教育状态保持一致;不同的高校学生思想政治教育工作者在分工不同的情况下,在统一性目标指导下能够做出合理的工作安排。根据目标聚合,行动的指向在于明确的预定目标指向,将实际工作中的行为理念、指导原则、实践路径等都统一到遵循数字化实践范式,在提升"思想政治教育+微媒体"认识前提下,运用智能化数字聚合技术推进高校学生思想政治教育数字化、智慧化的向度转变,从而实现高校学生思想政治教育的多尺度、多维度数字化实践范式转换。把"目标聚合"作为高校学生思想政治教育与微媒体融合的行动指向,是实现数

---

① 刘钊:《我国高校思想政治教育目标的伦理意蕴探析》,《江苏高教》2015 年第 2 期。

字时代,高校学生思想政治教育守正创新,落实党的教育方针与立德树人根本任务关键。

适应数字化发展趋势,推进高校学生思想政治教育与微媒体聚合,是从认识上、目标导向上保证数字时代高校思想政治教育稳定运行、实现立德树人任务的内在要求。当前,微媒体的演进,思想政治教育与媒体技术共存、共处、共融的格局已重塑,由于传统的高校学生思想政治教育思维、范式、理念依然存在,有的高校思想政治教育工作者迟于改进自身适应状态,管理化思维仍然偏重固有特征。努力提高组织和个体对高校学生思想政治教育微媒体目标认知与认同,形成共识,激发全体成员的积极性,成为推动其建设的关键。目标作为一种主观意识形态,既可以为组织者提供行动方向,也可以促进组织成员统一行动,提高组织的凝聚力,还可以成为考核的标准和依据。目标具有方向性、现实性、社会性和实践性。新时代,高校学生思想政治教育微载体建设目标的设定必须与高等教育的中长期发展目标相一致,与高校总体发展和人才培养目标相适应,与教育教学改革和学生成长成才的发展目标相契合。具体而言,一是要服从高等教育总体发展目标。作为载体范式变革实践的结晶,高校学生思想政治教育微载体建设必须在目标设定上,服务、服从于高等教育总目标。当前,高校学生思想政治教育微载体建设必须坚持社会主义办学方向,以传播马克思主义科学理论、培育和践行社会主义核心价值观为出发点,以促进高校和谐稳定、培育优良校风和学风为着力点。二是要契合高等教育改革发展大势。作为高等教育改革重要组成环节,高校学生思想政治教育改革创新只有与其同向同行,才能共同发力。当前,高校学生思想政治教育微载体建设要以习近平新时代中国特色社会主义思想为指导,坚持将"四史"、伟大建党精神、中国共产党人精神谱系、核心价值观、中华优秀传统文化等内容作为微空间立德树人的核心任务,将丰富的精神"食粮"有机嵌入平台,发挥平台潜移默化的熏染作用,使新思想新理论新要求在润物无声中变成学生的思想武器。三是要结合和围绕高校人才培养目标。育"德"是人才培养首要任务。思想政治教育微载体建设作为育"德"空中平台,其建设目标要紧紧围绕人才目标定位,通过与科教结合和产学融合,推进协同育人,切实提升学生报效国家、服务人民、奉献社会的能力和素养。四是要强化与专业人才培养要求相契合。行业的差异,要求高校人才培养要彰显专业特色。学生思想政治教育微载体建设要与行业岗位需求与专业发展特色相契合,针对不同行业职业标准和素养要求,研发具有行业特色载体和内容产品,打造课程思政品牌,落实课程育人目标,增强微空间吸引力和感召力。五是要契合学生核心素养和现实需要。核心素养,作为必备品格与关键能力,是个体自身和社会发展的必备素养。高校学生思想政治教育微载体建设研发和内容遴选要突出目标、问题和需求导向,以学生核心素养培育、思想问题解决和现实需求的满足为落脚点,发挥微媒体承载功能,打造优质在线产品。同时,结合学生思想认识、人际关系、职业选择、心理障碍、就业能力等现实问题和需求,在细分模块基础上,发挥"三微一端""易班社区""一站式"社区等微平台作用,帮助他们解惑答疑,提升砥砺奋斗"原动力",掌握认识、改造世界"总钥匙"。①

（三）行动聚合:高校学生思想政治教育微载体建设是关键

行动是人类实践的关键环节。正像恩格斯说的:"人是唯一能够由于劳动而摆脱纯粹的动物状态的动物"。社会学家韦伯把"行动"称为社会行动,他认为,行动包括,价值与目的合理型以及传统和情感型四类行动。帕森斯认为行动是行为,行为未必是行动,但行动一定是行为,行为变成行动是有条件的。② 高校学生思想政治教育微载体建设,既需要理念、目标的指引,更需要积极的行动。高校学生思想政治教育工作者在行动上,要从传统的工作思维、实践认知、价值取向上,统一到不回避、主动因应时代发展的统一认识与行动上。推进思想政治教育与微媒体有效聚合,打造新载体需要在统一行动下,构建符合发展规律的实践体系与数字化运行系统。建设科学合理、有机融通的数字化思想政治教育实践系统与组织体系,需要共同的行动理念。只有所有涉关人员都将行动理念、行动目标聚焦于高校学生思想政治教育与微媒体的有效聚合上,其具体行动才可以从单一力量主体汇聚成一股可以发挥巨大效用的"洪荒之力",这也契合于整体与局部的辩证关系原理。高校学生思想政治教育微载体建设的关键,在于如何发挥数字技术赋能高校学生思想政治教育的问题,体现出"1+1>2"的聚合效应,促成全员行动的协调性与一致性,并最终发挥其聚合效应。

"一个社会不可能完全破除其传统,一切从头开始或完全代之以新的传统,而只能在旧传统的基础上对其进行创造性的改造。"③虽然传统力量强大,可以固化思维,束缚行动,但是新技术的飞速发展、新理念的不断产生,都在重新定义着高校学生思想政治教育新范式,在秉承原有价值追求和实践目标取向的基础

---

① 张宝君:《强化"三维"聚合构建"五位一体"微德育模式》,《北华大学学报(社会科学版)》2020年第4期。

② 曲钦岳:《当代百科知识大词典》,南京大学出版社1989年版,第367页。

③ [美]爱德华·希尔斯:《论传统》,傅铿、吕乐译,上海人民出版社2014年版,第2页。

上,主动采取行动,顺应时代进步,为高校思想政治教育新"传统"的形成奠定基础。高校学生思想政治教育微载体建设需要以坚实的行动代替"望梅止渴"的意念支撑。

一是以"聚合"为基,以新"配方"增能效。习近平总书记指出:"要适应分众化、差异化传播趋势,加快构建舆论引导新格局。"①要"提升思想政治教育亲和力和针对性,满足学生成长发展需求和期待"②。推进"思想政治教育+微媒体"聚合进程,要求教育者充分挖掘新技术内在功能,以算法功能对微空间海量思想政治教育信息、学生"元数据"和痕迹数据予以汇集、归类,建立思想政治教育数据资源库,构建"一站式"数据服务云共享平台。"配方"和"成分"是产品质量保证的核心要素,检验思想政治教育微载体建设质量,关键看其是否能引发学生关注,提高学生"回访率"。贴近学生思想关注,找准学生疑点、难点问题,合乎教育和学生成长规律,是微载体生存与发展的关键。当代青年学生"朝气蓬勃、好学上进、视野宽广、开放自信,是可爱、可信、可为的一代"③,是与时代共进的一代。作为微空间的"原生代",他们知"微"善用。为此,针对教育对象的时代特点,高校思想政治教育要以"聚合"为基,通过创新"配方"推进思想政治教育载体范式革新,以回应微传播图景下教育场域、对象变化,秉承以新心态、语态、形态、生态与学生贴近、交流、引领和呵护的理念,对症下药,打造学生真心喜爱、终身受益、毕生难忘的微媒介作品。

二是以"需求"为本,用新"工艺"促共享。坚持需求导向,为学生筑牢理论和实践的"同心圆"。满足学生需求,是高校思想政治教育的行动导向。学生思想政治教育微载体作为集导向性、自主性、自我完善性教育的新平台④,一方面,只有以"及时回应学生在学习生活社会实践乃至影视剧作品、社会舆论热议中所遇到的真实困惑"⑤为落脚点,才能紧紧围绕学生的思想"疙瘩"和理论"扣子"为学生"排忧""解困"。另一方面,要坚持"精""准""透"的原则,聚焦重大理论和现实问题,在历史和现实发展的联结中⑥,坚持历史与逻辑相统一、理论与实践相结合、问题与方法相匹配,围绕理论引导的"长久性""有用性"精读细

---

① 《习近平谈治国理政》第二卷,外文出版社 2017 年版,第 333 页。

② 《习近平谈治国理政》第二卷,外文出版社 2017 年版,第 378 页。

③ 《习近平首次点评"95 后"大学生》,《人民日报》2017 年 1 月 3 日。

④ 曹群、郑永廷:《社会主义核心价值观贯穿高校教学的要义》,《思想理论教育导刊》2015 年第 2 期。

⑤ 《习近平首次点评"95 后"大学生》,《人民日报》2017 年 1 月 3 日。

⑥ 王炳林:《教师是上好思想政治理论课的关键所在》,《思想理论教育导刊》2017 年第 1 期。

研,强化对理论的理解、剖析,增强对理论的感悟力。要注重融合,增强平台的"黏合性"。沿用好方法、改进老方法、探索新方法是守正创新、推陈出新的前提。思想政治教育微载体建设要坚守以人为本的优良传统,要关照教育对象,以帮助解决学生现实生活中的"疑惑"为出发点,也要围绕教育对象,以学生感官需求新特点为落脚点,解决微载体承载内容和呈现形式问题,要"接地气""有温度"。

三是以"精育"为核,锻造新"工匠"团队。以德立身、立学、施教是高校教师的行动指引。打造德能兼备的教育队伍,是实现微空间"立德树人"的重中之重。要创新理念,让队伍"行动起来"。行动是目标达成的前提。推进高校学生思想政治教育微载体建设,关键在建设主体的行动力。提高队伍行动力离不开先进理念引领。为此,要树立队伍全面发展的质量观、需求导向的供给观和融合共促的发展观,只有这样,才能用"准""新""微""快"的微媒体精品,为学生铸魂引航。要提高能力,让队伍"用起来"。队伍建设滞后于微媒体技术的发展的现实,制约高校学生思想政治教育微载体建设的进程。知识转化为能力需要由内化到外化的过程。队伍能力转化滞后于微媒体和科技发展的现实,决定了高校微空间教育队伍能力的滞后性,体现为队伍主动性和积极性不强、媒介素养和能力匮乏等问题。为此,要想"用好"微媒体,就必须加强理论学习和培训,为其可持续发展提供动力。要加快培育和引进微作品设计、微视频制作人才,也要强化前端开发和运营推广人才的培养。

四是以"共享"为旨,用新"库存"丰富资源。微空间传播效能实现的关键是资源的整合。要建好微空间思想政治教育"中央厨房"。高校要从队伍混编化、技术支撑的体系化、资源建设的系统化、效果反馈的即时化四个层面优化"中央厨房"构成要素,推进人力、财力和物力以及平台、数据资源的协同共享。要按照协同共建原则,搭建一体化、一站式资源"共享平台"。高校要与域内主流媒体、社会团体和网络运营企业加强合作,实现以知识换技术,以流量换服务,建立知识、技术和效益协同的合作机制;要与域内高校协作,打造资源共同体;要加强域内思想政治教育资源整合,实现地域文化和红色资源的共建共享,建好"信息池"。

五是以"保障"为要,用新"机制"促长效。要健全机构。强化党委的主体责任,成立校、院领导机构,建立"校、部、院、系、班"一体化思想政治教育微载体建设组织运行机制。要强化规范保障。没有规矩不成方圆,制度和机制是推进微载体建设的根本保障,建立健全微空间思想政治教育制度和配套机制,才能为高校学生思想政治教育与微载体有效聚合奠定坚实的制度基础。①

只有行动聚合，才能达成以技术促功效的目的。利用智能化大数据聚合功能与分析技术，可以基于数字化运算的结果实现微空间思想政治教育目标、内容的调整和转换，这是新媒介环境下教育主体共同参与和行动的结果，行动聚合正是以数字技术促聚合功能彰显的实践。

二、遵循"四维"联动微载体建设行动导向

高校学生思想政治教育微媒体载体的研发与建设，必须在科学原则与先进理念指导下，基于数字化运算逻辑而进行。理念、目标、原则和环境的"四维"联动，是推进高校思想政治教育微载体模式建构的根基。

（一）"四因"理念是微载体建设行动指引

高校学生思想政治教育微载体建设离不开先进理念的引领，高校学生思想政治教育实现"因事而化、因时而进、因势而新、因人而教"的目标，要求教育者要以遵循思想政治教育、微媒体发展和学生成长规律为出发点。遵循"用盐"的规律，注重与"事、时、势、需"的有机融合，加快"思想政治教育+微载体"进程，提升教育"时度效"。

1."因事而化"正视思想政治教育现实样态

从思想政治教育环境论的角度讲，教育对象所处的环境，包括宏观和微观两个方面。② 高校学生思想政治教育微载体建设要取得实效，一个首要前提就是全面、深入了解思想政治教育的时代背景和现实问题，以及问题样态的成因，以便通过适应环境、改善环境、创造环境，来创新创优思想政治教育微载体。

当代大学生作为数字化场域中成长、生活的"原住民"，他们已经习惯"终端随人走、信息围人转"生活特点。大学生沉浸于数字化的生活、学习场域之中，当其精神世界与注意力吸附于数字化虚拟空间时，针对大学生的思想政治教育也同样要因事而化。要根据教育对象生存的现实场域，遵循从现实情境出发化解思想和现实问题的基本要求和规律，结合学生生存场景，运用他们时时"在场"的微媒体平台，运用数字技术摸清他们的思想脉搏和现实需求，以他们"爱不释手"的微社交载体，以他们喜闻乐见的方式向他们摆事实、讲道理。以理论的彻底性和鲜活事实帮助他们澄清思想困惑，解决现实问题。落实学生中心是

---

① 张宝君：《强化"三维"聚合构建"五位一体"微德育模式》，《北华大学学报（社会科学版）》2020年第4期。

② 陈万柏、张耀灿：《思想政治教育学原理》，高等教育出版社2015年版，第104页。

教育根本要求。思想教育从根本上说就是转变思想。转变学生的思想,就必须紧紧围绕、关照学生,这样才能把脉精准,因人、因地、因材施教。新时代,思想政治教育不再是传统"言传身教"式的空洞说教与单向度的信息传递,而是具有沉浸式样态,结合具体场景与事物全息样式的新模式。当现实的思想政治教育在以思想引领为实践原则的基础上,从智能化的数字空间延伸到学生的思维与认知世界中,通过丰富、全面的鲜活内容与及时高效的传播途径,来实现想学生之所想、急学生之所急、解学生之所困,找准学生在思想上的兴奋点和情感的共鸣点,才能够确保学生把被动接受教育变成自觉行动。为此,把握"因事而化"的实践规律,已成为高校学生思想政治教育微载体创新的基本准则。

2."因时而进"把握思想政治教育发展趋向

在技术迭代、思想变迁的全媒体时代,"按需求连接万物"并"构建所有物端之间具有类人化知识学习、分析处理、自动决策和行为控制能力的智能化服务环境已成为现实"①,智慧媒体已成为媒介传输的新样态,面对这一变革,做好高校思想政治教育工作,要摆脱因循守旧的传统思维,摒弃不合时宜的刻板做法。"因时而进"可以从两个维度加以辨析,其一是学生自身的时代特征和烙印,其二是社会所处的时代态势。当代大学生是时代发展与进步的生力军,必须紧跟当代大学生的思想脉搏,把稳他们身上的时代烙印,才能在变幻无常的时代洪流中了解其内心感触和现实需求。高校学生思想政治教育唯有让学生时刻倾听时代声音、紧跟发展趋势、明确时代任务,才能切实提升思想政治教育的实效性与针对性。数字技术不断发展,智能化微媒体为当代大学生自由全面发展提供更加宽广的技术舞台与发挥空间。因时而进,就要把握时代主题,捕捉教育契机,因时制宜、应时而动、顺时而进。② 高校学生思想政治教育微载体因时而进,就要紧贴当前社会实际,把微载体设计,尤其是微模块和内容研发与当下时政热点和学生感兴趣的问题结合起来,就是要与国家主流导向相契合,将"感动中国"、"道德模范"、国家勋章和国家荣誉称号获得者的典型事迹有机嵌入微平台,使之成为对学生进行人生观、价值观教育的最佳载体。形是载体,活是目的。微传播的呈现形式直接关系到平台"活跃度"和"沉淀率",因时而进,就要发挥技术赋能作用,把增强现实、虚拟现实、三维仿真、H5、4K、8K 等直播技术运用于微平

---

① 朱洪波:《物联网,开启万物互联时代(开卷知新)》,《人民日报》2020 年 3 月 17 日。
② 魏强、周琳:《因事而化、因时而进、因势而新:做好高校学生思想政治工作的新要求》,《思想政治工作研究》2017 年第 3 期。

台,使学生在身临其境中,体验、感悟、内化和升华,提升教育的实效性。

3. "因势而新"满足思想政治教育现实需要

"因势而新"的关键是要善于把握工作的情势、规律,增强其适应性、信服力。① 就高校思想政治教育而言,"因势而新"就要适应微媒体载体背景下思想政治教育情势演进和学生微空间"生活"演化的常态,推进思想政治教育载体创新创优,以促进思想政治教育目标达成。"因势而新"要求高校学生思想政治教育微载体建设要与大学生作为"人"这一角色所处的情境,即"势"相适应,要随时根据势态变迁、情境发展调整微载体建设的理念与方法,创新内容与形式,从新起点切入,用新技术赋能,才能确保高校学生思想政治教育微载体具有生命力。

"因势而新"的逻辑起点是"势",在于社会发展与科技进步之趋势;着力点是"新",在于创造性地发展基于最新技术与平台的新模式。对于高校学生思想政治教育微载体而言就是创新高校微空间思想政治教育理念、方法、平台、范式。随着科技发展和数字化新媒体触及社会生活的每一个角落,高校学生思想政治教育所直面的问题、所处的环境、所运用的形式、所牵涉的范围都在随着时代发展、技术进步而变化。高校学生思想政治教育的渠道在不断改变、平台在不断拓展、形式在不断创新,但高校学生思想政治教育的根本任务与实践宗旨始终如一,无论何种情势变迁,立德树人作为高校思想政治教育的根本任务不动摇,培育符合新时代中国特色社会主义建设者与接班人的工作使命不会变,践行社会主义核心价值观的工作重心不能变。所以,"因势而新"中的"势"具有不同层次取向,从宏观角度审视"势",可以谓之"大势",世界百年未有之大变局和中华民族伟大复兴战略全局加速演进。高校学生思想政治教育微载体建设必须从立意高远、引领时代先锋的角度出发思考如何不落伍、不掉队,顺应时代大"势"。同时,"因势而新",还需从微观层面把握高校学生思想政治教育微载体建设面临的现实问题,切实把握具体小"势",数字时代,大学生生活在一个媒体全息化的场域中,社会生活方方面面的信息都被微媒体直接呈现给大学生群体,在一定程度上影响他们对消费观、婚恋观、道德观、法治观的认知与评判。基于微传播样态下学生情感认知、行为方式、生活观念、话语表达、思维模式的数字化特质,尤其是其需求个性化、多样化、可视化的特征,高校学生思想政治教育微载体建设

① 李进付:《"因事而化、因时而进、因势而新"的内在意蕴及方法论意义》,《思想教育研究》2017年第5期。

必须紧跟数字时代,适时调整、变革、创新微载体的实践范式、话语体系和呈现方式,以达到与大学生群体在行为模式、认知维度、思想频率上的共在。

4."因人而教"彰显思想政治教育需求导向

因人而教,就是我们常说的因材施教,现实场景中,就是结合学生个性特点,实施差异化、个性化教育。人民是历史的创造者。以人民为中心是立党之本、兴国之源。"办好人民满意的教育"要求高校要落实以学生为中心。学生是高校生存和发展的基础。"为党育人,为国育才"要求高校要把学生放到一切工作的首位。人才培养是高等教育的核心职能。"立德树人"是人才培养的核心旨要。落实学生中心不仅要体现在人才培养计划上,更要体现在日常工作的方方面面。当前,学生生活空间和场域的转变,需求多样化、个性化为思想政治教育内容供给提出新要求。落实学生中心地位,高校学生思想政治教育微载体建设,要基于大数据时代,按照学生全面发展的需要将德育与智体美劳"四育"并举。

载体是实现教育内容供给精准的桥梁和纽带。思想政治教育微载体作为承载工具,其主要职能是承载符合学生需要和接受特点的思想政治教育内容,以多种推送和呈现形式,引发学生"关注""驻足",进而激发学生的学习兴趣,实现学生由"被动接受"到"主动学习"。因此,落实学生中心,发挥学生微空间建设主体作用,要求微载体建设者首先要了解学生。要紧紧围绕学生日常学习、生活特点,以学生善用乐用的微媒体,喜欢和乐于接受的内容形式和呈现方式,关心、关注的社会和生活问题为切入点,从小处着眼,细处着手,关键处发力;落实学生中心,就要倾听学生心声,知其所思所想所需所求。传统思想教育主客体地位的不对称性,决定了受教育者的"弱势群体"地位。教育中"一言堂"的现象时有发生。新媒体时代,微空间教育主体多元性,提升学生的话语地位,空间的虚拟性,也为学生吐露"真实"诉求提供新平台,高校学生思想政治教育微载体建设者,要时刻关注平台,了解学生的现实诉求,及时调整教育模式、内容和方式,以最大限度满足学生诉求。同时,要发挥微媒体平台的即时反馈功能,对教育过程动态及时调整,以提升教育的效果,增强平台吸引力;落实学生中心,最关键的是满足学生个性需求。传统思想政治教育多为"群体"教育,难以实现教育差异化和个性化。微载体平台为这一问题的解决提供新场域。算法功能、人工智能为微载体平台提供"智慧眼",平台数据汇集、分析、筛选等功能,为教育者精准了解学生个性特点提供技术支撑,通过对学生日常痕迹数据分析,教育者可真实了解学生的个性特点、行为特点和接受特点,找准其真实需求,进而为其开列"学习菜单",实施个性化教育,达成因人而异、因材施教的目的,教育对象是现实的、具体的人,人的需求是随时代和生存环境而不断演进的,未来随着教育人工智能的发展,微空间思想政治教育因人而教将会更加精准。

(二)"四化"目标是微载体建设的价值旨归

数字技术带给用户无限便捷,也催生出多元化的利益与价值趋向,使每个人都基于各自不同的价值观,而共同存在于智能化的虚拟空间与现实社会中。高校思想政治教育以"立德树人"为根本任务,也是潜移默化的价值引领过程,基于数字技术的高校思想政治教育微载体建设,必然要遵循基于技术赋能的实践取向,在育人范式与实践路径上寻求价值与目标的统一。

1.微媒体资源融合化凸显思想政治教育要素聚合价值取向

要素聚合是系统合力生成的关键。优势要素集聚是思想政治教育微载体建设活力所在和动力之源。提升高校学生思想政治教育微载体平台的吸引效应和聚合效应,是提高载体黏性,增强其"人气"的重要环节。优势要素聚集是高校微空间思想政治教育价值实现的根本保证。作为"立德树人"实践活动场域的延伸与拓展,高校微空间思想政治教育借助微媒体资源聚合的优势,实现教育效能的延伸与扩大。当前,随着媒体传播形态的深度演化,尤其是新技术的赋能,微媒体全程、全效、全员传播样态明显。这充分彰显出微媒体在队伍、内容采编与研发、平台运维等方面资源深度融合的成效。单打独斗、自成一体的旧媒体时代已成"明日黄花"。高校思想政治教育作为"立德树人"核心阵地,全员、全程、全域育人是其现实要求。微媒体的适时出现和快速普及,成为学生的"最爱",既在载体方面契合承载工具和渠道多元、多样的教育需求,也在方法层面,契合以人为本、因材施教的理念。这也使微媒体与思想政治教育深度聚合成为时代的必然选择。微媒体多元主体共在,为学生思想政治教育主体协同提供新平台,打破传统校地、校校、校内不同队伍资源的界限,在平台上完全可以通过共同话题、共同目标,实现教育主体优势互补和能力聚合,促进不同领域"意见领袖""文化使者""网络达人"能力集聚效应的发挥。微媒体承载信息的海量,打破传统思想政治教育资源的行业差异,实现优势素材、案例,尤其是校、地等数字资源的协同共享,推进了思想政治教育资源库建设,实现资源聚合的最大化。微媒体矩阵式传播,改变了传统思想政治教育课堂、会议、谈心等"面对面"的教授和引导方式,微空间的虚拟性更有助于学生敞开心扉,真情流露,便于教育者运用微信、微视频、移动终端设备及其衍生软件平台,实现多渠道、多时段、集约化教育引导,提高教育信息传递的聚集效应,更易使学生在多元感官体验中,加深印象,提高认知,增强认同。然而,由于高校学生思想政治教育微载体建设均衡失调,供给不充分的现象依然存在,优势要素平台效能最大化的问题,依然是推进二者深度聚合的关键。实现多元媒介与思想政治教育优势互补与协同,构建智慧化、移动化的载体还需接续奋斗。

2.微媒体供给内容品质化彰显思想政治教育品牌意识取向

高校思想政治教育目标达成的关键,是教育内容是否能深入人心,被教育者接受和认同。"内容为王"是媒体传播的铁律。优质教育内容研发与有效供给是提高教育质量的前提,也是高校学生思想政治教育实现价值的核心。

智媒时代,高校学生思想政治教育内容,不仅包括传统意义上的新闻和主流价值观,还包括与个人生活相关的所有内容,如文学、艺术、经济、游戏、人文、娱乐、商业等单独和有交叉的领域与行业,适应数字新人的信息摄取趋向,高校学生思想政治教育的内容也必然需要过渡到从纯内容的说教向"内容+"的高品质、高效能的新业态发展。一方面,微媒体资源汇聚、算法推荐等优势,提高平台内容深度筛选与优化的能力,能够从供给侧确保内容的品质。在高校微空间思想政治教育的发展中,我们"既要深刻认识技术、资金、渠道、用户等的重要性,更要紧紧抓住内容建设这个根本"[1]。基于数字技术与智能化的微媒体必然会在效能与品质上助力高校思想政治教育,拓展其实施路径,提升其实效性。优质内容易引发学生产生心理共鸣、情感认同,多元内容呈现,易刺激学生感官,以体验促进内化,进而弥补传统思想政治教育以理论教育为主,而实践性、生动性和时效性欠缺的弊端。突出微载体在"立德树人"中的核心作用,既是思想政治教育与时俱进的价值追求,也是学生的现实需要,既有实效,又有鲜明特色。

另一方面,技术赋能下,微媒体利用其大数据分析、全息化呈现等形式产生或加载信息资讯,从内容的样态、深度等角度加以评价,做到一定程度的提升。微媒体作为信息资讯平台,其内容包罗万象、议题丰富繁杂,或与生活息息相关,或与社会关切紧密相连,为高校学生思想政治教育因材施教提供了契机,教育素材采集的即时性、多样性,内容研发的团队化、智能化,内容呈现的可视性、体验性,将政治、经济、社会、文化等多领域话题,以学生喜闻乐见、易于接受的方式推送给他们,有助于他们对社会热点、疑点问题和事件形成基本的认知和判断。[2]

---

① 北京市新闻工作者协会:《中国媒体融合发展报告(2016)》,社会科学文献出版社 2017 年版,第 8 页。

② 庞娟:《新媒体时代大学生思想政治教育创新研究》,山西大学 2019 年博士学位论文。

3.微媒体供给匹配精智体现技术赋能思想政治教育实践取向

坚持"用户思维",突出"受众视角"是微媒体生存之要。学生作为受教育"消费"主体,在教育供给体系中处于"上帝"的地位。满足学生对教育的"消费"需求,要求高校要善于从"受众视角"出发,不断优化教育供给机制、体制和模式。树立"用户思维",善于从"受众视角"考虑问题,既是思想政治教育落实学生中心,满足学生需求的目标要求,也是提升高校思想政治教育针对性、实效性的前提。同时,也是推进微媒体与学生思想政治教育深度耦合,发挥聚合效应的内在要求。微媒体时代,学生的文化消费观念、途径和方式都发生了深刻变化。"即时化""碎片化""多元化""娱乐化"已成为学生消费的新症候。面对学生文化消费变化,尤其是知识获取的"自主化""快餐化"和"碎片化",高校思想政治教育只有直面现实,顺应学生多元媒体生存的特点,才能改变传统思想政治教育对象的"被动"地位,变被动为主动。坚持用户思维,教育者要换位思考,要站在学生的视角,从受教育者和消费者的角度,考虑如何甄选微载体、如何研发微内容、如何创新微内容呈现和推送方式,只有这样,才能达成与学生共情共意,息息相通。突出"受众视角",一方面要转变理念和角色定位。要树立平等意识,发挥教育者教育主导和服务者作用,在议题设置、活动引导和服务水平上下功夫,提升教育实践活动参与的交互性,让学生在参与活动中自觉收获,认同与分享。另一方面,强化学生在微建设中的主人翁地位。载体建设的目的是适应学生、更好地发挥其教育引导学生的承载作用。为此,思想政治教育微载体设计、研发和运维中,要吸纳学生参与,将那些热衷于微载体建设、理论素养和能力强的学生挖掘出来,组建学生建设团队,也要在内容研发形式呈现上让学生成为研发主体,让他们在参与中自我学习、自我提高,成为教育的主体,发挥他们的"聚集"和"引领"效应。

诚然,从"受众视角"出发,突出"用户思维",建设学生喜爱、乐用的思想政治教育微载体,既是促进教育双方的交互传播的前提,也是构建个性化、智能化、定制化的微载体平台,为学生提供"零距离"交互场域的关键,更是实现微空间思想政治教育产品的"精准送达"必然之选。

4.微媒体供给效能最大化是提升思想政治教育获得感现实需要

高校学生思想政治教育的有效实施与"立德树人"目标的实现,需要大量精神境界高、思想层次深的教育资源;同时,数字信息时代的青年学生群体善于探索、尝试、接纳新事物,作为"原住民",他们熟悉并善用数字媒体。微空间思想政治教育的应运而生,促进高校学生思想政治教育新业态与大学生群体特点的契合,使教育智能化数字媒体投送高效、运行便捷的实用特征得到最好发挥。获得感表示获取某种利益后所产生的满足感。高校学生思想政治教育获得感就其实质而言,是指在实现立德树人根本任务上所取得的成就或是成果,成就与成果可以是可见的"物质层面"上的,例如,学生在思想政治教育领域内所获得的竞赛成绩等;也可以是不可见的"精神层面"上的,在不断成长中思想境界的不断提升,树立高尚的人生理想与价值目标等。

"所当乘者势也,不可失者时也。"任何成绩或是成果的取得都是量的积累的结果。微媒体时代,高校学生思想政治教育获得感必然是依赖于智能化微媒体在传播速度、覆盖群体、内容效度等方面,为高校学生思想政治教育供给更多的优质资源,并提供更加高效的实践手段。技术时代,只有建立在优质高效的操作平台上的实践活动,才能获得预想的成果,这既是必然也是规律。

(三)"四统一"原则是微载体建设的基本遵循

高校学生思想政治教育微载体作为一个多元优势要素集合体的复杂系统,其建设要以理念、目标和行动聚合为方向,以因事而化、因时而进、因势而新,因人而异为基础,以资源融合、品质内容、匹配精准、效能最大为目标,也要遵循建设性与批判性、政治性与学理性、统一性与多样性、主导性与主体性相统一的原则,只有这样,才能真正把高校学生思想政治教育微载体建设成学生思想和价值引领的宣教平台、管理和服务育人的智慧平台。

1.要坚持建设性与批判性相统一

建设性作为一种思维模式,是指人们运用对客观存在的认识,通过实践活动实现对客观存在进行改造目的的思维。建设性思维作为一种思想品质和行为范式,既是发现创造性思维,也是善于发现与解决问题内在品质,还是一种提出新理论、成就新事业、创造新成果的实践行为。其建构性、创造性、求异、求新的思维特点,使其具有广阔性、批判性、灵活性和深刻性,可以驱动人们全面揭示事物的本质,正确认识和改造世界。高校学生思想政治教育微载体创新的建设性,是指为了有效研发、科学利用、充分发挥高校学生思想政治教育微载体的功能和作用,在高校学生思想政治教育微载体建设过程中善于发现和解决问题,不断创造、更新、完善和支撑高校学生思想政治教育微载体建设的内生要素的属性。批判性是指对客观存在意义理解及其明辨和判断的能力,特指对事物或思想中缺点的洞察力、辨别力和判断力,即对现实保持一种质疑的态度。批判性思维是以客观事实和理性分析为依据,对事物进行理论评估和客观评价的一种能力与意愿。其中,问题提出的正确性、问题思考的缜密性、思维模式的逆向性和挑战性是批判性思维的核心所在,批判性思维是理性、逻辑并合乎规律的,是平等、和谐并富有建设性的。分析性、综合性、情境性思维是批判性思维的三种模式。高校学生思想政治教育微载体建设的批判性指的是对影响高校学生思想政治教育微载体建设的思想、行为进行分析、辨别和否定的属性。高校学生思想政治教育微载体建设的批判性,既体现在对高校学生思想政治教育微载体建设的错误认识的辨析、批判和抵制上,也体现在对高校学生思想政治教育微载体自身建设存在的"问题""现状"的评估、分析和校正上。高校学生思想政治教育微载体建设坚持建设性与批判性相统一,要求我们在微载体的建设和运营中,既要敢于创新、勇于创新,又要突出问题导向,善于及时发现问题、解决问题,推进高校学生思想政治教育微载体日臻完善。

2. 要坚持政治性与学理性相统一

政治性,作为一种价值属性,是活动所具有的政治方向、原则、立场、观点的具体体现。毛泽东指出:"没有正确的政治观点,就等于没有灵魂。"[1]政治性是思想政治教育的灵魂,是其阶级性的彰显。高校学生思想政治教育微载体的政治性是由其本质所决定的,具体体现为平台和所承载内容要体现社会主义办学方向,彰显马克思主义指导地位的社会主义主流意识形态价值属性。思想政治教育是高等教育立德树人的核心工程,关系到为谁培养人的根本问题。为中国特色社会主义培养接班人,要求其必须坚守"为党育人、为国育才"的初心与使命。政治性是高校学生思想政治教育微载体承载内容建设的方向和行动指南,是其承载内容选材的基本出发点和落脚点。学理性是行动指向与价值遵循。高校学生思想政治教育微载体的学理性是指高校思想政治教育微载体承载内容所蕴含的实践指向与价值追求。社会主义意识形态作为完善的观念体系,其政治和价值导向要以一定的科学理论和知识体系——学理性表现出来。只有通过透彻的学理分析,才能帮助学生化解思想和理论困惑;只有以彻底的理论,才能帮学生解决现实的疑点和难点问题,才能发挥真理的引导力量。坚持政治性与学理性相统一是社会主义办学方向的体现,是筑牢高校立德树人主阵地的现实要求,更是高校学生思想政治教育微载体建设的灵魂。

3. 要坚持统一性与多样性相统一

统一性,是指不同事物在未来发展趋势和最终结果等方面的内在的一致性。从哲学的角度看,就是人的主观活动必须要与客观规律相符合,才能更好地改造

---

① 《毛泽东文集》第七卷,人民出版社 1999 年版,第 226 页。

世界。统一性作为微空间思想政治教育实践的内在一致性,是其微载体建设内在属性。统一性是微载体建设在总体目标和内容设置、推送形式等方面的共性要求或一致性规定。多样性,指事物存有的多元性,或实在的繁杂性。多样性是思想政治教育的实践要求。高校学生思想政治教育微载体统一性,是指其内容研发、推送方式要因地制宜、因时制宜、因材施教,体现灵活性和多样性。事物发展的统一性与多样性是辩证统一的。高校学生思想政治教育微载体建设,是事物发展的共性和差异性的体现。统一性是指微载体建设总体目标和行动指向的内在一致性,是微载体建设系统性、科学性的根本保证。多样性是思想政治教育过程的复杂性,是具体问题具体分析,要因人、因材施教地体现和保障。作为多元要素的集合体,高校学生思想政治教育微载体建设既要坚持统一性,又要坚持多样性。统一性统摄多样性,多样性影响制约着统一性。坚持统一性是高校学生思想政治教育微载体的根本属性,坚持多样性是其因应环境和对象多变多样的必然选择和现实要求。微传播范式下,高校学生思想政治教育微载体建设多样性要以统一性为方向、目标和基本规范;高校学生思想政治教育微载体建设的统一性需要主体、承载工具(产品)、资源的多样性助力实现,因此,把握统一性和多样性的辩证关系,实现统一性和多样性的有效协同,是彰显高校学生思想政治教育微载体目标同一性的应然选择。正像习近平总书记指出的,推进新时代高校思政课程改革创新,要"坚持统一性和多样性相统一","因地制宜、因时制宜、因材施教"①,只有这样才能发挥思政课"铸魂育人"的作用。

4. 要坚持主导性与主体性相统一

主导性,即对人、事物的变化、发展起主要引导作用的特性。教育者主导性,是指教育者在高校学生思想政治教育微载体建设中思想引领、价值导航、道德教化、知识传授和素质提升等功能的彰显,是高校思想政治教育微载体建设者、运营者主导地位的体现。主体性,是指人在社会实践活动中体现出的自主、能动、自由的地位和作用。学生主体性是指学生作为高校学生思想政治教育微载体建设的服务对象,其理想信念、价值观念、道德素养的养成离不开其主观能动作用。坚持主导性与主体性相统一是高校学生思想政治教育微载体建设的关键。微媒体时代,主客关系呈现的新态势,对传统高校学生思想政治教育中教育者与受教育者的地位产生一定冲击,弱化教育者的主导地位,提升教育对象的主体性,在

---

① 习近平:《论党的宣传思想工作》,中央文献出版社 2020 年版,第 385 页。

一定程度上促进微空间教育双方关系和谐,实现二者主导性和主体性的有机结合,是深化"思想政治教育+微载体"聚合的关键环节。提升微空间教育效能,既离不开微载体的研发和运维者的主导,也离不开微载体内容接收对象的积极参与,否则,高校学生思想政治教育微载体也将失去其存在的价值。作为微载体建设的主体——高校学生思想政治教育工作者只有转变观念,强化自身建设,担负起建设的主体责任,善于激发学生参与微实践活动的主观能动性,实现教师主导和学生主体相统一,才能把微载体建设成思想引领、价值塑造、知识传授、素质提升的新媒介阵地。

（四）"四全"生态是微载体建设的重要保障

教育作为一个有机能动过程,着眼于人的生成,着力于灵魂的塑造,最主要的就是使人沉浸在理想的成长环境中,灵魂的塑造离不开良好的生态环境。环境,是指围绕某一事物(主体)并对该事物产生影响的所有周围事物(客体),简言之,就是指人生活周围的情况和条件。思想政治教育环境,是指思想政治教育主客体周围的情况和条件。高校学生思想政治教育微载体建设环境,是指由高校微空间(由微博、微信、抖音以及各类圈群共同构成的)思想政治教育载体建设所需要的非物质条件、无形条件之和构筑而成的环境。新时代高校学生思想政治教育微载体建设作为一个系统工程,需要以"四全"生态环境建设为依托,做好统筹谋划和顶层设计,避免断档现象,形成全场域、全时段、全过程育人循环闭合模式。

1."全程"充盈生态格局有利于破除障碍与传播壁垒

"全程",是指客观事物时空维度上运动的全过程。全程媒体,是指跨时空、零时差的即时传播。简单说,就是信息从产生到结束都离不开传播链条。思想政治教育全程化,强调思想教育要贯穿教育实践活动全过程。高校微空间学生思想政治教育的"全程",是指高校学生思想政治教育内容信息要渗透到微传播的整个过程、充盈整个微空间。建设"人人可学、随时可学"的高校学生思想政治教育微载体,离不开一个"跨场域、零时空、全覆盖"的新空间。

微媒体时代,信息传播已突破时空界限,微媒体可以同步记录、传输思想政治教育内容作品,形成教育信息和内容作品呈现"共进度、零时差、齐直播"的新传播样态。媒体的有效聚合,尤其网络媒体"超链接"与"幂指数"传播特点,改变传统高校学生思想教育内容研发、推送模式,实现由延时传播向即时传播的转变,使高校学生思想政治教育内容生产与推送呈"即时动态"的新传播特点,实现思想政治教育的无限扩展与全程持续。

2."全息"传播生态格局有利于突出数字化技术应用

"全息"作为信息技术维度,特指在信息数据化的前提下,任何一个智能终端都可以获得全部信息。"全息媒体"是指传播形式愈加多元,用户体验各取所需,新闻的呈现立体多元。融媒体时代,全息媒体即媒体的"数字化",是指在大数据处理、人脸和语音识别等新媒体技术的助力下,文字、图片、音频、视频等非结构化信息均可被各种各样的传感器采集,并以3D动画、视频音频、环绕图文等富媒体形式进行全时空、全场景、全介质的交互。

随着新兴媒体的不断涌现,我们已步入信息"智慧、智能、智力","无处不在、无所不及、无人不用"的全息媒体时代。新媒介传播样态的形成,在一定程度上促进思想政治教育传统模式的解构和重组。新传播和接受背景下,构建"智能感知、数据为体、流程为相、服务为用"的高校学生思想政治教育微载体,要以"全时空、全场景、全介质、全员、全体验"全息生态环境奠基。

3."全员"共促生态格局有利于促进多元主体积极参与

"全员",作为信息传播的社会维度,指社会各方各类主体(机构、个人、智能机器等)都通过网络融入信息交互过程。习近平总书记指出:要"树立大宣传的工作理念,动员各条战线各个部门一起来做。"①高校要把思想政治工作贯穿教育教学全过程。构建"三全"育人格局,离不开高校教职员工和学生的全员参与。微媒介平台传播的交互性、平等性等特点,对高校传统思想政治教育模式产生冲击,提出挑战,也带来契机,既在一定程度上弱化教育者的主体地位,也为思想政治教育多元主体协同提供新空间。微空间信息的节点式传播,使信息传播"多对多"成为常态,这也引发高校微空间思想政治教育主体的泛化,微空间思想政治教育的"全员"包括宏观教育主体(组织实施部门)、微观教育主体(教育者和学生)、智能教育主体(人工智能机器)等多元主体,也包括由受教育对象转化的"教育主体"。高校学生思想政治教育作为思想交融、知识传递和情感交流的实践过程和全部活动,只有教育主体、客体间协同,才能形成合力,实现教育效能最大化。

4."全效"供给生态格局有利于提升教育资源利用效率

作为功能维度属性,"全效"是指通过功能聚合,搭建媒体功能平台,提高平台数据汇总和运营枢纽作用,为受众提供匹配精准的信息服务。媒体的"'全效',突破了功能尺度,集成了内容、信息、社交、服务等各种功能,成为'信息一

---

① 《习近平谈治国理政》第一卷,外文出版社2018年版,第156页。

条街'。这样的全媒体……导致舆论生态、媒体格局、传播方式发生深刻变化"①。"全效"媒体所具有的热点追踪、智能审核等技术,大大提升高校学生思想政治教育微载体内容生产、传播的能力和效率。可以说,高校学生思想政治教育微载体个性化、定制化、精准化的信息匹配,提高了高校学生思想政治教育时效性、针对性和延续性,彰显其功能的"全效"实现。提升高校学生思想政治教育微载体功效,要求高校营造"全效"供给生态格局。高校要树立跨界思维,按照全校"一盘棋""一张网""一键通"建设理念,打破传统固有封闭的内循环模式,按照强强联合的原则,实施跨媒体平台融合,通过功能和资源聚合,打造集"三微"+"两端"+"一站"于一体的立体化、矩阵化教育管理服务微传播体系,以促进微媒体功效最大化。

三、落实"三·六协同"微载体建设实践进路

智媒时代,高校思想政治教育应该致力于发挥微社交媒体的承载和中介作用,推进教育、教学、管理、服务、文化、活动等载体模块的有效聚合,为思想政治教育适应微空间环境变革奠定延展的物质基础。聚合的本质,是多元化优势要素有机结合,并产生超出于个体简单相加的集合效果。顺应人工智能技术和移动通信技术的升级,媒体的融合发展,高校要正视微传播样态对高校学生思想政治教育的冲击与挑战,主动占领微空间阵地,在守正创新的基础上创新创优思想政治教育。

(一)搭建"六微"载体"聚合"矩阵

新时代,媒体产业和传播形态重塑,用户思维、心理和行为习惯再造,新闻生产与风格的重构。高校学生思想政治教育微载体"如何成为舆论压舱石、社会黏合剂、价值风向标",考验着高校深化"思想政治教育+微媒体"的能力。当前,搭建宣教、教学、管理、服务、文化、活动六位一体微空间思想政治教育传播矩阵,已成为新时代高校学生思想政治教育现代化的保证。

1.宣教微载体矩阵

高校日常宣教微载体,是指承载和传递高校日常宣传教育内容的微社交媒介工具和"产品"的总称。具体而言,是指承载高校日常宣传和教育的"三微",即微博、微信、抖音公众号,主要包括:学校官方运营的公众号、校内非官方学生组织号、校园自媒体类公众号以及易班和"一站式"社区;APP和各类圈群以及

---

① 人民日报评论部:《让主流媒体成为"全媒体"》,《人民日报》2019年1月30日。

蕴含宣传和教育内容的微小说、微图片、微电影、微视频,等等。高校日常宣教思想政治教育微载体作为一个媒介传播矩阵,其承担着高校主流价值引领的作用,是高校微空间意识形态的主阵地。"万物互联"的全媒体时代,高校更需牢牢把握微空间思想政治教育的主动权,"丢掉了这个根本,就只会在追逐各种新技术的过程中失去自我"①。高校要借助新技术风口迸出的契机,强化技术赋能高校微空间主流媒体意识,善用算法关联分析,发挥其"把关"作用,以主流价值为导向的"党媒算法",精准对接学生需求,达到强信心、暖人心、筑同心的目的。②

2. 教学微载体矩阵

教学载体,是指能够搭载、贮存和传递教学信息的中介,是教育者按照特定教学目标,为教学内容有效传递而选择、设计和编制的承载工具。高校学生思想政治教育教学微载体,是指高校思想政治教育主体按照特定教育目标,在思想政治教育教学活动中,选择、设计和使用的能够承载和传输思想政治教育内容的所有"微"传播平台、内容和活动载体。主要包括:课程微载体、教学内容微载体和实践活动微载体等。课程微载体,是指承载教学任务的各类微平台的统称,主要包括钉钉、智慧树、学习通等。教学内容微载体,主要是指微课程,是教育者运用数字技术,按照学生认知规律,围绕特定知识点,呈现方式多元的结构化数字课程。作为一种新型的授课方式,微课程以移动互联网为载体,延展了思想政治教育的时空,增强了教育实效。教学是理论与实践相结合的过程。实践是课堂教学的延展,分为课内、校内和校外实践。实践活动微载体,是指丰富和延展课堂教学内容的微实践活动,主要包括:与课堂教学相关的微讨论、微电影、微视频以及三维仿真展馆,等等。随着微媒体和数字技术的发展,教学微载体作为教育主体和对象沟通的桥梁和纽带,已成为高校提升微空间政治引领、思想导航、价值引导的重要载体。

3. 管理微载体矩阵

管理,是指管理者围绕组织目标,有效计划、组织、领导和控制组织资源的全过程。作为一种文化现象,管理是科学性与艺术性的有机统一,目的是激发管理对象潜能,为社会创造更多价值。高校学生管理亦称学生事务管理,是高校为维护正常教育教学和生活秩序,保障学生合法权益,对学生进行有计划、有组织的领导和控制过程。管理是立德树人的重要途径。管理育人,要求管理载体建设

---

① 人民日报评论部:《让主流媒体成为"全媒体"》,《人民日报》2019年1月30日。

② 人民日报评论部:《让主流媒体成为"全媒体"》,《人民日报》2019年1月30日。

以立德树人为基本落脚点,在平台和内容上赋予价值导向。简言之,思想政治教育管理载体,即承载教育功能的各类学生管理实践活动及其过程。高校学生思想政治教育管理微载体,作为管理实践的时空延展,其是指微空间承载教育功能的一系列微管理平台和在微平台上开展的全部实践活动过程。具体而言,是指运用"微"群组(QQ和微信)和各层各类管理服务APP,进行的各级各类学生管理与育人的全部实际活动。本研究所讨论的管理微载体,特指承载各类学生管理与育人活动的"微"中介平台,既包括易班社区、"一站式"社区、微信群组和各类校园管理服务APP,也包括蕴含思想政治教育的各类管理微活动。

4. 活动微载体矩阵

微活动,是指运用微信、微视频等微媒介载体和易班社区、"一站式"社区等平台,以短小精炼的视频、文字、图片等方式,进行信息交互、思想交流的活动的总称。具有跨时空、线上聚集、组织严密等特点。高校学生思想政治教育微活动载体,是教育者以微博、微信、微视频以及其衍生产品为承载中介,开展线上育人实践活动的总称。与现实场域育人活动相比,思想政治教育微活动移动化、细微化、简洁化的特点,契合"微生活"状态下学生移动化、碎片化的接触和接受偏好;微活动供给的匹配精准,契合学生需求个性化、差异化和多样化,提高教育的对象化和分众化;微活动的交互性和体验性,激发学生的主体参与意识,增强学生的情感体验,促进教育内容的内化和提升。高校学生思想政治教育活动微载体,特指承载活动育人功能的所有微媒介载体(主要包括微博、微信、微视频等公众号)及其衍生产品。从活动形式看,活动微载体主要包括:竞赛类主题微活动,如微视频大赛、微动漫大赛、微戏曲大赛、微征文大赛等;实践类主题微活动,如微调研、微公益、微宣传等;教育类主题微活动,如微课程、微团课、微研讨等。从发展态势看,活动微载体正向移动化、视频化、精智化的深度发展,未来必将成为高校思想政治教育实践活动的重要载体。

5. 文化微载体矩阵

媒体担负文化传播的使命和责任。发挥微媒体文化育人作用是时代选择。文化是国家和民族的灵魂,是人类所创造和积累的物质和精神财富的总和。高校学生思想政治教育文化载体,是指教育者为提高学生思想、政治、道德和心理等素质,将思想政治教育的内容寓于文化建设之中,以达成引导、教育学生目的的文化产品。① 微文化载体,作为时代的产物,是伴随微博、微信、微电影等微社

---

① 陈万柏:《论思想政治教育文化载体的特征和功能》,《求索》2005年第5期。

交媒体及其衍生作品的演进而产生,并不断发展壮大。文化微载体作为高校思想政治教育文化载体的"空中"拓展,是"思想政治教育+微媒体"聚合实践在文化层面的产物。作为文化载体图景的空间延展,其传播特点符合学生"数字化"生存的惯习。高校学生思想政治教育文化微载体,包括蕴含思想政治教育的微文化作品,如微电影、微视频、微课程;也包括高校教育者以微媒体为承载工具,在微空间开展教育实践活动过程中形成的微制度文化、微物质文化以及微精神文化等。

6.服务微载体矩阵

微服务,顾名思义,就是服务的"微小化"。简言之,微服务,是指高校借助微媒体的传播优势和人工智能的大数据汇聚和算法功能,在搭建一体化校园智能服务微平台(微信企业号、服务号)的基础上,通过设计多样化的服务小程序,搭建形式多样和精细化的服务模式。高校服务"微"平台,是指能够承载学生日常事务和服务功能的工具及平台,具体包括微博、微信公众号及其衍生的各类小程序以及微信圈群等共同构成的微服务平台矩阵。移动网络技术、大数据、云计算等技术的发展,尤其是微社交媒体和人工智能技术的发展,为高校学生智能服务提供了新的平台和技术支撑,使高校微服务平台、公众号、小程序如雨后春笋,层出不穷。从虚拟校园卡到迎新小程序,从图书借阅到预约排座,从校园一卡通到智能刷脸系统,从生活导航到辅导猫请假报备,等等,尤其是部分高校微信企业号(服务号)的开通和"一站式"社区的打造,促进校内服务资源的整合,实现师生一站式服务,提高服务的移动化、智慧化和精准化水平。

(二)坚持"六微"要素"聚合"共进

高校学生思想政治教育微载体建设作为一个复杂的系统工程,构成要素的协同是其均衡充分发展的核心。结合当前高校学生思想政治教育微载体发展的应然要求,高校微空间思想政治教育者应该在增强"微意识"的基础上,从"微模式"构建、"微内容"创优、"'微'话语"锤炼、"微能力"提升、"微环境"优化入手,不断推进微载体与时俱进。

1.以增强"微意识"促聚合

意识是人类一切心智活动的前提,是现实生活中指引人们自觉行动的"理想之灯"。"微意识",作为医学名词,特指人脑的一种不稳定的神经状态,本研究中的"微意识",是指教育者要养成善用微媒介载体的行动自觉。创新是一个民族进步的灵魂。作为中华民族最深沉的民族禀赋,创新是国家、民族兴旺发达的不竭动力。智媒体时代,多元媒体的有效聚合,大数据、区块链、人工智能等数字技术迭代,致使媒介载体、内容和形式都发生了新的变化,媒体移动化、智慧化发展已成为时代大势所趋。抖音、快手等微社交媒体的崛起,推动着网络舆论生态、媒体格局、传播方式的深刻变革,给高校思想政治教育创新带来机遇与挑战。面对时代的新要求,面对信息微传播的新样态,面对学生信息获取和需求的新特点,高校学生思想政治教育只有贴近学生思想现实、贴近学生行为特点、贴近学生成长需求,增强"微意识",主动融入"微生活",以学生喜闻乐见的微形式,化大为小,化繁为简,打造"微"精品,才能在纷繁复杂的"舆论场"中见微知著,抢占先机。

2. 以构建"微模式"明方向

微媒体时代,信息资讯成为生活的必需品,大学生因为拥有更多独立支配时间而成为数字空间的"驻客",更因流连其中而成为最大的受众群体。大学生的思维认知停留在哪里,思想意识就关注到哪里,高校学生思想政治教育的触角就要伸向哪里,着力点和落脚点也要放在哪里。数字化智能时代,数字化沉浸是青年学生的生存常态。因事而变,要求高校学生思想政治教育者,要树立"移动优先"理念,突出"用户意识",加快推进传统载体与新媒介载体(微媒体)"融为一体、合而为一",将思想政治教育的主阵地转移到网络空间。从网络、媒体和数字技术在高校思想政治教育中的应用历程看,高校线上思想政治教育平台经历了由最初的学校各类 QQ 群组,到官微(微博、微信公众号)、移动客户端及各类趣缘圈群,再到抖音、快手等公众号以及易班和"一站式"社区等智慧平台的演变过程。目前,在数字技术与智能算法辅助下,构建融"四课""三微""二群""三个一"(移动客户端、易班社区、"一站式"社区)为一体的"4323"微模式,构建融教育、管理、服务、文化于一体的微载体矩阵是大势所趋,也必将成为提升高校学生思想政治教育传播力、引导力、影响力、公信力的新选择。

3. 以创优"微内容"筑阵地

思想政治教育载体的深度融合,归根到底是所承载内容的高效率、高质量聚合,进而产生显著的实效性。微传播时代,内容的质量和品质是微媒体的活力之源。微空间思想政治教育内容创优是微载体生存之本、立足之基。作为高校思想政治教育微载体建设的核心要素,内容的质量和品质决定了平台和作品的沉淀率,是其生存和发展的关键。惟创新者进,惟创新者强,惟创新者胜。随着微媒体的迅猛发展和媒介传播样态的变化,尤其是面对学生喜欢个性、偏爱原创、关注品牌和注重质量的阅读以及接受习惯的新变化,高校思想政治教育微"作品"研发,一方面,要强化用户思维,坚持需求为要。要运用算法功能,针对学生需求,对内容模块垂直细分,充分考虑和契合群体特征和需求特点,不断改进研发"工艺"和"流程";另一方面,要突出内容为王,彰显特色品牌。要对思想政治教育资源挖潜和整合,深耕微内容,注重微内容的宽度和深度,走特色化、精细化和品牌化道路,以新颖、独特、时尚的精品去满足学生,以内容创新唱响思想政治教育时代强音。

4.以锤炼"'微'话语"赢关注

"'话语'作为一种语言行为方式,是指话语双方在特定社会语境下沟通交流的具体工具,话语过程由说话人、受话人、文本、沟通、语境等要素构成。作为人际交往工具,话语具有社会性,必然随话语环境的变化而变化。"①新媒体的快速发展为高校学生思想政治教育提供了新话语环境,改变了传统"我说你听""我写你看"的话语模式。面对媒体变革新趋势,"话语模式呈现新样态,话语主体多元去中心化,文本话语精微化和视听化,话语沟通交互化、平等化",话语推送智能化、精准化、即时化、无界化,尤其是面对话语环境复杂难控的局面,高校要找准微媒体时代思想政治教育新语态特点,注重"微"话语模式向开放共生、生活化和话语自觉转变。②

马克思说"语言是一种实践的、既为别人存在因而也为我自身而存在的、现实的意识。语言也和意识一样,只是由于需要,由于和他人交往的迫切需要才产生的"③。思想政治教育阶级性属性,决定其担负的主流意识形态教育的内在使命。思想政治教育需要以思想引领、价值导引、感染激励等话语模式,为实践对象导航。当前,"微"话语已成为青年学生的话语常态,高校学生思想政治教育微语态,是指高校思想政治教育要以什么样的微语气、态度和形式来传递思想政治教育微内容。微时代,如何在把握正确舆论导向的前提下,创新思想政治教育语态,使之能在纷繁复杂的信息洪流中赢得学生的关注,让党的创新理论"飞入寻常百姓家","增强思想政治教育话语的价值导向作用,是高校学生思想政治教育微载体亟须解决的现实问题"④。

① 张宝君、孙志林:《高校思想政治教育"微"话语创优的实践进路》,《吉林师范大学学报(人文社会科学版)》2021年第1期。
② 肖薇薇、陈文海:《社会主义核心价值观青年认同的话语赋能》,《中国青年社会科学》2016年第1期。
③ 《马克思恩格斯选集》第1卷,人民出版社2012年版,第161页。
④ 张宝君、孙志林:《高校思想政治教育"微"话语创优的实践进路》,《吉林师范大学学报(人文社会科学版)》2021年第1期。

5. 以提升"微能力"迎挑战

"'微能力'是指智能时代,高校思政队伍适应思政教育新业态、新思维、新范式而生的新能力向度,是在集智慧化、数字化、信息化的微空间环境下所具备的一种自身内在的信息认知和觉察意识,继而形成行动理念,并外在显现为对信息把控、思维引领、行动指导的综合能力体系。'微'能力作为微空间思政队伍的能力标准,特指高校思政队伍在'微空间'对学生实施思想、价值引领和品德塑造实践活动所应具备的一种综合素养。智能时代,高校思政队伍'微'能力就其本质来说,是教育能力、媒介能力、数字能力的深度融合,是超出单体能力之和的'聚变'效力。""智媒时代赋予队伍'微'能力新意蕴,同时也造就了'微'能力的特有属性。一是特殊性。'微'能力的特殊性,是指思想政治教育队伍能力适用教育场域、对象和中介载体的特殊性。""二是技术性。'微'能力的技术性,是指面对微空间思想政治教育这一新业态,高校思想政治教育队伍技术赋能的意识、技术赋能的水平。""三是应变性。'微'能力的应变性,是指思想政治教育队伍主动应对微空间思想政治教育移动智慧新业态的能力,应变性是有效运用个人智慧推进思想政治教育与微媒体融合的必然之选。"①

6. 以优化"微环境"夯基础

微社交平台的汇集革新传播形态。微空间信息呈现主体多元、途径多样、内容杂糅、监管困难的现实局面。传播形态与格局的变迁,既要求思想政治教育入驻新空间,也要求有效把控微空间。使其成为教育的新阵地,一方面,教育者要以主流意识形态占领微空间;另一方面,也要加大监管和治理力度,净化微空间。优化"微环境"是因为当前的大学生完全沉浸在以数字技术为基础的智能化环境中,环境对人的影响与塑造的能力过于强大,完全可以改变个人对周围事物的认识,变迁个人的认知向度,对世界观、人生观、价值观的形成带来极大的影响。"微环境"中,各种信息层叠累加,良莠不齐,大学生很容易受到表象性的信息诱惑,在不能深入分析信息背后真实成分的背景下,选择接受对自身产生不利影响的信息,持续发展会对学生造成极为严重的负面影响。因此,在充分利用数字技术提供的工作、生活、学习等便捷条件的同时,改善并优化学生所沉浸的"微环境",使复杂的网络环境成为大学生汲取信息、知识与阅历的来源的同时,尽量帮助、疏导学生从信息的表象世界走向信息的内在本质成为借助"微媒体"提升高校学生思想政治教育效能的关键。

---

① 张宝君、孙志林:《智能时代高校思政队伍"微"能力提升模式》,《江苏高教》2021 年第 3 期。

(三)建好"六项"机制"聚合"体系

"聚合效应"视阈下高校学生思想政治教育微载体建设只有以完善制度和机制夯基,才能提升建设的总体效能。"新时代谋划全面深化改革……把制度建设和治理能力建设摆到更加突出的位置,继续深化各领域各方面体制机制改革,推动各方面制度更加成熟更加定型。"①"机制"(Mechane)源于希腊文,"原指机器的构造和运作原理"。特指"有机体构造、功能及其相互关系"。指事物内在结构及其构成诸要素相互作用的原理。高校学生思想政治教育微载体建设机制,是特指在高校学生微载体建设中发挥基础和支撑作用的组织领导、队伍保障和激励评价等制度、规范的总称,是推进高校学生思想政治教育微载体建设的制度保障。

1.组织领导督查机制

高校立德树人是一项复杂的系统性工作,探索建立协同育人制度,创新育人方式,要求高校构建"目标一致、责任明晰、协同共促"全员参与的思想政治教育机制体制。微媒体时代,高校党委作为意识形态工作责任制主体,担负着微空间立德树人的历史重任。高校党委要顺应新媒体的发展,紧扣学生活动场域拓展和行为方式转变这一现实,主动拥抱和入驻微媒体空间,以马克思主义理论、习近平新时代中国特色社会主义思想、社会主义核心价值观和中国特色社会主义文化等唱响微空间的主旋律,使其充满正能量,成为思想和价值引领的新场域。思想政治教育微载体作为高校意识形态的承载工具,其建设过程必须始终坚持马克思主义指导地位,坚持社会主义办学方向,把立德树人作为思想政治教育微载体建设的终极价值追求。2020年2月,中共中央办公厅、国务院办公厅印发的《关于深化新时代教育督导体制机制改革的意见》明确指出,要"重点督导学校落实立德树人情况"。同年5月,教育部等八部门《关于加快构建高校思想政治工作体系的意见》也指出:要"强化高校思想政治工作督导考核,对履职尽责不力、不及时的,加大追责力度"。为此,高校作为立德树人的主阵地,高校党委和院(部)基层党组织都承担着立德树人的主体责任,要加强微载体体制机制建设,将思想政治教育微载体建设督导问责制度落到实处。

作为一个系统工程,构成要素间的联系和运行方式的优劣,决定了高校学生思想政治教育微载体可持续发展的潜力。推进高校学生思想政治教育微载体建设,需要校、院(部)、系、班等多层级以及教学、学工、后勤等多系统关系的有效

---

① 《习近平谈治国理政》第三卷,外文出版社2020年版,第112页。

性链接,需要高校党政干部、教师、辅导员以及图书馆、学生公寓、餐厅等多个服务主体之间认知理念和行动的有效协同,需要移动通信、新闻传播、教育心理等多学科以及课堂教学、管理服务、文化氛围多领域优势功能的有效聚合,以推进不同利益主体需求价值统一,形成全校教职员工人人皆有责、层层齐动员、环环相衔接的新生态。基于此,高校要强化组织领导和督导机制建设,为微载体建设提供坚实制度保障。

2. 资源协同共享机制

协同,又称协作,是指系统中各子系统在一定的条件下相互作用和协作,从而形成有一定功能的自组织结构。① 协同学理论创始人赫尔曼·哈肯认为,开放的系统内部子系统以协同方式达到临界点时,会突变成新的有序组织。由此可以发现,协同是指组织为了提升系统整体功效,实现系统功能、效益最大化的价值追求,通过设定系统共同目标,使子系统通过信息共享、资源互补和功能聚合等途径进行系统间关系协调,进而形成高效、有序运转的新组织架构的动态过程。共享,即共同分享,作为网络名词,是指同一个文件或数据可供多个用户同时打开和使用,作为经济学名词,是指公众将闲置资源通过社会化平台与他人共享。协同共享,即指系统内部子系统为了共同目标,通过构建良好有序的协同关系,进而实现平台、信息、资源等要素共享的过程。机制,是事物构成要素相互关系及变化过程的运动性质和相互关系。② 机制作为一种特殊的系统运转方式,是系统内部构成要素间,通过共享、沟通、协商、合作等方式而达成的规律工作方式。协同共享机制是指系统内部诸系统(要素)遵循共同目标,通过资源整合,构建促进系统功效最大化的组织运转方式。

习近平总书记在中央全面深化改革委员会第十七次会议上强调:要"建立健全政务数据共享协调机制……打破部门信息壁垒,推动数据共享对接更加精准顺畅"③,数据共享是大数据产生价值的根本。数据标准和权威、技术成熟稳定、平台简便实用、数据安全保密已成为高校思想政治教育微载体建设的基本要求。数据协同共享,是指高校对思想政治教育微载体建设所需的各类基础、应用和感知信息等数据资源的有效整合,并形成数据采集、存储、使用的协同共享。大数据、物联网、云计算等数字技术的快速发展,推动以数据深度挖掘、关联分

---

① 彭克宏:《社会科学大词典》,中国国际广播出版社1989年版,第1154—1155页。

② 高清海:《文史哲百科辞典》,吉林大学出版社1988年版,第232页。

③ 《习近平主持召开中央全面深化改革委员会第十七次会议强调 坚定改革信心汇聚改革合力 推动新发展阶段改革取得更大突破》,《人民日报》2020年12月31日。

析、精准匹配为主要特征的人类生活智慧化时代的开启。技术是推动媒介融合发展的原动力,数据是支撑媒体智慧化的基础。微媒体狂飙突进,数字和人工智能技术崛起,推动媒介传播形态由"数字"传播向"智慧"传播的不断演进。高校学生思想政治教育微载体正是借助数字技术和新媒体深度发展的"时机",随风"潜入",应势而生,成为思想政治教育的"空中新场域"。高校要遵循融媒体发展的规律,强化载体共建共商、优势协同等机制建设,为高校学生思想政治教育微载体建设保驾护航。

3. 舆论引导监管机制

传播力决定影响力,话语权决定主动权。推进国家治理体系和治理能力现代化,要"完善坚持正确导向的舆论引导工作机制","构建网上网下一体、内宣外宣联动的主流舆论格局","健全重大舆情和突发事件舆论引导机制"。① 高校作为国家治理体系的重要组成部分,是文化生产和传播的集散地,担负着立德树人,为社会主义培养合格建设者和可靠接班人的历史重任,理应成为主流舆论引领的主阵地,全面提升校园主流话语的覆盖面、深入度和影响力。

舆论,即公众言论,作为社会心理的反映,是社会道德评价的重要组成部分,是相当数量公众就某一特定话题所表达的信念、意见和态度的总和,简单说,就是对某种态度、信念或者价值的言语表现。舆论既是一种文化现象,也是以技术为主导的传播现象。舆论作为公众意见,具有公开、公共、广泛的特性。微媒体的快速发展,引发了信息传播方式、受众接受习惯和思想舆论生态的深刻变化,既为高校思想政治教育载体创新提供了新契机,也为高校微媒体空间舆情把控和舆论引导带来了新挑战。以微媒介为载体、以信息和数字技术为支撑的,具有移动化、智慧化、可视化特点的校园媒介传播矩阵,已成为高校舆论传播和舆情扩散的新阵地。正确舆论导向是化解微空间舆情危机的关键要素。依法管理是净化高校微空间、规范舆论秩序的基础。依法管理的前提是有法可依。为此,唯有将高校微空间舆论管理纳入法治范围,健全高校微空间舆论引导工作机制,才能避免微空间"不法之地""舆论飞地"的出现。

4. 组织队伍提升机制

时代和科技进步,推动微媒体普及。高校学生思想政治教育与微媒体的有效聚合已成为时代的必然选择。面对媒介传播环境和生态的深刻变化,高校只

---

① 《中共中央关于坚持和完善中国特色社会主义制度 推进国家治理体系和治理能力现代化若干重大问题的决定》,《人民日报》2019 年 11 月 6 日。

有积极应对,主动出击,占领思想政治教育微阵地,才能更加贴近学生,润物无声地为学生心灵埋下真善美的种子;更加关照学生,精准地为学生扣好人生的第一粒扣子。占领微阵地,把握微空间话语权的关键是建设一支"政治素质过硬、业务能力精湛、育人水平高超"[①]的微队伍。只有打造一支数量充足、素质优良的思想政治教育微队伍,才能将微媒介空间建成贯彻党的教育方针,用习近平新时代中国特色社会主义思想铸魂育人,落实立德树人根本任务的教育高地。因此,必须在选聘配备上,建立资格准入制度,完善队伍遴选机制;在培养培训上,构建重点突出、层次多样、方式多元的队伍培养培训体系;在管理使用和评价上,完善考核、评价、奖惩、晋职、晋升等制度机制,推进队伍正规化、规范化和制度化建设,才能最终为建设一支高素质的队伍提供制度保障。奖惩、晋职、晋升等激励机制建设尤为重要,是激发队伍工作热情,产生巨大动能的前提性基础条件。激励机制是指激励中起关键性作用的因素。简单说就是规范化、相对固定化的激励手段。激励机制作为组织目标实现的有效手段,既包括内在精神激励,也包括外在的薪酬激励、荣誉激励等。

5. 微载体运行机制

运行机制,是指组织(系统)运维过程中构成要素间相互联系和作用及其制约关系,是组织(系统)生存和发展的内在机能和运行方式,良好的运行机制有助于组织(系统)协调、有序、高效运行。

高校学生思想政治教育微载体作为理念创新的产物,是新媒体技术、数字技术、思想政治教育优势要素聚合的"结晶"。其运行体系庞杂,既包括思想政治教育系统要素,也包括网络通信和媒介传播等相关要素,是一个多主体、多要素的复杂结构体系。就其建设主体而言,呈多元化状态,既包括与平台和网络软硬件设施运维相关的技术组织和人员,也包括思想政治教育者和学生,还包括相关政府、企事业单位、社会组织和服务机构。就高校内部而言,主要包括各级组织、教职员工、学生等。从微载体建设主体构成的多样性,我们可以看出,要保证高校学生思想政治教育微载体有序运行,需要建立完善的运行体系。既要构建组织(机构)和个体(主客)共同参与机制,以推进多主体协同联动,也要推进数据资源的共建共享,还要强化平台模块的技术兼容,这些都需要通过构建衔接联动的传播体系来推进。协调、健康、有序的微载体运行机制是实现高校全员、全程、全域、全方位育人的基础工程。

---

① 习近平:《在北京大学师生座谈会上的讲话》,人民出版社 2018 年版,第 8 页。

6. 考核评价反馈机制

评价,作为对人或物的价值判断①,是评价主体根据既定目标和价值定位,采用多种方式,对考核对象进行价值判断并给出相应结论的过程。考核评价,即考核主体依据设定目标或标准,对考核对象进行全面考查、审核,并给出相应改进策略的价值判断过程。正如美国教育评论家斯塔弗尔比姆所说的,"评价最重要的意图不是为了证明,而是为了改进。"考核评价反馈是指导人和事务发展的导航仪。面对教育环境、教育对象和教育模式的深刻变革,高校要把握时代大势,"从根本上解决教育评价指挥棒问题"②,"充分利用信息技术,提高教育评价的科学性、专业性、客观性"③。

质量评价反馈是思想政治教育的"助燃剂"。评价反馈是高校微空间思想政治教育沿着正确方向,科学、有序、健康发展的"指挥棒"。我国高校思想政治评价始终与高等教育质量评价相伴而行,但在"从根本上建立起确保教育优先发展、落实立德树人根本任务的有效机制"④方面还有待加强。高校学生思想政治教育微载体作为功能聚合体,其必然随时代同步共进,尤其是随微社交媒体、移动通信和数字技术的演进而不断发展和创新。为此,其建设和成效评价反馈是围绕微媒体空间思想政治教育主客体、载体和环境进行的动态评价反馈。究其原因,一方面,时代发展必然赋予思想政治教育新目标新要求新内容。为此,提高思想政治教育微载体建设质量评价的准确性,要求我们建立评价内容动态调整反馈机制,做到评价内容既与时俱进、日新又新,又保持定力、守正开新。另一方面,微社交媒体的不断创生、移动通信技术和数字技术的迭代更新,不断推进高校思想政治教育微载体的发展与变革,这也决定其评价内容指标体系始终处于动态调整之中。当前,人工智能、大数据的发展既推动着教育的深度变革,也推动着教育评价方式的改革。创新评价反馈方式方法,"利用互联网和大数据技术,建设高等教育质量监测国家数据平台,形成覆盖高等教育全流程、全领域的质量监测网络体系"⑤,已成为教育质量监控和评价改革的新趋势。

---

① 陈玉琨:《教育评价学》,人民教育出版社 1999 年版,第 23 页。
② 《习近平谈治国理政》第三卷,外文出版社 2020 年版,第 348 页。
③ 《中共中央国务院印发〈深化新时代教育评价改革总体方案〉》,《人民日报》2020 年 10 月 14 日。
④ 张志勇:《改革八个教育评价指挥棒的政策建议》,《人民论坛》2019 年第 5 期。
⑤ 何秀超:《建好用好高等教育评估"指挥棒"》,《光明日报》2018 年 10 月 16 日。

第三章 "聚合效应"视阈下高校学生思想政治教育微载体样态分析

美国未来学家托夫勒认为:"谁掌握了信息,控制了网络,谁就拥有了整个世界。"随着多元技术的快速发展,引发了传播范式的深刻变革。从微博、微信应运而生,到快手、抖音迅猛崛起,一个由社交媒体、资讯分类、直播、短视频构成的,由众多跨界者涌入的"舆论广场"已然形成①,面对媒体传播格局的变化,高校学生思想政治教育要未雨绸缪,树立超前意识,在明晰高校学生思想政治教育微载体应然要求基础上,科学分析高校学生思想政治教育微载体实然状态和具体成因,提前做好应对准备,积极把握高校学生思想政治教育微载体建设主动权。

第一节 "聚合效应"视阈下高校学生思想政治教育微载体应然样态

微媒体传播格局的演进,既冲击着思想政治教育传统范式,也为其革新提供新的打开方式,为其因势而新创造契机。面对外部环境和教学对象现实变化,高校学生思想政治教育微载体建设,要顺应时代发展,尽快适应微传播环境,明晰其载体混合化、体系协同化、资源一体化、团队全能化、内容精准化、手段智能化发展的应然趋势,把握机遇,与时代协同共进。

一、教育载体混合化态势明显

载体是教育实现的桥梁。载体建设关系教育成败。传播形态的演进,引发教育生态和载体重构。面对教育对象知识获取新常态,高校要把握微传播契机,以学生需求为落脚点,以模式和载体创新为着力点,进行范式革新,永葆生机和活力。

（一）教育生态重构要求载体多元化

教育部《教育信息化 2.0 行动计划》中指出:要"坚持信息技术与教育教学深度融合的核心理念","以人工智能、大数据、物联网等新兴技术为基础,依托

---

① 人民日报评论部:《让主流媒体成为"全媒体"》,《人民日报》2019 年 1 月 30 日。

各类智能设备及网络,积极开展智慧教育创新研究和示范,推动新技术支持下教育的模式变革和生态重构","适应5G网络技术发展,服务全时域、全空域、全受众的智能学习新要求……积极探索基于区块链、大数据等新技术……形成泛在化、智能化学习体系,推进信息技术和智能技术深度融入教育教学全过程","构建网络化、数字化、智能化、个性化、终身化的教育体系,建设人人皆学、处处能学、时时可学的学习型社会"。《中国教育现代化2035》提出:要充分"利用现代技术加快推动人才培养模式改革,实现规模化教育与个性化培养的有机结合。创新教育服务业态,建立数字教育资源共建共享机制……加快形成现代化的教育管理与监测体系,推进管理精准化和决策科学化"。作为因应时代变革的措施。随着疫情防控常态化,混合教学模式成星火燎原之势,从疫情初期的全国居家"网课",到疫情防控常态化下线上线下混合,现实与虚拟场域叠加成教育新样态。中国大学MOOC、学堂在线、混合式学习、翻转课堂等在线课程的广泛应用,"钉钉""超星学习通""智慧树""多彩大学"等学习平台涌现,推动教育载体多样化和模式混合化。然而,教育模式混合,并非传统线下与网络空间线上教育的简单叠加,而是不同教育模式、资源、手段等要素的全方位深度聚合。"互联网+教育"、人工智能教育和教育人工智能的不断演进,模式混合、载体多元、平台智慧成为高等教育发展新形态。微媒体时代,微传播平台迭代更新,尤其是AR、VR、5G等新技术投入使用,助力高校学生思想政治教育载体多样化和内容混合化,传统思想政治教育在模式、载体、内容创新发展上,正步入前所未有的机遇期。把握契机,迎难而上,建好建强思想政治教育载体,是落实微空间立德树人的铸魂工程,功在当代,利在千秋。

(二)学生多元需求呼唤载体聚合化

"人创造了环境,环境也创造了人。"环境对人成长具有熏染作用。当代学生生于微时代,场景沉浸体验成为他们信息接受的新样貌。媒体信息传递、内容生产和呈现形态的演进,促进学生生活图景的重新建构。圈群组织和媒介工具的层出不穷,引发学生媒体实践模式变革,"表现不同具体的、情景化的使用模式、目标、偏好、态度与期望等。"①当前,在数字化阅读大军中,青年学生占主导地位,而青年学生的阅读渠道却多源于各类微平台。学生获取知识、信息资讯惯习变革,要求高校快速"入驻"微空间,发挥微媒介承载工具作用,推进微空间思

① 冯刚、胡玉宁:《"中国体验"中的青年品格:文化反哺的媒介化转向与实践》,《中国青年研究》2021年第12期。

想政治教育模式创新,以适应学生媒介实践模式的转变,最大限度满足学生群体应用惯习和个性偏好。

微媒介载体工具多元化发展,推动教育和思想政治教育的"转场"。微媒介载体"沉浸体验"特性,为高校学生思想政治教育提质增速奠定情景基础。媒介资源的广泛使用,一方面拓展了思想政治教育传统空间,另一方面促进学生主体生成。青年学生"媒介资本聚合、转换和再生产的能力"①提升,夯实他们在微空间的主体地位,使他们在微空间思想政治教育实践中可以成为教育内容生产、传播和再生产的主体。可以说,新传播样态下,新旧媒体优势聚合,多元媒介同屏共在,圈群组织交互共享,为高校思想政治教育营造立体化、全方位、全天候供给图景,促进高校学生思想政治教育的提质增效。

二、教育资源共享化症候显著

数字时代的微媒体是资源共享的媒介平台,是包容开放的数字化虚拟空间,任何人在遵循数字媒体使用规则,并遵守相应制度规范的前提下,既可以是媒体资源投送主体,也可以是内容接收客体,并可以实现角色的实时转换。将数字媒体应用于高校学生思想政治教育,最能彰显其功效的是思想政治教育资源的共有、共用与共享。

(一)承载平台多元助力资源共享

随着网络传输技术特别是5G技术的落地和普及,智能手机客户端成为与"三微""两群""一班一站"相伴生的,服务学生学习、生活的新载体。目前,高校学生使用率较高的APP主要包括:提供本地服务的,有大众点评、今夜去哪儿、艺龙在线等;提供线上购物的,有京东商城、淘宝、当当网等;以分享为主的,有美丽说、蘑菇街;以提供社交和即时通信为主的,有微信、陌陌、易信等。而高校应用较多的平台主要有"教育钉钉""超星学习通""智慧树在线教育""多彩大学""校V族",以及高校结合本校特色设立的各类群组和管理服务小程序。教育钉钉作为软硬件一体化教育数字化协同平台,2020年2月12日通过教育部备案。其校务管理、行政办公、教学教研、家校连接、学生成长、数据大脑等模块及其功能设置,不仅能提升教育数字化水平,也能推动教育基础设施升级。超星学习通作为一款以移动智能终端设备为载体,为师生提供专业化、方便快捷的移动学习服务的综合平台,主要具备馆藏图书借阅查询,电子文献、教育资源搜索下载和在

---

① 冯刚、胡玉宁:《"中国体验"中的青年品格:文化反哺的媒介化转向与实践》,《中国青年研究》2021年第12期。

线课程学习等功能。作为全球大型学分课程运营服务平台——智慧树教育在线，不仅拥有海量大学高品质课程，还支持在线授课和学分认证，实现优质教育资源协同共享，新冠疫情防控期间，教育钉钉、超星学习通和智慧树教育在线为我国各级各类学校"停学不停教"提供线上教育阵地。

除由专业机构打造的教育、管理和服务综合智能化平台外，一些机构还打造了围绕教学管理、学校安保、配送、求职创业、师生课后交流、资讯分享等相关服务的 APP，如"集盒大学""校园号""K12""智能安保助手""云风车""鹿闲""抖才""众创""橙果校园""校盐"等等。在上述综合和单一学习、管理、服务类APP 基础上，各高校也针对本校办学特点，推出一些类似"学习强国"的本校APP 平台，如"川农在线""红客""财经云学堂""My WL"等。大学生群体对手机上网依赖性增强，手机上网成为其生活重要部分，90%以上大学生在上课期间使用过手机上网，超半数上网时间超过 3 小时。社交通讯、休闲娱乐、新闻资讯和在线购物四类 APP 深受学生青睐，用户黏性强，使用场景广，影音类 APP 成为学生新宠，内容质量、呈现质量成为学生关注重点，而品牌效应、创新性和社交功能产品成为影响学生对 APP 产品选择的关键。

随着各类生活、社交和教学平台盛行，校园服务 APP 的"管涌"，尤其是易班和"一站式"社区的铺开，为高校资源共建共享夯实平台基础。

（二）多元媒介技术支撑资源共享

随着移动通信和数据技术迭代，尤其是云计算、物联网、人工智能的快速崛起，为高校学生思想政治教育资源数据汇集、整合、开放和共享提供技术支撑。抖音和快手等微视频平台、今日头条和一点资讯等资讯平台以及各类学习 APP都蕴含着云计算、区块链、人工智能等技术，各类微平台与思想政治教育的聚合，为高校思想政治教育活动痕迹数据伴随式采集、适时推荐共享提供了平台和技术支撑。随着物联网的快速发展，尤其是区块链技术的成熟，从技术上满足思想政治教育对分布式数据共享的需求。思想政治教育运用微媒介工具、易班社区、"一站式"社区等平台来实现对来源不同数据的汇聚和共享，并在多源数据集成基础上，"通过构建有效合理的数据模型、处理 API 接口、开发容易使用的前端等，使得数据更易使用；通过分析工具可视化展示数据分析结果……为用户提供多种类型的服务，满足多元化需求，从而达到类人的智能。"[①]

---

① 李素丽、徐晓东：《教育数据资源服务的策略机制和实现路径研究：基于平台生态系统视角》，《电化教育研究》2021 年第 6 期。

数字技术的深度应用,对落实学生中心,为学生提供定制化、个性化教育,提供更细粒度的数据支撑,算法技术普遍应用使教育供给图景得以重塑。在数字技术支持下,微媒体可以有效发挥其聚合资源、多角度呈现资讯、全息化展示内容的优势,运用云计算和区块链技术,有助于高校学生思想政治教育资源供给实现由零散分割向集聚共享、由孤立隔离向协同共治、由主观决断向科学预判等转变,进而为高校学生思想政治教育实践发展提供技术支持;大数据全样本、复杂性等思维特征,为高校学生思想政治教育思维转变提供理念支撑。① 从"立德树人"角度审视,高校学生思想政治教育资源共享应该是全场域、全过程、全方位,微媒体空间全覆盖、时间全天候的信息资讯供给效能,正契合高校学生思想政治教育资源供给的目标要求。

三、教育主体专业化需求迫切

数字技术迭代升级与推陈出新,使"单向度"教育实践模式,在现实"转换"中不断被消解。青年学生具有适应新技术能力强、顺应时代发展迅速的特点。他们不仅是信息资讯使用者,同时也是微空间内容生产者。正视青年学生群体时代特征,满足其现实发展需求,要求高校学生作为思想政治教育微载体建设主体,要有本领恐慌意识,要注重自身政治理论、媒介素养培育,提升微空间思想政治教育专业化水平。

(一)媒体载体运维需要专业队伍

"媒体竞争关键是人才竞争,媒体优势核心是人才优势。"②运用思想政治教育微载体让先进理论和主流价值导向入脑、入心,难点和重点都在建设一支高素质专业化队伍上。提高微空间思想政治教育实效性,关键在发挥思想政治教育工作者"积极性、主动性、创造性。"③"褚小者不可以怀大,绠短者不可以汲深"(《庄子·至乐》),任何任务完成都有赖于高层次、高水平专业人才。微媒介传播图景下,面对"场域"情势、态势、范式变化,达成微空间学生思想政治教育目标,既需要一支具备政治强、情怀深、思维新、视野广、自律严、人格正的教育专家,也需要具备较高网络媒介素养和媒介技术应用能力的跨媒体新型人才。要求微空间思想政治教育工作者"在掌握采、写、编、评等技能的同时,还要提升自身的综合素养,熟练运用多媒体,同时兼顾文字、图片、音频、视频等报道任务的

---

① 张瑞敏:《大数据背景下高校思想政治教育创新研究》,华东师范大学2020年博士学位论文。
② 《习近平谈治国理政》第二卷,外文出版社2017年版,第333页。
③ 《习近平谈治国理政》第三卷,外文出版社2020年版,第330页。

全能型"①媒介人才。

(二)主流价值引领召唤专门人才

面对传播生态格局的变革与重组,教育模式改革迫在眉睫。善用微传播介体工具,活化微空间高校思想政治教育,要求高校注重跨媒体新型人才的培养、发现、使用、凝聚。

"网络空间的竞争,归根结底是人才竞争。建设网络强国,没有一支优秀的人才队伍,没有人才创造力迸发、活力涌流,是难以成功的。"②微媒介载体多元聚集发展新场景,海量、复杂承载特征,及时、共享传播特点,为高校学生接受意识形态教育提供新平台,也给西方意识形态和价值观渗透提供可乘之机。高校学生思想政治教育队伍作为高校意识形态教育骨干力量,只有具备较高政治意识、较强媒介素养和运用能力,才能更好运用新媒介载体传播主流思想舆论,打造全方位、立体化主流舆论矩阵。微空间思想政治教育是做人的工作。"人在哪儿,宣传思想工作的重点就在哪儿,网络空间已经成为人们生产生活的新空间,那就也应该成为我们党凝聚共识的新空间。移动互联网已经成为信息传播主渠道。"③占领微空间阵地,打造思想政治教育新阵地,离不开一支专业化、专家化的建设团队。

四、内容品质化体现载体活力

技术和范式的迭代改变不了媒体属性。大数据、人工智能、区块链等数字技术,重塑"自媒体、社交媒体、移动应用、视频直播等多种业态"并存的全媒体生态格局。无论是其移动、智能化,还是社交、大众化,媒体最终赢得受众的依然是内容质量。④ 突出品质至上,不断优化内容生产,以优质内容留住学生,是思想政治教育成效彰显的关键。加强高校思想政治教育微载体建设,"既要深刻认识技术、资金、渠道、用户等的重要性,更要紧紧抓住内容建设这个根本"⑤,这是建优建强学生思想政治教育微平台的灵魂。

(一)内容是平台生存之基

全媒体时代,优质内容依然是媒体"强信心、聚民心、暖人心、筑同心"的关

---

① 杨玉璞:《智媒体时代下的媒体融合研究》,《新闻爱好者》2017年第4期。

② 习近平:《在网络安全和信息化工作座谈会上的讲话》,《人民日报》2016年6月19日。

③ 《习近平谈治国理政》第三卷,外文出版社2020年版,第318页。

④ 杨建华:《全媒体时代的"内容为王"有何新内涵》,《人民论坛》2020年第6期。

⑤ 北京市新闻工作者协会:《中国媒体融合发展报告(2016)》,社会科学文献出版社2017年版,第8页。

键。提升媒体传播力、沉淀力的首要问题是改革内容的供给侧,只有坚守"内容为王"的"质量思维",才能在"流量思维"中留住自我。① 高校学生思想政治教育微载体作为全媒体时代的特殊传播场域,因应受众的特殊性,其对内容品质和质量要求亦具有特殊性。内容优劣关系高校微媒体平台的生存与发展。是"门前冷落鞍马稀",还是"受众如潮",最关键的还是平台是否能够提供符合学生需求的"深度、权威、专业、多元"的内容,能否汇集学生"注意力资源",能否打破"流量思维"束缚,满足学生对内容质量的关切,能否始终成为媒体平台发展的核心之源。高校学生思想政治教育微平台要想充满活力,成为青年学生成长成才新阵地,就必须秉持"内容为王"的理念,把内容建设作为立身之本,生存之源,在顺应学生信息获取习惯和接受特点,推进技术赋能的同时,始终坚守"内容为王"的初心,是实现其铸魂育人的根本。

(二)品质是黏住受众之核

微时代,在空间信息泛化、趋同化现实图景下,媒介载体承载的那些源于生活、鲜活易受的,原创和个性化的优质思想政治教育内容,是吸引学生、黏住学生的关键所在。相较于其他群体,高校学生眼界视野开阔,信息渠道丰富,理解能力突出,为此,他们对内容品质"甄选"标准较高,其对信息资讯的品质要求,已经超越传统媒体占主导地位时期的高校学生群体。就媒体传播效度与广度看,新旧媒体都离不开内容品质这一核心要素。然而,由于受自身理论水平、媒介素养和媒介能力等现实问题制约,高校学生思想政治教育微载体建设者在媒介信息产生与传播的载体、渠道更加复杂多元的现实场景中,还存在"本能"缺失问题,使其研发的内容品质与专业主流媒体、与学生需求还有一定差距。面对上述问题,如何以品质内容吸引学生成为高校微媒体生存的关键,而有思想、有深度、有温度的教育精品,也成为高校学生思想政治教育微载体未来发展的价值导向。

五、服务精智化彰显时代标志

微媒介载体以其简便、快捷、交互等特性,赢得受众青睐,成为他们生活常备"工具"。学生作为应用主体,"微"成为其日常惯习和生活"标签"。习惯于在微媒介承载工具中"徜徉"的青年学生,对高校服务也充满了"微"期待。用户视阈下,高校精细化服务载体建设,成为未来大势所趋。

---

① 人民日报评论部:《让主流媒体成为"全媒体"》,《人民日报》2019 年 1 月 30 日。

（一）媒体技术赋能匹配精智

数字技术，为我们全面量化和深化世界，提供新平台和技术支撑。对高校思想政治教育而言，智能微媒介载体的应用，为我们准确把握学生，基于样本全数据分析进行群体和个体"画像"，提供了可能。"作为信息和资源的集散地，高校思想政治教育资源微平台是一个集软硬件、数据、云储存和平台服务的聚合体，担负着对校内、互联网、第三方等思想政治教育资源的汇聚任务，其平台由数据资源和智能分析中心、虚拟化云平台、运营、监管系统等构成。"①教育工作者可借助微媒介载体大数据功能，在法律框架内，对学生微空间实践活动痕迹数据，予以全方位采集，并运用算法技术对样本数据进行清洗，精准把握价值数据，最大限度获取学生真实性、客观性元数据。在此基础上借助云计算，对学生群体和个体予以"精准画像"，明晰他们思想、行为样态，预测和分析其未来走势，树立先入为主，提前介入的思维，精准预判，找准切入点，靶向性"给药"，实施"定向清除"和针对性引领，增强微空间育人铸魂实效。

人们通过对可感知信息的编码、存储、检索、分析和决断认识世界。"声、形、意"是人类认知事物的主要途径。微媒体"算法+推荐"功能，尤其是5G、AR/VR/MR、AI、4K/8K等新技术不断升级，为高校学生思想政治教育内容推送智能化提供全新平台。集声、光、电、影于一体的沉浸式体验，可满足受众感官需求，使受众增强"心流"体验。5G网络的普及，推动了多元技术的落地，5G传输、4K/8K超高清、VR/AR、AI等技术发展，推动多元媒体融合，各大新闻媒体采用的5G、4K、VR、AI多元组合模式，以其"短、小、快、新、活"的传播特点，成为受众的最爱。基于数字化技术，在微媒体赋能实践的教育情境下，教育内容与学生需求精准匹配，教育模式生动化、直观化、视频化，成为高校学生思想政治教育微载体的新愿景。新愿景新行动，教育工作者要在基于数字化技术赋能实践立场下，秉持智能共享理念，构建思想政治教育内容信息供给与学生成长成才需求"智能"匹配的"全程化"媒介矩阵，发挥新技术"智慧"优势，强化信息甄别和筛选，可以有效实现信息过载背景下，向大学生推送个性化、定制化、精准化教育信息的目标，为学生推送更多符合大学生群体需求、效度更优质的主流信息。

（二）受众思维催生供给精准

留住受众是平台存在的根本标志。未来无论技术如何发展，无论媒体如何

---

① 张宝君、常潇楠：《融媒体背景下高校思想政治教育创优的实践进路》，《成都大学学报（社会科学版）》2021年第1期。

创新,坚持受众思维,从供给侧入手,了解受众偏好和需求,最大限度满足受众个性化、差异化需求,始终是各类媒体工作者重点关注的问题。微媒介载体供给图景下,高校思想政治教育微载体,作为诸多微媒介载体聚合赋能的产物,亦不能避开受众思维这一铁律。高校思想政治教育微载体要想为学生提供符合学生需求和接受特点的内容,就需要了解和把握学生思想、行为和需求特点。那未来,学生行为特点会发生什么变化呢?其具备哪些特征呢?这是微空间思想政治教育工作者必须弄清楚的现实难题,也是必须深入研究的课题。强化受众思维,以需求为导向,是服务精准的前提。

一方面,作为时代宠儿,目前在校大学生正处在"00后"向"05后"过渡期。这代青年学生成长在国家富裕、社会安定、文化繁荣、网络和新媒体快速崛起的时代。富足生活和多元化信息接受方式,使他们从小就在父母"望子成龙""不能输在起跑线上"惯性思维引导下,奔波于各种各类素质和能力提升的"特长班"间,这在一定程度上开阔了他们视野,培养了他们综合素养和能力,也提升了他们对生活、文化要求层次和标准。另一方面,作为微媒体伴生者,他们是微博、微信、微视频等一系列微媒体诞生、演化和迭代的见证者和实践者。他们从记事起就接触微媒体,"微"应用是他们生活惯习和常态。在微环境熏染下,他们对微媒体内容、推送时效、呈现形式,也都有着自己独到的体验与感受。他们思想和价值多元,追逐新颖奇特、个性张扬、标新立异的原创作品,关注国内外资讯和各类舆情,偏好线上购物和娱乐活动,乐于在微空间倾诉情感和展现自我。

青年学生的成长环境,决定着他们对微媒体供给模式的要求。就目前看,他们更喜欢娱乐的自我生产,他们不再是内容单纯接受者,而是围观、转发、评论,甚至是信息资讯生产者、扩散者;在呈现方式上,他们也从关注文字图片向多元一体的沉浸体验转变。事实上,青年学生对内容和呈现形式还会随媒体演进而不断"变化"。那么,基于青年学生的变化,高校学生思想政治教育微载体建设者又该如何把握住这些变化,抢占先机呢?这就需要树立超前意识,只有"紧跟融媒体和数字技术发展步伐,以大数据、区块链、云计算、人工智能等数字技术为依托,全力推进媒体融合化、内容数据化、传播立体化,才能提高内容供给的个性化、定制化和精准化。"①在坚守立德树人根本任务基础上,贴近学生实际,把握学生需求,以高雅娱乐作品,以共情话语模式,以体验化呈现形式,提高供给精度和质量,留住学生。

---

① 张宝君、常潇楠:《融媒体背景下高校思想政治教育创优的实践进路》,《成都大学学报(社会科学版)》2021年第1期。

六、平台智慧化凸显未来发展

"人工智能时代,彰显了人类对现实世界的能动性改造,映射出人类社会未来发展的潜在图景。数字技术的崛起和深度发展,为微媒体的迭代升级注入了新的'核燃料',推动了其智慧化发展。"①人工智能再次崛起,促进教育人工智能时代开启,也推动教育进入沉浸化、可视化和定制化时代。"随着5G网络的逐步普及,移动智能设备的迭代更新,人工智能、H5、AI等数字技术的发展推动了媒体的融合化发展,为高校思想政治教育创优提供了新的契机。"②随着智慧校园、易班和"一站式"社区等基础设施和平台的普及和推广,高校学生思想政治教育也步入人工智能时代。

(一)智慧发展是时代演进之需

"大数据时代,物联网、人工智能、微社交平台的发展,既推动了多元媒体的深度融合,也推动了高校思想政治教育与新媒体的和合共生,还促进了人工智能技术与高校思想政治教育的有效'聚合'。"③元技术入驻,促进高校思想政治教育载体范式创新,为高校学生思想政治教育微载体传播主体多元化、场域跨时空化和传播矩阵化奠定坚实基础,推动学习空间与教育环境智能化、资源与服务精致化进程。人工智能技术的入驻,既为高校微空间思想政治教育细致入"微"、扬"微"之能拓展新途径,也为思想政治教育扬"技术"之能、展内容之姿提供技术支撑,创新创优高校微空间思想政治教育。云计算、物联网、人工智能、3D影像、VR等技术应用,为教育工作者类化和算法创制实践活动过程产生的教情、学情"痕迹"数据,创设新承载工具,也为教育者将正能量、年轻态理念有机嵌入算法模型,推进视、听、触多维感官体验一体提供技术保障。未来,随着人工智能从"弱人工智能"向"强人工智能"发展,高校思想政治教育微媒体必将进入人机协同的新时代。

(二)智慧是大众未来生存之势

人类阅读体验技术创新永无止境。皮埃罗·斯加鲁菲认为,受众"体验"是新闻未来的发展趋势。"随着网络通信技术的快速发展,尤其是移动智能设备

---

① 张宝君、孙志林:《智媒时代高校微空间思想政治教育的审视与创新》,《思想理论教育》2021年第2期。
② 张宝君、常潇楠:《融媒体背景下高校思想政治教育创优的实践进路》,《成都大学学报(社会科学版)》2021年第1期。
③ 张宝君、常潇楠:《融媒体背景下高校思想政治教育创优的实践进路》,《成都大学学报(社会科学版)》2021年第1期。

的迭代更新,以数字技术为支撑的移动媒体也进入发展的快车道,移动互联网已经成为信息传播主渠道,移动阅读、碎片化阅读、微阅读已成为人类阅读的新模式。"①当前,民众阅读习惯悄然转变。数字阅读、听书等智慧阅读方式正被越来越多读者青睐,随着二维码的静态图书"动态化","互动创意童书"等创意图书受到热捧,这都标志着民众阅读习惯的时代之变。"懒人听书"使"随时随地"听书成为人们的新生活姿态。三维仿真场馆、"剧本杀""现场直播"等沉浸式、体验式、场景式阅读日渐丰富。

"阅读方式的变换要求高校思想政治教育必须与移动新媒体发展相契合,加快对新媒体载体的研发。只有这样,才能针对学生获取信息方式和学习习惯的变化,最大限度满足其需求,进一步解决思想政治教育模式固化、内容滞后的现实问题。"②未来,思想政治教育必然要在原有基础上,顺应大众阅读和学习习惯,不断创新创优,革故鼎新。

第二节 "聚合效应"视阈下高校学生思想政治教育 微载体实然状态

随着主流媒体的深度试水,虽然现象级产品层出不穷,但优质内容供给依然任重而道远,媒体融合还难以完全实现从单纯的"物理捆绑"向深度"化学聚合"转向。通信和数字技术的迭代引发媒体形态的不断创生,为高校思想政治教育模式创新与发展提供新动能。面对新业态,高校学生思想政治教育需要顺应数字时代学生数字化生存的特点,在学生生活的全过程中,移动终端,特别是智能手机成为学生片刻不离的生活伴侣,在传统思想政治教育模式仍发挥功能背景下,必须在实践方式上向新样态过渡,将可以被正向利用的"工具"价值发挥到最佳状态,这是对技术时代,社会实践方式变革的理性认同,也是对新实践形态的价值认可。当前,高校学生思想政治教育微载体建设需要按下深度转型的"快捷键","高层次、专门化、辐射性、全覆盖"的智慧化平台建设和普及要推动媒体和技术发展,同时,高校学生思想政治教育微载体建设,必须坚持问题导向,找准未来发展落脚点和着力点,避免在理念、定位、价值坚守和实践切入上出现偏差,推进与媒体融合大势共生共进。

---

① 张宝君、常潇楠:《融媒体背景下高校思想政治教育创优的实践进路》,《成都大学学报(社会科学版)》2021年第1期。

② 张宝君、常潇楠:《融媒体背景下高校思想政治教育创优的实践进路》,《成都大学学报(社会科学版)》2021年第1期。

一、营建和合共生的"微"生态环境

微媒体的发展,全程、全员、全效媒体的演进,为高校学生思想政治教育三全育人格局营造,提供平台和可资借鉴的经验和模式,高校学生思想政治教育微载体建设作为一个复杂系统工程,需要做好统筹谋划和顶层设计,构建"四全"生态格局,形成循环闭合模式。然而,现实中高校学生思想政治教育微载体就其生态环境建设方面,还存在建设场域、平台、主体和功能"聚合"尚处于简单的物理叠加,耦合度不深的样态。

(一)加速"全程"共享进程,拓展场域

"全程"体现为时间维度上的延续性。作为铸魂工程,高校学生思想政治教育全程化,是指思想政治教育要融入学生知、情、意、信、行全过程,全面促进学生可持续性发展。高校学生思想政治教育全程化,既强调教育要贯穿学生在校全过程,也强调效果要融入学生一生。"场域"源于物理学概念,作为社会学名词,由皮埃尔·布迪厄提出。人的活动场域影响人的行动,活动场域不仅包含物理环境,也包含与个体相关的他人以及与此相连的诸多要素。"场域"是个体社会实践的主要参与空间,是社会成员依特定逻辑规则共建共享的活动场所。微媒体时代,微传播已突破时空界限,同步记录、实时传输已成为教育新图景。但是,受传统思想政治教育工作思维和范式影响,上传下达,统一管理等仍是实际工作主流态势。面对媒体覆盖面愈发宽广与不断聚合的趋势,尤其网络媒体具有"超链接"与"幂指数"传播功能,传统思想教育在内容研发、推送模式难以完全做到将数字技术有效转化为实际工作业态,仍处于延时传播状态,难以达成高校学生思想政治教育内容生产与推送"即时动态"的目标,思想政治教育无限扩展与全程持续也没能实现。

"全程"体现为空间维度上的延展性。高校学生思想政治教育场域是由教职员工和学生共同创建的教育活动空间,这一空间既包括学校各类硬件教学设施,如教室、礼堂、实验室等,也包括对学生产生潜移默化影响的校园文化、精神、制度等软环境。"全场域"作为高校学生思想政治教育空间的延伸和拓展,体现为教育目标全方位发展、体现为教育氛围全方位营造、体现为教育场域全方位融合。随着网络通信、数字和媒介传播技术的演进,高校学生学习和生存空间也发生深刻变革,要求高校思想政治教育要不断延伸和拓展场域,构建线上线下一体化传播矩阵。但是,现实的个别高校学生思想政治教育却未能紧跟媒体前进步伐,在微平台研发与微空间营造方面缺乏勇气和锐气,创新思维不强,仍站在传统思想政治教育视角,去审视学生信息选择、认知、交互和行为方式,难免会陷入与学生现实特点和需求错位的状态,使高校学生思想政治教育在信息传播广度与覆盖率上未能与时代要求达成一致,在现实工作实践中,既未实现教育场域的无限延伸,也未实现教育对象的全员全覆盖,在与学生的交互上仍然存在"壁垒",而无法实现场域"聚合"。

(二)"全息"共进趋势加速推动资源共享

新兴媒体感知智能、数据至上、服务为用等特点,为高校学生教育管理服务提供了线上线下相结合的个性化、一站式新平台,推动高校全员、全过程、全方位育人。随着新兴媒体的不断涌现,整个社会已进入全媒体时代,正向智媒体时代跃进,这也给高校学生思想政治教育带来新的机遇与挑战。全息作为一种光学技术,是指利用衍射原理,可以让从物体发射的衍射光以先前的位置和大小重现。全息在摄影技术上,是指利用干涉条纹间的反差和间隔,将物体光波的全部信息记录下来。全媒体时代,全息是指媒体的"数字化",是指信息采集的全方位、全过程、全场域。信息采集的全息化为高校学生思想政治教育微空间信息汇聚奠定了坚实的基础,推动资源数字化共享进程。媒体全息形态,使教育信息资源"全息"聚合成为数字化、智慧化标志,为高校学生思想政治教育创新创优、提质增效注入催化剂。各类微媒体的"算法+推荐"功能,可以为高校学生思想政治教育工作者提供学生"用户画像",进而基于学生获取信息、浏览资讯等倾向性和个性化偏好,为学生推送个性化、差异化的蕴含思想政治教育各类信息的优质作品,让高品质、有内涵的内容主动找"主人"。

多元媒体演进与发展,为高校学生思想政治教育各类载体的深度统整提供了新机遇,将课堂教学、校园宣传媒介(校刊、校报、广播、电视)等传统教育媒体与校园各类微媒介载体(官方和个人微信公众号、微博和微信圈群以及各类教育APP)有效聚合,使各类平台在人力、内容、资源等方面优势互补,形成"人员队伍兼容、教育内容互融、教育资源通融、教育平台共融"的思想政治教育新生态,这一趋势也推动着教与学的"双重革命",突破传统教育"时空限制",达成以移动化、生活化、个性化、沉浸化内容,吸引学生关注,激发学生兴趣,提高学生获得感的目的。然而,现实中,受平台、技术、队伍等限制,虽然高校学生思想政治教育微载体数量不断拓展,基本实现由微博、微信公众号向抖音、播客等视频类平台,进而向易班和一站式社区等综合供给平台演进,但个别高校仍徘徊于"官微"信息和短视频推送等"三微"并行阶段,距离"学习强国"、《人民日报》、新华网等主流媒体,无论是在平台集成,还是信息采集和推送,尤其是内容呈现方面,还存在明显差距,高校学生思想政治教育全息共进生态格局的营建仍任重而道远。

(三)强化"全员"意识,促进主体协同

高校思想政治教育作为整体工程,需要全体教职员工共同参与。从公共参与角度看,"全员"参与是指社会各主体全员参与社会事务管理。新媒体时代,思想政治教育微载体不断丰富,促进了高校多主体联动。全员参与新媒体新技术学习与运用,增强高校思想政治教育的时代感、吸引力和获得感,成为时代对高校学生思想政治教育新要求。当前,虽然多数高校以"三全育人"工作领导小组为核心,构建了多部门、多层级联动的微空间思想政治教育运行体系,搭建了集约化传播矩阵,但微空间全员参与还存在一些亟待解决的问题。

一方面,受传统育人理念制约,个别教职员工认为育人是思政课教师和辅导员的工作职责,同时,受条块管理观念影响,个别高校内部各部门各自为战、自扫门前雪的现状依然存在,部门、院(系)微平台相互独立、自成体系、功能重叠,难以实现全员性协同的问题依然存在。另一方面,受传统教育主客关系影响,教育者仍以"领导者""统治者"自居,制约学生主体能动性发挥。微媒介传播主体的交互性和平等性,促进微空间教育者和与学生"双主体"关系的确立,形成"主导性主体"和"学习性主体"并存的态势。而这一关系在微空间教育交互中彰显不足。教育者作为实践主导担负组织、指导和"把关人"角色,是微空间教育目标设定、素材遴选、内容制作、载体选择的具体操作者。学生是微空间思想政治教育参与者,也是微空间思想政治教育活动主体,只有学生自愿、自觉参与,才能真正自觉认知、认同,并内化为内心信念、外化为行动。而实际工作中,教育者并没有意识到基于媒介传播而形成的共生主体是一种平等与交互状态,在教育者仍认为自身具有优势而学生仍处在不对等状态下时,思想政治教育的实际效果,便无法在这一实践过程中得到实现,更无法达到一种多元主体平等参与的状态。

(四)实现"全效"传播,促进功能聚合

衡量载体是否适用,关键要看载体是否做到"三贴近",是否能够发挥导向作用,是否具有吸引力、感召力和说服力,是否能够实现教育全覆盖,思想政治教育是对人的思想、认知与人格形成等方面的教育,体现的是教育在促进人的发展上所能发挥的全面性作用与功效。随着智能移动终端设备迭代更新,尤其是5G网络传输的落地,推动大数据技术、移动互联技术、AR、VR、AI以及人工智能、可穿戴设备等新技术的快速普及,为深化"思想政治教育+微媒体",实现优势功能聚合提供新契机,为高校学生思想政治教育数字化、智能化发展提供新途径。新时代,高校学生思想政治教育微载体建设要想取得成效,就要以跨界思维,突破固有模式,达成优势要素强强聚合,这样才能实现资源共享和效能最大化。

利用通讯和媒体的技术优势,扩大教育传播效度。有利于高校学生思想政治教育工作者将一些严肃的,理论性、系统性较强的生涩理论转化为活泼的、具有现实解释力的日常话语和形式多样的视听作品。"人工智能技术的运用为高校信息系统整合、数据资源共享提供了技术支撑,为精准把握、动态调整高校教育教学和实践活动过程提供了现实依据,为准确把握学生思想动态和行为发展趋势提供了技术保障。"①微媒体所具有的热点追踪、智能审核等技术,提升高校学生思想政治教育内容生产、传播的能力和效率。当前,多数高校都能利用微博、微信、微视频以及移动客户端及其衍生产品公众号、朋友圈、微信群、APP、手机小程序(抖音、快手)等微媒介载体,将高校学生思想政治教育内容进行精炼、优化、分解,以文本、图片、动漫、视频、语音、微课等短小精悍、通俗易懂的微形式,对学生进行潜移默化的思想政治教育,微空间思想政治教育及时性、持续性、广泛性和易受性特点,在一定程度上促进高校学生思想政治教育有效性的提升。

当前,在传播效度上,尤其在传播全效性彰显上,还存在一些共性和个性问题,"因地域、理念差异以及技术赋能程度等要素影响,高校微空间思想政治教育在平台协同发展、话题回报效率、作品传播指数、技术赋能上还存在不平衡、不充分的现实问题。"由于文化和经济发展差异,引发地域高校建设理念、设施、平台发展不均衡。由于办学规模、特色和优势等因素影响,引发校际差异。因职责和认识差异,也会产生部门间不平衡;社会"热门"话题和学生关切的现实问题,是微空间议题设置的落脚点。当前,高校在官微议题设置上弱于主流媒体,"共情""共需"话题缺乏;内容品质是教育时效提升的核心。虽然一些高校官微发文量不断增多,但传播指数却逊色于自媒体,存在信息"张力"不足的现实问题;"设施建设和能力提升滞后致使技术赋能效果不显著"。一方面,由于办学经费紧张,个别学校微空间软硬件设施资金投入不足,使平台功能、设施滞后于主流媒体;另一方面,校际差异导致研发队伍、学生的知识结构、媒介素质和数字能力存在一定差异,上述问题既影响着微载体均衡发展,也制约着思想政治教育内容的全效传播。②

二、打造协同共促"微"教育矩阵

构建协同共促、立体化传播矩阵,是全媒体时代媒体传播的真实写照。"微

---

① 张宝君、孙志林:《智媒时代高校微空间思想政治教育的审视与创新》,《思想理论教育》2021 年第 2 期。
② 张宝君、孙志林:《智媒时代高校微空间思想政治教育的审视与创新》,《思想理论教育》2021 年第 2 期。

媒体的发展为高校思想引领、日常管理、心灵导航、生涯规划、助学助困等工作拓展了新空间。"①当前,多数高校主动出击,结合本校特点,构建了以微博、微信、抖音、易班和一站式社区等多元一体的媒体矩阵。但在工作实践中,高校思想政治教育工作的微教育矩阵建设与数字化发展趋势,仍然存在一定差距,宣教微载体建设欠均衡、教学微载体设计不精、管理微载体建设聚焦不准、活动微载体建设不能涵盖内容、文化微载体建设薄弱、服务微载体建设力度不够等问题。

(一)推动宣教微载体发展平衡充分

随着微媒体应用裂变式发展,高校日常宣教微载体模块矩阵建设,经历了由最初以微型博客为平台设置的广播式社交网络平台,到以微信服务号为载体设立的便捷性、交互性和开放性宣教平台,再到以抖音、快手等新兴短视频类社交软件为载体的体验性宣教平台,以及目前盛行的易班和一站式社区综合类供给平台等的主要深化和拓展过程。"多数高校主动把握信息发展、技术进步的趋势,结合高校和学生特点,以微博、微信、抖音、易班平台等移动客户端为支撑,构建了由高校、部门官微和各类垂直圈群构成的立体化的媒体矩阵。"②据《2018校园微博发展年度报告》显示:"截至 2018 年 9 月,经过认证的高校官方及学校相关部门申请设立的官方微博共计 8541 个,年阅读量高达 312 亿";2019 全国高校新媒体论坛会议报道显示,"高校官方账号超过 4915 个,团委、学生会及社团账号超过 24000 个,大学生微博用户更是高达 3200 万。"目前,高校宣教公众号总体呈现以微信公众号为主体。以微博公众号和抖音平台为辅的"三微"共在,易班和一站式社区方兴未艾的新局面。但因地域、理念差异以及技术赋能程度等要素影响,高校微空间思想政治教育宣教微载体"在平台协同发展、话题回报效率、作品传播指数、技术赋能上还存在不平衡、不充分的现实问题"③。

"发展的均衡性失调致使协同发展成为首要问题。首先,从地域看,文化和经济发达地区因理念超前、基础设施和平台完备,这些地区的高校思想政治教育微平台发展较快,但文化和经济发展落后地区的高校则相对滞后。"④这一点可

① 张宝君、孙志林:《智媒时代高校微空间思想政治教育的审视与创新》,《思想理论教育》2021 年第 2 期。
② 张宝君、孙志林:《智媒时代高校微空间思想政治教育的审视与创新》,《思想理论教育》2021 年第 2 期。
③ 张宝君、孙志林:《智媒时代高校微空间思想政治教育的审视与创新》,《思想理论教育》2021 年第 2 期。
④ 张宝君、孙志林:《智媒时代高校微空间思想政治教育的审视与创新》,《思想理论教育》2021 年第 2 期。

从高校公众号影响力百强排行榜加以管窥。从地域上看,据《2019 高校新媒体观察报告》显示:在地域分布上,"高校新媒体的分布密集度与城市经济发展水平呈正相关,东南部地区密集程度更高。"这一点也可从《2020 上半年中国高校公众号影响力排行榜》中上榜高校地域分布上得出答案,2020 年上榜百强高校分布于 22 个省(市),其中,北京、广东、江苏等经济发达省(市)上榜 61 所,其他 15 省(市)上榜高校仅占榜单的 39%。另据《全国高校抖音综合影响力排行榜 2020 年 1 月榜》显示,30 所上榜普通高校中,经济、文化发达地区高校占比较大;"其次,从高校层次看,受办学层次、特色和理念等因素影响,也存在一定差异。"①据《2020 上半年中国高校公众号影响力排行榜》显示:上榜高校"985/211"高校 61 所、普通高校 39 所,高层次学校发展较好。"最后,从同一高校不同部门看,因部门职责和负责人重视程度的差异,也会造成部门间的差距和不平衡。基于上述内容可以看出,高校思想政治教育微平台发展均衡性失调较为明显,但信息传播以及对学生的价值澄清、认知引领、行为规范不存在地区差异之分,其目标预设是一致的,同时具备内在同一性。微平台的区域性差异必然导致功能性差异的出现,这对高校微空间思想政治教育整体目标的达成必然造成负面影响。鉴此,在微平台发展过程中寻求整体性的协同发展是一种必然趋势,也是实现高校微空间思想政治教育创优的首要问题。"②

"议题设置聚焦性引领欠缺致使话题回报率低位徘徊。议题设置是提升高校官微沉淀力和回报率的重要因素。目前,多数高校能结合时政热点、社会焦点问题和各类重大事件设置议题。反映时代背景、社会重大事件和热点问题以及大学生关心、关切的现实问题已成为高校官微议题设置的重点;从话题阅读回报率看,彰显爱国情怀和个体成长的话题回报率较高。总体看来,虽然当前高校官微话题设置和回报率呈现向好趋势,但与人民网、新华网、'学习强国'等主流媒体相比还存在较大差距,多数高校设置议题能力较弱,话题回报率较低,个别官微甚至成为'摆设'。青年大学生对信息敏感度较高,倾向于前沿性、新颖性内容,而引起关注与兴趣的'燃点'在于话题设置。话题设置是信息呈现的铺陈,也是激发学生进一步了解内容的开始。缺乏'共情'、'共需'的话题,难以与学生在信息交互上达成'通约',其结果必然导致回报率走低甚至缺失。因此,高

---

① 张宝君、孙志林:《智媒时代高校微空间思想政治教育的审视与创新》,《思想理论教育》2021 年第 2 期。

② 张宝君、孙志林:《智媒时代高校微空间思想政治教育的审视与创新》,《思想理论教育》2021 年第 2 期。

校微空间思想政治教育要达成利用具有时效性、积极价值功能的新闻事件、时事热点实现对学生思想引领的作用,必须精心设置议题,以'共情'、'共需'的话题实现所要达成的回报率。"①

"作品更新时效性不足致使信息传播缺乏张力。智媒时代,内容品质是确保微空间思想政治教育'做到家'、'入心田'的核心。近年来,围绕大学生关注的时代热点、思想疑点和成长节点,打造品质化内容已成高校的基本共识。尽管部分高校官微发文量较多,但传播指数却不尽如人意。数字化、信息化时代最突出的特点就是'信息流瀑',以迅雷不及掩耳之势迅速传播,对人们的认知造成猛烈冲击,然后信息转瞬即逝,只留下信息'张力'在不断蔓延。同时,新的信息点有可能随时出现,一旦错过把控时机,就等于错过了利用新的信息引领学生的机会,而快速跟进信息是高校微空间思想政治教育紧跟时代节奏、把握时代脉搏的核心要求。因此,做好信息的跟进、更新,抓住学生的关注点是筑牢微空间思想政治教育阵地的关键。"②

(二)提升教学微载体研创能力和成色

教学内容微载体,即课程微载体(微课程)。当前,高校思想政治教育"微"课程建设,主要是指以思政课、课程思政为主体的课程类和以时政、事件和问题为主题的教育类微课程。可以说,随着新媒体,尤其是微视频的快速崛起,使微课程步入发展的黄金期。国家、省市和高校举办的课程类和主题类微课程赛事不断,在不同层面掀起微课建设热潮,极大促进微课程的普及和快速发展,使之成为思想政治教育的"空中课堂"。多数高校教育工作者能够运用现代教育技术,围绕课程、某个社会热点、重大问题和专题点开展微课程录制和展演活动,不仅提高自己运用新媒体创优教育教学能力,也满足学生对课程多样化、体验化需求,提升教育教学的效果。然而,受守旧理念和工具理性制约,在微课实际制作、应用过程中仍旧面临一些问题和困境。

提升素养能力,加强技术应用。思想政治教育微课程,作为集理论性、学理性、趣味性和体验性于一体的短小精悍品牌课程,其创作和开发,既要求教育者具有鲜明的政治立场、扎实的理论功底、开阔的知识视野,还要具备一定媒介素养和熟练的媒体技术,可以驾驭和运用各类微媒体。然而,一方面,受传统教育

① 张宝君、孙志林:《智媒时代高校微空间思想政治教育的审视与创新》,《思想理论教育》2021年第2期。
② 张宝君、孙志林:《智媒时代高校微空间思想政治教育的审视与创新》,《思想理论教育》2021年第2期。

教学理念与模式影响,教育者缺乏对微媒体传播特点的认识,难以适应微空间传播主体交互、平等的新样态,仍固守传统线下思想政治教育观念,在角色设定上,未能实现由知识"传递者"向人格养成"促进者、组织者和指导者"的转变,这在一定程度上影响教育工作者理论素养培育和微媒体技术学习的积极性和主动性,使其素养能力不足,技术优势无法展现。另一方面,因队伍构成多元,学缘、年龄和知识结构欠合理,致使全能型队伍建设滞后于微媒体技术发展,使队伍的理论素养、知识水平和媒体运维能力,成为制约微课程发展的瓶颈问题。当前,多数高校思政微课程创作主体是思政课和专业课教师、辅导员以及行政管理人员等。他们中一些人对微课程研发认识不足,对课程设计和实操不够熟练,尤其缺少微课程拍摄和视频剪辑技能和经验,多数教育者抱着尝试态度走进微课程,缺乏微课程创作源动力。[①]

提高教学设计艺术性,强化注意力沉淀。教学设计是思政类"金课"建设的核心和灵魂。技术是微课制作的关键,而艺术是微课设计的灵魂。微课程能否吸引学生注意,引发学生共情,主要取决于微课程的教学设计。然而,从现有国内各项赛事展示的微课作品看,教育者在微课程教学设计上还存在一些问题。一是时长控制不当,未能结合教育内容,合理设置微课程时间。时间短,无法充分彰显内容。时间长,易影响学生注意力保持。二是教学主题设计不当,存在"宽"和"泛"的问题。个别教育者缺乏对微课程教学主题设计原则的深入理解,一方面,误以为微课程就是将"长课"变"短课",虽然时间"微"了,可内容却没"精"。"在微时代背景下,'碎片化'的学习方式并不意味着知识和课程体系也是零碎的、微观的,完整的知识体系和系统的课程方案仍是重中之重。因此,系统性的、专题化的、课程化的高校思政微课体系亟待建立,优质的、品牌型的精品思政微课应尽快打造推出。"[②]设计内容照搬课堂,个别教师在微课视频制作时,直接截取课堂教学视频,影响教学难重点的有效呈现,致学生重复听课,限制微课程效果。另一方面,过分地关注学生"看点",使微课程戏剧性、娱乐性倾向明显,理论性、学理性不足。个别教师"重形式,轻质量",过于注重信息技术和网络素材的应用,导致课件形式花哨,内容、质量不充盈,也有教师为激发学生注

---

① 叶嘉琪:《论"微时代"高校思政微课建设路径的完善》,《东华大学学报(社会科学版)》2019年第3期。

② 叶嘉琪:《论"微时代"高校思政微课建设路径的完善》,《东华大学学报(社会科学版)》2019年第3期。

意,吸引学生"眼球",过多运用视频,造成喧宾夺主现象,偏离了微课设计初衷。① 另外,课堂互动设置较多,有些教师在微课设计中设置多项互动的环节,虽氛围活跃、学生参与度高,但却弱化教师主导性,影响微课程实际效果。这都会阻碍微课程功效的发挥。同时,微课程贴近学生特点和接受习惯,推送匹配精准等优势,亦需在课程创设中重点关注。目前,微课程建设可以说进入新春天,但就其呈现效果看,不恰当的内容选择、过程设计滞后以及简单、粗糙的制作水平等问题依然存在。②

(三)促进管理微载体整合高效协同

随着新媒体技术,尤其云计算功能的不断深化,为高校学生教育管理精细化提供新平台,尤其是一站式社区试点的铺开,使高校管理乘上时代"高铁"。面对学生对管理精细化的要求,高校要建强管理微载体,避免因载体建设不力,引发管理效果不佳的问题发生。

更新管理理念强化赋能意识和能力。面对管理场域和载体新变化,高校在增强智慧意识,强化技术赋能,提升校园学生管理微载体效能等方面并没有做到真正接受与有效利用。《中国教育现代化2035》提出,"建设智能化校园,统筹建设一体化智能化教学、管理与服务平台"是教育现代化的标志。然而,受传统管理理念束缚,个别教育管理者仍习惯于传统管理模式,在运用新媒体方面,还存在"为难"和"抵触"情绪,对微媒体特别是对一站式社区的特点和效能认识不到位,只囿于惯用的 QQ 和微信群组,不能正视这些组群"泛滥"给学生带来的不便这一现实问题,对如何运用微载体成本低、简单便捷、即时送达、平台多元的传播特点提高管理效能,如何实现全员、全过程、全场域科学管理,如何为高校管理数据的全息整合提供技术支持,如何将"技术"优势转化为现实管理优势,如何构建"贴近生活、灵活多样、方便快捷、易于操作"的立体化平台等一系列问题,缺乏深入思考和研究,以致在学籍、就业创业、宿舍等学生日常管理模块建设上缺乏创新思维和行动导向,在观望、等待中错过发展良机。同时,设施建设滞后,也影响管理微平台智慧化建设发展,成为制约高校学生管理效能发挥的瓶颈。

优化规划设计,便于学生应对复杂载体。就目前高校日常管理微载体发展态势看,正由过去单一 QQ 群组向微信圈群、易班和一站式社区融合互促管理矩阵过渡。虽然高校学生管理微载体建设呈现多层次、多渠道发展态势,但就管理

---

① 李宁等:《高校教师微课制作与应用困境探析》,《无线互联科技》2021 年第 6 期。

② 徐趁丽、于金伟:《微课在高校思政教学中的应用思考》,《中国现代教育装备》2017 年第 23 期。

精细化视角看,就像教育部在专项治理高校管理服务类教育 APP 泛滥问题时指出的,群组和 APP 的泛滥,使多数学生被群组和 APP"绑架"而觉得"闹心"。而《教育部等八部门关于引导规范教育移动互联网应用有序健康发展的意见》也指出,"近年来,教育移动应用快速发展、广泛应用……但一些学校出现了应用泛滥、平台垄断、强制使用等现象,一些教育移动应用存在有害信息传播、广告丛生等问题,给广大师生、家长带来了困扰,产生了不良的社会影响。"传统思想政治教育学生管理多由学生工作办公室落实,随着 QQ 和微信群组的普遍使用,群组化已成为高校学生管理的新样态。究其原因,传统高校条块化、层级化管理,引发"上边千条线,下边一根针",各部门相继建立了自己的专属组群,使学生由原来的线下管理,变成众多组群"成员"的向上管理,以致学生"应接不暇,疲于奔命",而陷入"五指化"办公的现实困境,为此,急需高校从整体角度出发,做好应用智能化数字技术平台的顶层设计,加强一体化平台建设,推进高校学生管理的智慧化。

(四)提高活动微载体保障质量

高校思想政治教育活动微载体作为虚拟活动载体,其具有主题鲜明、形式多样、简便易行、小型灵活的特点,符合高校学生接受特点,已成为学生参与实践活动的"空中场域"。但受平台设施、队伍能力等因素制约,还存在模块矩阵覆盖面不够,活动质量欠佳的现实问题。

平台设施制约,限制活动广度。当代大学生成长于数字化信息社会中,作为数字信息社会的"原住民",他们熟悉并善于运用微媒介开展各类线上实践活动。高校学生"微生存"现状和"微应用"惯习,为高校微空间思想政治教育实践活动提供新视域。当前,虽多数高校都依托微社交媒体探寻出具有本校特色活动微载体,但由于受平台硬件设施、活动资金投入、运维队伍能力素养等现实因素影响,高校学生活动微载体研发并非尽如人意,受网络(Wi-Fi)难覆盖、平台不健全和设备落后等因素,还存在活动覆盖面低、技术支撑欠佳和载体种类不足等现实问题,这在一定程度上限制微活动的有效开展。面对上述问题,推进高校活动微载体建设要从把握三个规律入手,科学设定活动微载体建设的"路线图"。

能力差异制约,影响活动质量。活动微载体主题突出,方式简便,具有积极促进作用。学生思想政治教育活动微载体几乎都在现实实践中得到一定程度的应用,也发挥着重要引领功能,但是单向度建设与应用特征较为明显,仍存在从传统管理与活动组织角度出发,通过平台来达到数字化工具"赋能的单一目的"。当前,高校学生思想政治教育活动微载体,在创意、创新、建设资源和基础设施等方面与《人民日报》《光明日报》、中央电视台等融媒体平台相比,在还存在一定差距,在一定程度上也影响了高校"微"活动开展的效度。究其原因,主要是队伍素质和能力参差不齐,致使活动指导"缺位"。受年龄结构、专业结构和职称结构等多因素影响,尤其是工作岗位和工作性质影响,目前,担负高校学生线上"微"活动指导任务教师多为团学组织和院(系)青年教师,他们思想活跃、乐于参与、知网、懂网,与学生思想和行为模式贴近,在行为方式上更易与学生相知、相融,水乳与共,但他们由于阅历浅,知识储备不够,使其理论素养、学识水平和理论功底与老教师相比还存在一定差异。而那些学识渊博、功底扎实的知名学者和专家,由于年龄、身体和教学科研以及媒介素养和能力等因素影响,又很难参与学生"微"活动指导工作,使指导队伍活力有余,而知名度和学识不足,使活动质量和沉淀度都不高。

(五)促进文化微载体研创创新的特色

积极、健康、向上的校园微文化对高校把牢意识形态主动权,为学生营造风清气正微空间具有重要现实意义。习近平总书记指出:"要注重文化浸润、感染、熏陶,既要重视显性教育,也要重视潜移默化的隐性教育,实现入芝兰之室久而自芳的效果。"①文化微载体建设是高校校园文化建设的重要组成部分,是高校立德树人"空中"新场域。

内容与形式结合欠佳,影响属性的彰显。校园微文化作为校园文化的一部分,既彰显大学精神,又反映社会价值观念,具有凝聚、陶冶和激励等功能,在学生成长成才中发挥着潜移默化的影响作用。文化载体与文化一样是不断发展的,随着时代、社会和科技进步,文化载体的形态也处于不断演进之中。基于数字技术的微媒体,作为载体其文化承载属性并没有被当下高校思想政治教育实践者所深刻认知,由于认识的不深刻,在微载体具体建设过程中,必然会将建设重心放在其实用性功能——工具上,而不是将其作为民族文化承载与传播平台的价值建构上。诚然,文化微载体有文化内容,但是当立意在于表现形式而非实质内容的时候,其最终效果必然会是为高校学生思想政治教育文化微载体品牌打造而设,凸显的是高校思想政治教育工作者结合学校文化特色、学生特点的要求,却因偏离文化特有属性,而缺少真正价值追求,在形式与内容结合上脱节,甚至各行其是。

---

① 《习近平首次点评"95后"大学生》,《人民日报》2017年1月3日。

文化微载体创新不足,代际传递乏力。当前,随着微社交媒介使用的普及,微生活已成为高校师生日常生活的重要方式,微生活的普及,虽拓展了学生的思想、人际交往和信息交互的渠道,方便了学生学习和生活,然而,微社交媒介信息传播的跨时空性、交互性却打破了传统封闭的"象牙塔",使各种不良信息和社会思潮充斥网络,使参与主体人人都有金话筒,人人都是主持人,导致信息"把关人"主导地位弱化。在高校学生成长的"拔节孕穗期",微空间不良信息和思潮对他们的危害极大,易使学生偏离航道,甚至迷失人生方向。建设文化微载体的宗旨,就是要充分挖掘优秀文化蕴含的思想政治教育资源并赋予其时代意义。中华传统文化博大精深,形式多样。生活在数字时代的大学生,由于现实原因他们对民族优秀传统文化了解不深,甚至并不知道其具体指代为何物,而实现这一认知的改变,关键在于教育的言传与引导。这也恰恰是当前大学思想政治教育所欠缺的,即便是在数字技术全面发展的时代,也没有完全将传统文化的形与神转化为当代大学生喜闻乐见的全息形式,予以展示;更没有完全将传统文化的现代价值予以充分阐释并加以创造性转化,由于缺乏创新与转化,使具有中国特色的文化内容无法成为大学生物质与精神生活的核心和灵魂,也无法通过学生自觉习得而产生代际的传递。

（六）服务微载体细分精准

高校学生思想政治教育服务微载体建设涉及部门较多,对基础设施、技术和队伍素养、能力要求较高。不同高校受办学条件、专业构成和服务队伍建设等诸多要素影响,高校学生服务微载体建设还存在区域、校际以及校内部门间发展不平衡不充分的问题,就现状而言,还存在如下问题。

发展均衡失调,影响平台建设。受地域社会和经济发展以及地域网络覆盖水平的影响,尤其受学校自身办学条件、办学经费和办学特色等因素的制约,高校学生思想政治教育服务微载体的开发与运行不畅。具体就高校而言,还存在如下普遍问题。目前,基础设施建设相对滞后,平台技术支撑不足问题较为突出。高校学生服务微载体建设依旧存在脱离学生现实需求,以服务部门"主观臆断"进行建设的问题,对学生服务微载体建设设想多自上而下,而非自下而上,体现学生意愿和愿望。高校学生服务微载体建设多依赖于相关职能部门,团学组织负责建设思政引领、心理疏导和奖惩助贷等服务载体;教务部门负责建设学习指导、专业发展和学业规划等服务载体;就业部门负责建设就业创业指导、生涯规划等服务载体;学生住宿、图书、缴费等服务事项也各有负责建设部门。学生服务载体建设主体多元化,学校管理条块化,造成学生服务体系建设无序化、重叠化,使服务能力不足、功能分散、效率低下等问题,成为制约高校学生服务现代化的症结所在。比如,在就业信息服务方面,高校多依靠网站发布招聘信息,而能够实现用人单位和学生在线双向选择的平台建设却始终未能普及。在日常管理上,个别高校学生排队占座、人工分配床位现象依然存在,而运用小程序预约选择的智慧服务平台建设依然未能全部落地,上述现象既影响工作效率,也降低服务质量。在心理咨询服务方面,学生迫切需要的是如何能够在线得到专家的指导和帮助,而目前少数高校却缺乏能够实时在线"微"交互的心理咨询平台。

模块细分不够,影响供给精准。当前,国内关于微服务的研究主要围绕微服务内涵、平台发展、模式构建等方面进行了深入探讨,形成较为丰富的研究成果。在实践方面,各高校均能结合各自地域优势和办学特点,对高校学生服务微载体建设进行实践探索,构建了比较成型的立体化一站式服务平台,比如,苏州大学的"云中苏大"、上海交通大学"交我办"APP、暨南大学的"暨大迎新"、黑龙江大学一站式微服务平台、江苏大学的分布式数据服务平台、华南师范大学学生综合服务平台,等等。随着高等教育现代化和智慧校园建设的深度发展,高校微服务已成"燎原"之势。然而,从全国高校看,个别高校仍处于观望阶段。从服务意识层面看,由于受传统教育管理和服务观念制约,部分教职员工精智服务意识不强,使其对微服务理念、功效和特点认识、理解不到位,还存在"大而全"的建设理念。从微服务载体建设上看,个别高校还存在落脚点和着力点不明的问题。一些高校教职员工未能紧跟学生行为特点和接受习惯,从需求导向出发,从简化服务流程、提高服务效率入手,找准服务微载体建设的突破点,高校在微服务架构重组、构建应用层和展示层相融合的信息门户、平台核心模块、专业队伍建设以及服务微矩阵方面,还有待进一步完善与推进。

三、确立聚合共进"微"意识取向

传统媒介载体和新媒体融合是高校学生思想政治教育实践范式创新发展的趋势,是数字技术在思想政治教育领域应用的必然选择。但现实中,由于不能科学认识微媒体时代高校学生思想政治教育工作发展新向度,目标取向的模糊与不确定,成为横亘在技术与实践之间的壁垒。

(一)强化资源融合化意识

资源融合是脱离传统单一性渠道获取资讯与传递讯息的刻板路线,将技术与实践思维、实施路径加以系统整合的操作范式。数字技术的全面渗透,使虚拟生活成为一种常态化形式。高等教育的数字化使微媒体终端效应,得到最大程度凸显,使"高校学生思想政治教育+微媒体"成为必然趋势。破除传统思维认知限定,基于微媒体推动思想政治教育实践范式创新,打造源于生活又高于生活、形式多样又主旨突出、短小精悍又内容丰富、易于接受又微言大义的思想政治教育微作品,构建多层次内容合而为一、实践主旨立体多元的微空间思想政治教育传播体系,是高校学生思想政治教育直面数字技术带来变革,所必须做出的在思想意识层面的转变。

"数据意识"是人有目的自觉、能动认识数据的思维导向。作为体验和实践收获,是对数据重视、发现、捕捉和应用的心理倾向,是数据关联、价值、应用等意识的集中体现。[①] 对架构在微媒介载体上的资源整合利用理念,决定着思想政治教育与数字化信息技术融合的深度与广度。基于对思想政治教育静态化认识的制约,个别高校思想政治教育工作者易出现抗阻性意识。在传统工作模式的消极思维影响下,认为数字技术只是在工作的形式上、方式上、路径上提供了技术支持,如果说改变也仅仅是将传统方式传输的内容,复制粘贴在数字化平台、媒介载体上而已,不过是对传统工作模式的一种延伸,这在意识层面就已经忽视了数字时代大学生的生存样态与行为方式取向,同时也忽视了大学生对于信息资讯的接收方式与传统模式之间的不对称。

(二)提高内容品质化意识

思想政治教育进驻微空间,是微传播图景下高校的必然选择,这一范式已被教育主体所接受和认可。毕竟技术改变实践模式,同时也改变人的思维意识。但是,因为绝大多数人对于传统习惯的熟悉和不愿意改变的思维惯性,即便是面对新技术变革,也仅仅是作为一种手段来利用,而不是作为范式变革的契机加以运用。现实中,由于微媒体与思想政治教育聚合并不充分,尚处于探索阶段,在制度规约和政策支持方面还有待完善,激励和保障机制并不健全,而运用微媒体开展思想政治教育,需要实践者投入大量时间和精力,还需要其本身具备"微"能力,这就导致一些教职员工对微媒体建设,在积极性、主动性方面与其效价和期望值难成正比,引发的结果就是勉强可以用,也能发布信息、推送内容,但在结合自身优势研发特色、品牌方面就有些力不从心。例如,多数高校能结合国内时政热点、社会焦点问题和各类重大事件,对学生进行及时教育疏导,发挥高校公众号意识形态主阵地作用。上海教育新闻网推出《谁进步最大? 谁最勤奋? 沪

---

① 张瑞敏、王建新:《大数据时代我国数据意识培养路径探析》,《大连理工大学学报(社会科学版)》2020年第1期。

高校官微3月榜单大数据揭秘》一文显示:2020年3月至6月,"抗疫""网课""就业""返校""四史"等话题,成为上海高校官方微信议题设置的热门。由上述话题可以看出,反映时代背景、社会重大事件、重大节庆日和学生关心、关注的现实问题成为高校官微议题设计的首选;从话题阅读回报率看,服务学生成长成才节点和学生关切的话题回报率较高,如上海立信会计金融学院的"大写青春爱国力行"以6.36%的阅读回报率位列排行榜第一。由《全国高校抖音综合影响力排行榜2020年1月榜》可以看出,浙江大学发布的《国士无双,73岁的浙大李兰娟院士与84岁的钟南山院士一样,再战防疫最前线! 向他们致敬》短视频,回报率最高。议题设置是提升官微沉淀力和回报率的重要因素。

虽然当前高校官微话题设置和回报率呈向好趋势,但与人民网、新华网、"学习强国"等主流媒体相比还存在一定差距,官微成为"摆设"的现象依然存在,且时效性也不突出,不能够在第一时间对新闻事件,时事热点给予快速回应,导致学生不能在第一时间内获得对所发生事物准确清晰的认识,难免引发思想与认知上的偏差。基于这一思想而研发微信息,多停留在提供一般资讯内容,而非提供高品质、品牌度高且具有思想性、教育性、引领性的"作品"。同时,由于学校层面有借助微媒体开展常规教育,特别是思想政治教育的需求,并没有相应的程序性、规范性要求,加之制度建设不完善,个别教育者并不具备较高的数字化技术与媒体应用素养,如何在便捷工作的同时,通过微媒体传输高质量教育资讯与内容来有效提升教育效能,既没有此类意识,也没有相应的能力素养。

(三)增强匹配精智化意识

"人工智能和思想政治教育的融合,将打造更为智能化的学习空间与教育环境,提供更为精准、适时、个性化的资源与服务,创生新型思想政治教育模式,进而构建起新型思想政治教育生态系统。""运用算法功能,高校可在法律允许的范围内,对学生在微空间的学习、生活、交流等行为数据进行全方位采集、比对和筛选,对学生个体和共性群体进行精准'画像',并按照学生需求和偏好,优化供给'清单',为学生提供个性化、定制化和精准化的教育服务,有效解决思想政治教育学生占意(占用注意力)难、捕捉和引导意流(注意力的流动)更难的问题。"①上述是从高校学生思想政治教育工作的理想状态下,对工作的描述,但是,当前大学生思想意识、生活状态的复杂程度以及变化频率,远远超出很多高

① 张宝君、孙志林:《智媒时代高校微空间思想政治教育的审视与创新》,《思想理论教育》2021年第2期。

校学生思想政治教育工作者的预想程度。这是一种生活与思想存在维度的差异,引发的问题是教育者与大学生生活在不同的"频道"上,在思想认知几乎平行的状态下,甲方想要改变乙方,或是乙方行为不被甲方所理解、接受是正常的状态,而这一状态的延伸就是高校学生思想政治教育者作为甲方,不能通过换位思考的方式为大学生,即乙方提供最能够贴近他们生活实际、兴趣取向的教育内容和信息资讯。

出现上述问题和现象的原因,并非教育者工作思路的问题,而是对于数字环境下大学生的真实需求的认识出现偏差,没能在自我能力提升上下功夫,不能有效借助微平台,精准把握学生思想动态和现实需求,导致的结果就是不能为学生提供制定精准性、个性化的教育服务,无法做到有的放矢,对症下药。

(四)提高人机协同化意识

当前,人机之间的关系仍然停留在工具与使用者这一结构状态下,使用者的目的是通过对工具的利用达到使用目的,工具自身价值也仅仅是提供某种便利,而真正实现人机交互,彰显价值最大化的目标并没有实现。但是,智能化数字技术的不断发展,人工智能对于工具的"赋能",必然会使工具摆脱自身仅是工具的单一价值个体,而会达到一种能够主动实现价值的状态,将工具表征向"智能"化合作伙伴的向度发展。因此,树立人机协同的"智能+工具"聚合理念,将成为一种必然。高校学生思想政治教育是从道德品格、价值观、认知思维等意识领域对大学生开展教育的特殊实际活动;微媒体借助数字技术,将各式各类资讯、信息加载后,以不同形式展示其思想性、文化性、艺术性等维度的内容,从微媒体价值功能上看,基于微媒体可以更好地促进高校学生思想政治教育目标的实现,并在结合中使两者产生聚合性效果,放大两者功能,超出两者简单累加。

由于聚合性的产生并不是将高校学生思想政治教育加载到微媒体上,或是借助了微媒体就可以产生大于"1+1>2"的效果,是需要将二者根据自身运行特点,加以融合后才可以产生,但是,这是将思想政治教育规律与数字化微媒体运行规律有效理顺,既要最大限度地发挥思想政治教育思想引领的功效,又要满足数字化媒体自身效能发挥,要求工作者不仅熟稔思想政治教育,又能够驾轻就熟微媒体,这在现实中超出绝大多数高校学生思想政治教育工作者的能力范畴,在现有数字化素养仅可维持运用数字媒体辅助工作的状态下,实现两者的有机耦合,发挥聚合效应就显得力不从心。

四、构建精准共融"微"供给体系

社会形态的演进,传播共享格局的革新,数字技术的升级,尤其是5G技术的普及,助推通讯、传播、数字技术迭代更新,推动媒介供给的智能化匹配,为完备"微"传播供给体系建构奠定基础。面对资源仍需充盈、把脉不准难对症、模块难兼容共享的现实,高校需要知问题,促改革。

(一)聚合思维"扎根"不牢,资源仍需充盈

当前,在思想观念上,有的高校思想政治教育工作者未能及时更新,微空间思想政治教育意识不强,认为微空间思想政治教育就是把思想政治教育内容复制粘贴到微媒体上的二次传播,不能很好满足学生对教育内容多样化、个性化需求,"内容搬运工"做法,使思想政治教育与微媒介融合流于表面。物质保障不足,是阻碍思想政治教育与微媒体深度融合的关键要素,由于对微媒体应用仅停留在工具价值这一层面上,导致个别高校抱着"观望"和"试试看"的态度,对微空间思想政治教育运行所需软硬件设备、设施建设,投入不足,软硬件设备均难达标,在一定程度上限制微空间思想政治教育发展。在机制、体制改革上,与高校微空间思想政治教育建设配套的人才机制及绩效考核机制不健全,相关激励机制滞后,队伍积极性不高,使思想政治教育与微媒介融合呈现"貌合神离"的局面。

上述问题究其原因,在于高校对微媒体认识和理解的程度,"存量"思维是对传统的一种固守,坚持将"老一套"做好,是对新兴事物的抗拒心理,由于这一心理的存在,高校也无法真正树立"增量带动存量"的理念,以范式创新深化思想政治教育与微媒体二者有效聚合。当前,按照"思想政治教育+微媒体"理念,在聚合实践中不断摸索出适合自身发展规律的模式,推动二者优势要素深度聚合,最终达到"你就是我,我就是你"的样态,正是高校学生思想政治教育微载体建设的行动导向。

(二)需求导向"把脉"不准,难以对症下药

优势功能聚合,建构学生思想政治教育微载体,目标是解决高校学生对于新信息、新内容、新思想、新方法的迫切需求。因使用方便、连接简单,大学生利用手中的移动终端可以随时随地、随心随性地对某一事件、现象和问题,发表意见、表达态度和宣泄情绪。作为在网络媒体上发表观点、表达思想情绪的主力军,大学生更懂得网络舆论的传播规律,善于利用网络媒体表达意愿和反映诉求,但微媒体作为网络媒体工具,其信息渠道多元、形式多样化、内容杂糅的不确定性,使网络资讯与信息内容的传播、蔓延,易出现局部问题全局化、简单问题复杂化、个人问题公众化①的特点,在一定程度上加剧了微媒体空间信息资讯产生与传播

---

① 庞娟:《新媒体时代大学生思想政治教育创新研究》,山西大学 2019 年博士学位论文。

的不可预测性和不确定性。

高校学生思想政治教育时效性,源于师生思想、情感的同频共振。亲其师,才能信其道。一方面,教育者要了解学生,贴近学生思想关切,用带有鲜活时代气息的创新内容和方式,以其特有的"温度"解析"难度",以其鲜活的"角度"回应"热度",以其强劲"力度"展示教育"效度",全面满足学生现实需求,引导学生正确面对问题,培养解决问题的能力;另一方面,要发挥大数据算法功能,对学生线上学习、生活等痕迹数据进行收集、整理和筛选,真正了解学生"喜欢什么"类型的平台和推送形式,"想要什么"知识,"关注什么"问题,结合学生个性特点,对症下药、因材施教,达成教育供给精准。

当前,个别高校学生思想政治教育运用微媒体,引领学生价值甄别、舆论治理的模式机制体制不够完善,难以有效把握学生思想关切,回应学生实际需求。一方面,多数教育者仍然以传统学生思想政治教育的"管制"思维、"灌输"思维,对学生进行微空间价值引领与思想政治教育。另一方面,教育者对微媒体快速发展对校园治理的影响不够重视,微媒体素养和运用能力匮乏,对学生群体的意愿和诉求难以有效利用微空间予以及时回应。

(三)服务模块"耦合"不深,难以兼容共享

数字时代,大数据成为一切活动背后的无形力量,各种资源被编码成数据形态并实现全息化展示。将传统思想政治教育资源转化为数据资源并与微媒体结合,是未来高校思想政治教育必然趋势。但是,内容形态的数据资源转化、生成是艰难的实践过程,受高校服务职能条块化、网格化制约。高校承担学生服务的职能部门较多,由于隶属领导和部门主体责任和服务职能存在差异,学工、教务、图书、财务都结合各自服务职能,建有相对独立的信息服务系统,并且多自成体系,基础数据难以兼容和共享,造成各部门对学生基础数据反复收集的问题,使学生不得不在各系统平台、圈群和各类 APP 中疲于"应对",不仅没有提高服务效率,反而给学生带来额外"负担"。个别高校为追求服务功能"大而全",而采用巨型模块设计和单体或共享数据库架构,虽在应用模块不多的情况下,可将校内整个应用服务打包部署,但却忽视了因学生数量增多和需求变化多元而带来的服务事项复杂度提升,导致模块间复杂性、耦合性、升级风险高,服务平台建设成本日增的后果。随着服务模块复杂程度的加大,单体应用架构难以达成高兼容的性能要求,进而难以实现满足服务对象多样化和差异化需求的目的。

(四)机制体制"协同"不力,难以有效保障

契合看似是两个事物的结合,但是实质上是理性、理念指挥下的实践活动的

契合。旧媒体时代,高校条块化、阶层化、垂直化管理模式的功能和价值优势突出,促进了部门职责的明晰,提升了工作效率。但在一定程度上,也弱化部门间联系。由于部门间垂直管理,使得部门间职责分工、资源联动和工作协同受到一定限制。新媒体时代,媒介载体的聚合和传播形态的矩阵化,要求媒体在队伍、平台、受众等诸多要素的融汇共享,达成"你中有我,我中有你"的图景,以实现资源与要素优势功能聚合的最大化。面对媒介载体新传播样态,高校要融入新媒体,入驻微空间,占领新阵地,需要顺应微媒体融合"一切"的大势,转变管理理念,打破因体制机制造成目标、资源、职责错位问题。当前,多数高校虽对微媒介载体价值认识明确,也能在教育教学、管理和服务中主动借助微媒介载体,但受传统管理思维束缚,部门、院系"独立运用,自成体系"的现象还存在,未达成组织、资源协同的良好态势。甚至出现责任不清、沟通失效、资源垄断、平台功能单一等现实问题,而造成上述问题的关键因素是组织机制同构滞后,未能形成合力。

面对上述问题,部分高校各级组织,尤其组织负责人,如果依然固守传统观念,认不清思想政治教育发展大势,对微载体建设效价和期望值预判不清,就不可能主动投身实践,也始终难以建成高效智慧的微传播矩阵,实现教育效果的最大化。由于在思想、理念以及实践策略上,未能达成向微载体转向的一致性观点、认知,在实际工作中,也无法做到对资源、制度、环境的深度整合。对于要素认识的不准确、不全面,使各要素间关系得不到科学、合理的理顺,也就无法在目标、组织、保障等方面建立同构机制,进而形成协同效应。这也是一定时期内,高校学生思想政治教育微载体建设,需要重点关注和不断改进与加强的现实问题。

第三节 "聚合效应"视阈下高校学生思想政治教育微载体实然状态成因解析

每个时代都有每个时代的标识。微媒体时代,媒体全程、全息、全员和全效发展,突破时空、主体和功能尺度,实时化、数据化、交互化、集成化的传播图景,促进"舆论生态、媒体格局、传播方式"的演化①,微传播已成时代的印记。"无微不在"的现实图景,注定思想政治教育要走载体"微"化的道路。作为新生事物,高校学生思想政治教育微载体经历了一个由弱渐强,不断完善的发展过程。然而受学校工作理念、基础设施、队伍结构、数字资源等诸多因素影响,高校学生

---

① 人民日报评论部:《让主流媒体成为"全媒体"》,《人民日报》2019 年 1 月 30 日。

思想政治教育微载体建设还存在许多不尽如人意之处,这就需要高校学生思想政治教育工作者找准问题成因,坚持问题导向,因势而谋、应势而动、顺势而为,让高校学生思想政治教育微载体成为弘扬正能量和主旋律的主渠道和新空间。

一、需要理念更新,实现深度发展

高校学生思想政治教育实践理念的锚定与青年学生培养目标的预设,是高校学生思想政治教育取得理想效果的关键。没有超前的理念作为基础,就没有明确未来工作指向,无法做到将学生成长实际需要与时代发展紧密结合,无法有效推进高校学生思想政治教育工作的实践发展和创新性探索。

(一)建设理念有待及时更新,需增强变革求新意识

"聚合效应"是指高校学生思想政治教育与微信、微博、移动客户端等新兴社交媒体的聚合,实现这一有效聚合,要在发展理念上同频共振。实现发展理念的同频共振,一是在发展理念上要适应数字化信息技术的发展,二是在发展规律上必须把握数字化微媒体的发展逻辑,紧跟数字技术进步的节奏,否则就会陷入传统工作范式中,而不能冲破束缚。

新业态在数字技术的快速推动下,使得一些高校学生思想政治教育在遵循"因事而化、因时而进、因势而新"新理念上还来不及适应新变化就被动性地紧急迈入了新环境中。传统观念影响,尤其是新媒体发展速度过快,其创新超前性与教育转化应用的滞后性,使一些高校学生思想政治教育难以顺应智慧化、数字化背景下媒体的创新需求,总是在探索中艰难地辨别发展方向。同时,数字技术下的高校学生思想政治教育新业态发展,要求高校学生思想政治教育既要遵循思想政治教育发展规律、学生成长规律,也要遵循时代的发展规律。微媒体时代,教育多元化已成为时代发展的必然要求,思想政治教育"因势而谋、应势而动、顺势而为"已成为时代的必然选择,学生"无微不在"的现实图景已成为时代标志。高校学生思想政治教育要打破传统工作理念束缚,遵循科学规律,紧跟教育发展步伐,围绕学生特点和现实需求,以微媒体为新载体,构建实体、网络和空中"三位一体"的学生思想政治教育新模式,才能雨露洒满校园,为学生成长成才搭建新平台,这也是新业态情境下,高校学生思想政治教育必须要解决自身适应数字技术发展的必然课题。

(二)明确发展定位,增强工作适从性

随着"互联网+"、云计算、物联网的发展,新媒体技术推动高校思想政治教育模式变革。微媒介载体"管涌"、新技术赋能,为思想政治教育载体创新,注入新活力,一方面,思想政治教育模式正呈现多元、混合的发展态势;另一方面,微

时代,碎片化成为学生接受信息的新常态。微媒体信息差异化、个性化、定制化的传播特点,提升了高校学生思想政治教育微载体细分功能,有助于思想政治教育工作者结合学生成长成才不同阶段、不同时期,有针对性地将高校学生思想政治教育目标细化分解,促进目标分层、分类实现。场景沉浸时代,教育呈现形式的丰富多彩,为高校思政课程和课程思政、校园文化活动、社会实践活动提供了新的打开方式,尤其是大数据的关联分析功能,为高校思想政治教育"第一课堂"和"第二课堂""第三课堂"的协同提供现实依据和技术支撑,教育者可以充分运用数据技术全面汇集、分析三个课堂的关联情况,予以科学规划,提高三者的有效协同,发挥其聚合效应,提高教育实效。微传播时代,面对教育范式革新,高校学生思想政治教育只有在教育模式上显隐结合,强化渗透,做到"小而精",才能契合学生阅读接触和接受习惯。面对学生需求图景变迁,高校学生思想政治教育微载体建设,要强化用户思维,运用算法技术,为学生精准"画像",正视学生现实需求,以学生喜闻乐见的微形式,发挥其正面引领和隐性渗透的中介功能。

然而,受到传统理念、理论素养、专业能力等影响,一些教育管理者未能树立与时代、科技发展同频的理念,找准发展定位,科学设定高校学生思想政治教育微载体建设的"计划表"和"路线图"应当明确发展定位。一些建设者未能在如何利用微媒体上予以应有的高度重视,仍以传统线下教育管理为工作着力点,按照原有"套路"按部就班开展工作。目前,数字化微媒体作为便捷化形式、辅助性工具在高校学生思想政治教育实践中得到一定应用,进一步将微媒体有效融入高校学生思想政治教育,充分发挥微媒体传播功能优势,在适应数字技术上拓展载体、化大为小,促进思想政治教育点面结合、迅捷传输等方面增强工作适从性。

(三)端正品质认知,提升内容质量

优质内容是教育的质量保障。没有价值内容的教育亦失去存在意义。内容与教育目标的同步是其价值彰显的内在要求,如果内容难以满足工作需求,抑或是内容供给不及时,都会影响高校思想政治教育的实际效果。什么样的内容才是优质内容,是思想政治教育必须直面并且厘清的关键问题,若出现偏差不仅会在内容上失准,还会在学生引领方面缺位。从思想政治教育角度,能够有助于提升学生教育管理服务质量、便利工作是多数高校思想政治教育工作者使用微媒体的初衷,基于这一目的而供给的内容,应该将思想政治教育常规性内容,如通知安排、任务提示、活动组织、检查排练等,与利用多媒体开展实现、价值引领、道德品格培育、学生人格养成相关联。

从数字化发展趋势看待这一问题,高校学生思想政治教育与微媒体的融合,供给内容是要遵循数字空间运算法则、社会发展趋势、工作要求以及学生现实需求的,同时也是有质量要求的。要紧跟时代潮流,提升微空间思想政治教育话语的亲和力与感染力,从这两个层面理解供给内容的质量,从而提升供给内容的质量。

(四)增强时效意识,提高载体传播效能

数据爆炸时代,数字媒体技术的快速发展,使得每一个人都可以在最短的时间内,用最快的速度获取最新鲜的信息资讯。将微媒体与高校思想政治教育相聚合,其本意在于使高校学生思想政治教育工作者,对正在发生的事件及其场景,通过数字化转化后推送给大学生,提高其感官刺激,使他们在场景沉浸体验中增强对事物的认知、认同和内化。将智能微媒介载体与思想政治教育深度耦合,可以基于微媒介载体的传播优势,为青年学生了解世界、获取知识和服务提供最佳渠道,促进教育管理服务的精准,满足青年学生的多样化和个性化需求。信息时效意识,指通过信息产生作用的规律与机理来认识信息的属性,一类信息以知识性内容呈现,这类内容如果不是特别需求那就可以不必考虑其及时性、时效性问题。但是,若是失去即时性,内容效度便失去参考价值与意义就大打折扣,那么这类信息就必须要做到实时、快速。这需要高校学生思想政治教育工作者具备判断和甄别信息的素养,这种素养就是"微"能力。总之,微时代,高校思想政治教育只有借助数字技术和媒介传播"东风",把握人工智能发展"风向标",以优势要素、功能聚合为契机,化延迟为即时,化有界为无界,才能更好满足学生现实需求。

二、促进载体发展平衡,推动平台协同发力

高校思想政治教育微载体作为一个多层次、多维度的承载系统,其建设各具特色,既有共性问题,也有各自的特殊之处。复杂系统的边界拓展与多层结构的协同化发展是微载体自身功能发挥的关键。

(一)促进平台建设均衡协调

高质量、坚实的基础平台是教育管理者发挥主观能动性和自我创造力,使技术赋能找到落脚点和发力点的前提和基础。我国高校信息化建设整体发展水平不均衡,地区、高校间尚存在差异,从整体看,东南部地区高校信息化水平高于中西部地区。高校信息化建设"头部效应明显",其中,211、985 高校信息化水平尤其是部门数据服务能力较强,而其他一些高校信息化部门数据采集、清洗、加工、

模型构建和数据分析等能力较弱(资料源于教育装备网《建设高校信息化基础设施保障体系新思路》一文)。由于地域和办学层次差异,各高校在智慧校园建设方面,尤其是校园网络通信配套设施建设方面还存在一定差异。当前,多数高校能按照《中国教育现代化2035》的部署将教育信息化建设纳入学校总体发展规划,但受地域社会经济发展以及地域网络覆盖水平的影响,尤其受学校自身办学条件、办学经费和办学特色等因素制约,个别高校网络通信和相关硬件设施建设还相对滞后,网络覆盖程度不高、媒体传输带宽不够、机器设备陈旧等问题仍存在,特别是数字化建设整体系统性、互通性设计有待提升,互联互通、数据治理支撑手段缺乏,集成整合和持续扩展能力不足等问题,与国家和省级主流媒体的微平台建设相比还存在较大差距,使平台技术支撑能力较弱,限制了高校学生思想政治教育微载体的开发与运维。总之,应当根据地域、经济和办学层次以及部门重视程度等,推动平台建设均衡协调。

(二)推动模块设置样态协同

基于高校条块化管理的制约,为便于管理,往往人为地将教育管理服务设置为独立科室,比如,就学生工作部(处)而言,一般设有综合办公室、学生思想教育、学生事务管理、学生工作研究、信息化建设等科室(中心),从机构设置的细分化,导致各科室(中心)职能分工条块化,虽有利于工作职能细分,部门各司其职,却对教育管理服务协同产生一定负效应。学校教务处和学生处,在招生、学籍管理、毕业资格审查、学位授予、就业、大学生创新创业等工作方面都有交叉,却都独立设立科室,使教育管理服务功能拆分为更加细微的条块模式。就学生基础数据而言,就存在招生办、学生处、就业处、教务处、计财处、图书馆等涉关学生教育管理与服务的部门数据不一致、难以共享的问题,致使各部门分别向学院学工办索要统计数据的情况时有发生。

一些高校管理条块化、职能细分化,使各职能部门、院(系)以及各级共青团和学生组织均按照自我职能设置群组和APP终端,使高校学生思想政治教育微载体设置呈现条块化、离散化样态,不仅未能提高工作效率,反而给学生造成负担,带来烦恼。而且,一些高校由于缺乏专业技术人员,导致IT管理部门工作人员的数据采集、清洗、加工、模型构建和数据分析等能力提升滞后于移动通信和数字技术发展。应当推动高校教育管理服务功能模块设置协同高效,提升数据分析能力。

三、加强组织协作,强化支撑保障

完善的组织架构和高素质队伍,是目标实现的前提。明晰目前高校学生思想政治教育微载体组织和队伍建设滞后的成因,是推进组织和队伍协同,实现微载体建设预期目标的前提。

(一)完善组织架构,促进各方面协同

整体是事物要素的协同,部分是整体中具体的要素。整体具有部分无法具备的功能。高校各级组织作为独立的整体,若不具备全局观念,学校各项事业就无法从整体着眼,实现全校一盘棋,更无法科学设定最优目标,使整体发挥最大功效。微媒体时代,传统高校行政化组织架构由于运行时间较长,依然呈现较为稳固的样态。当前,高校管理者和教育者运用新技术、新理念的意识较强,但由于主导性问责主体引导和治理能力不足,问责主体协同不力、问责"错位"现象依然存在,就需要完全打破传统固有模式与结构,推进微空间思想政治教育组织、队伍、资源协同。高校各级组织负责人作为高校运行中枢系统的各个节点,处于高校学生思想政治教育微载体建设整体结构的核心位置,发挥着部门主导和统率作用,他们全局意识如何,直接关系到其负责部门微载体建设参与的整体状况。另一方面,缺乏对微载体建设意义和价值的认知。因高校各级组织负责人对微媒体与高校思想政治教育有效契合价值和意义认识的差异,致使各部门、各级组织在精力和人财物的投入上也不尽相同,这也在一定程度上制约高校学生思想政治教育微载体建设涉关部门组织和人员的协同共进。高校应从组织结构优化出发,全面解析"思想政治教育+微媒体"的构成要素,科学把握各要素间内在联系和耦合关系,推进要素组织同构,实现功能聚合。反之,无论高校学生思想政治教育微载体如何创新,也难从整体上改变机制弊端所造成的影响。

(二)健全队伍建设,增强持续保障能力

打造一支"可信、可敬、可靠,乐为、敢为、有为"[1]的理论扎实、技术过硬的专业化队伍,是高校微空间思想政治教育"用高尚的人格感染学生、赢得学生,用真理的力量感召学生,以深厚的理论功底赢得学生,自觉做为学为人的表率,做让学生喜爱的人"[2]的核心所在,当前,应当以明确队伍建设定位,优化知识结构,增强能力素质,完善激励机制等方面加强高校学生思想政治教育微载体建设。

首先,明确队伍建设定位。从队伍的构成看,当前,高校思想政治教育微队伍的构成情况是:校方微信、微博、抖音平台和教育 APP 多由学校宣传部门、网

---

① 《习近平谈治国理政》第三卷,外文出版社 2020 年版,第 330 页。

② 《习近平谈治国理政》第三卷,外文出版社 2020 年版,第 330 页。

络部门的工作人员运维;学工、共青团、院(系)二级单位的微平台、公众号、微信圈群多由各二级单位相关工作人员运维;其他公众号、抖音平台多由教师团队(个人)、学生组织(个人)负责运维。微载体建设队伍构成比较复杂,几乎涵盖高校各系统的相关工作人员,在这些人员中,宣传部门、学工系统、共青团系统的微载体建设人员和思政课、哲学社会科学部分教师承担着主要任务。

在实际工作中,即便面对智媒体时代的数字化发展趋势,个别高校学生思想政治教育微载体队伍仍然处于工具性的思维范式下,将智媒体看作是思想政治教育便捷化的工具。对于如何从工作理念上、工作思维上适应新发展趋势,并没有准确的定位。由于定位不准,在适应新工作范式、工作队伍建设上,就存在认识不足、认识不清的问题,结果是微载体建设队伍处于一种自生自长的状态。虽然,近年来,高校加大人才引进力度,思政课教师、辅导员队伍数量亦得到补充,但是,新力量的加入也带来新问题,由于新入职人员还处在工作适应期,他们对高校学生思想政治教育微载体建设还存在明显生疏感,既需要一定工作磨合期,也需要一定自我成长期,才能成为"知微"、善用的行家里手。

其次,完善激励机制,增强队伍发展动力。目前,不平衡不充分,依然是激励机制建设的主要问题。一是从国家、教育主管部门层面看,激励政策不平衡。关于思政课教师和辅导员队伍建设激励机制比较健全,主要可以概括为以下六个方面:在队伍定位上,辅导员和思政课教师均为专职教师;在队伍职称晋升上,都实行单列计划、单设标准、单独评审,同时在科研方面,也都有相应的倾斜政策;在待遇上,都设立岗位津贴;在评优评先上,将优秀分子纳入各类高层次人才项目体系,都设立年度人物评选项目;在未来发展上,都列入学校干部队伍的来源。由此可见,党和国家为加强思政课教师和辅导员队伍建设,在激励措施方面可以说给予最大限度的政策支持,体现党和国家对思想政治教育队伍的重视,保证了队伍的稳定,激发队伍的积极性和主动性。因此,应当参照高校思政课和辅导员激励机制,完善其他建设人员的激励政策。二是从省(市)和高校层面看:在落实党和国家关于思想政治教育队伍建设(这里特指辅导员和思政课教师队伍)的方案、规定方面,不同省(市)、不同高校还存在不平衡不充分的问题。比如,清华大学、北京大学、中国人民大学等高校十分重视网络思想政治教育队伍建设,在队伍建设激励机制方面都有自身的"妙招",还有一些原985、211大学和上海、北京、江苏等经济发达省(市),由于办学投入到位、办学实力雄厚,也都形成自身独特的思想政治教育队伍激励机制,在落实思想政治教育队伍待遇、职务(职称)晋升和职业发展方面的规定上,可谓各具特色、各有所长。但一些经济欠发达地区的省属院校和部分民办院校,由于受办学规模、办学地域、办学资金投入以及人员编制等限制,一方面少部分省属重点高校建有比较完善的网络队伍建设激励机制,另一方面其他高校应当进一步完善激励机制。

最后,增强素质能力,提高技术赋能。随着微社交媒体的勃兴,高校媒介交流平台日趋多样,师生信息交流和意见诉诸渠道更加多元。高校微媒体空间舆论产生、传播和影响机制的转变,既回应网络质疑又使舆论传播趋于理性,但专题性、专业性和认知性的网络舆论①却更为常见。多元微媒介载体的跨界传播和融合发展,虽有助于高校运用新技术立刻"解释"、还原"真相"化解舆论危机,但也易引发"象牙塔"内舆论与社会舆论的渗透与叠加,进而助推舆情的扩布与发酵。量的积累易引发质的改变。高校思想政治教育微载体因其种类多样、传播便捷、主体多元等特点,促进高校思想政治教育质的飞跃,同时,一些不良思潮、负面信息存在于微空间,也挑战微空间思想政治教育。高校学生思想政治教育工作者在借助数据分析功能的同时,要深入把握智能化数字技术的热点,在学生精准"画像"和行为预判上,发挥智能化数字技术以及微媒体的功能,对学生关注点、爱好点、困惑点提高感知。在利用新媒体提升工作效率的同时,没有更多地将智能化数字媒体的潜在功能挖掘出来,从而为高校学生思想政治教育工作科学决策提供制定精准性、个性化的信息。有效利用数字化微媒体智能算法功能,是真正做到有的放矢,对症下药的前提,也是破解数字时代高校学生思想政治教育供给匹配不精智的关键。

另一方面,强化队伍技术赋能。高校思想政治教育借移动网络技术和数字技术的东风,可以实现高校思想政治教育治理的现代化。微媒体使用成本低、简单便捷、即时送达、平台多元的传播特点,为学校全员、全过程、全场域管理奠定了基础。运用大数据功能,可有效汇集学生个体和群体以及管理过程的痕迹数据,为高校管理数据的全息整合提供技术支持。通过算法功能,可对微空间思想政治教育对象全体和个体以及过程进行精准"画像",对相关平台和模式进行关联分析,进而实时修订和完善模式、改进方法,提高效能。但这些恰恰是适用群体最需要解决的数字化信息素养问题,数字化信息素养并不是简单实用,而是能够正视数字化技术、理解并掌握技术应用,形成技术赋能意识。现实中,师生都可以使用微媒体也都沉浸在数字化信息技术所形成的交互式社会氛围下,教师群体要提升高效、有效利用数字化信息技术的能力,充分挖掘微媒体和人工智能

---

① 林凌:《智能网络舆论传播机制及引导策略》,《当代传播》2019 年第 6 期。

技术,按照"贴近生活、灵活多样、方便快捷、易于操作"的原则开展实际工作。所以,进一步提升高校思想政治教育工作者挖掘数字化信息素养仍十分必要,这也是实现信息技术赋能高校思想政治教育的基础条件。

四、健全配套体制,增强建设合力

高校学生思想政治教育微载体建设作为一个复杂的系统工程,涉及高校各个方面,融入高校教育管理服务全过程。凝心聚力、步调一致是推进主体协同、要素聚合、优势彰显的前提,实现这一目标需要以系列化配套机制体制为支撑。高校学生思想政治教育微载体作为"思想政治教育+微媒体"实践结晶,因其与微媒体相伴而生,其相关配套机制建设必然需要随微媒体技术迭代因事而变,否则就会束缚高校学生思想政治教育微载体发展。在配套机制建设中,除组织、队伍支撑体系之外,资源协同、载体运行以及空间监管和载体建设评价等机制建设也是制约微载体建设合力形成的影响要素。

(一)健全资源协同共享与运行机制

健全资源协同共享机制是引发信息与平台资源难共享的关键。高校思想政治教育微载体建设面临数据量大、价值难辨的特点。一方面,移动网络和传播技术的快速发展,推进多元媒体的深度融合,网络新媒体空间数据海量,信息庞杂、多元,信息价值真假难辨,已成为网络空间新常态;另一方面,微载体建设因涉及部门众多,教育主体和对象基础的行为样态信息数据千差万别,价值和非价值信息数据混杂、无序,给高校微载体价值数据的获取带来困难和隐患。受传统思维影响,个别高校思想政治工作主体缺乏数字思维,缺乏对微媒体运用的主动性,使组织成员网络、媒介素养和能力不强,对思想政治教育微载体建设还抱着浅尝辄止的态度,在一定程度上制约数字资源建设;高校部门间协调联动、资源整合、统筹推进机制建设有待完善,使各级组织数据资源共享性不足、协作性不强,部门平台系统相互脱离自成体系、部门数据难兼容出现"孤岛"局面、资源共享难等问题依然存在。因此,要加强顶层设计,构建起信息资源"拥有、使用和流转"共享机制,主要表现为主客协同资源共享、运行机制和主体协商、关键要素聚合共建共享。

运行机制健全是促进微载体建设能效最大化的重要因素。健全传播"节点"衔接联动机制,是构建功能集约化、服务细分化的移动化、智能化、可视化"微"传播矩阵的必然选择。一方面,高校学生思想政治教育微载体建设涉及主体多元,就组织(机构)而言,既包括校内各职能部门和院(系)中与学生教育管理服务业务相关的单位,也包括网络传输企业、微媒体运维企业、应用服务平台运营商以及政府、新闻媒体、各类文化和教育基地,等等。由于工作机制、体制差异,工作性质和职能不同,要构建共同参与机制,需要分层次搭建微空间育人共同体。要在构建校内多层级、多组织协同基础上,加大与校外各类参与主体合作共建。高校学生思想政治教育微载体建设,需要各级各类组织(机构)协同参与,更需要个体参与。就高校内部来说,参与个体主要包括高校党政干部、辅导员、教师、管理服务部门教职员工、学生及其家长。要建立健全主客共同参与机制,推进微媒体空间育人全员化。无论是参与组织和个体,实现其协同需要构建多主体共同参与的全员育人机制。另一方面,随着互联网、新媒体、人工智能等新技术发展,高校网站也经历了由"单一门户网站"阶段、"一门多层站群"阶段和"一主多层网站+新媒体集群"集约化传播矩阵阶段。要统一技术标准、规范平台管理、强化安全监控,以提升系统性能,整合各方面服务,形成媒体矩阵。

(二)完善监管与评价机制

健全舆论引导与舆情监管机制,有助于微空间环境净化。新媒体信息传播交互性和多样性,符合学生思想活跃、个性独立、乐于表达自我诉求的特点,为他们态度、诉求和意见表达提供载体和场域,提升他们舆论生成主体的地位。微媒体空间舆论引导主体多元、引导客体差异多样、引导介体融合乏力、引导环体监控不够,使微媒体空间舆论引导存在一定差距和不足,易出现热点舆情。高校学生知识体系搭建、实践根基、情感心理、价值观塑造等还有待完善。① 为此,高校面对外部环境和青年学生样貌,需要以完备的舆论组织"管理"和舆论"引领"予以规范。微媒体空间舆情危机有效治理,是保障空间意识形态安全的应然选择。当前,多元媒体融合发展,促进高校传播格局和舆论生态变化,信息数量激增、主体多元、渠道多样、内容复杂微传播格局,给高校微空间环境和舆情治理带来空前压力。为实施和平演变,西方敌对势力和国内别有用心之人,利用微媒体的传播优势,打着宣扬"民主""自由"的旗号,对学生进行思想侵蚀和价值误导,在一定程度上对主流价值导向产生冲击。微媒体空间不是法外之地,完善法律法规体系是保证微空间风清气朗的关键。加大微媒体空间监管立法、执法力度,是精准规范微社交媒体运营,保障微媒体健康发展的必要之举。针对目前高校学生思想政治教育微空间治理现状,仍需从国家与社会、高校、网企和网民四个层面,完善网络空间法律法规、监管引导、责任追究和教育提升等机制建设,以全方位实现对微空间治理和监管。

---

① 徐佳:《"微时代"背景下高校校园舆论引导机制及实践路径》,《新闻爱好者》2019年第8期。

　　健全评价体系有利于微载体建设深化与发展。高校学生思想政治教育微载体建设质量评价是一项复杂系统工程。微载体为党育人、为国育才的使命,决定其要以提升"立德树人"成效作为质量评价标准。高校学生思想政治教育微载体建设要以立德树人实效提升为核心旨要。当前,微社交载体接续火爆和普及,推动高校新媒体思想政治教育快速发展,然而,受一些微平台承载内容粗糙、更新缓慢、设施滞后等现实因素影响,部分高校学生思想政治教育微载体平台始终处于"不温不火"状态,平台到访率、点击率和回访率和入驻率"低位徘徊",引发这一问题的原因,有组织协同不力、队伍素质参差不齐、资源共享不佳、运行机制不畅等因素的制约,也有评价反馈机制建设滞后的影响。从评价角度看,多数高校缺乏与学生思想政治教育微载体发展相适应的评价机制,评价的目标导向、指标框架和内容体系等要素建设滞后,制约评价内容调整和评价关键技术创新。结合时代要求、对象特点和技术创新,完善和健全相关评价机制,健全评价体系,是推进高校学生思想政治教育微载体建设的又一关键环节。

第四章 "聚合效应"视阈下高校学生思想政治教育微载体建设行动导向

适应数字技术时代媒介载体智能化发展趋势,将数字媒体的信息生产与传播范式融入高等教育是时代应然要求。全媒体传播图景的形成,要求高校学生思想政治教育要顺势而为,主动出击。要以超前意识,谋篇布局,想办法、定措施、求实效,不断探寻创新发展新路径,增强思想政治教育时代感。推进高校思想政治教育微载体范式变革,既要顺应时代主旋律,又要符合新时代中国特色社会主义建设事业的人才培养要求,要以先进的理论和思想为行动指南。高校学生思想政治教育微载体作为多元学科优势汇聚的结晶,其建设涉及学科门类较多,既涉及政治学、教育学、心理学,也涉及传播学、社会学、管理学。限于研究内容,本章仅就马克思主义"人的全面发展"观点、习近平总书记关于青年工作和意识形态的重要论述及相关传播学理论予以简要概述。

第一节 以先进理论为微载体建设"夯实基础"

理论是行动的先导,特别是科学的、正确的理论是一切人类实践所必须遵循的基本准则,高校思想政治教育微载体建设是一项创新性发展、创造性转化的实践活动,是"摸着石头过河"的实践探索,没有现成模式可借鉴模仿,只有以被无数次实践所验证为"真理"的科学理论作为指导,才能有迹可循,有据可依。

一、马克思关于人的自由全面发展观是微载体建设的理论基础

作为与时俱进的科学论断,人的自由而全面发展,既是马克思全部思想主题,也是理论核心。"每个人的自由发展是一切人的自由发展的条件。"[1]人的发展离不开社会劳动,人在其现实性上,体现为一切社会关系的总和。确切地说,"只有在社会中,人的自然的存在对他来说才是自己的人的存在。"[2]因此,马克思从唯物史观的高度科学把握人的本质及其特性出发,以现实的人的活动为中

---

[1] 《马克思恩格斯选集》第4卷,人民出版社2012年版,第647页。
[2] 《马克思恩格斯全集》第3卷,人民出版社2002年版,第301页。

心来认识人的本质,认为人是具有"物质联系的""现实存在着的、活动的人",人不仅是自然和社会存在物,而且是有意识的类存在物,也就是说,人具有自然属性、社会属性和精神属性。

(一)马克思主义关于人的自由全面发展的理论概述

关于人的自由全面发展,马克思认为:"人以一种全面的方式,就是说,作为一个总体的人,占有自己的全面的本质"①,作为对资本主义社会中人的自我异化的扬弃,人的全面发展包括:人的劳动能力、社会关系以及个性的全面发展三个层面。

1. 劳动能力的全面发展

劳动自由是人实现自由发展的根本。劳动是人的本质,劳动自由是对劳动异化的扬弃。马克思认为,在资本主义社会,劳动是异化的,只有消灭私有制,才能消除异化劳动。"共产主义是对私有财产即人的自我异化的积极的扬弃⋯⋯"②,在共产主义社会,劳动才能真正成为人的本质、人类特有的创造活动和人的"自由的生命表现"。人类社会的发展史就是人类适应自然、改造自然的过程史。而适应和改造自然离不开劳动。劳动是人以自身的活动来引起、控制和调整人和自然界之间的物质变换过程。人的劳动能力就是人改造和征服客观世界的能力。劳动创造了生产工具、催生了语言,促进了意识的发展,形成了人的社会关系。人的劳动能力主要是指人的体力和智力。马克思指出:"我们把劳动力或劳动能力,理解为人的身体即活的人体中存在的、每当人生产某种使用价值时就运用的体力和智力的总和。"③体力是人体所具有的自然力,智力是包括劳动技能、生产经验和科学文化知识等人的精神方面的生产力。

2. 社会关系的全面发展

社会关系的自由发展是实现人的自由发展的重要标志。人作为一种关系存在物,始终生活在各种关系之中。社会关系是人与人之间的关系,其本质是人与人之间的各种利益关系。马克思认为,"一个人的发展取决于和他直接或间接进行交往的其他一切人的发展。"④也就是说,"社会关系实际上决定着一个人能够发展到什么程度。"⑤人只有在社会关系中形成立体的人、丰富的人和完整的

---

① 《马克思恩格斯全集》第 3 卷,人民出版社 2002 年版,第 303 页。
② 《马克思恩格斯文集》第 1 卷,人民出版社 2009 年版,第 185 页。
③ 《马克思恩格斯全集》第 21 卷,人民出版社 2003 年版,第 434 页。
④ 《马克思恩格斯全集》第 3 卷,人民出版社 1960 年版,第 515 页。
⑤ 《马克思恩格斯全集》第 3 卷,人民出版社 1960 年版,第 295 页。

人,成为社会生活的主人,才能实现人的全面发展。自由是相对的。社会自由必须以不妨害他人应有的利益为界限。① 经济自由意味着人们可以在一定范围内谋求自己的经济利益。经济利益是人们利益体系中最根本的社会利益,其他利益都要以经济利益为保障。因此,可以说,经济利益自由是实现个体社会关系自由的基础。

3. 个性的全面发展

个体的实践活动是人个性的具体体现,人的行动具有自主性、能动性和创造性。个性自由具有历史规定性,人的个性的自由,只有在共产主义社会,才有可能得到全面充分的实现。② 个性自由推动人能力的全面提升与拓展。能力的全面发展是人的全面发展的重要保证。马克思认为,"任何人的职责、使命、任务就是全面地发展自己的一切能力。"③因此,人的全面发展是人的需要的全面满足,是人的社会关系的全面丰富,是人的能力和素质的全面提高,是人的个性的全面发展。

(二)马克思关于人的全面发展的理论是微载体建设的灵魂

马克思关于人的全面发展理论为高校学生思想政治教育微载体建设提供了"批判的武器"。作为意识形态的重要阵地,微空间已成为"武器的批判"的新场域。坚持社会主义办学方向,培养具有"四个服务"意识的时代新人,要求高校思想政治教育微载体建设要把教育的人民性放在首位,坚持以学生为中心,以促进学生全面自由发展为终极目标,实现这一目标,离不开马克思主义关于人的全面发展理论的指导。首先,实现学生的全面发展,既要满足不同学生个体的需要,又要满足不同学生群体的需要。微媒体时代,以微信、微博和移动客户端为载体的圈、群、吧、贴已成为学生难以割舍的学习、生活和交往工具,尤其是智能移动设备的升级和 AR、VR、人工智能等技术的发展,"无微不在"已成为学生生活的新样态。学生需求的多样化、个性化,催生教育的差异化和定制化,而微载体快捷性、交互性、多样性的特点,为高校学生思想政治教育同步融入学生微生活,实现"点—线—面"整体推进提供条件。其次,实现大学生的全面发展,既要帮助他们树立良好社会关系的意识,还要增强他们丰富社会关系的本领,更要拓展丰富社会关系的实践。只有这样,才能促进他们的社会关系的全面发展。微

---

① 贾高建:《三维自由论》,中共中央党校出版社 1994 年版,第 112 页。
② 汪信砚:《论马克思的"自由个性"概念》,《学习与探索》2004 年第 5 期。
③ 《马克思恩格斯全集》第 3 卷,人民出版社 1960 年版,第 330 页。

媒体交互化、去中心化、虚拟化的特点为学生人际交往和实时交流提供新途径，利于学生构建新型人际关系，为学生更好融入社会奠定坚实基础。最后，实现大学生的全面发展，既要着眼他们素质和能力的整体培育，也要尊重他们个性化发展诉求。微媒体承载信息的海量化、即时化为学生坚定理想信念，提高思想道德素养、人文素养、心理品质、法治观念和法律素质提供了新载体，实现了教育的无界化。同时，大数据的汇聚与筛选功能，为高校更好地把握学生思想、行为动态，实施个性化、人性化的教育提供现实依据。同时，也为高校采取菜单自选式、立项式、招募式等差异化教育提供新载体，激发学生自愿参与意识，促进学生的全面发展。

二、习近平总书记相关重要论述是微载体建设的行动导向

作为马克思主义中国化时代化的最新成果，习近平新时代中国特色社会主义思想的提出，为高等教育发展指明新航标，为高校学生思想政治教育提出新目标新要求新路径，为高校学生思想政治教育微载体建设提供行动指南。尤其是习近平总书记关于立德树人、青年观、意识形态等方面相关论述，为高校学生思想政治教育微载体建设提供目标和行动导向，已成为高校学生思想政治教育微载体建设的灵魂所在。

（一）"立德树人"是思想政治教育微载体建设的思想内核

党的十八大以来，习近平总书记强调指出："立德树人"是教育的根本任务、是高校立身之本。高校要贯彻党的教育方针，把立德树人作为教育根本任务。围绕"立德树人"这一核心理念，习近平总书记从国家、高等教育和基础教育三个层面，全面、深刻地阐释了"立德树人"在教育强国、人才培养和民族复兴中的地位和作用。他明确指出："建设教育强国是中华民族伟大复兴的基础工程……要全面贯彻党的教育方针，落实立德树人根本任务。"①"高校思想政治工作关系高校培养什么样的人、如何培养人以及为谁培养人这个根本问题。要坚持把立德树人作为中心环节。"②"基础教育是立德树人的事业，要旗帜鲜明加强思想政治教育、品德教育，加强社会主义核心价值观教育，引导学生自尊自信自立自强。"③"思想政治理论课是落实立德树人根本任务的关键课程。"④上述论

---

① 《习近平谈治国理政》第三卷，外文出版社 2020 年版，第 35—36 页。

② 《习近平在全国高校思想政治工作会议上强调 把思想政治工作贯穿教育教学全过程 开创我国高等教育事业发展新局面》，《人民日报》2016 年 12 月 9 日。

③ 《习近平在北京市八一学校考察时强调 全面贯彻落实党的教育方针努力 把我国基础教育越办越好》，《人民日报》2016 年 9 月 10 日。

④ 《习近平谈治国理政》第三卷，外文出版社 2020 年版，第 329 页。

断进一步明确了立德树人既是教育的本质,也是高校存在的价值,同时也为如何实现立德树人目标,指明了方法和路径。

"国无德不兴,人无德不立。"为党和国家培养建设者和接班人是教育责任、使命和根本目标,而实现这一目标的关键在于立德。"立德树人"要以德为先。"立德",就是培养人的品德,强调品德养成;"树人",就是培养高素质的人才,强调的是能力提升,"立德"和"树人"具有辩证统一关系。"立德"是前提基础,"树人"是目标结果。"立德树人"思想从任务、目标、价值层面科学回答了教育应该"为谁培养人,培养什么人,如何培养人"这一核心问题。

1. "立德树人"相关论述明确教育本质、性质和人才培养目标

习近平总书记指出,"我国高等教育肩负着培养德智体美全面发展的社会主义事业建设者和接班人的重大任务。"[1] "大学是立德树人、培养人才的地方,是青年人学习知识、增长才干、放飞梦想的地方"[2],"办好我们的高校,必须……全面贯彻党的教育方针","要坚持不懈培育和弘扬社会主义核心价值观,引导广大师生做社会主义核心价值观的坚定信仰者、积极传播者、模范践行者。"[3] "我们党立志于中华民族千秋伟业,必须培养一代又一代拥护中国共产党领导和我国社会主义制度、立志为中国特色社会主义事业奋斗终身的有用人才"[4],这"是事关党和国家前途命运的重大战略任务,是全党的共同政治责任。"[5]由此,我们可以看出,坚持正确政治方向是"立德树人"的核心。坚持正确政治方向,要求高校思想政治教育微载体建设,必须牢牢把握社会主义办学方向,以"为党育人、为国育才"为价值导向,担负起时代和民族的重任。

2. "立德树人"论述明确教育根本目的

习近平总书记"立德树人"的教育论断是对马克思人的全面发展理论的继承与发展。他指出,要"不断提高学生思想水平、政治觉悟、道德品质、文化素养,让学生成为德才兼备、全面发展的人才"[6]。培养社会主义合格的建设者与接班人,要求"合格"人才必须是德智体美劳全面发展的人。也就是说,立德树

---

① 《习近平在全国高校思想政治工作会议上强调 把思想政治工作贯穿教育教学全过程 开创我国高等教育事业发展新局面》,《人民日报》2016年12月9日。
② 习近平:《在北京大学师生座谈会上的讲话》,人民出版社2018年版,第4页。
③ 《习近平在全国高校思想政治工作会议上强调 把思想政治工作贯穿教育教学全过程 开创我国高等教育事业发展新局面》,《人民日报》2016年12月9日。
④ 《习近平谈治国理政》第三卷,外文出版社2020年版,第328—329页。
⑤ 习近平:《在纪念五四运动100周年大会上的讲话》,人民出版社2019年版,第12页。
⑥ 《习近平著作选读》第一卷,人民出版社2023年版,第540页。

人的目的是促进人的全面发展,核心是促进人的道德层次提升。"国无德不兴、人无德不立。"①"青年的价值取向决定了未来整个社会的价值取向"②,"青年理想远大、信念坚定,是一个国家、一个民族无坚不摧的前进动力"③,"一个人只有明大德、守公德、严私德,其才方能用得其所"④。"道不可坐论,德不能空谈"⑤,"人生的扣子从一开始就要扣好"⑥,青年要"于实处用力,从知行合一上下功夫"⑦,"要把正确的道德认知、自觉的道德养成、积极的道德实践紧密结合起来,不断修身立德,打牢道德根基,在人生道路上走得更正、走得更远。"⑧同时,"教师要时刻铭记教书育人的使命,甘当人梯,甘当铺路石,以人格魅力引导学生心灵,以学术造诣开启学生的智慧之门。"⑨教师要关注学生的健康成长,既要授业、解惑,更要传道,"要给学生心灵埋下真善美的种子,引导学生扣好人生第一粒扣子。"⑩习近平总书记关于"立德树人"重要论述揭示了"立德"在人的全面发展中的核心地位,强调了"育德"在教育中的优先与根本地位,彰显了其"育人为本,德育为先"的思想,为新时代实现人的全面发展指明了现实路径与具体要求,也为高校思想政治教育微载体建设提供目标指向。

3. "立德树人"论述明确教育根本价值

习近平总书记指出:"我们要主动走近青年、倾听青年,做青年朋友的知心人";"我们要真情关心青年、关爱青年,做青年工作的热心人","我们要悉心教育青年、引导青年,做青年群众的引路人。"⑪做好高校思想政治工作,"必须围绕学生、关照学生、服务学生","要因事而化、因时而进、因势而新。要遵循思想政治工作规律,遵循教书育人规律,遵循学生成长规律",不断"提升思想政治教育亲和力和针对性,满足学生成长发展需求和期待。"⑫从上述论断可见,回归个体

---

① 《习近平谈治国理政》第一卷,外文出版社 2018 年版,第 168 页。
② 《习近平谈治国理政》第一卷,外文出版社 2018 年版,第 172 页。
③ 《习近平谈治国理政》第三卷,外文出版社 2020 年版,第 334 页。
④ 《习近平谈治国理政》第一卷,外文出版社 2018 年版,第 173 页。
⑤ 《习近平谈治国理政》第一卷,外文出版社 2018 年版,第 173 页。
⑥ 《习近平谈治国理政》第一卷,外文出版社 2018 年版,第 172 页。
⑦ 《习近平谈治国理政》,外文出版社 2014 年版,第 173 页。
⑧ 《习近平谈治国理政》第三卷,外文出版社 2020 年版,第 337 页。
⑨ 《习近平谈治国理政》第一卷,外文出版社 2018 年版,第 175 页。
⑩ 《习近平谈治国理政》第三卷,外文出版社 2020 年版,第 330 页。
⑪ 习近平:《在纪念五四运动 100 周年大会上的讲话》,人民出版社 2019 年版,第 13、14、14 页。
⑫ 《习近平在全国高校思想政治工作会议上强调 把思想政治工作贯穿教育教学全过程 开创我国高等教育事业发展新局面》,《人民日报》2016 年 12 月 9 日。

成长,最大限度满足学生成长成才需要,为受教育者谋幸福,既是教育的终极关怀,也是教育的初心和价值所在。习近平总书记关于"立德树人"重要论述明确了教育的根本任务,为思想政治教育微载体建设指明了理论遵循和实践路径。高校要牢牢把握社会主义办学方向,把"立德树人"贯穿到高校学生思想政治教育微载体建设全过程。

(二)青年观相关论述明确思想政治教育微载体建设价值所在

新时代,习近平总书记站在新的历史方位和起点上,立足于当代中国社会实际,从中华民族伟大复兴的社会历史进程中青年的责任和使命、地位和作用、成才与成长方向等方面考察青年,形成独具特色的青年观。这一论述对新时代青年学生思想政治教育的守正创新,具有鲜明时代价值与长远历史意义。

1. 关于青年地位和作用论述为学生思想政治教育微载体建设提供价值依据

习近平总书记指出:"青年一代有理想、有本领、有担当,国家就有前途,民族就有希望。"[1]"青年是整个社会力量中最积极、最有生气的力量"[2],"无论过去、现在还是未来,中国青年始终是实现中华民族伟大复兴的先锋力量!"[3]"国家的希望在青年,民族的未来在青年"[4]。习近平总书记高度肯定了青年在新民主主义革命、社会主义建设、改革开放伟大事业和中华民族伟大复兴中国梦实现新征程中的地位和作用。"没有广大人民特别是一代代青年前仆后继、艰苦卓绝的接续奋斗,就没有中国特色社会主义新时代的今天,更不会有实现中华民族伟大复兴的明天。"[5]作为中华民族伟大复兴的重要力量,"当代中国青年是与新时代同向同行、共同前进的一代,生逢盛世,肩负重任。广大青年要爱国爱民,从党史学习中激发信仰、获得启发、汲取力量……树立为祖国为人民永久奋斗、赤诚奉献的坚定理想。要锤炼品德……矢志追求更有高度、更有境界、更有品位的人生。要勇于创新……以聪明才智贡献国家,以开拓进取服务社会。要实学实干,脚踏实地、埋头苦干……在真刀真枪的实干中成就一番事业。"[6]习近平总书记关于青年地位和作用的论述,既明确了高校思想政治教育在青年成长成才中的地位和重要作用,也彰显了高校思想政治教育微载体建设对培养时代新人的功能与价值。

---

① 《习近平谈治国理政》第三卷,外文出版社 2020 年版,第 54 页。

② 《习近平谈治国理政》第三卷,外文出版社 2020 年版,第 333 页。

③ 习近平:《在纪念五四运动 100 周年大会上的讲话》,人民出版社 2019 年版,第 5 页。

④ 《习近平谈治国理政》第三卷,外文出版社 2020 年版,第 333 页。

⑤ 《习近平谈治国理政》第三卷,外文出版社 2020 年版,第 335 页。

⑥ 《习近平在清华大学考察时强调 坚持中国特色世界一流大学建设目标方向 为服务国家富强民族复兴人民幸福贡献力量》,《人民日报》2021 年 4 月 20 日。

2. 关于青年理想与任务的重要论述为学生思想政治教育微载体建设提供内容依据

一是关于学习知识和增长才干的论述。习近平总书记高度关注青年的成长成才,他指出,"青年是苦练本领、增长才干的黄金时期"①,要"树立梦想从学习开始、事业靠本领成就的观念,让勤奋学习成为青春远航的动力,让增长本领成为青春搏击的能量"②。实现中华民族伟大复兴的中国梦,"广大青年生逢其时,也重任在肩","广大青年应该在奋斗中释放青春激情、追逐青春理想,以青春之我、奋斗之我,为民族复兴铺路架桥,为祖国建设添砖加瓦。"③新时代"我们对科学知识和卓越人才的渴求比以往任何时候都更加强烈"④,"希望广大青年珍惜大好学习时光,求真学问,练真本领,更好为国争光、为民造福"⑤。"人才有高下,知物由学。广大青年要自觉加强学习,不断增强本领"⑥,"青年处于人生积累阶段,需要像海绵汲水一样汲取知识"⑦,要"让勤奋学习成为青春飞扬的动力,让增长本领成为青春搏击的能量。"⑧"要勤学,下得苦功夫,求得真学问","要修德,加强道德修养,注重道德实践","要明辨,善于明辨是非,善于决断选择","要笃实,扎扎实实干事,踏踏实实做人。"⑨ 道不可坐论,德不能空谈。成功的背后,永远是艰辛努力。只有积跬步,才能行千里。二是关于青年价值观培育的相关论述。时代新人需要以核心价值观滋养。习近平总书记指出,"人无德不立,品德是为人之本"⑩。"青年的理想信念关乎国家未来。青年理想远大、信念坚定,是一个国家、一个民族无坚不摧的前进动力。"⑪新时代青年要"不断修身立德,打牢道德根基","自觉树立和践行社会主义核心价值观"⑫,要"做社

---

① 《习近平谈治国理政》第三卷,外文出版社 2020 年版,第 336 页。
② 习近平:《在同各界优秀青年代表座谈时的讲话》,《人民日报》2013 年 5 月 5 日。
③ 习近平:《在北京大学师生座谈会上的讲话》,人民出版社 2018 年版,第 3 页。
④ 《习近平在全国高校思想政治工作会议上强调 把思想政治工作贯穿教育教学全过程 开创我国高等教育事业发展新局面》,《人民日报》2016 年 12 月 9 日。
⑤ 习近平:《在北京大学师生座谈会上的讲话》,人民出版社 2018 年版,第 13 页。
⑥ 《在知识分子、劳动模范、青年代表座谈会上的讲话》,《人民日报》2016 年 4 月 30 日。
⑦ 《给华中农业大学"本禹志愿服务队"回信》,《人民日报》2013 年 12 月 6 日。
⑧ 《习近平在全国高校思想政治工作会议上强调 把思想政治工作贯穿教育教学全过程 开创我国高等教育事业发展新局面》,《人民日报》2016 年 12 月 9 日。
⑨ 《习近平谈治国理政》第一卷,外文出版社 2018 年版,第 172—173 页。
⑩ 《习近平谈治国理政》第三卷,外文出版社 2020 年版,第 337 页。
⑪ 《习近平谈治国理政》第三卷,外文出版社 2020 年版,第 334 页。
⑫ 《习近平谈治国理政》第三卷,外文出版社 2020 年版,第 337 页。

会主义核心价值观的坚定信仰者、积极传播者、模范践行者。"①"广大青年人人都是一块玉,要时常用真善美来雕琢自己……努力使自己成为高尚的人"。② 核心价值观是民族的灵魂,"一个民族、一个国家没有共同的核心价值观,莫衷一是,行无依归,那这个民族、这个国家就无法前进。""每个时代都有每个时代的精神,每个时代都有每个时代的价值观念。"③"新时代中国青年要自觉树立和践行社会主义核心价值观,善于从中华民族传统美德中汲取道德滋养,从英雄人物和时代楷模的身上感受道德风范,从自身内省中提升道德修为,明大德、守公德、严私德,自觉抵制拜金主义、享乐主义、极端个人主义、历史虚无主义等错误思想,追求更有高度、更有境界、更有品位的人生。"④他认为,中华优秀传统文化是社会主义核心价值观的源泉,"抛弃传统、丢掉根本,就等于割断了自己的精神命脉"⑤,同时,他提出,要培育科学思维和爱国情怀,认为"青年时期是培养和训练科学思维方法和思维能力关键时期",要"学会用正确的立场观点方法分析问题。"⑥"对新时代中国青年来说,热爱祖国是立身之本、成才之基。"⑦纵观习近平总书记关于青年观的论述,其核心内容都蕴含在他对新时代中国青年提出的"六项要求"("要树立远大理想""要热爱伟大祖国""要担当时代责任""要勇于砥砺奋斗""要练就过硬本领""要锤炼品德修为"⑧)之中,为高校学生思想政治教育微载体建设明确了行动指南。

(三)意识形态相关论述提供思想政治教育微载体建设政治导向

习近平总书记关于意识形态的论述是高校意识形态工作的总抓手,也是高校思想政治教育的核心旨要,更是微空间学生思想政治教育的目的要求。

1. 关于意识形态是党的重要工作论述是微载体建设根本遵循

习近平总书记关于社会主义意识形态建设基本思路,归纳起来,就是围绕

---

① 习近平:《在北京大学师生座谈会上的讲话》,《人民日报》2018年5月3日。

② 《习近平在中国政法大学考察时强调　立德树人德法兼修抓好法治人才培养　励志勤学刻苦磨炼促进青年成才进步》,《人民日报》2017年5月4日。

③ 《习近平著作选读》第一卷,人民出版社2023年版,第239页。

④ 《习近平谈治国理政》第三卷,外文出版社2020年版,第337页。

⑤ 《习近平在中共中央政治局第十三次集体学习时强调　把培育和弘扬社会主义核心价值观作为凝魂聚气强基固本的基础工程》,《人民日报》2014年2月26日。

⑥ 《习近平在中国政法大学考察时强调　立德树人德法兼修抓好法治人才培养　励志勤学刻苦磨炼促进青年成才进步》,《人民日报》2017年5月4日。

⑦ 《习近平谈治国理政》第三卷,外文出版社2020年版,第334页。

⑧ 《习近平谈治国理政》第三卷,外文出版社2020年版,第334—337页。

"思想上团结统一"这一目标,坚持"马克思主义中国化时代化大众化"这一主线,突出"凝聚力和引领力"两项要求,把握"理想信念、价值理念、道德观念"三个着眼点。①

　　第一,围绕"思想上团结统一"这一目标,习近平总书记指出:"意识形态工作是党的一项极端重要的工作","宣传思想工作就是要巩固马克思主义在意识形态领域的指导地位,巩固全党全国人民团结奋斗的共同思想基础"②。"以正确的立场、观点、方法对待党的历史,是巩固党的执政地位、实现党的执政使命的必然要求,是应对意识形态领域挑战,抵制西方敌对势力西化、分化图谋的必然要求,是开创党和国家事业发展新局面的必然要求,关系党和国家长治久安,关系我国社会主义前途命运。"③全党全社会要"紧紧团结在一起","像石榴籽一样紧紧抱在一起"。

　　第二,围绕"马克思主义中国化时代化大众化"这一主线,他指出,意识形态工作"要回答在新的历史条件下举什么旗、走什么路的问题"④。"旗帜""道路"问题事关党的生命。"中国特色社会主义是社会主义而不是其他什么主义","在当代中国,坚持和发展中国特色社会主义,就是真正坚持社会主义"⑤。他还指出,我们要旗帜鲜明地反对历史虚无主义。关于改革开放,他指出:"改革开放是党在新的历史条件下领导人民进行的新的伟大革命"⑥,"我们的改革开放是有方向、有立场、有原则的","我们的方向就是不断推动社会主义制度自我完善和发展,而不是对社会主义制度改弦易张","有些不能改的,再过多长时间也是不改。"⑦

　　第三,围绕"凝聚力和引领力"这两项要求,他指出,中华优秀传统文化是中华民族的"精神命脉",民族存续的"根"和"魂",要通过"创造性转化"和"创新性发展",夯实文化根基,展示文化魅力,提高中国的国际话语权,精心构建对外

---

① 蔡新民:《正确把握社会主义意识形态建设的基本思路》,《河南日报》2018年3月28日。
② 《习近平谈治国理政》第一卷,外文出版社2018年版,第153页。
③ 中共中央党史研究室编:《历史是最好的教科书:学习习近平同志关于党的历史的重要论述》,中共党史出版社2014年版,第6页。
④ 中共中央文献研究室编:《习近平关于全面深化改革论述摘编》,中央文献出版社2014年版,第7页。
⑤ 《习近平谈治国理政》第一卷,外文出版社2018年版,第9页。
⑥ 中共中央文献研究室编:《习近平关于全面深化改革论述摘编》,中央文献出版社2014年版,第1页。
⑦ 中共中央文献研究室编:《习近平关于全面深化改革论述摘编》,中央文献出版社2014年版,第14—15页。

话语体系。他还指出,"要把实现好、维护好、发展好最广大人民根本利益作为出发点和落脚点,坚持以民为本、以人为本。"①"以人民为中心的发展思想……不能只停留在口头上、止步于思想环节,而要体现在经济社会发展各个环节。"②

第四,围绕"理想信念、价值理念、道德观念"这三个基本着眼点,他指出:"必须推进马克思主义中国化时代化大众化,建设具有强大凝聚力和引领力的社会主义意识形态,使全体人民在理想信念、价值理念、道德观念上紧紧团结在一起。"③"坚定理想信念,坚守共产党人精神追求,始终是……共产党人的政治灵魂,是共产党人经受住任何考验的精神支柱"④,我们要"坚持马克思主义道德观、坚持社会主义道德观……努力实现中华传统美德的创造性转化、创新性发展。"⑤

价值信仰是意识形态的核心要素。高校微空间思想政治教育作为高校意识形态教育的重要组成部分,只有坚持以"思想上团结统一"为目标遵循,以"马克思主义中国化时代化大众化"为主线,以突出"凝聚力和引领力"为根本要求,以"理想信念、价值理念、道德观念"引领为着眼点,才能把微空间打造成主流意识形态引领的新场域。

2. 关于网络意识形态论述是微载体建设理论支撑和实践导向

第一,从网络空间意识形态话语权与党和国家长治久安层面,习近平总书记指出,"互联网已经成为舆论斗争的主战场"⑥,"过不了互联网这一关,就过不了长期执政这一关"⑦,互联网作为"宣传思想阵地,我们不去占领,人家就会去占领"⑧,"失语就要挨骂"⑨,要做到"守土有责、守土负责、守土尽责"⑩,才能抢占网络空间的舆论阵地,做到主动发声、正确发声和善于发声。他认为,互联网

---

① 《习近平谈治国理政》第一卷,外文出版社 2018 年版,第 154 页。
② 《习近平在省部级主要领导干部学习贯彻党的十八届五中全会精神专题研讨班上的讲话》,《人民日报》2016 年 5 月 10 日。
③ 《习近平谈治国理政》第三卷,外文出版社 2020 年版,第 32—33 页。
④ 《习近平谈治国理政》第一卷,外文出版社 2018 年版,第 15 页。
⑤ 《习近平:建设社会主义文化强国着力提高国家文化软实力》,《人民日报》2014 年 1 月 1 日。
⑥ 中共中央文献研究室编:《习近平关于社会主义文化建设论述摘编》,中央文献出版社 2017 年版,第 28 页。
⑦ 中共中央文献研究室编:《习近平关于社会主义文化建设论述摘编》,中央文献出版社 2017 年版,第 42 页。
⑧ 中共中央文献研究室编:《习近平关于社会主义文化建设论述摘编》,中央文献出版社 2017 年版,第 30 页。
⑨ 《在全国党校工作会议上的讲话》,人民出版社 2016 年版,第 20 页。
⑩ 中共中央文献研究室编:《习近平关于社会主义文化建设论述摘编》,中央文献出版社 2017 年版,第 32 页。

是事关国家政权安全的"最大变量"。他强调指出:"每一个国家在信息领域的主权权益都不应受到侵犯,互联网技术再发展也不能侵犯他国的信息主权"①,主权平等原则也适用于网络空间,"不搞网络霸权,不干涉他国内政,不从事、纵容或支持危害他国国家安全的网络活动"②是各国都应遵守的基本原则。要防止网络负面信息在意识形态领域引发"蝴蝶效应","一个政权的瓦解往往是从思想领域开始的,政治动荡、政权更迭可能在一夜之间发生,但思想演化是个长期过程。"③因此,要充分认识到我国"意识形态领域斗争依然复杂",坚持网络主权原则,"加强互联网内容建设,建立网络综合治理体系"④,"提高用网治网水平,使互联网这个最大变量变成事业发展的最大增量"⑤。

第二,从网络意识形态建设的地位、内容、手段出发,习近平总书记指出,要"巩固马克思主义在意识形态领域的指导地位,巩固全党全国人民团结奋斗的共同思想基础"⑥,"要把网上舆论工作作为宣传思想工作的重中之重来抓"⑦,"要运用新媒体新技术使工作活起来,推动思想政治工作传统优势同信息技术高度融合"⑧。他指出,"要适应形势发展,抓好网络文艺创作生产,加强正面引导力度"⑨,"要抓紧制定立法规划,完善互联网信息内容管理、关键信息基础设施保护等法律法规,依法治理网络空间"⑩,形成"网上网下要同心聚力、齐抓共管,形成共同防范社会风险、共同构筑同心圆的良好局面"⑪。他还指出,要"着力打造具有较强国际影响的外宣旗舰媒体"⑫。

第三,从以辩证思维,加强意识形态建设方面,习近平总书记强调,"党性和

---

① 《弘扬传统友好共谱合作新篇:在巴西国会的演讲》,《人民日报》2014 年 7 月 18 日。

② 《习近平谈治国理政》第二卷,外文出版社 2017 年版,第 533 页。

③ 中共中央文献研究室编:《习近平关于社会主义文化建设论述摘编》,中央文献出版社 2017 年版,第 21 页。

④ 《习近平谈治国理政》第三卷,外文出版社 2020 年版,第 33 页。

⑤ 《习近平谈治国理政》第三卷,外文出版社 2020 年版,第 311 页。

⑥ 《习近平谈治国理政》第一卷,外文出版社 2018 年版,第 153 页。

⑦ 中共中央文献研究室编:《习近平关于社会主义文化建设论述摘编》,中央文献出版社 2017 年版,第 29 页。

⑧ 《习近平谈治国理政》第二卷,外文出版社 2017 年版,第 378 页。

⑨ 习近平:《在文艺工作座谈会上的讲话》,人民出版社 2015 年版,第 12 页。

⑩ 《习近平谈治国理政》第一卷,外文出版社 2018 年版,第 198—199 页。

⑪ 中共中央党史和文献研究院编:《习近平关于网络强国论述摘编》,中央文献出版社 2021 年版,第 73 页。

⑫ 《习近平谈治国理政》第二卷,外文出版社 2017 年版,第 333 页。

人民性从来都是一致的、统一的"①。要坚持以人民为中心,"把党的理论和路线方针政策变成人民群众的自觉行动,及时把人民群众创造的经验和面临的实际情况反映出来,丰富人民精神世界,增强人民精神力量。"②网络空间生态治理"既要提倡自由,也要保持秩序。自由是秩序的目的,秩序是自由的保障"③,要"坚持团结稳定鼓劲、正面宣传为主",不断"坚持巩固壮大主流思想舆论,弘扬主旋律,传播正能量"④,同时,也"要深入开展网上舆论斗争,严密防范和抑制网上攻击渗透行为,组织力量对错误思想观点进行批驳"⑤,把牢网络舆论的主动权。随着国内外形势的深刻变化和现代信息技术的迅猛发展,"有些做法过去有效,现在未必有效;有些过去不合时宜,现在却势在必行;有些过去不可逾越,现在则需要突破。"⑥因此,"要顺应互联网发展大势,勇于创新、勇于变革,利用互联网特点和优势,推进理念、内容、手段、体制机制等全方位创新",要"强化互联网思维和一体化发展理念"⑦,要"推进网上宣传理念、内容、形式、方法、手段等创新,把握好时度效,构建网上网下同心圆,更好凝聚社会共识,巩固全党全国人民团结奋斗的共同思想基础。"⑧

第四,从占领网络管理和创新发展制高点、形成合力的角度,习近平总书记指出,要"加强网络新技术新应用的管理,确保互联网可管可控"⑨,"决不能让互联网成为传播有害信息、造谣生事的平台。"⑩"核心技术是国之重器。要下定决心、保持恒心、找准重心,加速推动信息领域核心技术突破。"⑪"加快传统媒体和新兴媒体融合发展,充分运用新技术新应用创新媒体传播方式,占领信息传播

---

① 中共中央文献研究室编:《习近平关于社会主义文化建设论述摘编》,中央文献出版社 2017 年版,第 23 页。

② 《习近平谈治国理政》第二卷,外文出版社 2017 年版,第 332 页。

③ 《习近平谈治国理政》第二卷,外文出版社 2017 年版,第 533 页。

④ 《习近平谈治国理政》第一卷,外文出版社 2018 年版,第 155 页。

⑤ 中共中央文献研究室编:《习近平关于社会主义文化建设论述摘编》,中央文献出版社 2017 年版,第 29—30 页。

⑥ 中共中央文献研究室编:《习近平关于全面深化改革论述摘编》,中央文献出版社 2014 年版,第 84 页。

⑦ 《习近平在视察解放军报社时强调　坚持军报姓党坚持强军为本坚持创新为要　为实现中国梦强军梦提供思想舆论支持》,《人民日报》2015 年 12 月 27 日。

⑧ 《习近平谈治国理政》第三卷,外文出版社 2020 年版,第 306 页。

⑨ 中共中央文献研究室编:《习近平关于社会主义文化建设论述摘编》,中央文献出版社 2017 年版,第 30 页。

⑩ 《习近平谈治国理政》第三卷,外文出版社 2020 年版,第 306 页。

⑪ 《习近平谈治国理政》第三卷,外文出版社 2020 年版,第 307 页。

制高点"①,"形成党委领导、政府管理、企业履责、社会监督、网民自律等多主体参与,经济、法律、技术等多种手段相结合的综合治网格局"②,习近平总书记强调指出,各级领导干部要"通过网络走群众路线",要"经常上网看看,潜潜水、聊聊天、发发声,了解群众所思所愿,收集好想法好建议,积极回应网民关切、解疑释惑"③,要"善于运用媒体宣讲政策主张、了解社情民意、发现矛盾问题、引导社会情绪、动员人民群众、推动实际工作"④。

第五,关于网络队伍建设,习近平总书记指出,"要聚天下英才而用之,为网信事业发展提供有力人才支撑。网络空间的竞争,归根结底是人才竞争"⑤,"要把人才资源汇聚起来,建设一支政治强、业务精、作风好的强大队伍。"⑥"各级领导干部特别是高级干部要主动适应信息化要求、强化互联网思维,不断提高对互联网规律的把握能力、对网络舆论的引导能力、对信息化发展的驾驭能力、对网络安全的保障能力。"⑦综上而言,习近平总书记关于构建网络意识形态话语权的重要论述,为高校思想政治教育,尤其为高校学生思想政治教育微载体建设提供了理论支撑和实践导向。

三、网络媒介传播理论是微载体建构的实践依据

西方传播学主要包括:以塔尔德和齐穆尔等为主要代表的欧洲源流和以杜威、库利、帕克等学者为主要代表的美国源流。欧洲源流代表人物和观点包括:加布里尔·塔尔德的"模仿理论"和"舆论"、乔格·齐穆尔的"舆论的厨房"、斯宾塞的社会发展"适者生存"论,等等。美国源流代表人物和观点包括:杜威的"教育社会功能和大众传播社会工具论"、帕克的"社会互动论"、米德的"主我与客我理论"和"社会互动理论",等等。传播学自产生至今,形成了众多经典理论,主要包括:媒介理论和传播学相关理论,这些理论在一定程度上为高校学生思想政治教育微载体建设提供理论和实践支撑。

① 中共中央文献研究室编:《习近平关于社会主义文化建设论述摘编》,中央文献出版社 2017 年版,第 31 页。
② 《习近平谈治国理政》第三卷,外文出版社 2020 年版,第 306 页。
③ 《习近平谈治国理政》第二卷,外文出版社 2017 年版,第 336 页。
④ 《习近平谈治国理政》第二卷,外文出版社 2017 年版,第 334 页。
⑤ 《习近平主持召开网络安全和信息化工作座谈会强调 在践行新发展理念上先行一步 让互联网更好造福国家和人民》,《人民日报》2016 年 4 月 20 日。
⑥ 《习近平谈治国理政》第一卷,外文出版社 2018 年版,第 199 页。
⑦ 《习近平谈治国理政》第三卷,外文出版社 2020 年版,第 308—309 页。

（一）媒介理论是思想政治教育微载体建设的基础

赫伯特·马歇尔·麦克卢汉在其《理解媒介》一书中，主要阐释了媒介即讯息、媒介即人的延伸、冷热媒介三个著名论断，并以此建立一个新的媒介理论王国。"媒介即讯息"，是指媒介是"事情所以然"的动因，而不是"使人知其然"的动因，"任何媒介对个人和社会的任何影响，都是由于新的尺度产生的"[1]，也就是说，任何媒介或技术的讯息都是由它引入的人间事物的尺度、速度和模式变化引起的，这个"讯息"是决定人类结构调整和变化的关键。"媒介即人的延伸"，是指"任何一种感觉的延伸都改变着我们思想和行为的方式，即我们感知世界的方式。当这种比例改变的时候，人就随着改变了"。任何一种新媒介的产生都会使人的感觉器官的平衡状态发生变动，当人的"身体受到超强刺激的压力时，中枢神经系统就截除或隔离使人不舒服的器官、感觉和机能，借以保护自己"。为保护自己产生三种延伸，即身体器官、某种感官和中枢神经系统的延伸。"冷热媒介"，站在泛媒介论的视角上，将媒介视作冷技术和热技术，并从"信息清晰度"（信息的表意能力）和"个人参与度"（个人在信息接收中的投入情况）的关系阐释媒介冷热。冷媒介信息清晰度低，只有人主动投入，才能顺利使用，促进人与人之间的交流互动；热媒介信息清晰度高，在技术上削弱了人与人之间的差别。[2]

从上述理论观点，我们不难发现，高校学生思想政治教育微载体建设，就要依据媒介本质特点，既要关注微媒体发展给人带来的影响，也要注重微载体呈现形式的感官体验性，还要把握媒介传播的特点，这样才能更好地聚合二者的优势功能，推进思想政治教育微媒体的搭建与发展。

（二）传播学相关理论是思想政治教育微载体建设的实践指引

随着时代的发展，形成了丰富的传播学理论。开展思想政治教育微载体建设实践，要以成熟的传播学理论为指导。本研究重点介绍与课题主体相关并具有代表性的理论，以期发挥其对微载体建设实践的指导作用。

1."5W"理论

哈罗德·拉斯韦尔将精神分析理论运用于政治学研究，于1948年，提出其著名的界定传播学研究范围和内容的传播模式——"5W"理论，主要指传播

---

[1]　[加拿大]马歇尔·麦克卢汉：《理解媒介：论人的延伸》，何道宽译，商务印书馆2000年版，第82页。

[2]　王正非：《理解媒介温度：谈麦克卢汉冷热媒介理论》，《新闻传播》2018年第8期。

的主体、内容、媒介、受众和效果五个维度。对应高校微媒体建设,"Who"——传播者,即高校实施思想政治教育的个体、集体或机构,他们是教育传播活动的起点,也是教育传播活动的中心之一,被称为思想政治教育信息内容的"把关人",他们负责搜集、整理、选择、处理、加工与传播微空间思想政治教育信息。"Says What"——资讯内容,即微空间思想政治教育内容,是由一组有意义的语言和非语言符号组成的内容信息组合。这一信息内容组合是在过程中生产出来的,通过微媒介载体传播给受众的信息,具有综合性、公开性、开放性、大众性的共性特点,对内容实施关联分析,目的是精准把握微空间思想政治教育内容与传、受双方的关系。"In Which Channel"——渠道(载体),是传递和承载信息的中介或物质实体,是用以扩大并延伸信息传送的工具,包括:微信、微博、微视频及其衍生圈群和各类一站式平台。"To Whom"——受众,是指微空间所有接受信息对象的总称,包括主动的信息接受者、信息再加工的传播者和传播活动的反馈源,本研究中特指学生群体和个体。"With What Effects"——"效果",指微空间思想政治教育内容引发的受众——学生在认知、情感、行为等方面的反应,是检验微空间传播成效的重要标尺。为此,作为具有微媒体特性的高校学生思想政治教育微载体,其构成要素设计与研发亦应遵循"5W"理论。

2. "把关人"理论

库尔特·卢因作为"守门理论"和"群体动力学"的创始人,首次将实验研究方法引入到传播学,创造性地提出"把关人"这一著名传播学概念。为新闻(信息)的甄别、选择、加工、制作、传达和传播提供准则。他认为,在群体传播过程中,信息进入传播渠道必须要符合群体规范或"把关人"价值标准。简单说,信息传播者以自我价值为导向筛选和过滤信息,即信息"把关人"。大众传媒组织"把关",要体现"新闻价值",要彰显传媒的立场、方针和价值标准。因此,可以说,"把关人"角色实质上是媒介凭借其垄断地位所获得的信息选择的特权。继怀特理论之后,学界进行了深入研究,先后产生了"新闻流动"理论(麦克内利)、"双重行动"理论(巴斯)、"选择性把关"理论(盖尔顿和鲁奇)等。新媒体时代,微空间高校思想政治教育信息主体的"去中心化",弱化其"把关人"主体地位,信息传递的迅捷性和无障碍性降低了教育者"把关"的可行性,信息的海量性增加"把关"难度,信息传播的节点化促进"把关权"的分化,形成"人人都是把关人"的局面。

高校学生思想政治教育微载体作为立德树人空间场域,面对新样态,教育主体要强化阵地意识,发挥空间主导作用,承担起微空间"信息流瀑""把关人"使命,把牢微空间意识形态的主动权和话语权。

3.知识沟假说

20世纪60年代,美国政府为改变贫困儿童受教育的条件,推出《芝麻街》这一大众传播节目,虽然该节目对儿童教育产生了良好的效果,但由于富裕和贫苦家庭儿童接触和利用节目的差异,导致教育不平等的进一步扩大。1970年,蒂奇纳等学者提出"知识沟"假说。

"知识沟"理论认为,社会经济地位与信息获取正相关,社会经济地位差异者间的知识鸿沟随大众媒介传送信息的增多,而呈现"知识沟"不断变宽,差距不断扩大的趋势。蒂奇纳认为,除了接触媒介和学习知识的经济条件外,传播技能上的差异、知识信息储备上的差异、社会交往方面的差异、发布信息的大众媒介系统性质上的差异以及对信息的选择性接触、接受、理解和记忆方面的差异是造成"知识沟"扩大的五个因素。也就是说受教育程度高、见多识广、社交范围广、生活水准高的受众获得知识信息就越快、越多。作为大众传播与信息社会的阶层分化理论,"知识沟"理论认为,在同一时间段内,文化程度高的人比文化程度低的人获取媒介知识的速度快;在特定时间段内,媒介报道的话题知识获取与教育程度的相关性与报道数量正相关。"知识沟"理论提醒我们,经济、地域、设施等客观条件,对媒介信息传播具有一定的影响,高校学生思想政治教育微载体建设,要注重因地域、设施、群体等要素的发展不充分不平衡,而引发的知识沟现象。

4.议程设置理论

1972年,M.E.麦库姆斯和D.L.肖提出传播效果研究的经典理论——议程设置。该理论认为:大众媒介虽不能影响人的看法,却可以影响人接受议题的可能和顺序,大众传媒对事物和意见的强调程度与受众的重视程度成正比;媒介的接触频率决定着媒介议程和公众议程的匹配程度。该理论既关注议题,也关注议题的表达。"议程设置"假说,一方面,着眼完整意义上的效果形成过程的最初阶段的效果——认知层面上的效果;另一方面,"议程设置"着眼的是传播日常新闻报道和信息传播活动所产生的影响,考察大众传播的整体活动所产生的长期的、综合的、宏观的社会效果。

"议程设置"作为一种有目的的取舍选择活动,其功能和传播效果的实践证明,媒体议程设置通过对议题(或人物)的属性描述,不仅使受众对该议题(或人物)的态度产生影响,而且对受众的判断也产生影响。简而言之,媒体的议程设置功能既能告诉人们想什么,还能影响人们怎么想。①"议程设置"的应用包括:建立共识,实现对话。即通过议程设置,使意见相异团体就某一议程达成一致,实现对话;强化责任,引导舆论。公众对事件议题关注度受媒体人评判影响,因此,责任心是媒体人良心所在;构造事件,吸引眼球,只有以恰当的方式来构造相应的媒介事件,才能捕捉公众的注意力和关注度。

新媒体时代,微空间思想政治教育"议程设置功能"呈现出议程设置主体泛化、议题内容多元化、新旧媒体间议程设置的双向互动等新特点和新趋势。同时,高校微空间思想政治教育微议题设置也具有局限性,如缺乏深度、时效、新颖等问题。微空间"双议程设置"博弈的趋势明显,从议程设置主体和内容看,传统思想政治教育"把关人"地位被打破,单极权威受冲击;从议程实施和影响力看,传统思想政治教育在微空间的绝对主导受牵制,影响力实现受到掣肘。

5.二级传播理论

保罗·拉扎斯菲尔德开创了传播学实证研究的先河,提出意见领袖、选择性机制等传播学概念。1940年,保罗·拉扎斯菲尔德等人根据"伊里调查"提出了"二级传播"的概念。

"二级传播理论"是指信息(意见)从大众媒介到受众,经过了大众传播到舆论领袖,再从舆论领袖到社会公众的两个传播阶段("大众传播→舆论领袖→一般受众")的传播过程。作为一种有限效果理论,"两级传播理论"强调了人际传播的重要作用,认为人际传播比大众传播在改变受众态度方面更有效。"两级传播理论"最突出的贡献是否定了"枪弹论",但该理论也存在夸大人际传播作用的问题。"两级传播"的观点又发展为"N级传播"理论。

舆论领袖("意见领袖")是指那些在群众中具有一定权威性与代表性的人物,他们作为信息(舆论)传播的中间环节,首先接触大众传播媒介,将自我见解融入大众媒介,然后再传播给其他受众。"意见领袖"在大众传播中具有加工和解释、扩散和传播、支配和引导受众、协调或干扰信息传播的作用,舆论领袖("意见领袖")作为大众传播的桥梁和纽带,具有增强信息传播针对性,提升信息可信度和提高传播效果的作用。也就是说,只有通过"意见领袖"的中介作用,大众传播才能发挥影响。

新媒体时代,思想政治教育微空间"意见领袖"更加多元化,既有单一即时

---

① David H.Weaver, Etc., *Media Agenda-Setting in a Presidential Election: Issues, Images and Interests*, New York: Praeger, 1981.

性和稳定型微博"大咖",也有综合稳定型"圈、群、吧"主和微博意见领袖;媒体的多元和信息的节点传播,导致"意见领袖"社会影响力扩大,"网红""大咖"等领袖的"粉丝"数量剧增,影响力巨大;"意见领袖"角色众多,承担着信息源、信息桥和意见提供者等角色;微空间"意见领袖""集聚化、群落化"趋势明显;"流量"经济、"网红"经济,使"意见领袖"话语权利结构集权性、等级化加剧;"意见领袖"已经初具公共知识分子属性,并呈现出跨界性特点,微空间中的"意见领袖"已经开始具有公共性与商业性的双重色彩。

6. 教养理论

教养理论,又称培养理论、培养分析。20 世纪 60 年代末,格伯纳面对电视媒介的社会影响力,尤其是节目中充斥的暴力内容其负作用愈来愈大,导致美国社会暴力和其他犯罪严重这一现实问题,针对电视的"教化"效果,即潜移默化的效果,提出了教养理论。他认为,电视主宰和包容的相同消息具有教养作用,传播内容蕴含的价值和意识形态倾向,潜移默化影响受众,可引导受众形成共同的世界观、角色观和价值观——社会共识。人对现实世界的认识和理解受传播媒介提供的"象征性现实"的影响。媒介的倾向性导致人的"主观现实"与客观现实的偏离。在媒介倾向性长期潜移默化地熏染下,人们的社会观、现实观也随之而发生深刻变化。

微媒体时代,微博、微信、抖音等社交媒介在某种程度上主宰和包容了信息、观念和意识的来源,这些社交媒介上传播的一些内容具有特定的价值和意识形态倾向,这些倾向不是以说教而是以"报道事实""提供娱乐"的形式传达给网民,而接触了这些内容对网民所产生的潜移默化的效果,便是伯格纳等所称的教养作用。当然,教养理论可能适合于特定的传播内容,但不支持所有的传播内容,期待所有传播内容产生教养效果是不合理的,因为其效果会因传播内容而异。

7. "沉默的螺旋"理论

"沉默的螺旋"理论认为,多数人会避免因个体单独持有某一态度和信念而导致的孤立。由于担心被孤立,个体便更加不想公开自己的观点。"沉默的螺旋"理论,一方面,强调的是舆论的社会控制功能。舆论是个人感知社会和调整行为的"皮肤",具有预防因意见过度分裂而引起社会解体的功能。另一方面,强调大众传播具有强大的社会效果和影响。影响"认知→判断→行动"的全过程,传播媒介具有"创造社会现实"的功能。新媒体时代,媒介传播实时化、交互化,加剧了"沉默的螺旋"现象的产生。信息推送的便捷性和低门槛,为情绪极端者提供倾诉平台,使其发声愈强,而理性温和者则遭遇打压,声音式微。众多中间派则潜移默化受到极端言论影响,易在喧嚣微空间迷失方向。高校思想政治教育微空间作为新舆论场,各种言论交融杂糅,一些极端分子打着"正义""公平""娱乐"的幌子,无节制地发表不良言论,易造成"少数"左右"多数"现象。

上述传播学理论,为微媒体传播提供理论支撑,也为高校思想政治教育微载体建设提供理论和实践依据。比如,"把关人"理论为高校思想政治教育微空间意识形态话语权把控提供了依据,"议程设置理论"为高校学生思想政治教育微载体主题设置指明了方向,"二级传播理论"为高校学生思想政治教育微载体培育"舆论领袖""网络大咖"提供了遵循,"沉默的螺旋"则为高校微空间舆情监控提供了行为指南。可以说,新媒体传播在数字技术助力下,愈发沿着一条新的与以往不甚相同的路径发展,但是却也在过往的理论框架与模型中可以窥见一斑,因此,从传统的西方媒介传播理论中搜寻可以为新媒体发展奠基、铺路的理论渊源也是一个十分必要的过程。

第二节 以"四因"理念促进微载体"常建常新"

微媒体时代,网络和移动通信技术的快速发展,各类媒体传播平台的涌现,使我们进入一个全媒体的时代。习近平总书记指出:"要坚持移动优先策略⋯⋯让主流媒体借助移动传播,牢牢占据舆论引导、思想引领、文化传承、服务人民的传播制高点。"①高校只有将这一要求作为未来发展的核心指向,才能在教育环境复杂化、教育载体融合化、教育方式多样化、学生价值取向多元化以及需求差异化和多样化的现实场域中,创新高校学生思想政治教育微载体,使其顺应时代要求,与学生同频共振。

一、找准问题,把握症结,促进微载体建设"因事而化"

高校学生思想政治教育微载体建设以大数据、区块链、云计算、人工智能等数字技术为依托,按照载体融合化、内容数据化、传播立体化的目标,通过打造高校学生思想政治教育智能化微载体矩阵,为高校思想政治教育个性化、定制化和精准化提供新平台。作为微传播生态环境成长起来的"原住民","微生存"成为行为习惯和学习、生活与交往的新样貌。面对高校学生思想政治教育现实场域的变化,高校只有紧扣时代脉搏,坚持问题导向,推动思想政治教育载体因事而化,才能发挥平台承载优势,变"被动"为"主动",积极回应学生思想和现实关

---

① 《习近平谈治国理政》第三卷,外文出版社2020年版,第318页。

切,推动思想政治教育提质升级,成为学生铸魂立德的新阵地。

(一)坚持问题导向,找准微载体建设"关键点"

"因事而化"是指抓住事务本质、解疑释惑、化解难题。高校学生思想政治教育微载体建设,只有把握问题的实质,因事而化,才能找准切入点和落脚点。"思想政治教育+微媒体",其聚合并非简单的功能相加,而是要素的深度耦合。为此,其发展过程中必然受系统构成要素的束缚和制约。随着时代的发展进步、教育对象和教育环境的不断变化,尤其是受高校学生思想政治教育载体建设系统构成主体、资源、要素协同等现实问题的影响,其建设程度、供给程度与学生需求还存在不平衡不充分的矛盾与问题,这就要求高校要突出因事而化,从微载体建设问题入手,找准症结所在,在解决现实问题中,推进高校学生思想政治教育微载体向纵深发展。

首先,队伍意识滞后,制约微载体建设因事而化。不同地区、不同高校、不同群体对高校学生思想政治教育微载体的认识和创新方面存在一定差异。从地域看,经济、文化发达地区,由于地方政府、行政管理部门思想解放,网络媒介意识强,比较注重网络新媒体与政务公开、公共服务的有效结合,各类公共服务平台建设比较完备,这在一定程度上也推动了域内高校学生思想政治教育微载体建设,而经济、文化欠发达地区,由于理念和网络设施建设的滞后性,导致其域内政府和高校公共服务微平台建设也相对滞后;办学层次较高的高校由于其办学理念新、视野广,较早意识到微媒体在学生教育管理服务上的优势,主动入驻微空间,投身微媒介载体建设实践,积累了丰富的建设和应用经验,而部分高校由于办学理念、办学经费及其相关设施不足,导致其信息化进程滞后,思想政治教育微载体应用式微。就高校教职员工而言,一是缺乏主动"入驻"意识。知识更新与再输出的滞后性,使高校思想政治教育工作者在对新媒体认识、接受和使用方面,不仅滞后于媒体的发展,而且也滞后于学生,加之传统习惯的束缚和未来使用功效的不确定性,致使他们触网、用网主动性不高,观望心理较重。教育主体的多元,其触网、用网和借用网络育人的理念存在一定差异,仍有部分员工存在"不愿用、不敢用、不会用"的"恐惧心理",在应用实践中,往往因技术和认识偏差,出现内容和形式脱节的问题,甚至出现"重表面,轻效能"的现象。二是载体创新意识不强。部分年龄偏长的教育者对新事物存在恐惧心理,在思想上存在"居安"思维,仍固守传统模式,对微媒介载体多存在"敬而远之"的心理,主动融入微空间,创新微载体的意识不强,实践的主动性和精力投入远低于其对传统模式的固守。年龄适中和偏低的教育者,由于家庭、生活、职称和职务晋升考核的压力较大,"求稳"思维较重,也影响了其投身微载体创新的积极性。

其次,机制建设滞后,阻碍微载体建设因事而化。不同地区、高校和群体对微载体的建设和使用也存在一定差异。目前,从地区层面看,北京、上海、南京、西安等地区高校学生思想政治教育微载体研发早、普及广,已形成具有域内特色的高校学生思想政治教育微阵地,而有些地区却始终处于等待和观望状态,存在研究不够、建设思路不清、内容和形式处理不当等问题;从高校层面看,同一地区,层次高的院校学生思想政治教育微载体建设好于普通和高职高专院校,比如,清华大学、北京大学、天津大学、南京大学、南京审计大学、西安电子科技大学等高校始终与时代同步,其学生思想政治教育微载体建设始终居于国内高校前列;就高校教职员工而言,由于每个人对媒体发展规律的认识、角色意识以及媒介素养和媒介能力的差异,导致他们从教育者、管理者转变为组织者、指导者和实践者的程度也不尽相同,这也决定他们利用微媒介载体开展思想政治教育水平和效果不同。究其原因,"一是缺乏健全的校内外协同参与机制,未形成学校、家庭、社会一体化的'微'思想政治教育体系,校内各职能部门、院(系)还存在各自为政、协同不力、资源难以共享等现实问题,未形成资源融合共促的'微'思想政治教育矩阵;二是激励保障和评价机制不健全。机制建设滞后于微社交媒体发展,与'微'思想政治教育匹配的选人用人机制、激励与保障机制、评价与考核机制尚不健全,在一定程度上制约了'微'思想政治教育的健康发展。"①

最后,模式创新滞后,限制微载体建设因事而化。在微空间思想政治教育环境建设上,尚未形成多元微媒介载体融合共促的矩阵传播氛围,线下与微空间思想政治教育脱节,协同互促立体化教育局面尚未形成;在优势要素聚合方面,未能将微媒介载体的传播优势有机嵌入思想政治教育,微空间思想政治教育形式化严重,教育即时、跨空间传播的样态尚未达成,未能发挥算法推荐优势,为学生研发量身定制适合不同层次、不同对象的承载工具和品质内容,微载体效能彰显不足,"门前冷落鞍马稀"现象时有出现。究其原因,"一是内容研发、资源建设滞后。思想政治教育'微'资源库建设不力,思想政治教育'微'内容脱离学生生活,收集、整理、加工粗糙,话语模式不接地气。二是方式方法滞后。未能充分发挥新媒体信息容量大、交互性强、传播速度快、覆盖面广等特点和优势,真正做到为'我'所用,实现为高校思想政治教育和学生服务的目的。思想政治教育'微'

---

① 张宝君:《提升大学生"微"思想政治教育获得感》,《集美大学学报(教育科学版)》2020年第6期。

作品未能结合学生个性化需求,做到匹配精准、量身定制,难以满足学生多样化、个性化需求。面对上述问题,高校'微'思想政治教育只有按照'互联网+'创新思维,以最大限度满足学生多样化、个性化需求为终极价值追求,以'贴近、融入、体验、内化'为着力点,通过设计、研发、制作打造有内涵、有温度、有品质的思想政治教育'微'精品,才能实现与线下教育互通有无、和合共生,实现'漫灌'和'滴灌'协同,真正做到无缝隙、全覆盖、'水流到头',全面提升高校学生思想政治教育的'获得感'。"①

(二)探寻症结所在,找准微载体建设"关注点"

"'因事而化',就要遵循思想政治教育规律,准确把握学生思想困惑和现实需求,通过摆事实、讲道理,帮助学生解惑答疑。'物有本末,事有终始。知所先后,则近道矣。'(《大学》)高校'微'思想政治教育'因事而化'的目的,就是要针对学生的思想关切和现实疑惑,帮助他们解开思想'疙瘩',扣好人生的第一粒纽扣。高校微空间思想政治教育只有把握微社交媒体信息传播'新''微''快'的特点,增强'微'思想政治教育内容、形式的新颖性和独特性,强化'微'思想政治教育内容推送的时效性和快捷性,才能真正吸引黏住学生,以学生喜闻乐见的内容和形式帮助学生解思想之疑、成长之惑,实现'因事而化'。"②

首先,把握思想关注"点",摸清微载体建设的"难点"。当前,随着改革进入深水期,各种利益冲突日益凸显,社会矛盾和问题相互叠加,尤其是网络空间各种思想意识交融交汇,使个别高校学生在面对上述问题和现象时,由于社会阅历和知识储备的不足,难免因缺乏全面的思考、理性的认识和辩证的分析,而出现一时疑惑、彷徨和失落,进而产生政治信仰迷茫、理想信念模糊、价值观念扭曲、诚信意识淡薄、社会责任感缺乏、艰苦奋斗精神淡化、团结协作观念较差、心理素质欠佳等问题,这是新时代高校学生思想关切的集中体现。高校"微"思想政治教育"因事而化",就是要针对学生的思想关切,结合微社交媒体信息传播场域、时空的变化、学生阅读习惯和信息获取途径的变化以及学生对思想政治教育内容需求的变化,不断增强对"微"思想政治教育素材收集、甄别、筛选的能力,增强"微"精品制作、加工以及推送和反馈的能力,巧用微平台、善用"微表达"、活化"微课程",提高"微"思想政治教育的"时、度、效",尤其要提高对网络舆情安

---

① 张宝君:《提升大学生"微"思想政治教育获得感》,《集美大学学报(教育科学版)》2020年第6期。

② 张宝君:《提升大学生"微"思想政治教育获得感》,《集美大学学报(教育科学版)》2020年第6期。

全的预判能力和应对技巧,激发其正能量、化解负效应,通过"微"话语、微交流、微反馈等微形式,以学生习惯的话语模式向学生摆事实、讲道理,引导学生以积极、健康、正确的态度认识问题,在解决思想困惑中提升其获得感。①

其次,贴近现实之"事",找准微载体建设的"热点"。"随着微博、微信、知乎、抖音等自媒体公众号以及聚合类平台等微社交媒体的不断涌现,尤其是网络直播、网络主播类微视频传播的异军突起,微社交媒体空间已成为意识形态领域争夺青年的新阵地。面对复杂多变的网络环境,高校微空间思想政治教育只有直面社会现实问题,充分、及时了解学生对社会问题认识上的疑点、难点,才能对他们认识上存在的差异化、个性化和多样化的问题进行精准定位。"当前,以理论为指导,以事实为依据,运用多样化的微载体,直面现实问题,讲事实、摆道理,黏住学生,是高校学生思想政治教育守正创新的关键。一方面,"高校学生思想政治教育要充分运用真理和逻辑力量满足学生的释疑需求、行为指导需求和价值需求",另一方面,"要从他们'可感、可见、可触'的事实出发,以'改革成果''国家的发展''人民的生活'等'丰富的事实',让学生从全面、丰富、联系的事实中感受、体会到中国共产党的伟大、国家的强大、民族的昌盛,感受到社会主义制度的优越性,帮助他们增强'四个自信',坚定他们的共产主义远大理想和中国特色社会主义共同理想,在解决他们现实困惑中提升其获得感。"②完成上述任务,就要结合学生的信息接受特点,运用微信、微博、微视频以及移动客户端,将沉浸化、体验化微产品推送给学生。当前,国家主流媒体都运用新媒体打造了自己的传播矩阵,"学习强国"平台、人民日报客户端、中国青年报客户端、光明网等媒体都打造了独具特色的微平台,高校作为意识形态主阵地亦应结合自身特色打造集微信朋友圈、微博、微信公众号和学习 APP 等自媒体公众号、聚合类平台以及问答社区、网络直播等于一体的微媒介传播矩阵,只有这样,才能真正满足学生多样化需求,进而黏住学生,实现思想关切。

(三)注重以文化育,找准微载体建设"落脚点"

文化是民族的根和魂,是民族凝聚力的精神源泉。"没有中华优秀传统文化、革命文化、社会主义先进文化的底蕴和滋养,信仰信念就难以深沉而执着。"③作为

---

① 参见张宝君:《提升大学生"微"思想政治教育获得感》,《集美大学学报(教育科学版)》2020 年第 6 期。

② 张宝君:《提升大学生"微"思想政治教育获得感》,《集美大学学报(教育科学版)》2020 年第 6 期。

③ 任平:《筑牢民族复兴的精神支撑》,《人民日报》2019 年 12 月 30 日。

中华民族在新时代应有的、不断增强的精神之魂,文化自信既是民族振兴内驱力,也是文化发展源动力,更是高校培根铸魂、启智润心,强化学生做中国人骨气和底气的精神之魂。

首先,以马克思主义理论为引领,强化微空间文化影响力。影响力,是教育主体以对象喜闻乐见的方式,促进对象按教育者要求,达成思想和行为转变的能力。高校微空间思想政治教育的影响力,即在高校"微"思想政治教育空间场域,教育者借助于各类微载体及其微活动,以学生习惯的微途径,以显隐结合、动静共在的微方式,向学生推送思想政治教育内容与"作品",以提升学生理想信念、道德素养,规范学生行为的能力。发挥微载体的影响力,尤其是微文化的影响力,离不开彻底的理论引领。马克思主义作为科学的真理,以其科学性、人民性、实践性、开放性,成为中国共产党发展壮大、社会主义建设和中华民族伟大复兴的思想引领。高校思想政治教育的核心价值就是"为党育人、为国育才"。当前,微空间文化多样杂糅,既有主流文化、先进文化,也有腐朽、庸俗、媚俗文化以及文化虚无等现象。发挥微空间文化的影响力,就要以主流文化充盈微空间。实现这一目标,要求高校要以马克思主义为指导,强化微空间文化建设,加强对优秀传统文化、革命文化和社会主义先进文化在微空间的创造性转化和创新性发展,赋予其"微"特征,使学生在多元文化"沉浸"和"体验"中自觉接受文化化育,坚定中国特色社会主义文化自信。

其次,以中国特色社会主义文化充盈微空间提升文化接受力和内化力。接受力,即受众对知识、信息认知和接受的能力。在思想政治教育中,学生对教育实践活动和过程认知、认同,进而接受的能力,即思想政治教育的接受力。高校学生微空间思想政治教育的接受力,即学生对微空间教育实践活动接受和认可的能力。文化作为国家、民族乃至个人的精神支柱,具有潜移默化的浸润作用,是帮助学生消除思想障碍和顽疾的"良药"。微传播样态的形成,为文化传承和创新提供了新的空间和承载工具。借助微媒介载体,将中国特色社会主义文化以多元方式、多种形态和沉浸样貌呈现给青年学生,在微空间讲好中国故事,传递中国声音,传承中国文化,不仅可以以主流文化充盈微空间,也可以以主流文化浸润青年学生,以文化认知、认同,提升学生对思想政治教育的接受力,发挥文化化育的作用;内化力,是个体对外部事物认同,并转化为意志和行动导向的能力。也就是我们常说的,内化于心,进而外化于行的能力。学生微空间思想政治教育的内化力,是指学生对微空间思想政治教育内容由认知、认同到上升为意志和行动导向的能力。理想是人生的目标,决定人对人生道路、态度和价值的选择,是人们前进的动力和精神支撑。思想政治教育的重要目标,就是引导学生树立正确的理想信念。新时代,受微空间"丧文化""佛系文化""躺平文化"等影响,使个别青年学生出现理想、信仰缺失的问题。这就迫切需要高校以先进文化占领微空间,以中国特色社会主义文化涵养和滋润学生心灵,以文化提高他们对国家、民族的认同,坚定他们的信仰、信心和信念,自觉践行立大志、明大德、成大才、担大任的时代使命,将理想信念付诸实践,用中国梦激扬青春梦。

二、紧扣主题,提质增效,促进微载体建设"因时而进"

因时而进,即与时俱进、应时而进。高校学生思想政治教育微载体的"因时而进",是指微载体建设要抓牢时代主题,紧跟时代的发展进路,善于捕捉发展时机,主动出击,应时而动,顺时而进。当前,微载体建设要"关注时代发展、紧扣时代脉搏、顺应时代潮流、反映时代要求,捕捉合乎学生思想认识接受特点的时机相机而动。"①中国特色社会主义进入新时代,高校思想政治教育也迎来创新创优的新时代。新时代新样态新作为。高校思想政治教育既迎来新时代的"春天",也迎来了多元媒介载体崛起的新样态,面对新时代新样态,高校思想政治教育只有把握契机,因时而进,才能担负起党和国家赋予的重任,促进学生成长成才。

(一)把握主题,注重"高质量"

目标具有导向性,是实践活动的行动指引和动力之源。作为"因时而进"实践结晶,高校学生思想政治教育微载体本身具备时代属性。"因时而进"是思想政治教育永葆生机活力、高质量发展的源泉。人是社会的人。社会发展、科技进步,尤其生产力和生产关系的变化,必然导致人的生存样态的变化。思想政治教育是做人的工作,紧跟时代发展,贴近对象实际是其彰显生命力的依归。把握时代主题,就是要把握党、国家和社会对高质量人才需求大势。贴近教育对象,就要精准把握学生的时代特点和现实需求。当前,"立德树人"和"四个服务"人才定位是教育的时代主题。学生微生存样态是学生的时代特点,将二者契合于高校思想政治教育微载体建设,是因应时代与对象样貌的实践结晶和价值体现,以"立德树人"和最大限度满足学生成长成才需求为目标,是时代的选择,也是学生的选择,更是教育高质量发展的选择。

首先,紧扣"立德树人"时代主题"因时而进"。每个国家都是按照自己的政

---

① 魏强、周琳:《因事而化、因时而进、因势而新:做好高校学生思想政治工作的新要求》,《思想政治工作研究》2017 年第 3 期。

治要求来培养人的。高校作为人才培养基地,把牢政治关是其本质要求。立德树人是高校立身之本。坚持党的教育方针,为党育人、为国育才是高等教育目标遵循。"为党育人、为国育才"与"立德树人"具有内在统一性,立德树人的核心是解决"为谁培养人"问题,"为党育人、为国育才"明确了这一目标指向。因此,以"立德树人"为党育人,为国育才就是高等教育的时代目标和主题。当前,什么样的"人""才"是党和国家新时代发展需要的呢? 这是高等教育必须明确的,只有明确培养目标要求,才能砥砺前行。具体而言,就是能够担负中华民族伟大复兴重任的,全面发展的建设者和接班人。落实时代使命,要求高校要紧扣立德树人根本任务,在引导学生立大志、明大德、成大才、担大任上凝心聚力、开拓进取。

作为立德树人的"空中阵地",高校微空间思想政治教育建设的目的,就是紧扣"立德树人"时代主题,"因时而进"的实践写照。"因时而进"的目的就是把握"时机","应时"而进。当前,从载体演进看,微媒介载体的极大丰富,为思想政治教育创造了绝佳的"战机"。从对象看,微媒介环境孕育了"微受众",青年学生作为微应用的"领跑者",其"生存"图景和行为特点已然"微化",为高校思想政治教育提供了新"契机"。把握"战机"和"契机",应时而进,既符合载体演进规律,也契合对象的个性特点和行为需求,是时代的大势之趋和现实之需。

建好建强高校学生思想政治教育微载体,一是要强化"立德树人"的价值导向。服务服从党的教育方针,服务学生的成长成才需要,要求微载体建设要把牢政治关,以新思想新理论新论断为指导,以促进学生德智体美劳全面发展为落脚点,巧用、善用微媒介载体的功能优势,将思想政治教育优势资源嵌入微空间,以学生乐于接受的"议题"模式、内容和呈现形式,将短小精悍、新颖独特、内涵丰富的品质作品,无障碍地即时推送和呈现给学生,让学生在潜移默化的微空间思想政治教育实践活动中,体验、感受中国特色社会主义道路、制度、理论和文化的现实优势和强大力量,进而加深理论认知,增强情感认同,并内化为理想信念,外化为行动自觉。二是要契合学生"惯习"。作为微生态场域的"新新人类","无微不在"是当代青年学生的生活写照。实现微空间"立德树人"使命,要求高校要落实学生主体地位,坚持用户导向,树立"换位"思维。一方面,要切实关注学生现实思想状态与演进趋势,找准思想引领的契合点,应机而动。另一方面,要摸准学生"微应用"真实样态,找准载体建设的落脚点。实现上述目标,既要通过线下情感交流和线上"画像",贴近学生实际、融入学生生活,把握学生真实思想状态,又要深入研究探寻学生微生存习惯和需求特点,在载体选择、研发内容、呈现形式上深入"钻研",为学生提供个性化、符合群体和个体"口味"的教育精品,最大限度满足学生之需,提升其获得感,增强微空间思想政治教育时效性。

其次,突出"人才培养"目标定位"因时而进"。人才资源在经济、社会发展中的地位和作用决定了人才强国战略的重要价值。习近平总书记明确指出:"人才竞争已经成为综合国力竞争的核心。谁能培养和吸引更多优秀人才,谁就能在竞争中占据优势。"①新时代,经济和科技硬实力决定国家的综合国力和国际地位,而文化这一软实力却决定着国家和民族的存续。未来不管是硬实力还是软实力的竞争,关键是人才的竞争,是对建设者和接班人的竞争。然而,与国家发展的现实和未来需求,以及社会和人民的期待以及与世界高等教育发展趋势相对照,目前,我国高校人才培养体系与质量还存在一定差距。传统育人理念有待转变,立德树人的中心地位仍需突出,分类培养机制仍需健全,教学方法有待改进,教育质量跟踪体系和"反馈—改进"机制尚需健全,这些问题,在一定程度上阻碍了人才强国战略的有效实施。因此,高校要从社会现实和未来发展对人才需求的实际出发,以更高的层次、更新的理念和更宽的视野,围绕培养什么人、为谁培养人这一目标指向,构建德育为先、智育为重、体育为基、美育为要、劳育为本协同互促的人才培养体系,以赢得青年和未来。只有这样,才能牢固树立人才强国理念,将人才强国战略确立为强国第一战略,抓住时代机遇,迎难而上,实现弯道超车。为此,微载体建设必须深度契合中国特色社会主义建设对人才的需求导向。

作为思想政治教育的空中延展,高校思想政治教育微载体建设,要契合高等教育"四个服务"人才定位。"我国高等教育发展方向要同我国发展的现实目标和未来方向紧密联系在一起,为人民服务,为中国共产党治国理政服务,为巩固和发展中国特色社会主义制度服务,为改革开放和社会主义现代化建设服务。"②这是习近平总书记对人才培养提出的新要求,也是微空间思想政治教育,尤其是微载体建设的出发点和落脚点。为人民服务集中体现在微载体要服务学生一切,助力学生全面发展;为中国共产党治国理政服务,就是要将"为党育人、为国育才"作为微载体建设价值目标导向,为党培养接班人,为国培养建设者;为巩固和发展中国特色社会主义制度服务,就是要发挥微载体优势功能,教育引

---

① 习近平:《在欧美同学会成立 100 周年庆祝大会上的讲话》,《人民日报》2013 年 10 月 22 日。
② 《习近平在全国高校思想政治工作会议上强调　把思想政治工作贯穿教育教学全过程　开创我国高等教育事业发展新局面》,《人民日报》2016 年 12 月 9 日。

导学生树立正确信仰信念信心,坚定"四个自信",成为中国特色社会主义坚定维护者和合格建设者;为改革开放和社会主义现代化建设服务,就是要运用微载体传播优势,全方位、多角度、多样态展示改革开放和社会主义建设的伟大成就,用事实教育引导学生,增强道路、理论、制度自信,勇于创新,积极投身改革实践。"四个服务"人才定位是内在统一、相辅相成的,既是微载体建设本质属性的具体彰显,也是微载体建设实践的理论指引。高校要紧扣"四个服务"人才定位,突出问题导向,以勇于创新、攻坚克难的勇气,倾心打造符合时代和学生要求的、高品质、高能效的立体化微传播矩阵。

最后,紧跟"发展大势"的时代背景"因时而进"。让学生成为德才兼备、全面发展的人才,就必须全方位加强学生思想政治教育。"不谋万世者,不足谋一时;不谋全局者,不足谋一域。"如何从现实和全局视角,以多元比较,"教育引导学生正确认识世界和中国发展大势"①,已成为高校学生思想政治教育面临的重要任务。一是微媒体建设要与世界、国家和科技发展相协调。大学生只有明了世界发展问题,清晰把握国家发展大势,才能以清醒、理性的视野,看待外部世界,明确自己责任和担当;只有时刻保持足够的思想定力和坚定的政治立场,自觉把个人理想与民族复兴相契合,才能勇担时代重任;只有勤奋学习、增长本领,才能担负时代大任,成为民族复兴的实践者、见证者和伟大成就的分享者。数字时代,信息传输的符号化,重塑知识信息、新闻资讯传播情景。人工智能、VR、AR、AI等技术实现人机共生共存,人类智能与机器智能协同的新时代,智慧学习已成高等教育发展的新样态。打造移动、虚拟学习平台,推动多元模式的汇聚融合,实现资源的共建共享,构建自主性、交叉性、研究性学习相融合的新型教育模式,已成为高校思想政治教育载体图存求新的必然选择。微媒介载体传播具有速度快、范围广、数据大、成本低、效率高等优势,也具有私人化、平民化、普泛化、自主化等特点,为此,与科技同步,要求高校学生思想政治教育必须把握新媒体传播的特点,扬长避短,不断深化微载体建设,以更好服务国家、学校和学生。二是新媒体建设要与教育改革浪潮迭起相适应。未来人才需求结构的变化,促进教育的革故鼎新。高等教育作为教育的重要环节,正面临着新一轮的革命,引发了世界各国对传统教育理念和人才培养模式的全面检视与反思。新时代,世界科技创新,使人才成为世界各国重要的战略资源,而人才培养质量也成为综合

---

① 《习近平在全国高校思想政治工作会议上强调 把思想政治工作贯穿教育教学全过程 开创我国高等教育事业发展新局面》,《人民日报》2016 年 12 月 9 日。

国力特别是国家创新力、竞争力的显著标志。全面提升高等教育的人才培养质量要求世界高等教育不断因势而变。世界经济合作与发展组织(OECD)为推动高等教育教学改革,将毕业生学习成果评估作为学校教育质量的评判标准,出台了学习成果评价项目(AHELO),进一步彰显了人才培养质量的核心地位。《关于加快建设高水平本科教育全面提高人才培养能力的意见》的出台,进一步明确了高校要坚持走以质量为核心的内涵式发展之路。当前,国内外高等教育呈现转型与发展的新态势,教育资源协同共享成为常态。信息技术已成为教育教学创新的新动力。从实体、封闭向虚拟、开放的转变已成为高校新样态。这一切变化,要求高校要紧跟教育改革浪潮,以提高人才培养质量为切入点,树立全面发展、终身学习和整合协同育人的理念,发挥互联网、大数据和"三微一端"作用,注重多样性和差异性,促进教和学的联动协同。要发挥微媒介载体的优势功能,构建开放多元的微空间阵地,搭建全员育人模式,营造全过程育人的教育生态圈,打造全方位沉浸化的体验场,提高思想政治教育的思想性、吸引力、感染力和实效性,提高人才培养质量。

(二)把握契机,注重"时度效"

"明者因时而变,智者顺势而谋。"高校"微"思想政治教育作为一项战略性、基础性和灵魂性工程,需要主动出击而非被动接受。习近平总书记指出:做好新时期宣传思想工作,"关键是要提高质量和水平,把握好时、度、效,增强吸引力和感染力,让群众爱听爱看、产生共鸣,充分发挥正面宣传鼓舞人、激励人的作用。"[①]他还指出:"要坚持移动优先策略,建设好自己的移动传播平台……让主流媒体借助移动传播,牢牢占据舆论引导、思想引领、文化传承、服务人民的传播制高点。"[②]这些科学论断的提出为新时代高校"微"思想政治教育因时而进指明了方向,提供了理论依据。首先,巧抓微媒体发展"时"机做到"因时而为"。时代是思想之母,实践是理论之源。高校"微"思想政治教育"时度效"的彰显要求其与时俱进。微传播时代,数字技术日新月异,为人类日常生活拓展了新空间。作为"网络原住民"的当代学生,无时、无地、无事"不网"已成为他们生活写照。"微生活"已成为他们生活的重要组成部分,面对这一时代性特征,高校思想政治教育要顺时而变,充分把握互联网,尤其是微社交媒体为其提供新兴载体这一有利"时"机,从学生生活的现实"微"环境、信息接收方式的现实变化入手,

① 《习近平著作选读》第一卷,人民出版社2023年版,第149页。
② 习近平:《论党的宣传思想工作》,中央文献出版社2020年版,第355页。

以微信、微博、抖音等微社交软件为载体,按照"面对面"与"键对键"融合共生、协同共促的原则,以其偏好的微内容、微形式和"微"话语,帮助他们解惑释疑,引领其健康成长。其次,把握微载体应用"力"度做到"张弛有度"。"度"作为物质质变和量变的临界点,是事物保持自身性质规定性的限度。高校"微"思想政治教育建设的"度",主要是指"微"思想政治教育实施的力度、频度与学生接受度之间的协调性和统一性。高校"微"思想政治教育张弛有"度",要求"微"思想政治教育要契合学生特点,力度、频度要与学生的接受度相适应,既不能过强、过频,也不能过弱、过缓,而应节奏恰当,张弛有度,恰到好处,相互平衡。因此,高校"微"思想政治教育建设要切实针对学生接受能力、接受习惯,把握其成长的各个关键节点和不同时期、阶段,努力做到思想政治教育"微"教育嵌入角度当机、实施力度适中、推送频度适恰、传播效度突出。最后,关注微载体建设实"效"做到"因需而为"。高校"微"思想政治教育开展得如何,是否有用,关键看"微"思想政治教育能否契合学生成长成才需要,能否符合学生"微接受"习惯和行为方式,能否被学生认同、接受和内化。也就是说,学生的成长发展需求与高校"微"思想政治教育的目标指向并非是相互脱离的"两层皮",而是相辅相成,内在一致的。学生的思想道德养成源于自律,启于觉悟。自律是学生思想道德养成的先决条件,觉悟是社会、学校、家庭等不同教育主体综合影响力所为。因此,是否高度重视学生现实需求、能否及时回应学生思想关切、有无人文关切他们合理诉求,是高校"微"思想政治教育实效性提升的关键。作为学生理想信念和思想品德养成重要组成部分的高校"微"学生思想政治教育,要想提高质量,提升效果,就必须提升学生"微"思想政治教育的获得感,而提升学生"微"思想政治教育获得感,既需要构建有效的协同机制,推进学生思想政治教育微载体建设各要素的协同,还需要满足学生现实需求的学生思想政治教育微载体。①

三、把握优势,瞄准需求,促进微载体建设"因势而新"

"高校'微'思想政治教育'因势而新',就是要在准确把握国家、社会和科技发展大势的基础上,充分挖掘微社交媒体传播优势,瞄准学生需求,应势而谋、因势而动、顺势而为,不断创新创优,提升学生获得感。"②

---

① 张宝君:《提升大学生"微"思想政治教育获得感》,《集美大学学报(教育科学版)》2020年第6期。

② 张宝君:《提升大学生"微"思想政治教育获得感》,《集美大学学报(教育科学版)》2020年第6期。

（一）把握微传播优势，应势而谋

微社交媒体融合化、主客交互化、传播跨时空化、资源一体化等传播优势，为高校思想政治教育打造空中"微阵地"提供了新空间，已成为微时代高校思想政治教育"应势而谋"的必然选择。首先，跨时空，拓场域，缩短了时空距离。高校学生思想政治教育微载体依托小巧、便携、功能齐全的移动智能终端设备，拓展了时空和场域，为高校思想政治教育提供了无界化、即时化的新平台。微社交媒体信息传播的跨时空性和即时性，打破了传统教育固定场域、固定时间和固有群体的限制，信息互动的跨时空、"无界化"，改变了传统思想政治教育"间断式"传输的方式，实现了思想政治教育内容推送和师生交互的"零时差、全方位、齐互动"，这既为微空间思想政治教育构建实时、跨界传播平台提供了可能，也为学生日常学习、获取信息、交流思想、表达诉求提供了新场域。"三微一端"，尤其是 B 站、抖音、快手等微社交媒体，其准入"低门槛"、交互"平等化""去中心化"的特点，使人人既是传播者又是受众，这极大地激发了学生参与的热情，发挥了他们的主体性、能动性和创造性，增强了他们参与思想政治教育的"主人翁"意识，促进了他们自我价值的实现，提升了他们在思想政治教育中的存在感、满足感和获得感。其次，共圈群，促扩布，延伸了辐射半径。微社交媒体扩大了受教育者的人际交往范围，以共性微圈群为组群的人际交往交流已成为人们日常交往的新样态。以趣缘、业缘和亲缘关系形成的各类圈群，已成为学生学习、生活和交往的新渠道。微圈群网状节点式传播结构，促进了信息的扩布式传播，也为高校思想政治教育微传播提供了新场域。微社交媒体的蓬勃发展，使学生可以随时随地通过微"圈群"表达自己的愿望和诉求，为学生参与"微"思想政治教育提供了方便快捷的新路径，进一步凸显了学生的主体性，激发了他们的兴趣，提高了他们在"微"思想政治教育互动中的自我满足感、参与感、价值感。最后，融媒体，强聚合，构建了体验矩阵。微信、微博、抖音、快手等微社交平台的相继崛起，为高校思想政治教育微传播提供了立体化平台，针对同一教育内容，通过多元微社交媒体融合发声，可以使其产生类似性的共鸣、连续性和重复性的累积以及广泛性的存在，进而"发酵"成热门话题，更具吸引力和感染性，易引起学生的共鸣，提高其公信力、权威性和影响力。同时，大数据汇聚整合与关联分析功能，既有利于高校"微"思想政治教育建设工作者获取体现学生价值倾向的多样化、小众化的数据源，及时掌握他们的思想动态与趋势，又有利于促进教育主体和对象的对话与合作，打破时空限制，促进资源的有效整合,为高校学生"微"思想政治教育拓展了新途径。①

(二)把握微交互特点,因势而动

微传播时代,信息传播的自主性、人际交往的隐匿性和交互性,弱化了信息主体的话语权,颠覆了传统思想政治教育主客体沟通和教育信息传递关系。微社交媒体信息传播的低门槛、去中心和强交互等特点,虽弱化了高校思想政治教育主体地位和话语权威,但为落实学生中心、调动学生参与意识,促进主客间形成平等、双向、互动的主体间性关系,提供了"新空间",提升了学生在思想政治教育活动中的获得感。首先,平等交互,主动参与,提升参与感。在微社交媒体时代,人即终端,人人都有麦克风,个个都是通讯社,任何人都可以畅所欲言,因此,"微"思想政治教育主体不再只属于某一个体或某一群体,人人皆主体已成为不争的事实,主客边界更加模糊,传统思想政治教育主体地位和权力"中心"愈加淡化,为思想政治教育主客体平等交流提供了新环境,为学生发表个人言论提供了新空间。微社交媒体交互性的特点,促进了"微"思想政治教育主体的多元化。随着微博、微信等自媒体的普及,因不同要素而聚合的"网络社群"种类日益增多,促使"微"思想政治教育主体呈多元化态势,促进了高校"微"思想政治教育微载体"获得感"合力的生成和凝聚。其次,摸清实情,化解矛盾,提升存在感。"微"思想政治教育现实场域虚实结合、主体隐匿多元、过程动态共享等特点,可以使师生不再因角色而产生心理负担,有助于他们敞开心扉、袒露心声。运用微社交媒体平台,以清新活泼、图文并茂的形式,通俗易懂的语言,为学生解惑答疑,妥善解决了回应学生质疑不及时、澄清不实传言欠专业以及重大突发事件应对不力等现实问题。而通过对学生"原生态"数据分析,可以准确把握学生真实的思想动态,为科学预判和预警提供有力佐证。同时,在法律允许的范围内,可以通过数据反馈、信息个性化和行为概率预判,对学生进行全程数据记录和跟踪,提高对学习特点和习惯把握的精准性,为他们量身定制个性化培养方案,最大限度地提高学生"微"思想政治教育"获得感"的针对性。最后,借助平台,打造"网红",提升价值感微媒体时代,网络"大V""网红""主播""明星""真人秀"的粉丝众多,影响力巨大,使网络空间成为新的"名利场",尤其是"双向的去中心化的交流",弱化了教育主体地位。面对"把关人"弱化态势,高校"微"思想政治教育既要在师生中精心培育网络"思想先锋""理论能手""文化使者"

---

① 张宝君:《提升大学生"微"思想政治教育获得感》,《集美大学学报(教育科学版)》2020年第6期。

"网络达人",为学生提供思想政治教育"微"思想引领"精品";同时也要发挥学生"意见领袖""网络红人"的引领作用,通过设置不同议题,让他们"现身说法",以自己的言行引导其他学生客观、理性分析网络信息,正确辨析和驳斥错误文化思潮、反动言论以及色情、暴力等不良信息,提升他们在朋辈引领中的自我价值感和获得感。①

(三)把握发展性态势,顺势而为

微社交媒体的广泛普及,让高校"微"思想政治教育渠道更多,差异化、个性化更强,灵活性、自主性更大,已成为高校"微"思想政治教育"获得感"实现的最佳途径。首先,资源协同,获取渠道多元。微传播时代,数字技术的发展使信息的即时采集成为可能,"百度指数""清博指数"等网络公共空间,为高校"微"思想政治教育的有效开展,提供了资源共享平台。同时,大数据的数据聚集功能为高校"微"思想政治教育整合、优化资源提供了新契机,为师生共同参与高校"微"思想政治教育资源建设提供了新平台。而微课、微视频等高校学生思想政治教育微载体的应用,为学生即时学习提供了新途径。这一切都为学生获取优质思想政治教育学习资源提供了便利,增强了学生的"获得感"。其次,技术赋能,感官体验最优。随着微媒体的迭代更新,媒体种类、功能日渐强大,尤其是数字技术的日新月异,为高校"微"思想政治教育智慧化提供了技术支撑,5G、4K/8K 传输技术的逐步普及,为人工智能的落地提供了保障,丰富了思想政治教育"微"内容呈现方式,长图、海报图解了晦涩难懂的理论内容,H5、短视频、VR 直播和短视频技术增强了教育的交互感和视觉效果,人工智能、3D 影像等数字化体验馆的建立提高了学生视、听、触多维体验,三维虚拟仿真展览馆和智慧教室的实景展示增强了学生的现实感受,引发学生情感共鸣,为学生获得感提升奠定了坚实基础。最后,智慧生产,提升供给精度。高校"微"思想政治教育建设只有按照内容"生成自动化、集成定制化、传输高维化、呈现泛在化"建设理念,加快高校"微"思想政治教育资源平台建设。既要加快平台软硬件设施建设,也要整合校内、域内和互联网资源,建设协同共享的思想政治教育数据库;加快高校"微"思想政治教育内容智能生产和传播平台建设。要推进高校"微"思想政治教育"融媒体中心"建设,提高微作品研发、制作和推送的智能化;加快高校"微"思想政治教育用户沉淀平台建设。只有这样才能吸引学

---

① 张宝君:《提升大学生"微"思想政治教育获得感》,《集美大学学报(教育科学版)》2020 年第6 期。

生、留住学生,使高校"微"思想政治教育人机交互"活起来"、内容供给"灵起来"、现实感受"真起来"。①

新时代新要求新作为,面对多元媒体融合发展新业态,高校思想政治教育只有把握好"事、时、势",才能进一步突出目标导向,科学全面认识世界和中国发展大势,准确把握移动通信和数字技术的发展趋势,深入了解高校思想政治教育移动智慧化的发展态势,做到创新创优"有目标、知标准,明路径";才能进一步坚持问题导向,运用大数据,摸准学生思想脉搏和行为特点,找准"微"思想政治教育建构中的短板和症结所在,有针对性地创新创优,使其活起来;才能进一步遵循智慧服务导向,找准学生需求的兴奋点、共鸣点和体验区,进而构建体系协同化、队伍全能化、内容精细化、载体融合化、服务智慧化的"微"思想政治教育微载体供给体系,让"微"阵地更牢固,"微"渠道更畅通,主旋律更高昂,正能量更强劲。时代在发展,科技在进步,高校"微"思想政治教育只有"因事而化、因时而进、因势而新",才能永葆其"青春"与"活力",才能更好契合时代大势、顺应社会需要、贴近对象需求,加快与"微"社交媒体的有效聚合,为学生提供集"影响""引导""启发"于一体的"微小化、生活化、艺术化"的"精神食粮",进而提升学生"微"思想政治教育的获得感。②

四、以人为本,彰显个性,促进微载体建设"因人而异"

当前,高校学生群体主要是"千禧"年后出生的一代人,他们是"05 后",大多是"421 家庭"的宠儿,他们在优越的物质生活条件和网络新媒介环境中逐步成长起来,作为网络和新媒体时代的"原住民",他们具有开放、独立、自信、国际化等独特的气质和特点,具备善良宽容、自信自强、诚实守信等多样、全面的品德,在价值认知上,他们主流价值观认同度高,自我意识强烈,具有价值追求个性化,人生理想务实化的特点,对于教育的需求更趋向于个性化发展。

(一)明确特征与需求找准"契合点"

当代大学生独特的气质与个性使得教育实践必须遵循"因人而异"的价值取向,这也是新时代"教育对象"给高校学生思想政治教育微载体建设提出的新挑战。

---

① 张宝君:《提升大学生"微"思想政治教育获得感》,《集美大学学报(教育科学版)》2020年第6期。
② 张宝君:《提升大学生"微"思想政治教育获得感》,《集美大学学报(教育科学版)》2020年第6期。

接受主体意识转变,催生微载体革新。人们的主体意识是开展实践活动的前提。当代大学生具有较强的主体意识和奋斗精神,他们具有强烈的自主选择人生道路、自我价值判断、自我价值选择和实现的意愿,这为他们参与学生思想政治教育微载体建设和创新奠定了基础;当代高校学生思维比较活跃,关系、发散、形象、直觉等思维方式在其思维模式中占据主导地位,这就决定了他们具有较强的创新能力和潜质,这也为高校学生思想政治教育微载体创新发展提供了保障。当代高校学生学习能力突出,具有较强的知识获取能力,可以通过多种途径获取自己需要的知识和信息,这也为高校思想政治教育微载体建设提供了行动指南。机遇与挑战并存,面对当代大学生微空间"沉浸"现实表征,高校要发挥微媒体信息传收沉浸、体验化的优势,主动融入学生,把握他们的"兴奋点""关注点",以生动有趣的"微"话语模式,为学生答疑解惑,让学生"亲其师,信其道",为学生打造参与和展示平台。

接受主体需求变化,呼唤微载体转型。习近平总书记指出:"青年是整个社会力量中最积极、最有生气的力量。"①青年要"以实现中华民族伟大复兴为己任,不辜负党的期望、人民期待、民族重托,不辜负我们这个伟大时代。"②青年时期正处于人生积累阶段,"新时代中国青年要树立远大理想","热爱伟大祖国","担当时代责任","勇于砥砺奋斗","练就过硬本领","锤炼品德修为"。③ 有理想,有本领,有担当是当代高校学生的责任和使命。然而当代高校学生过度理性和务实的思想特点,却使他们理性有余、朝气不足,与有理想、本领和担当存在一定差距。《中青在线:〈00后画像报告(全文)〉》显示:虽然当代高校学生崇尚奋斗,但奋斗目的却是为了"找一份如意的工作",他们崇尚自我奋斗,却在激烈的社会竞争面前,认同"佛系"和"躺平"。当代高校学生过度理性、务实和个性化的特点削弱了思想政治教育的作用,也成为高校思想政治教育微载体建设面临的新难题。同时,当代高校学生"小众化"的个性追求,导致其需求呈现碎片化、多维度的特点,他们具有强烈的"猎奇"心理,喜欢追求"刺激"和"惊喜",但却缺乏持久"关注"耐力,导致其需求呈现多元易变的特点。以短视频为例,调查显示:青年大学生每天观看短视频时长超过 90 分钟的占 50%以上,一有时间就看的占到了 65.48%,有沉迷现象占 48.82%。主要以"哔哩哔哩""抖音""小红

① 《习近平谈治国理政》第三卷,外文出版社 2020 年版,第 333 页。
② 《习近平谈治国理政》第三卷,外文出版社 2020 年版,第 333—334 页。
③ 《习近平谈治国理政》第三卷,外文出版社 2020 年版,第 334—337 页。

书"三个 APP 为主,重点关注时事政治、历史知识、休闲娱乐、学习分享等内容,目的是开阔视野、获取知识、展示自己、缓解和疏导负面情绪等满足娱乐、技能和社交的需求。① 当代高校学生具有"个性化、小众化、碎片化、多维度、易变化"的需求特点,学生需求特点的变化对教育载体范式变革提出新要求,微载体建设与学生需要具有内在一致性。学生是现实的、具体的人。由于遗传和成长环境差异,学生个体需求亦存在较大的差异。微载体建设的目的就是要针对学生差异化需求,为其提供个性化、精准服务。因此,微载体在目标制定上要关照学生现实需求,在载体选择上要契合学生使用微媒体习惯,在内容设计上要满足学生感官体验,这样才能促进微载体与学生需求共在。

(二)突出功效与关系明确"出发点"

微空间思想政治教育实践活动有效开展,既要发挥其功效,找准载体建设的落脚点,又要和谐主客关系,明确微载体出发点。

突出"四个"功效是微载体建设的价值导向。微载体建设具有其独特的目的性,那就是发挥微媒介载体功能优势,实现强强联合,提高思想政治教育效能,这也决定了功效在建设中的价值指向。为此,高校要强化"四个"功效意识,深化微载体建设,把微空间打造成"立德树人"、学生成才和学生参与、自我发展的新空间。

一要突出"立德树人"功效。立德树人是教育的核心任务。微载体作为延伸、活化、创新思想政治教育的新承载工具,其建设需要以"立德树人"为建设的价值指向。一切建设实践活动都要围绕这一核心指向展开,偏离了这一方向,微载体就失去了其建设的价值,为此,重视载体内容的思想性、政治性,强化其学理性、品质性和文化性是建设的首要前提,在这一前提下,发挥微载体的便捷性、易受性、体验性,才是微载体建设的本意。二要突出"服务学生发展"功效。人民性体现在高校,就是以学生为中心。服务学生成长成才是微载体建设的核心价值取向。因应传统思想政治教育服务学生的空间、场域和时效性不强的现实镜像,高校要树立"思想政治教育+"的思维。与"互联网+"类似,"思想政治教育+",是以思想政治教育传统优势为本基,实现其与移动通信、媒介传播、数字技术等新技术的深度耦合。目的是顺应青年学生生存习惯,契合学生全面发展需求,促进他们成长成才。服务学生全面自由发展,要求微载体建设要深度了解

① 艾楚君等:《短视频对青年大学生价值观的影响及应对策略——基于 10305 名青年大学生的调查研究》,《中国青年研究》2023 年第 1 期。

和把握学生的发展需求,从不同层面、角度围绕学生需求予以精准供给和服务。三要突出"学生主动参与"功效。主动参与,在参与中深化认知,是产生情感认同的前提。为学生打造全员、全过程、全情景参与的现实场域,是载体建设的美好愿景和奋斗目标。"思想政治教育+微载体"的初衷,就是要发挥媒介载体参与平等、隐匿交互的优势,让学生在自己乐受的场域和情境下,主动参与思想政治教育实践活动,进而变"被动灌输"为"主动接受"。为此,思想政治教育微载体建设,要注重平台的参与度,以恰当议题、优质内容、鲜活的事例、多元的呈现吸引学生,使其成为空间的主人,发挥其主体作用。四要突出"有效学习"监测功效。效果是衡量微载体建设价值的标准。微载体建设实践与其效能,往往存在一定不对称性。比如,虽然多数高校都有官微平台,但"沉淀力""传播力""人气指数"却不尽相同,究其原因,主要在于议题设置、内容品质、更新频度等指标要素的影响。由此不难发现,微载体的适用性和有效性,是传播力、沉淀力生成的关键因素。传统思想政治教育受技术制约,教师无法对学生注意力、接受力和认知程度进行即时预判,效果监测具有迟滞性。微媒介载体的数据汇聚和算法功能,实现实践活动过程的动态监测和即时反馈。为此,高校要借助新技术,提高技术赋能微载体意识,为学生思想政治教育"有效学习"提供新平台。

建立和谐主客关系是微载体建设"推进剂"。微空间信息传播的主体的交互性,提升了受众的主体参与意识。微空间情境下成长起来的青年学生,主体和自我意识日趋增强。约翰·哈蒂认为,教育成效的高低取决于师生关系的程度。面对主体参与模式的革命,高校思想政治教育微载体建设,要在充分尊重学生主体地位的基础上,实现教育者主导性和教育对象主体性的有机统一,以形成微空间传收主体的共生、共情、共进。一要落实双主体要求。"人的全面发展"是教育的宗旨和归宿。人的全面发展,要求构成其全面发展的各要素的深度发展与协同,作为全面发展诸要素之首,"德"是根基和底色。微载体建设的核心目的就是"立德"。"立德"作为主客互动的实践工程,要求主客双方思想、情感的同频共振。微媒介空间恰恰为思想政治教育提供了平等交互的实践场域。微媒介载体信息接受主客体的交互性,使信息体间呈现平等、双向、互动交往的关系。"思想政治教育+微媒体"的深化,要求微空间信息传受双方体现主体间性,这一关系既是教育者和学生"对话的逻辑",也是二者沟通的理性。受传统思维束缚,在微载体建设实践中,部分教育者对自己的话语主体地位"旧情难却",在微交互中多以"领导""教授""家长"的话语身份出现,致使学生唯恐"避而不及"。

为此,微载体建设工作者必须树立"主体间性"思维,推进"由单极性主体走向交互主体性"①,以实现教育双方微空间的"共生性存在"。二要营造交互式体验场景。情景体验和角色扮演是促进教育主客共情、共意的重要手段。随着VR、AR技术的普及,情景"沉浸"已成为媒体传播的新图景。场景的营造,促进了受众沉浸感、共情感和在场感的提升。② 微媒体现实场景的营造,为思想政治教育时效性提升注入了新活力。一方面,微载体信息传收的交互性,推动了教育主客体在微空间主体间性交往的实现过程。彰显了教育者和教育对象的话语地位的平等性,实现了双方话题信息接受、理解和沟通的动态平衡。坚持以学生"期待视野"和"受众思维"推进交互情景营造,更易激发学生参与热情,促进其对教育内容的认同与接受。另一方面,运用VR/AR、4K、8K等新技术,营造学生在场场景。高校思想政治教育可运用"沉浸"传播技术,以事件还原、文化印记、现场直播等微场景营造为切入点,提升学生在场感,使学生在场景再造和角色转化的"沉浸"体验中,自觉认知认同,内化提升。三要贴近现实情景。随着经济、社会发展,尤其是大数据、人工智能等颠覆性科技和产业革命浪潮的加速来袭,人类传统学习、生活模式受到深刻影响,外部环境的变换,催生了教育的变革,高等教育也面临着新的机遇和挑战。思想政治教育的数字化、符号化、场景化,必须针对学生的现实境遇的改变,倒逼思维理念的转变,秉持创新性发展、创造性转化的先进理念与突破常规束缚的进步意识,大胆引入新技术、新范式。现实世界是发展主体间性的必由之路和实践基础。关注学生微空间实践中存在的现实问题和其生存样态,是思想政治教育微载体建设的基本立足点。一方面,要"把脉"学生实际生活和微空间的行为样态,聚焦学生关心关注的现实问题以及其微空间生存的现实状态,优化议题设置,以热门话题,吸引学生主动参与;另一方面,要聚焦社会热点、难点、疑点和重点问题,以鲜活的热点话题,黏住学生,提高学生的"点击率"和"转发率",提高教育的覆盖面。

(三)彰显智媒传播优势找准"突破点"

"获得感"是指人在获取某种利益后所产生的满足感……高校思想政治教育"获得感",是学生参与思想政治教育活动所体验到的参与感、存在感和成就感等综合情感的具体展现,是学生主体性、能动性和创造性的具体彰显,是高校"微"思想政治教育质量评价的重要标尺。当前,提升学生"获得感"已成为推动

---

① 刘波:《抓实高校思想政治工作创新的四个维度》,《中国高等教育》2017年第18期。

② 温旭:《VR技术赋能高校思想政治教育的价值与应用》,《思想理论教育》2021年第11期。

高校"微"思想政治教育建设的行动指向。①

　　智媒体为"获得感"提升,提供空间支撑。一是智媒体拓展了高校学生思想政治教育新空间。一方面,云计算的成熟算力功能、大数据强大的资源汇聚功能和算法精准画像功能,推进媒体智能传播图景的生成。作为媒体智慧化灵魂的人工智能的再度崛起,识别技术的跃升,实现供需的精智匹配,提高了媒体供给效率和质量。媒体智慧化、多样化的发展态势以及"元宇宙"、人工智能 AI 聊天机器人(ChatGPT)的出现,都为思想政治教育扬"微"媒介传播之能,传思想政治教育之效,提供了新空间和新承载工具。另一方面,智媒体的传播特性,为思想政治教育打造智能化匹配、矩阵化供给和跨时空传播平台提供了可能。以智媒体技术优势赋能思想政治教育智慧化,要求高校要结合地域、学校和社会资源,推动思想政治教育数据信息资源、智能生产和传播、用户沉淀平台建设,充分发挥云计算、大数据和算法功能,为教育者搭建简便易用、功能齐全的智慧媒介载体,为学生平台空间"获得感"提升提供更好的服务。二是智媒体为"获得感"提升提供技术支撑。智媒体作为媒介传播形态的演进趋势,多元技术支撑是其发展的"灵魂"。作为"思想政治教育+智媒体"的聚合物,高校思想政治教育微媒体的精智化,承传智媒体智能、智力、智慧的传播功效。大数据汇聚技术,实现了思想政治教育多元、多样形态的数据汇集,为平台供给精准提供数据资源库和价值"信息池";云计算强大的算力功能,解决了高校基础软硬件、资源和管理滞后的现状,推动了平台的低成本运维。算法的关联分析功能,实现了教育对教育对象群体和个体精准"画像",这些"画像"作为"真凭实据",为教育者精准"把脉"学生需求,提供了现实依据。综上,微介载体内含的大数据、云计算和算法等功能对思想政治教育的赋能,既极大丰富了教育资源,也提供强大算力平台,更实现了内容供给的订单化和"菜单化",使教育内容量身定制成为现实,学生微载体"获得感"明显提升。

　　智媒体为"获得感"提升,拓展渠道和资源。人工智能的升级,促进教育人工智能的发展,也给思想政治教育注入了新"燃料"。"人工智能+微媒体",推动了媒体生产、推送的智慧化。"智能+智力+智慧"已成为智媒体的标志。多元媒体的融合智慧发展,为思想政治教育载体智慧、多样提供了可能。微信、知乎、抖音等视听一体平台资源的多元,实现学生获取价值信息的渠道,同时平台的"画

---

① 　张宝君:《提升大学生"微"思想政治教育获得感》,《集美大学学报(教育科学版)》2020 年第6 期。

像"功能,实现按需"推荐",可以说各类微媒体为思想政治教育提供丰富的载体资源。思想政治教育渠道的多元,供给的精准,服务的精细,提升学生微载体信息、内容获取的满足感和幸福感,也促进其"获得感"的提升。智媒体的大数据聚集功能,为媒体供给资源库建设奠定坚实基础。运用微媒介载体,思想政治教育者汇集多元资源,将数字化的传统资源收入"囊中",同时,对各类平台资源予以聚集;既可以对教育对象的痕迹数据予以采集,也可以将社会组织、高校和其他行业的价值数据协同共享,尤其是媒体的智能生产系统,还可以对数据资源进行加工和再生产。数据汇集功能的强大,注定微载体蕴含数据资源的"海量"。聚类化的"海量"数据充盈思想政治教育"信息池",为精准匹配满足学生差异化、个性化需求提供资源保障,提升学生满足感和获得感。

第三节 以"四化"为目标助力微载体"精准智慧"

智媒体时代,教育人工智能图景已然初现。高等教育信息化计划、目标和路线已经确立,这也为思想政治教育数字化发展提供了时间表。随着数字技术的升级换代,微媒介载体智能化程度日趋增强。微媒体的智慧化转型,为思想政治教育精准供给提供新载体。作为实践探索,思想政治教育微载体建设,既无固定模式,也无成熟经验。唯有按照"先上车,后购票"的理念,在探索的实践中,在解决现实问题中,不断改进与完善。资源融合化、内容品质化、匹配精智化、效能最大化"四化"发展目标,是实现高校学生思想政治教育微载体"精准智慧",发挥最大功用的价值追求。

一、供给资源融合化是微载体"精准智慧"之要

丰富健全的数据资源库,是微媒介载体供给精准的前提。媒体的智能化,需要以"海量"的数据资源为依托。作为"思想政治教育+微媒体"的实践成果,思想政治教育微载体智慧化,同样离不开丰富的资源。建好微空间思想政治教育数据库,别无他选,只有走资源融合之路。

(一)树"数字"意识,建"资源服务"数据库

媒体智能融合传播时代,终端效应凸显。教育要想乘势而上,有所作为,就必须抓住技术创新的"牛鼻子",始终与"数字"技术同向同行。《教育信息化2.0行动计划》(以下简称"计划")要求,要以"互联网+教育"平台建设为契机,推动教育专用资源向大资源转变,进一步完善数字教育资源公共服务体系建设。要在国家层面推进数字教育资源公共服务体系联盟建立,以打破传统教育资源开发利用的壁垒,推进开放资源汇聚共享。要发挥大数据采集、汇聚功能,推进

线上教学、科研、文化资源聚合,提升资源贡献率和共享度。"计划"对教育资源建设的设想和目标,为思想政治教育资源整合指明了方向。提升思想政治教育供给效度,需要多元资源的汇聚共享。

微媒介载体生存源于"品质内容",而"品质内容"建设却离不开海量数据资源支撑。提升微空间思想政治教育"活力",同样需要以丰富、海量的数据资源为依托。高校各类"官微"的到访率、沉淀率和传播率,无不需要以海量的数据信息资源作为支撑。[①] 总之,从数字化媒体的角度审视,微媒体的功能属性符合高校学生思想政治教育良性发展的时代之需。为此,推进"思想政治教育+微媒体"实现优势功能深度聚合,提升供给效度,需要在资源的汇聚实现共享。要强化"微媒体+思想政治教育"平台建设,建设公共资源服务体系;要打破传统校际、地域壁垒,搭建国家思想政治教育数字资源共享联盟;要打破校内学生"元数据"壁垒,实现校内"开放数据"的共建共享,建设思想政治教育大资源库,以实现内容供给资源拥有的"最大化"。

(二)增强"协同"理念,以"增量"带动"存量"

协同,即协作与合作,是组织成员齐心协力、共同完成某一目标的过程或能力。"思想政治教育+微媒体"作为一项战略任务,是一个复杂的系统工程。推进其不断深化与发展,需要参与各方深层次协作,是实现资源互补、共赢发展的务实之举。然而,受思想"固化"和"本位"思想制约,实践中责任不清,沟通协调不畅,难以齐心协力的现象依然存在。解决这一问题,一是要强化涉关主体对微载体效价和期望值的认知,走出"本位主义"怪圈的束缚;二是要建章建制,以制度和规范,促进组织机制的同构。

提升认知,明确微载体建设效价。随着数字技术的发展以及移动终端设备的迭代升级,教育场域和对象变革引发教育范式革命。高校学生思想政治教育既要以内容创新增强吸引力来守住传统阵地,同时,还要认清媒介载体发展形势,找到契合学生"乐受"和"惯用"的新媒体,以实现场域和空间的拓展。占领新场域,要求高校思想政治教育要树立"新技术+"意识,借助先进技术实现工作效能的科学与高效。微媒体因其自身的数字化属性而具有数据分析能力,可以对全员、全过程、全场域痕迹数据予以汇聚和聚类分析,为有效供给提供资源数据库。同时,其传播时效性、跨界性和多样性也促进了自身的生存与发展。微传播样态下,数据海量、传播即时、呈现多样等特性,都是高校学生思想政治教育所

---

① 张瑞敏:《大数据背景下高校思想政治教育创新研究》,华东师范大学2020年博士学位论文。

需要具备的能力属性,这在需求与供给上实现了二者的匹配与协同,为"思想政治教育+微媒体"奠定了契合的基础。

完善体系,促进组织机制的同构。从二者本质要求看,微媒体具有集聚共享、资源协同的功能,是其发展与壮大的本质属性,而高校学生思想政治教育根植于社会发展与人的成长诉求之中,既要统筹社会发展的现实需要,又要照顾到人成长的个体需要。社会进步过程中所有呈现出的因素,都应在思想政治教育所要考虑、统筹的范畴内,因为关系人的培养问题,这也决定了二者协同是思想政治教育效能实现的本质要求,二者具有内在一致性。然而,在二者聚合的实践中,却未能实现二者固有属性的协同。微载体建设还处在"我是我,你是你""我中有你,你中有我"的态势。究其原因,在于体制机制的不健全,未能形成建设合力,解决这一问题,一是要树立"聚合"思维,以建设实效共享这一"增量"带动各相关主体的"存量",实现二者协同,高校相关组织,要增强全局意识,树立"一盘棋"理念,构建"多元联动"组织机构,促进组织协同;二是要以形成微媒体和思想政治教育"你就是我,我就是你"的理想状态为落脚点,构建多元主体参与机制、建立健全组织领导和督导机制、资源协同共享机制,推进保障机制同构,形成协同效应。

二、供给内容品质化是微媒体"精准智慧"之根

"内容"是媒体的灵魂。优质内容是思想政治教育"黏住"对象的"法宝"。在高校思想政治教育微载体的发展中,我们不仅要发挥技术、设施、载体的作用,更要紧紧抓住内容建设这个根本。① 微媒介载体的交互特点,决定了学生在微空间的双重角色。他们既是接受主体,也是"二次"传播的节点。学生的参与度体现了微载体的黏度和沉淀力,提高微载体"流量"和"人气",既要在议题设置上下功夫,也要优化内容品质,更要贴近学生实际生活,这是提升学生关注、驻足和回访的关键"法宝"。

(一)注重"议题设置",提升平台黏性

议题设置的新颖性是提高学生参与度的黏合剂。社会巨变是代沟和代际冲突的直接原因。随着互联网、移动信息技术和设备的换代升级,尤其是新兴媒介载体的兴起,导致当代青年学生代际时段缩短、差异加大。这就要求教育者必须紧跟时代和科技创新步伐,立足社会发展和时代的前沿,坚持问题导向,围绕学

---

① 北京市新闻工作者协会:《中国媒体融合发展报告(2016)》,社会科学文献出版社 2017 年版,第 8 页。

生普遍关心、关注的社会难点、疑点和热点问题，按照深刻性和创新性的要求，提出和设置思想政治教育微空间议题，并通过网络流行语、学生喜欢的话语模式或微视频、GIF 图像等微形式生动地展现出来，使议题既内容鲜活、话语暖心，又多元易受。增强议题吸引力、感召力和黏性，既调动微议题学生构建者、管理者和参与者的积极性，也吸引"潜水者"参与到活跃的微讨论和互动中，全面提升学生参与高校思想政治教育微载体建设和应用的主动性，使他们在参与中体验、感悟和提升自我，提高微空间思想政治教育的覆盖面和实效性。

议题设置的生活化是提高学生参与度的催化剂。思想品德的形成离不开现实生活的熏染，是人在日常生活中体验和领悟的结果。高校学生思想政治教育微载体及其搭载的内容要想发挥其化育作用，就必须贴近生活、贴近现实。只有将高校学生思想政治教育有机嵌入师生日常思想微互动、交往之中，才能使学生在其喜欢的生活微空间中，通过思想交流、答疑解惑，帮学生明方向、树理想，破困惑、解难题，让学生感到"解渴"，有"收获"。同时，微载体议题设置，只有以学生日常生活和思想脉动为基本出发点，以充满生活气息、诉求表达和亲情、友情为主题，才能贴近学生学习生活、利益诉求、成长成才和现实需要，以接地气、有温度、有延伸的话题，引发学生关注，激发其参与热情，进而在思想上产生共鸣。热门议题话题，可以引导学生在共同话题的参与和讨论中潜移默化地提高思想认识和价值共识，在参与互动中内化、提升。

议题设置的动态性是提高学生参与度的助燃剂。网络微媒体时代，信息生产、来源、消费呈现"众包"化、多元化和碎片化的特点，受众已成为信息的"产消者""制用人"和公民记者①。细分网站和新媒介载体的崛起使受众多以离散的形态遍布网络的各个群落②。信息的网状节点式扩布，使传播呈"新媒介即关系"的结构。系列议题所组成的认知网已成为影响受众的核心，无中心、多节点的网络化模式将成为信息传播的新样态。③ 传播样态变革，议题的活力和传播力的要求，尤其是教育的学理性、独特性，致使高校学生思想政治教育微议题设置由原来的单一议题设置向系列议题设置转变。议题设计者要结合社会和时代的发展，针对议题的深化和内容的流变，围绕相关主题设计能够不断拓展和延伸

---

① NAPOLIP, *Audience Evolution: New Technologies and the Transformation of Media Audiences*, New York: Columbia University Press, 2011, p.2.
② 史安斌：《细分网站：互联网发展新突破口》，《人民论坛》2016 年第 7 期。
③ 史安斌、王沛楠：《议程设置理论与研究 50 年：溯源·演进·前景》，《新闻与传播研究》2017 年第 10 期。

的系列议题,以便学生在讨论的基础上,衍生出新的次生话题,促进议题的逐步展开和不断深化。同时,在讨论中关注话语和思想流变,把握其演变轨迹和实质,适时提出和设置新话题和新议题,激发学生参与的兴趣,提高学生的参与度,落实学生的主体地位。

（二）提升"内容品质",增强受众占意

随着微媒体技术的发展,"你中有我,我中有你"已成为微媒体时代的标志。虽然通信技术和平台等要素促进了媒介的传播,但无论技术多先进、手段多丰富,内容为王依旧是亘古不变的法则,优质内容依旧是媒介传播的"王者"。

提升内容品质,留住学生占意。无论是传统媒体,还是新媒体,其发展都离不开内容这一核心要素,媒介传播"内容为王"。微媒体时代,一方面,媒介信息产生与传播的载体、渠道更加复杂多元,信息海量供给,引发信息"过载",致使受众因"选择困难"而呈现迷茫的状态。另一方面,"全民阅读"已成为人们日常生活中的"新的风景线"。"全民阅读"作为碎片化阅读,与纸媒的慢阅读、深阅读、思考性阅读相比,易致受众思想浅薄、判断力下降。而信息泛化和内容同质化易产生"阅读"的倦怠和审美疲劳,源于生活、鲜活易受的优质内容,才是吸引学生、黏住学生的关键所在。面对上述问题,如何以优质内容吸引受众已成为媒体生存的关键。而树立"以内容取胜"的理念,提升供给内容品质化,也就成为思想政治教育应对微媒体冲击、图存革新,推出有深度、厚度、广度和温度的精品内容,是增强教育实效性的核心所在。高校思想政治教育只有对微教育内容"深耕细作",打造符合微时代要求和特点的微内容体系,才能以特色、优质的品牌取胜,使之成为传播思想、教化人心的新载体。

注重"话语特色",吸引受众关注。微媒体时代,媒体传播融合化、智能化已成为时代发展的新趋势。因此,以新心态新语态新形态顺应微媒体传播的新常态,已成为高校学生思想政治教育必须面临的新课题。要坚持教育性和导向性相结合、创新性和科学性相结合,建构"领方向、聚人心、扬正气"的"微"话语体系,给思想政治教育插上信息化的翅膀,把"高大上"的传统教育内容转变为"接地气"教育新产品,使之更有温度、更有触感、更有质量,真正发挥其扶正祛邪、正本清源的作用。要坚持话语表述的时代性和包容性,紧跟时代潮流,以学生喜闻乐见的网络流行语和微语言,对晦涩难懂的教材话语加以包装、转译和优化,使其具有时代性,进而提升"微"话语的亲和力与感染力,使思想政治教育微内容真正能够入脑、走心、有温度、接地气。再次,要坚持话语使用的前瞻性和灵活性。要发挥大数据的汇集、筛选、研判等功能,从研判形势、研究受众、研明机理入手,既要明确微媒体和思想政治教育发展态势,又要全面、系统分析学生的话语特点,更要把握微空间思想政治教育话语优化的机理,统筹谋划、设计和优化,打好"微"话语研发与传播的"组合拳"。

(三)贴近对象现实,激发主体意识

以平等互动促参与度提升。传统思想政治教育,学生多处于被动地位,师生互动性差,学生在一定程度上处于"被教育"的地位,他们学习兴趣不高、主动性不强,教育中易出现"你说你的,我做我的"的现象,教育内容认同度、内化程度不高,进而难以外化为行动。高校学生思想政治教育的目的是对学生进行思想、价值引领和行为规范。思想政治教育入驻微空间,为学生参与教育实践提供了新便利。借助新兴网络微平台可以促进师生平等互动,实现交往主体话语地位的平等性。微载体建设者要转变传统观念,把握微媒介载体传播去中心化特点,针对学生交往心态、情绪和看法,在充分了解、把握学生思想、行为动态真实图景的基础上,以适宜的场景、乐受方式和平等的姿态,频繁、持续、深入地与学生进行思想交流,帮助学生解疑释惑,凝心聚力,不断积聚正能量。同时,通过线上微专题讨论、微案例分析、微主题辩论等方式吸引学生,调动参与主动性,激发学生独立思考。

以贴近需求促参与度提升。高校学生思想政治教育微载体建设在设计上,要尊重学生选择权,结合学生的学习特点,将传统抽象、生涩的说教式的理论教育转换为学生关切、聚焦的热点、疑点话题,组织学生围绕理论、知识点设计系列线上微活动,使学生在活动设计中,加深对理论的感知。要坚持学生需求和问题导向,从学生成长成才出发,以学生关注的热点问题为焦点,组织学生选择他们乐用、善用的微平台,以语言、形式、素材、案例等他们喜闻乐见的微形式,打造他们易受、乐受的微作品,让他们在收集、挖掘、制作微作品的过程中,在问题讨论、交流、互动中,春风化雨、润物无声。同时,教育者要现身说法,由情入理、由点到面,以剥"洋葱"的形式,由表及里,推动学生认识层次化提升,渐进式升华,促进学生对理论问题的领悟和理解。要紧扣学生关注的各类重大政策、重要活动、重要时间节点,组织学生开展系列线上专题实践活动,让学生在参与活动的设计、规划和组织中,知国情、社情,深化对国家、民族和中国特色社会主义的认同。

以见微知著促参与度提升。随着各类微平台的风起云涌,微阅读、微视频、微支付、微表情、微公益,等等微媒介形式不断涌现。高校学生作为时代的象征,他们无时无刻不生活在"微"之中,高校学生已成为微生活的引领者。面对这一微生活现状,高校学生思想政治教育工作者要摒弃传统宏观叙事的教育方法,发挥微平台的优势,见微知著。要提升高校学生对微载体的关注度和学生的参与度,就必须在"微"字上下功夫。坚持以"微"为切入点,在形式、内容上彰显"微"特征、特色和优势,大处着眼,小处着手,将宏大的理论叙事细化、分解为微观叙事,将微内容有机融入各类载体之中,做到春风化雨,潜移默化。要充分利用"三微一端"的承载作用,组织学生制作思想政治教育微电影、微视频、微直播等各类微产品,并使之有效聚合,同时,发挥全媒体作用,打造媒体传播矩阵,使微教育落细、落小、落实,入耳、入脑、入心,只有这样,高校思想政治教育微载体才能接地气、带热气,增加打动人的温度。

三、供给匹配精智化是微载体"精准智慧"之势

人工智能、物联网、云计算等技术的发展为高校思想政治教育微载体智慧、智能、智力提供技术保证,推进思想政治教育资源的数字化整合共享,强化学生痕迹资源和需求特点的汇集与分析,增强教育过程数据的即时反馈和有效整改,这都促进了高校学生思想政治教育微载体供给匹配的精智化。

（一）价值信息有效汇集是精智化的基础

围绕、关照和服务学生是提升教育实效性的前提。数字技术的发展,微媒体高度开放性、灵活传播性、实时互动性,尤其是其精准的算法推荐功能,都为高校学生思想政治教育提供强劲动力,有效克服了传统教育形式与媒介形式在精准性与时效性上的不足。微媒体数据容纳存储海量、汇聚实时动态、形态多元异构,为平台内容供给持续动态提供数据源,为高校学生思想政治教育全天候、全时段、全程性了解、引领、教育大学生提供了数据支撑。利用微媒体技术,教育者可在法律框架内,针对学生线上痕迹信息予以汇集,运用算法功能进行群体和个体"画像",最大限度知晓、把握学生思想现实状态和未来走势。微传播样态下,"思想政治教育+微媒体"聚合的目的,就是要发挥微媒体数据资源汇集和关联分析优势,在教育实践动态生成中,全面、真实、深入、高效地把握教育过程、对象,以实时修正、精准匹配,提升教育的精智化。未来,树立"智慧+智能+智库"理念,以新技术为支撑,推进微媒介载体平台矩阵建设,建好建优各类数据资源库,构建一体化线上资源共享联盟,实现多维资源实时共享,是夯实高校思想政治教育"智慧化"的基石。

（二）对象行为"画像"精准是精智化的核心

"受众视角"是思想政治教育微载体建设的基本落脚点。贴近用户,就要了解用户。对于高校思想政治教育来说,就是贴近学生,了解学生。微媒体为高校贴近学生,了解学生提供了最佳平台。作为"常住民",微媒介载体是学生乐用、

善用的平台。高校入驻微媒介平台，也就贴近了学生。贴近学生的目的是全面了解学生。微媒介载体蕴含的大数据、云计算和算法功能，为教育者了解学生提供了技术支撑，为此只有建好微平台，提升平台技术赋能水平，才能匹配精准。算法是"画像"的核心技术，而实现"画像"精准并非单一的技术，失去全样本"数据"，"画像"也就失去了成像的本基。全样本数据既包括思想政治教育资源、过程数据，也包括学生数据。传统数据受时间、场域、对象选择，存在一定差异性。微媒体全域、全员、全程数据汇集功能，为思想政治教育全样本数据采集提供了技术支撑。教育者可运用平台蕴含大数据功能，对教育者、教育对象、教育过程数据予以汇聚和关联分析，即时准确对教育主客体及其过程的真实样貌予以反馈，为教育者即时改进提供科学依据。为此，思想政治教育微载体平台数据库和功能建设尤为重要。同时，为提高平台反馈的精度，还要强化学生"元数据"建设，推进学生个体的数字化，建好分类数据库。在此基础上，运用算法功能，动态把握学生兴趣、习惯和偏好，以不同方式呈现不同类别学生样貌，为学生"推荐"个性化、差异化的微内容，达成供给精准的目的。同时，要钻研学生心理和阅读习惯，以其习惯的接受特点和范式对微内容研发进行个性化定位，以内容的原创、新颖、独特留住学生。

诚然，只有实现思想政治教育语境、思想政治教育产品与学生的完美匹配，才能实现教育的双向互动，进而构建个性化、智能化、定制化的微空间思想政治教育传播途径，真正做到以"受众视角"为圆心，促进交流的"零距离"，实现思想政治教育微产品的"精准送达"。

四、供给效能最优化是微载体"精准智慧"之能

随着"元宇宙""ChatGPT"的出现，智媒体时代已初见端倪。高校学生思想政治教育与微媒体的聚合发展，是顺应数字技术赋能背景下，教育场域开放性、虚拟性、共享性的特点，以突出网络虚拟环境作用，实施线上与线下教育相结合的重要举措。目的在于借助数字化微媒体信息资讯的有效传播、思想观念的有效传递，帮助学生树立正确价值观，养成良好道德品质。

（一）人机协同态势发展助力供给效能最优

互联网、物联网、大数据的出现，让任何事物都可以被联系在一起，使信息资讯之间打破了原有的"信息孤岛"状态，在数据化转换后，数据与数据之间被悄然联系在一起。人与机器从具象看似毫无联系，但因数据而存在某种内在链接，通过对关联数据挖掘、检视与分析，既能摸清要素样貌，发挥各自优势，提升系统效能，还能依据全样本动态数据，预判事物发展态势，科学决策。人机协同是未

来潮流。"元宇宙""ChatGPT""Sora"时代的开启,媒介传播进入"沉浸"体验时代,既改变着人们对媒介传播的认知,也使人们不自觉地进入虚实相融的现实世界镜像之中。智媒时代,人机共教趋势明显,树立"思想政治教育+人工智能"思维,摒弃重因果性关系阐析而轻数据关联分析的传统惯性,以人机共教新理念,推进思想政治教育数字、智慧化转型,构建数据动态采集、汇集和分析系统,推进全样本数据集成。在此基础上,通过数据分析,甄别不同内容之间的内在关联性,从关系联接的强弱程度,去探索高校学生思想政治教育对象思想和行为动向产生的原因并可能引发的后果,继而预先采取行动加以干预,朝着有利于学生发展的角度引领,尽量避免出现负面结果。总之,高校学生思想政治教育必须正视数字技术带来的变革,主动寻求改变,将技术先进性与思想政治教育过程性结合,树立人机协同育人的新理念,创新实践范式,开启多元技术助力高校学生思想政治教育实践的新时代。

(二)优势要素耦合共享助力供给效能最佳

数字化时代,网络媒体、移动通信及智能技术融合共生发展态势,为思想政治教育迭代创新提供技术、平台和实践空间。开放的虚拟网络空间成为学生获取知识和信息的新场域,在"虚实交互"的新空间,教育者固有的话语地位式微,学生对教育资源的自主选择权增强,学生接受度取决于其对信息内容的关注度、认可度、欢迎度,这也是影响育人效果的决定因素。① 要以优势提品质。党的十八大以来,高校思想政治教育队伍不断壮大和发展,为微空间思想政治教育奠定了人力资源基础。微社交媒体移动化、即时化、交互化和可视化的传播优势,为思想政治教育提供了新载体。人工智能技术的发展,为高校准确把握教情、学情,实现供给匹配精准提供了技术支撑。思想政治教育工作队伍之"智"、微媒体传播方式之"优"、人工智能技术之"能"的优势聚合,为高校将立德树人落细、落小、落实,融于细微、化于无形提供了新契机,为思想政治教育作品提升品质提供了新动能。② 高校要把握这一优势聚合的新契机,运用优势要素为微载体赋予的技术基因,创新和深化其全流程,实现教育的自动、精准、高效运维,推进微载体转型升级,进而焕发学生思想政治教育勃勃生机。实现这一转变,高校要利用微媒体具有的智能化、智慧化算法功能,打破信息传递通道中的既有秩序,突

---

① 庞娟:《新媒体时代大学生思想政治教育创新研究》,山西大学 2019 年博士学位论文。

② 张宝君、孙志林:《智媒时代高校微空间思想政治教育的审视与创新》,《思想理论教育》2021 年第 2 期。

破传统教育模式中主、客体泾渭分明的格局,树立平等、互动的主客对等模式,创设新的架构在数字化技术上的高校思想政治教育新路径。既要突破传统固有理念束缚,又要用好用活用精微媒介载体,将传统线下教育优势数字化转型,使其充盈微空间。要以国内外和学生关注的社会现实问题设置议题,吸引学生关注并"驻足",以 AR、H5、4K 等技术,以在场沉浸体验,促进其认知和实时内化,总之,水无常态,法无定法,与时代与技术同步共进,与学生同在共情,始终是微空间内容供给的"保鲜剂"。

第四节　以"四个统一"为原则确保微载体建设有据可依

多元媒体融合的时代,要坚持"互联网+"思维,推进"思想政治教育+多元技术"的进程,促进数字技术、人工智能与高校的有效聚合,增强学生的获得感。如何用"好"、用"强"、用"活"、用"实"思想政治教育微载体,真正把高校学生思想政治教育工作做细、做深、做实、做好,已成为时代的新命题。高校学生思想政治教育工作者,要进一步明确目标,在聚合理念引领下,坚持建设性和批判性、政治性与学理性、统一性和多样性"四个"统一原则,构建立意、创意、汇意和达意四维一体,目标明确、思路清晰、优势集聚、功能聚合的微载体,只有这样,才能顺应时代发展,立足高校实际,提高思想政治教育供给的精度和准度。

一、建设性与批判性相统一是微载体建设的基本遵循

新时代,以新媒体新技术创优思想政治教育,是赢得、留住学生的关键。高校"要加强互联网思想政治工作载体建设,加强学生互动社区、主题教育网站、专业学术网站和'两微一端'建设,运用大学生喜欢的表达方式开展思想政治教育。"[1]深化思想政治教育载体范式革新,"要坚持建设性和批判性相统一"[2]。高校学生思想政治教育微载体是"思想政治教育+微媒体"的产物,只有坚持建设性与批判性相结合的原则,才能顺应时代要求和学生发展需求,真正承担起立德树人,用习近平新时代中国特色社会主义思想铸魂育人的历史重任。

（一）把握微载体建设性与批判性的本质内涵是前提

移动网络技术的升级换代,微博、微信及其衍生平台迅速崛起,其承载内容

---

[1]　《中共中央国务院印发〈关于加强和改进新形势下高校思想政治工作的意见〉》,《人民日报》2017 年 2 月 28 日。

[2]　《习近平谈治国理政》第三卷,外文出版社 2020 年版,第 331 页。

的微小化、生活化,其操作方式的便携和简洁化,其传播的无界化和即时化,扩大受众群体,形成处处时时皆微的现实图景,为高校学生思想政治教育载体拓展提供了新场域。高校学生思想政治教育微载体作为网络空间师生信息传递和交流的新平台,只有紧跟时代发展和科技创新的步伐,契合学生时代发展要求,进一步深化其建设,才能不断增强其时代性和吸引力。

坚持高校学生思想政治教育微载体优化的建设性,就要遵循教育、媒体演进和学生成长规律,合理设计和创新载体,不断增强其亲和力、影响力和实效性,使高校学生思想政治教育载体,成为巩固主流意识形态、弘扬主旋律、传播正能量的"新阵地",成为"为党育人、为国育才"的"新场域"。坚持批判性,就是坚持马克思主义批判性原则,旗帜鲜明地批判和摒弃高校学生思想政治教育微载体建设实践中"重技术应用、轻价值融入"错误思维,要抵制"重形式、轻内容"错误做法,把高校学生思想政治教育微载体沦为"技术工具",沦为"形式工程"的错误倾向。坚持建设性与批判性相统一是高校学生思想政治教育微载体优化的首要原则。作为"立德树人"的重要阵地,高校学生思想政治教育微载体不仅承担着培养时代新人的历史重任,更承担着传递社会主流意识形态和社会主义核心价值观,弘扬社会正气,发挥舆论导向的作用。

(二)建设性与批判性相统一是微载体建设时代选择

"互联网+"时代,大数据、云计算、人工智能引发媒体传播格局与范式的变革,促进了传播渠道和形式的多元、多样和智能化发展。面对媒介传播新图景,思想政治教育载体以全新姿态迎接挑战势在必行。传统高校思想政治教育载体由于受时空限制、形式相对简单、时效性较差,而且承载内容存在"格式化"和"口号化"的特点,话语表述官话、空话、套话较多,易引起学生反感,难以使思想政治教育内容入脑、入心。高校学生思想政治教育微载体作为信息技术迅猛发展的产物,同传统思想政治教育载体相比较,具有鲜明的时代特色。微媒体时代,信息角色交互交融、场域虚实共生共在、场景呈现沉浸体验等特性,为思想政治教育载体优化提供新平台,为其内容供给更加贴近学生,贴近生活,增强可感性,为思想政治教育内容的二次传播提供可能,进一步增强教育的辐射性和扩布性。

微载体的搭建,为高校学生思想政治教育搭建了"润物细无声"的生活化和隐性化教育引领平台。一方面,思想政治教育微载体受众"平民化"的特点,使其更易贴近受众生活,为其生活化提供了新契机。教育者利用微载体,以学生生活中的典型事例为素材,有利于贴近学生,把工作做细、做深、做好。另一方面,微载体的搭建,有利于教育者将思想政治教育内容融入微文化活动,促进思想政治教育的隐性化,艺术而巧妙地达到教育目的。思想政治教育微平台具有极大的圈层性和隐蔽性,可以巧妙地将教育内容融入和渗透于议题转换之中,让受众在娱乐、休闲中接受教育。但受固化思维束缚,思想政治教育微载体范式创新、形式优化还存在意识观念转变滞后、经费投入不足、人员队伍素质不够、平台建设缺乏"高精尖"、内容和形式单一等现实问题,高校必须坚持建设性与批判性相统一,以马克思主义世界观和方法论,对思想政治教育微载体建设实践予以审视和反思,敢于直面现状和问题。

(三)建设性与批判性相统一是微载体优化的价值遵循

建设性是促进事物发展的本质属性。高校学生思想政治教育微载体建设性,即对其建设与完善、创新与发展具有能动作用的性质。建设性是事物与时俱进、顺势而进的体现。只有坚持建设性,高校学生思想政治教育微载体才能在创新发展的过程中,激发师生员工的团结奋进的力量,实现高校学生思想政治教育微载体育人的目标,为党育人,为国育才,提供新阵地。以建设性思维,推进高校学生思想政治教育载体优化,是顺应微媒介传播时代的必然选择,是对学生信息、知识获取习惯和样貌的现实回应,更是拓展教育渠道建好立德树人微空间的应然选择。

批判性作为敢于质疑、挑战的辩证思维和问题导向思维。高校学生思想政治教育微载体批判性,即是善于检视和反省的问题导向思维,是对固有理念、错误认识的批驳和否定,是守正创新的基础。坚持高校学生思想政治教育微载体优化的批判性,根本目的在于针对微载体建设实践中存在问题,对症下药,推动其完善与创优,在于更好地发挥其中介和载体功效,增强微空间教育的针对性和实效性。新媒体时代,媒介领域的生态环境变化,媒介传播融合性、多样性和主体交互性的新样态,学生信息接收和阅读习惯的新变化,对高校学生思想政治教育载体都提出了新的要求。微空间层次化主体、杂糅化内容、扩布化传播,使网络媒介传播呈现杂乱、无序的虚拟态势。为此,达成以主流意识形态占领微空间的目标,要求高校要坚持批判性,在守正创新中,扬长避短,推进高校学生思想政治教育微载体转型升级。

建设性与批判性是相辅相成的矛盾统一体,二者既共同服务于高校学生思想政治教育微载体优化这一主题,又各有侧重。建设性是微载体优化的前进动力;批判性是微载体推陈出新、革故鼎新的落脚点,承担着微载体优化与创新"催化剂"的作用。虽然二者的着力点不同,但目的都是推动高校学生思想政治教育微载体的优化。建设性处于主导地位,是"立"的过程;批判性具有反作用,是"破"的过程,而"破"的目的是更好地"立",其出发点和落脚点都是为了促进高校学生思想政治教育微载体的优化,为了更好地打造学生成长成才新阵地。因此,只有坚持建设性与批判性相统一,将二者统一于高校学生思想政治教育微载体建设实践过程中,才能推进其不断深化与优化,成为师生"零距离"协同共促的新平台。

二、政治性与学理性相统一是微载体建设的价值依归

增强思想政治教育的思想性和理论性,是提高其引导力和说服力的核心要求。欲行其之道,必先明其理。作为高校思政课场域和承载中介的拓展,思想政治教育微载体建设,要以政治性与学理性相统一为基本遵循,"以透彻的学理分析回应学生,以彻底的思想理论说服学生,用真理的强大力量引导学生"。①

(一)坚持政治性与学理性协同一致是微载体建设的依据

高校学生思想政治教育微载体作为思想政治工作"空中课堂"的桥梁和纽带,是新媒体时代高校学生思想政治工作改革创新的应然选择,必须彰显高校思想政治教育的本质属性。坚持政治性与学理性相统一,是高校学生思想政治教育微载体的本质属性。政治性决定了微载体的根本性质,彰显的是微载体所坚持的政治立场和政治方向。学理性规定了微载体承载内容的指向性与预设性。高校学生思想政治教育微载体承载的内容,只有占据了道义和真理的制高点,才能打动学生、感染学生、说服学生,才能充分发挥其功效,成为学生思想政治教育的"线上"新阵地。

坚持政治性是微载体内容建设的根本属性。突出政治性,一方面体现在要旗帜鲜明讲政治,另一方面要旗帜鲜明落实学生的人民中心地位。作为中国特色社会主义意识形态宣传、教育主阵地,高校学生思想政治教育微载体主要担负着向学生开展社会主义意识形态宣传、教育的时代重任。旗帜鲜明讲政治,要求其承载内容必须以马克思主义为指导,坚持社会主义办学方向,体现党执政的理念、立场和观点。为此,在内容选择上,要着眼党和国家事业发展全局,立足于"为党育人,为国育才"这一核心指向,用马克思主义及其中国化的理论、社会主义核心价值观、"四史"和中国特色社会主义文化,引导学生立大志做时代奋进者,明大德、守公德、严私德,成大才做有用之才、栋梁之材,担大任以堪当民族复兴重任,切实发挥高校学生思想政治教育微载体承载内容的政治引领功能,使学

---

① 《习近平谈治国理政》第三卷,外文出版社2020年版,第330页。

生把坚持马克思主义政治立场、观点变为行动自觉,进而增强"四个自信",立志肩负起民族复兴的时代重任。旗帜鲜明落实学生中心地位,就要围绕学生,从学生需求出发,以促进学生成长成才为落脚点,从学生现实样貌入手,找准落脚点。

学理性是教育内容建设的实践取向。微载体建设坚持学理性,是指高校思想政治教育微载体承载内容所蕴含的实践追求与价值取向。社会主义意识形态作为完善的观念体系,其政治和价值导向需要从教育实践中得以体现。只有明确目标指向才能够从思想政治教育工作的自身逻辑出发,以鲜明的政治导向引领学生,以彻底的理论释惑解疑,以真理力量培根铸魂。高校学生思想政治教育微载体承载内容要想黏住学生、说服学生,仅靠形式多样的微载体(微产品)——"武器的批判"吸引学生是不够的,还需以蕴含彻底理论、透彻学理的微内容——"批判的武器"留住学生。"一了千明,一迷万惑。"高校学生思想政治教育微载体承载内容建设,只有顺应教育和学生成长规律,遵循思想政治教育的实践逻辑,坚持理论与事实相结合,才能说服人。没有明确的实践追求与价值取向内容,难以真正回应、说服和引导学生。

(二)明确政治性与学理性的辩证关系是微载体的建设基础

满足学生成长成才需要,更好"为党育人、为国育才",是高校学生思想政治教育微载体建设的初心和使命。实现建设初心和使命,要求高校微载体建设实践,要坚持政治性与学理性相统一。习近平总书记指出:青年要"有理想、有本领、有担当"①,要"让学生成为德才兼备、全面发展的人才"②,这里的"有理想"和"德"侧重于思想、道德层面,而"有本领"侧重知识和能力。思想政治教育的旨要是立德树人,是为党和国家培养"德才兼备"的时代新人,必须坚持政治性与学理性相统一,这也是微载体建设实践的出发点,为此,首先要明晰政治性和学理性二者间的关系。

当前,从高校学生思想政治教育微载体承载内容看,在一定程度上还存在政治性与学理性相互割裂的现象。部分高校的网站、官方微信公众号过于强调承载内容的政治性,侧重于对政策、文件的"拷贝""复制""粘贴",未能结合学生实际,从历史规律、理论真谛、辩证逻辑等视角对理论进行阐释、对现实问题予以回应,帮助学生答疑解惑,同时,个别高校的网站、官方微信公众号为了吸引受

---

① 《习近平谈治国理政》第三卷,外文出版社2020年版,第54页。
② 《习近平在全国高校思想政治工作会议上强调　把思想政治工作贯穿教育教学全过程　开创我国高等教育事业发展新局面》,《人民日报》2016年12月9日。

众,存在偏重学理性而淡化政治性的现象,弱化了对学生价值取向和政治方向的正确引导。坚持政治性与学理性相统一,既要旗帜鲜明讲政治,又要踏踏实实提升学理性,才能以有灵魂的、有说服力的内容彻底赢得学生。政治性是思想政治教育的本质属性,决定着微载体建设的行动方向。坚持政治性,就要在高校学生思想政治教育微载体建设中善于从政治上看问题,在大是大非面前和纷繁复杂的微空间中旗帜鲜明、立场坚定,保持清醒头脑,始终坚持社会主义办学方向,把牢政治性这个根本和灵魂;学理性决定着高校学生思想政治教育微载体功能和价值的实现程度,是其生存与发展的基础和支撑,突出高校学生思想政治教育微载体的学理性,是在搞清弄透理论逻辑,掌握理论精髓的前提下,以有深度、厚度的"微"话语向学生摆事实、讲道理,帮他们学深、弄懂,入脑入心。

政治性和学理性作为辩证的统一体,是相互联系,辩证统一的。在高校学生思想政治教育微载体建设实践中,单纯强调学理性,其建设方向易产生偏移;单纯强调政治性,其内容引领价值和功能就难以彰显。因此,高校学生思想政治教育微载体建设,既要旗帜鲜明讲政治,突出政治导向,又要突出实践的学理性指向,坚定高校学生思想政治教育微载体建设的实际功能并追求实效。

三、统一性与多样性相统一是微载体建设的实践导向

作为一项复杂的实践工程,高校学生思想政治教育微载体建设,既应结合高校学生群体化特点,又要结合新媒体分众化的传播特点和学生因成长阅历、兴趣爱好等差异而产生的个性化需求;既要为学生提供营养丰富的"大餐",又要在把握共性、体现个性的基础上,为学生提供丰富多彩的特色"佳肴",实现统一"漫灌"和精准"滴灌"的有机融合,把高校学生思想政治教育微载体打造成融多样化教育资源于一体的协同共享,彰显独特魅力的新阵地。

(一)把握核心要义是促进统一性与多样性相结合的保障

统一性是指事物的整体性,多样性是指事物构成的不同层面和要素。统一性是多样性的融合,多样性是统一性形成的基础。① 高校学生思想政治教育微载体作为"思想政治教育+微媒体"的产物,彰显了思想政治教育的本质属性,是微载体建设的基本价值遵循。

高校学生思想政治教育微载体的统一性,是其目标、规划、资源的整体性,是其目标达成的共性要求。要以统一性为目标,明确建设方向。"坚持教育为人民服务、为中国共产党治国理政服务、为巩固和发展中国特色社会主义制度服

---

① 邓伟志:《多样性与统一性》,《北京日报》2019 年 11 月 11 日。

务、为改革开放和社会主义现代化建设服务"①是思想政治教育微载体建设的价值遵循和核心指向,是其建设总目标。二是以统一性为规范,明确建设目标。意识形态建设是高等教育的"压舱石",政治方向是高校学生思想政治教育微载体建设的灵魂,"立德树人"是教育的总目标和根本任务。因此,高校学生思想政治教育微载体建设,就要围绕"为谁培养人、如何培养人、培养什么人"这一根本目标指向,统一在"为党育人、为国育才"上,只有这样,才能体现社会主义办学方向,发挥其立德树人重要阵地作用。三是以统一性为规范,整合微建设资源。高校学生思想政治教育微载体建设是一项系统工程,涉及组织领导、队伍建设和资源协同等方方面面,作为落实立德树人根本任务的重要载体,高校学生思想政治教育微载体建设必须聚焦于培养有理想、有本领和有担当的时代新人。

高校学生思想政治教育微载体建设的多样性,是时代、对象需求的应然选择。经济基础决定上层建筑,教育的改革发展必然受生产力发展的制约。思想政治教育作为教育的核心内容,必然随生产力和社会关系的变化而变化,呈现时代性。思想政治教育微载体是时代产物,与时俱进是其本质属性。其建设实践必然随时代、社会的发展以及环境和教育对象的变化而变化,呈现差异性和多样性。因此,只有坚持高校学生思想政治教育微载体建设的多样性,才能实现教学与实践协同,各类课程比肩同行,校内外教育同频共振。一是多样性是新媒体时代高校学生思想政治教育改革创新的必然选择。新旧媒体的交汇交融,尤其是新媒体技术的日新月异,导致信息传播的多样化和复杂化。作为高校学生思想政治教育载体新样貌,微载体必然与其承载工具——媒体的发展同心同向,呈现多样性、复杂化和差异化的特点。因此,高校学生思想政治教育微载体建设,只有因事而化、因时而进、因势而新,才能因地制宜、因时制宜、因人施教,既符合教育规律、思想政治教育规律,符合媒体发展与学生成长成才规律,也符合国家、社会对高等教育人才培养规格和质量的目标要求。二是聚合要素的多元、多样要求高校学生思想政治教育微载体建设呈现多样性。作为聚合体,微载体构成涉及教育主体、基础设施、平台设计、产品研发以及推送途径和反馈渠道等诸要素。这也决定了其建设实践过程的多样化。新媒体和网络技术的发展,尤其是信息传播的即时性和无界化,打破传统高校"象牙塔"的藩篱,拓展了知识传递的时空和场域,为高校整合思想政治教育资源奠定了基础,高校不仅可以整合校内资源,为我所有,也可以整合域内高校、企事业、社会团体和各类教育基地的思想政

---

① 《习近平谈治国理政》第三卷,外文出版社 2020 年版,第 328 页。

治教育资源为我所用,还可以整合国内外知名高校和各级各类教育资源为我所享,真正做到"浸之有物、浸之有境、浸之有情"。

(二)明确辩证关系是统一性和多样性的有效协同关键

要紧扣价值目标,突出统一性的主导地位。"必须抓好后继有人这个根本大计","培养造就大批堪当时代重任的接班人",①是党的百年奋斗历史的经验结晶。作为新范式,"思想政治教育+微载体",必须将立德树人作为其建设的价值目标和核心指向。高校学生思想政治教育微载体建设的统一性和多样性作为目标实现的"双轮驱动",必须服从和服务于立德树人这一同一性的价值目标。统一性强调整体性,是目标设计的整体性保障,是促进目标达成构成要素协同的基本依归,对目标达成具有主导和决定性作用。多样性强调灵活性与丰富性,是在统一性规范下,各构成要素在保证目标达成中的具体措施和手段。多样性服从统一性,统一性规范多样性。强调统一性,就是要彰显统一性在高校学生思想政治教育微载体建设中的主导地位,将立德树人这一目标落实到微载体建设各构成要素建设的具体实践中,构建党委统揽、部门协同、师生参与,以主流意识形态为导向,以各类微平台(产品)为载体,以内容建设为核心、以资源整合为依托的高校学生思想政治教育新阵地。

要注重要素效能,发挥多样性的教育价值。高校学生思想政治教育微载体建设的目的在于顺应时代发展,进一步加强和改进高校学生思想政治教育,提高其亲和力、吸引力、感染力和实效性。立德树人实效性的提升,是高校学生思想政治教育微载体建设的基本遵循和价值依归。立德树人实效性体现在最大限度满足教育对象成长成才需求,促进教育对象全面自由发展,培养符合国家和社会发展要求的德才兼备的时代新人。新时代,高校学生思想政治教育微载体建设的不充分不平衡性、教育对象需求的多样性,决定了学生思想政治教育微载体建设要素的多样性,强调教育要素的多样性,既是增强载体活力的现实需要,也是教育本质要求。由此可以看出,高校学生思想政治教育微载体建设,在方向上,必须以"四个服务"为基本出发点;在搭载内容上,要针对社会与学生实际,用透彻的理论解读现实问题、用实践体验印证科学理论;在承载方式上,不仅要发挥慕课、微课等网络教学的作用,还要发挥微视频、微直播、微电影等视听产品的熏染作用,更要发挥各类圈群中舆论"领袖"、网络"红人"和媒介"大咖"的引领作用,为"生命线"加装"数据链",使高校学生思想政治教育微载体贴近时代、贴近

---

① 《中共中央关于党的百年奋斗重大成就和历史经验的决议》,《人民日报》2021年11月17日。

学生、贴近实际,因事、因时、因势而新,以更丰富内容、更多样形式,帮助学生增长知识、启迪思想、健康成长。

四、主导性与主体性相统一是微载体建设的效能保障

新媒体时代,"三微一端"及其衍生载体已成高校学生思想政治教育的新场域,新媒体传播场域无界化、主体的多元化、传收即时化等特性,使高校学生思想政治教育的场域更宽广、主体更多元、载体更多样、手段更新颖,为进一步促进思想政治教育工作者主导性和学生主体性矛盾的解决提供了新机遇,为促进学生需求和思想政治教育供给更充分、更平衡提供了新天地。新媒体信息传播的"低门槛",推进了信息主体的平等化,为网民提供了充分表达自己或群体愿望、意见和诉求的新平台,促进教育者的主导性与主体性的有机统一。

(一)坚持主导性与主体性相统一是微载体建设的基本要求

传统高校思想政治教育,师生的"主从"关系,在一定程度上限制了学生主体能动性的发挥。"思想政治教育+微媒体"样貌下,虽然教育者主体地位式微,但其建设主导性角色未变。

高校学生思想政治教育微载体思想引领、价值导航、道德教化、知识传授和素质提升等功能的彰显,离不开高校思想政治教育微载体建设者、运营者主导性的发挥。而学生作为参与主体,其理想信念、价值观念、道德素养的养成离不开其主观能动作用。新媒体时代,信息传播的交互性和平等性,使信息传播者和受众呈交互性态势,师生间的互动模式由"人—人"转向"人—媒介—人"的人际交互模式。而信息传播的"低门槛"和"平民化",使受众(学生)既是信息的接受者,也是信息的传播者。

新媒体传播样态下,思想政治教育微载体教育工作者—教育主体呈现在场方式虚拟化、方式隐性化、与客体互动的间接化的新样态,其主体性不断被遮蔽;教育客体——学生的主体性参与更多、发挥更充分,随着客体主体性的凸显,"主我"和"客我"转化更快捷,这一转变,使学生的主体性不断凸显。①

(二)"德能兼备"是微载体教育者发挥主导性的内在需要

随着高校学生思想政治教育微载体建设的推进,其意识形态教育阵地的作用更加明显,这得益于教育者的辛勤付出。发挥教育者的教育主导作用,牢牢占领这一新阵地,离不开一大批理想信念坚定、政治立场鲜明、综合素养高、技术精

① 毕红梅、欧玲:《新时代思想政治教育主客体面临的新表征、新质疑及其发展路向》,《思想理论教育》2019 年第 10 期。

湛的"又红又专"的建设者和运维者。新媒介传播图景下,加强微队伍建设,提高微队伍政治素质、思想素质、道德素养、媒介素养和媒介技能,已成为提升高校学生思想政治教育微载体效能的关键。

首先,信仰坚定、政治过硬是微载体工作者的核心素养。新媒体时代,高校学生思想政治教育微载体作为思想政治教育的延伸与拓展,其核心任务是立德树人,这就决定了其承载内容建设必须突出政治和价值导向,以理想信念教育为核心,将思想道德追求、科学精神、爱国情怀、优秀传统文化、人格培养蕴含于产品中,只有这样,才能更好用新思想新理论铸魂育人,成为与思政课程、课程思政同向同行的"第三课堂"。完成这一历史重任,关键在于打造一支德才兼备、又红又专的真学真懂真信真用马克思主义且具有坚定学科、学术、教学和职业自信的马克思主义教育工作者。

其次,学识渊博,功底厚重是微载体工作者的基本素养。新媒体时代,高校学生思想政治教育微载体建设,既离不开立体化的微传播矩阵、特色化的微系列品牌产品,更离不开具有引领作用的舆论"领袖"、网络"达人"和媒介"大咖",微载体搭载内容坚持政治性与学理性相统一,要求高校学生微载体工作者在具备坚定理想信念基础上,要具备广博的知识体系、深厚的理论功底、扎实的专业素养,只有这样,才能以科学、彻底的理论对学生提出的现实问题予以辨析、阐释和回应,帮助学生答疑解惑,使学生真正信服。要成为新媒体时代,学生政治思想引领的舆论"领袖"、网络"达人"和媒介"大咖",要求高校学生思想政治教育微载体建设和运维工作者必须强化政治担当,加强理论学习,丰富知识体系,在学懂、悟透、善用上下功夫。

(三)学生主体性的彰显与实现是确保微载体实效的试金石

信息技术的迭代更新,使人的思想互动方式也进入全媒体时代。全媒体时代人们日常交往互动,已呈现圈层性、碎片性、流变性、便捷性等新样态。这一交流互动的新样态为高校思想政治教育提供了新的微交互平台,为师生思想、学习和日常交往提供了新的载体,使师生间思想交流进入一个崭新的阶段,交流的去中心性,提升了学生主体地位,提高了学生的参与意识。面对新形势新问题,高校思想政治教育工作者只有找准微交互切入点、把握微交互关键点,才能充分发挥思想政治教育微载体的价值引领作用。因此,在锻造"又红又专""德才兼备"的教育主体的前提下,强化用户思维,遵循学生认知和接受规律,落实学生中心,激发他们参与意识,在教育者和被教育者共同参与下,推进高校学生思想政治教育微载体建设。

一是要转变理念,落实学生的中心地位。学生作为思想政治教育的对象,是知识学习、内化和践行的行为主体。契合对象成才和需求规律,提升高校思想政治教育微载体设计的科学性,需要在明晰学生接受、认知、认同和内化规律以及学生思想、行为样貌动态的前提下,结合学生"真实"样貌,设计载体模块和功能,充分调动学生参与的积极性、主动性、创造性,实现学生从"要我学"向"我要学"的转变。突出学生中心地位,要求高校思想政治教育微载体建设工作者,必须在转变观念上下功夫,要改变"政治灌输""理论说教"的传统观念,结合微媒体时代,媒体传播的即时化、便捷化和低成本等特性以及学生信息获取渠道多样化、内容碎片化、偏好生活化、时间零散化、需求多元化等特点,高校思想政治教育工作者只有树立大数据思维,改变过去的主导地位,做到在理念上与教育对象同频共振。二是要设置议题,调动学生参与意识。议题设置作为传播学的著名理论,具有引导受众的注意与思考,提高议题在受众中的关注度的作用。面对信息传播的海量性和碎片化等特点,网民在微载体上的思想互动往往伴随一定的议题展开,通过科学设置微议题,能有效引领微交流互动的方向和进程,有利于受众聚焦关注热点,合理表达诉求,沟通交流思想,明辨是非,凝聚共识。高校思想政治教育微载体只有科学合理设置议题,才能提升学生关注度、参与度,提升学生在教育中的主体地位。三是要创新方法,提高学生的参与程度。高校学生思想政治教育微载体形式和搭载内容的多样性,更加契合学生惯习。高校要坚持因时、因势而变,贴近社会、贴近时代、贴近学生,不断以新媒介技术为手段,研发"新配方",探索"新工艺",为学生提供形式多样、内容新颖的微产品,满足学生的消费口味,提高学生参与积极性和主动性,使他们在参与中体验、感悟和提升。

第五章 "聚合效应"视阈下高校学生思想政治教育微载体建设实践进路

高校学生正处于人生"拔节孕穗"关键期,更需要精心引导和栽培。解决好"怎样培养人"问题,是高校有效落实立德树人必须正视的问题。面对微媒体融合发展新趋势,面对人工智能带来的新机遇,面对学生"微"学习、生活新样貌。高校学生思想政治教育只有与互联网、人工智能、微媒体有效聚合,主动借助新媒体传播和人工智能技术优势,才能建好"微"载体、建强"微"矩阵、筑牢"微"阵地,进而提升思想政治教育时效性,让学生有更多获得感,确保微空间思想政治教育更具传播力、引导力、影响力和公信力,让主流价值传得更开、传得更广、传得更深入,让正能量更强劲、主旋律更高昂,筑牢微媒体空间舆论的主动权和主导权。

第一节 营造"四全"生态格局,夯实微载体建设环境基础

身处网络信息技术迅速发展新时代,面对教育实践场域的图景转换,尤其是教育主客体样貌的巨大变革,[①]大数据生长性、整体性、平等性、开放性、多样性和相关性等特征,[②]满足思想政治教育工作者解决学生复杂事务的思维能力与认知水平提升的需求。利用微媒体的特殊功能,改变高校传统教育管理主导的线性实践模式,按照教育与人的发展的因果效应,从人成长、发展的复杂性角度出发,来设计和建设高校学生思想政治教育微载体,是契合时代和教育对象样貌变革的应然要求。教育是培养人的活动,教与学是学校永恒的主题。从"教"走向"育",必须从"人"开始归于"人"。思想政治教育着力于人灵魂的塑造,而灵魂的塑造离不开良好生态环境。全程、全息、全员和全效育人,既关系到组织和人(教育主客体)的因素,也关系到时空(历时过程和空间方位)因素,是一个"人

---

① 张瑞敏:《大数据背景下高校思想政治教育创新研究》,华东师范大学 2020 年博士学位论文。

② 黄欣荣:《大数据时代的思维变革》,《重庆理工大学学报(社会科学)》2014 年第 5 期。

人育人、时时育人、处处育人"的生态格局。

一、破除传统时空壁垒,构建"全程"共在生态格局

微媒体的融合发展,为高校思想政治教育全场域建设提供新契机。构建跨场域、零时空、全覆盖的协同育人大格局,让全体教职员工都承担育人之责,各项工作都蕴含育人之情,高校处处都体现育人之意,成为高校学生思想政治教育微载体建设的终极追求。实现这一目标,要求高校要在推进组织和机制同构的基础上,强化智能传播矩阵构建,营造"全程化"生态格局。

(一)强化现实与虚拟空间聚合,构建一体化场域

数字和微媒介传播技术迭代,使"虚实共在"成为高校思想政治教育传播的新场景。新媒体传播的即时性和无界性,突破传统高校学生思想政治教育的时间、空间限制,微媒介信息传递的"跨时空"性与用户信息获取实时性、互动性,为全方位育人提供载体和技术支撑,实现教育由传统物理空间向虚拟微空间延伸,推动思想政治教育传播格局由"点"向"体"转变。传播空间、形态变化,要求高校学生思想政治教育及时入驻虚拟空间。首先,要加快硬件设施和网络矩阵建设。加快基础设施建设,提升网络覆盖面是入驻微空间的前提。一方面,高校要加强校园基础网络设施建设,实现校园网络(WI-FI)全覆盖;另一方面,要整合微空间传播平台,构建由微博、微信、抖音、学习 APP 以及各类圈群组成的校园微媒体传播矩阵。其次,高校要按照"一站式"社区的理念,"以书院作为'一站式'的重要建设形式,积极营造博雅环境。要推动社区硬件空间建设,立足学科特色,结合学生实际需求,打造别具特色的书院式学生社区,使社区成为既满足学生现代化生活需求,又凝聚了历史文化底蕴的精神殿堂。"(高校思政网微信公众号:《东南大学:汇聚育人合力,积极开展"一站式"学生社区建设》)"一站式"集约化社区供给模式,提升教育管理服务效能、效率,化解了载体多样,协同不力的矛盾。最后,要发挥思想政治教育平台价值赋能优势,推进其与微媒体传播优势和特点的契合,科学设计符合学生"胃口"的精神食粮,提升思想政治教育微作品沉淀力和传播力,使学生在接收信息的同时,由"接收者"变为"生产者""传播者"与"发布者",实现思想政治教育节点式传播,扩大思想政治教育覆盖面。

(二)化解传播与接受时间延迟,推进实时化共享

传统媒体时代,思想政治教育的开展,一方面,受地域、场所和时间的客观因素影响较大,在一定程度上限制知识和信息传播的广度和效度;另一方面,传播主体知识和信息获取、吸收内化和有效输出,是一个复杂过程的知识更新、转化

过程,在一定程度上延迟知识,尤其是信息和资讯的传播时效。微媒体时代,微空间信息传输的实时互动性,突破时间、空间束缚,实现教育信息交互同步。在多元媒体"超链接",信息扩布"幂指数"的全媒体时代,在"共进度、零时差、齐直播"已成为主流媒体信息资讯传播新样态下,高校学生思想政治教育也迎来移动化、智慧化的崭新契机。高校学生思想政治教育微载体建设,改变"一对多""延时传播"样貌,实现教育主客体实时交互,化解供给和效果检验延迟现象。面对新机遇,高校微空间思想政治教育,要在守正创新的基础上,因势而进。首先,高校要运用大数据和人工智能技术、了解学生对各平台的接触时长,准确掌握学生惯用平台,并第一时间入驻,将其打造成思想政治教育的新载体;其次,高校要紧跟媒体前进步伐,把牢新媒体信息生产与消费"零时差"的特点,针对学生信息选择、认知、交互和行为方式,选择恰当契机和时间点,以恰当的呈现方式推送恰当内容;最后,要善用网络传输、人工智能以及 AR、VR、H5 等传播技术,构建"5G+4K/8K"视听一体的移动化、体验化的思想政治教育场景沉浸。微空间思想政治教育场景沉浸矩阵的构建,将思想政治教育贯穿学生日常生活全过程,覆盖到学生学习生活各方面,为高校汇聚教育智慧和力量,共唱育人"合奏曲"提供崭新平台。

(三)打破组织与资源壁垒的束缚,实现资源共建共享

高校学生思想政治教育作为立德树人的核心渠道,具有整体性、系统性,需要贯穿高校学生教育、管理与服务全过程,融入教学、科研、实践等十大体系的各个环节。这就要求高校学生思想政治教育微载体建设,要从过去"条块分割"的现状向"协同配合"一体化的育人局面转化。高校学生思想政治教育承载载体的融合发展,要求高校要强化部门协同。微媒体深度融合,既是媒体主体的融合,也是媒体资源的深度聚合。为此,一方面,要推进高校课内课外、线下线上、校内校外信息和资源整合,促进教育过程由"分"向"合"转化,推进教育方式由平面、一维向立体、多维方式转型。要从加快"中央厨房"建设入手,切实推进微空间思想政治教育组织的协同和联动,促进校内组织和管理资源的共建共享。另一方面,高校要加快微空间思想政治教育资源数据库建设,既要强化微思政课程与微课程思政资源的全面整合,推进课程思政、思政课程同向而行,也要加快对校外资源的整合,促进校内外优质资源共建共享,构建体系化线上资源共建共享联盟,实现学校、家庭、社会育人资源的协同化和体系化。

二、强化优势要素聚合,构建"全息"传播生态格局

全息媒体中的"全息"即"全部的信息"。将"视频与文本、游戏与学习、触摸

手控、H5 富文本等内容"有机融为一体的全息媒体,使信息呈现形式多元、立体,感受真实,体验性强。① 媒体传播形态的全息化,信息呈现方式多元化和体验化,为高校思想政治教育构建思想引领新场域、丰富教育传播新模式、营造全息传播新格局提供新范式借鉴。

(一)以先进技术聚合,营造"全息"传播新样态

优势技术聚合是推进媒体传播全息化的基础。善用全息技术,提升信息传播的立体化、多维化、即时化,营造学生惯用的传播语境,才能把牢微空间主动权和主导权,使微空间成为学生思想价值引领、品德行为塑造的新场域。

要强化优势技术赋能高校思想政治教育微载体全息化。信息采集的全息化为高校学生思想政治教育各类资源库建设提供技术支持,推动高校学生思想政治教育数字化、网络化进程。微空间教情、学情信息的"全息"聚合为高校思想政治教育精准供给提供数据支撑,为其应势创优提供"推进剂"。云技术赋予微媒体算法功能,可以有效汇聚微空间思想政治教育"痕迹"数据,为教育者聚类分析提供"全样本"数据。通过数据汇聚和聚类分析,教育者可以对学生精准"画像",进而基于学生获取信息、浏览资讯等倾向性和个性化偏好,为学生推送个性化、差异化的蕴含思想政治教育内容的各类信息,让高品质、有内涵的内容主动找"主人"。为此,高校微空间思想政治教育既要突出"智慧"优势,提升赋能微载体正确价值观的能力;也要发挥"智能"优势,提高信息过载背景下为学生提供精准供给的能力;还要发挥"智力"优势,不断提升思想政治教育微载体的自我进化、完善与发展的能力,为高校学生思想政治教育提高教育覆盖面和教育时效提供新载体。

要结合教育对象阅读的数字化、视频化和沉浸体验化,推动思想政治教育微载体的全息化。媒介传播的跨屏互联,尤其是音频、视频、直播以及 VR/AR/MR 等沉浸方式的跨场景交互,突破知识传播的时间和空间限制,模糊虚拟与实体、阅读的媒介与场景的边界,数字阅读已日趋常态化。《2023 年度中国数字阅读报告》显示:截至 2023 年底,我国数字阅读用户总量已达 5.7 亿,数字阅读市场整体规模达 567.02 亿,数字阅读用户规模占网民规模的比例首次超过 50%。19—45 岁是数字阅读用户主力,总占比达 62.7%。现实主义题材受众较广,网络原创内容受到热捧。由此可以看出,全息、全场景的数字阅读时代正在到来。数字阅读的勃兴为高校学生思想政治教育全息、全场景传播与体验提供新的启

---

① 胡风:《全息媒体建设的着力点》,《安徽日报》2019 年 2 月 13 日。

示。一方面,高校要树立数字阅读思维,充分利用全媒体矩阵,强化传统精品教育素材的数字化,推动素材资源深度聚合,同时,全方位聚合与时代、社会同步的现实素材,通过聚合、分发优质内容,发挥思想政治教育微载体思想引领、价值澄清、文化传承、服务生活的作用;另一方面,高校要树立"可视化"与"场景沉浸"思维,在平台可视化、体验化方面提前布局。高校要从教育现代化和智慧校园建设的总体布局出发,强化顶层设计,明确目标、找准方向,以打造 VR 思想书屋、构建集 360°VR 实景与 5G+4K(8K)超高清直播的线上全息体验平台为落脚点,推进高校学生思想政治教育载体的全息化。

(二)以优势媒体集聚,构建"全息"传播新场域

媒体的全息化发展是新旧媒体优势功能聚合的产物。高校思想政治教育微载体要想成为高校意识形态的空中主阵地,既需要对高校传统媒体传播形态进行重构,赋予其数字化的功效,也要适时加大对微信、微视频和一站式社区等新传播载体建设、开发和利用,更好构建优势功能聚合的立体化主流价值引领新场域。

高校作为人才培养主阵地,担负着国家、民族后继有人的时代重任。培养理想信念信心坚定、思想道德素质过硬、知识能力扎实、责任意识强烈的民族复兴时代新人,离不开思想政治教育这一主阵地和主渠道。随着全息媒体的演进,教育全息化应运而生。高校要以全息媒体赋能思想政治教育微载体建设,进而营造高校全媒体传播的新格局。高校学生思想政治教育微载体的全息化,并非简单的媒体平台和功能叠加,而是通过全息技术对各类平台资源、技术、功能的深度融合而建的媒介传播矩阵。

推进微载体全息化,要发挥微媒体信息立体、多维、即时的传播优势,在加快传统思想政治教育基础资源数字化的基础上,对优质内容进行归类、细分和重构,实现思想教育内容的多元化、内容推送和学生接受的动态化,实现教育内容的有效"聚焦",加深学生"印象",形成共鸣,提高认同。在品质内容方面,要将全息技术应用到微课程、资讯作品的生产和理论观点的深度解析上,实现教育产品形态由精到动的转变,尤其应借助全息技术以真实客观、观点鲜明的信息内容,提升传统思想政治教育的价值引领优势,以科学理论、先进思想和优秀文化的公信力、引导力提升教育的穿透力、影响力,唱响时代主旋律,让党的声音传得更开、更广、更深,实现教育效果的最大化和最优化。

推进微载体全息化,要整合媒体资源,推进全息技术在微载体资源、技术、运营等方面的深度聚合。高校学生思想政治教育微载体全息化建设,不仅是全息

技术的应用,更是高校思想政治教育微载体的改革,融合和思维的变革。高校要统筹规划,合理设计,建章建制,加大资金投入,完善基础设施;要强化人才队伍建设,针对目前高校全息技术人才短缺的现状,采取多种途径尽快补齐人才短板,保证微载体全息化建设落细落小落实;要强化队伍技术赋能意识,推进全息技术在微载体建设中的应用,强化传播终端、渠道和平台乃至云融合,实现教育内容由单向灌输向立体矩阵式传播转变。同时,要强化组织运行机制建设,以思想政治教育领导小组作为全息传播矩阵的"中央厨房"和指挥中枢,构建"课堂教学主渠道+'132111'(校园网、'三微'平台、'两群'、移动客户端、易班和一站式社区)+传统校园媒体(校报、广播、电视)"的思想政治教育全息媒体传播矩阵,融合各技术平台,统一集中采制、矩阵推送,发挥多元媒体共同发声的聚集效应。

三、促进多元主体协同,构建"全员"共促生态格局

全媒体时代,广播、电视、墙报等传统媒体与微信、短视频、一站式社区等新媒体共同构成新的信息传播场。高校思想政治教育传播场域变化之快,让每个高校思想政治教育工作者还未来得及适应和研究教育场域的变化,就被迫直接进入新的微环境空间。全媒体时代,人人皆主播,高校微空间思想政治教育,需要汇入"全民皆兵"的新传播时代。贴近时代,与时代同频,要求高校学生思想政治教育主体走一条"聚合"的全员参与之路。推进"全员"共促生态格局的构建,需要在健全机制体制的基础上,促进教育主体的集约化,使每个微空间主体都发挥守土担责、守土尽责的作用,也需要教育者和教育对象同频同屏,协同共进。

(一)机制体制同构是多元主体协同的基石

"人心齐,泰山移",主体协同是教育能效发挥的核心要素。新媒体时代,尤其是全媒体时代的到来,思想政治教育内容传播呈现为立体互动的网格式节点传播。特别是微社交平台的异军突起、高性能智能终端设备迭代、网络通信技术提速升级、呈现形式场景化,激发师生参与的积极性和主动性。多元主体协同联动成为高校学生思想政治教育微载体建设的关键。

从宏观主体角度看,高校各级各类组织要由"单"向"全"转变。一是要强化机制同构,形成协同效应。"心往一起想,劲往一起使",才能凝心聚力,有所作为。推进高校学生思想政治教育微载体建设,需要"众人拾柴火焰高"。为此,高校要树立微载体建设"一盘棋"的理念,将其建设纳入学校发展中长期规划,科学设计学生思想政治教育微载体建设的目标书、计划表和时间图。成立专门

领导小组和常设机构,做到统一规划、部署。完善机制体制建设,促进建设主体组织机制同构,发挥多元主体协同"搭台""补台"的效应。二是促进体系同构、推进资源协同。资源是数字时代有效供给的"核燃料"。高校学生思想政治教育微载体建设,需要以多元资源整合为依托。既需要设施资源的协同,也需要人力资源的聚集;既需要技术资源的汇集,也需要教育资源协同共享;既需要相关主体的凝心聚力,也需要教育对象"元数据"的生成和汇聚。实现资源整合,促进资源共享,需要以体系重构为依托。这就要在政府、教育主管部门和高校的共同努力下,建立全国资源线上共建共享联盟,构建一体化资源共享体系,实现高校域内外数字资源的有效协同。

在微观主体层面,教师、辅导员、管理干部、学生骨干等教育主体由"一"向"多"转变。运用微媒体立德树人是高校教职员工的"责任"和"使命",充分利用微媒体拓展育人途径,提高育人效果,实现"教""管""服"与"育"的融会贯通,是构建全员育人的新途径。一是要加强教育引领,帮助各类主体树立主人翁意识,自觉将微空间育人作为职责和使命,主动融入微载体建设行列;二是要强化组织领导、队伍发展、考核评价等配套机制建设,以制度同构,推进主体协同;三是要依托各级各类组织、团体、协会和网络、新媒体工作室,借助校、院(部)、系(办)、班(组)、寝等各类圈群和教育小程序,抓关键力量,培养骨干,打造校园"网红",实现全媒体全员育人的可持续发展,营造全员复合传播格局。

(二)主客同频共振是多元主体协同的纽带

新媒体时代,高校学生思想政治教育微载体建设工作者要在思想上、理论引领和情理相融上与学生同频共振,担负起学生人生导师和健康成长知心朋友的重任。高校学生思想政治教育微载体构建的重要目标之一就是推进教育者和教育对象共情,实现教学相长。提升学生参与意识,推进教育信息的"幂指数"传播,最关键的是师生要在思想感悟、理论引导和情理相融上同频共振。

要在思想感悟上与学生同频共振。思想作为人的意识活动,是人对外部世界的现实观照和反思的结果,思想源于实践,是实践—认识—实践反复运动的结果。教师是人类灵魂的工程师,是人类文明的传承者。作为灵魂塑造主体,思想政治教育微载体建设工作者要为党育人、为国育才,培根铸魂、启智润心。提高学生思想感悟,高校微空间思想政治教育工作者"承载着传播知识、传播思想、传播真理,塑造灵魂、塑造生命、塑造新人的时代重任"[1],既要成为学生品格、品

---

[1]　习近平:《论党的青年工作》,中央文献出版社2022年版,第187页。

行、品位塑造的"大先生",也要成为学生灵魂、生命、人格养成的"引路人"。为此,教育者要先受教育,完善自己的素养和能力。善于用自己的学识素养装满微空间,敢于用自己的能力点亮微空间的灯。要瞄准学生的思想"扣子"作为,聚焦学生的思想"扣子"发力,"用接地气、聚人气的'微作品'滋润学生心田",帮学生厘清心中疑问、塑造其灵魂和生命,使之成为服务党和国家有用之才。同时,要鼓励学生敢于"坚持真理"、敢于"班门弄斧""敢于质疑权威","以理性、严谨的态度追求真理、感悟真理,升华人生。"①

要在理论引导上与学生同频共振。按照进学术、进学科、进课程、进培训、进课堂的"五进"要求,确保习近平新时代中国特色社会主义思想和习近平总书记关于教育和青年的相关论述在高校落地生根,是高校首要政治和长期战略任务。作为高校立德树人新场域,高校学生思想政治教育微载体建设,要以习近平新时代中国特色社会主义思想为指导,坚持问题导向,从解决学生认识问题、实践问题和使命担当问题入手,注重理论与实践相结合,既植理论之根,更植实践之树;既解思想之惑,更答成才之问。高校学生思想政治教育微载体建设工作者要善用理论的"金钥匙",突出问题导向,把握时代特点,将铸魂育人作为微载体建设的根本导向和核心任务,时刻"聚焦理论和实践难题,帮助学生解决思想认识问题"。② 既要帮助学生解决思想认识问题,使学生正确认识世界、正确判断现实、正确定位自身责任,进而把握历史和时代发展方向,自觉坚定"四个自信",增强"四个意识",强化"五个认同",做到"五个维护";也要解决实践问题,帮助学生掌握并运用马克思主义立场观点方法分析和解决现实问题,在学思践悟中知国情、社情、民情,明初心使命、知担当作为;更要解决使命担当问题,教育引导学生明确自己的责任和使命担当,自觉担负起党和人民赋予的历史重任,主动将个人理想融入国家和民族的共同理想之中,在中华民族伟大复兴中创造自己的辉煌人生。③

最后,要在情理相融上与学生同频共振。"平等、互信的情感沟通是实现知识传递和教育引领的前提。平等、互信的情感沟通是实现知识传递和教育引领的前提。"微交互活动作为教学相长的线上实践活动,充满着情理交融的体验。

---

① 张宝君、孙志林:《智媒时代高校微空间思想政治教育的审视与创新》,《思想理论教育》2021 年第 2 期。

② 张宝君、孙志林:《智媒时代高校微空间思想政治教育的审视与创新》,《思想理论教育》2021 年第 2 期。

③ 许迪、许恒兵:《教育者与教育对象要同频共振》,《解放军报》2019 年 6 月 14 日。

实践证明:情理交融是教育达成的前提。实现微空间思想政治教育实践的情理交融,需要教育者秉持"融理于情、情理结合"的理念,以适宜载体、共情话题搭建教育者和学生间平等、互信情感沟通渠道;需要微载体及其搭载内容激趣动情,能够有效激发学生的参与积极性和主动性。这样才能在情理同频共振的过程中达成知识传递、教育引领的目的。因此,高校思想政治教育微载体建设者要坚持融理于情、情理结合的原则,根据学生网络信息获取的特点、成长成才的现实需求和学生的阅读习惯,通过合适的方式和话语模式,使生涩的理论贴近生活、富有真情实感、易于接受、暖人心田。真正做到既要以理为骨,又要以情为肉;"既要彰显'情'的温度,又要体现'理'的深度,只有这样,才能靠情入心、靠理入脑、因理导行。"[1]

(三)人机协同互促是多元主体协同的趋势

"强化人机交互,促进人机协同。人机协同是准确把握、反思和调适微空间思想政治教育活动的关键。实现人机协同,要提高教育者的综合能力"。[2]

教育者要提高技术应用水平和能力。"5G技术的落地,促进了人工智能应用层次与深度的升级,大数据综合处理、复杂程式分析和多维计量建模等功能,为教育者科学把握和预测学生现实状态和未来趋势、适时设计与研发个性化的高品质作品,提升教育精准度奠定了技术基础。发挥人工智能技术的功能,首先,要求教育者要强化学习,不断提高自己运用大数据对学生个体精准'画像'和筛选共性群体的能力、运用算法技术找准学生'心脉'的能力,以及采取多种渠道拆除学生'心墙'、化解学生'心结'、温暖'心房'和提升学生'心劲'的技巧。"[3]

教育者要参与人工智能应用与研发。"为提升微空间思想政治教育智慧、智能和智力程度,高校微空间思想政治教育工作者要在加强网络数字技术学习、掌握微媒体应用技术、把握人工智能技术发展趋势的基础上,积极投身微空间思想政治教育人工智能应用的设计与开发,提升'信息池'内案例、素材的现实指向性,提升智能系统的简便性、易操作性以及资源供给的针对性,全面促进人机协同。"[4]

---

[1] 张宝君、孙志林:《智媒时代高校微空间思想政治教育的审视与创新》,《思想理论教育》2021年第2期。

[2] 张宝君、孙志林:《智媒时代高校微空间思想政治教育的审视与创新》,《思想理论教育》2021年第2期。

[3] 张宝君、孙志林:《智媒时代高校微空间思想政治教育的审视与创新》,《思想理论教育》2021年第2期。

[4] 张宝君、孙志林:《智媒时代高校微空间思想政治教育的审视与创新》,《思想理论教育》2021年第2期。

四、强化功能资源聚合,营造"全效"供给生态格局

数字媒体传播样貌的剧烈嬗变,触发教育范式革命。顺势而为,乘势而上,推进载体创新,是因应教育范式和对象样貌变迁的应然抉择。高校要通过逐步深化对大学生真实需求与兴趣取向的认知,不断丰富和充实微空间教育内容,来增强实践过程的鲜活性与吸引力,才能提升思想政治教育微载体的实际效能。

(一)推进多元融合,搭建"全效"立体微矩阵

高校学生思想政治教育微载体既包括微博、微信、抖音(微视频)、移动客户端和趣缘圈群等社交平台以及易班和一站式社区等,也包括由高校思想政治教育工作者研发的,以文本、图片、动漫、视频、语音、微课等方式呈现的,短小精悍、通俗易懂的各类微作品,如微电影、微视频、微课程等。当前,高校微媒介平台和趣缘圈群多由相应部门、院(系)、个人申请和运维。受部门分工、条块管理、工作对象等因素的影响,高校官微和易班社区、部门(院、所)微平台以及各层面垂直趣缘圈群呈"并行"的传播样态。媒介平台和圈群的多样化和垂直并行,使本该为学生减轻负担的数字化、智能化平台,成为学生新的"负担"。面对高校教育管理服务微载体林立的态势,高校要把握媒体融合的态势,打破部门界限,成立思想政治教育融媒体中心(联盟),构建"四课"+"三平台"+"二群"+"一端""一班""一站"的"432111"微载体矩阵("四课"即课程思政、思政课程、主题教育、自律教育四个微课程载体群"三平台"是指以微博、微信、抖音公众号宣传引领矩阵。"二群"是指高校各级各类 QQ 群和微信群。"一端"是指学习 APP 或移动客户端。"一班"即"易班社区"。"一站"即"一站式社区")。作为多元新兴媒介载体汇聚融合,高校学生思想政治教育微载体,具有集多元媒体功效于一体的"全效"功能,它突破传统思想政治教育载体的功能界限,可以利用新媒体技术,将非结构化的文字、图片、音频、视频进行数字化融合,实现教育、管理、服务、社交、娱乐的一体化,让学生在使用过程中更有体验感、更有获得感。

(二)把握两个关系,构建"协同"互补微阵地

数字技术快速普及,算法技术的用户"画像"功能,为高校学生思想政治教育微载体移动化、数字化、智能化发展提供了技术支撑。微社交媒体信息传播的特性,打破时空限制,拓展思想政治教育传播载体。当前,处理好优势与共享、主流媒体和商业平台的关系,是推进微载体效能提升的关键。一是要协调好优势与共享的关系。技术赋能是媒介演进的核心要素。数字技术的跃迁已成为推进微载体创优的关键。在运用新技术的过程中,要继承传统媒体的先进经验和好的做法,按照"优势互补"理念,发挥队伍、内容生产以及社会公信力等传统优势

资源,推进新旧传播载体内容、技术、平台、手段共融互通,催生其融合质变,放大聚合效能,建立层级融通的微传播体系。二是要处理好主流媒体和商业平台的关系。高校思想政治教育作为立德树人主渠道,其载体必然要担负起主流媒体的责任,成为高校意识形态引领的新阵地。微媒介载体作为商业化运行平台,在追求利益最大化的前提下,难免会存在为提高平台"流量",而弱化主流意识形态,对此,高校微载体建设要以"做大做强主流舆论"[①]为价值引领,遵循合作、互补、共生原则,处理好主流媒体与商业平台关系,牢牢掌控微平台舆论主动权和主导权。

第二节　坚持"六微"协同,构建微载体建设实践体系

高校学生思想政治教育微载体建设作为一个复杂的系统工程,构成要素的协同是其均衡充分发展的核心。当前,高校学生思想政治教育微载体正处于从"相加"向"相融"转变的关键期,如何紧跟科技发展步伐和学生的需求习惯变化,做大做强"微载体",实现思想政治教育由传统"灌输"式固定时空的"群体教育"向跨时空定制化、个性化线上微教育延伸和拓展;如何运用"视频、H5、VR 全景"技术,将理论化、系统化、科学化的教育内容转化为学生真心喜欢的短视频、微动漫、动新闻等微传播、轻量化产品;如何实现思想政治教育"微内容"生产的个性化、呈现的可视化、推送的智能化、传播的互动化成为高校面临的现实问题。顺应虚实共在社会形态,契合微传播样貌,需要高校学生思想政治教育微载体建设,在增强"微意识",精研"微模式",创优"微产品",锤炼"'微'话语",提升"微能力",净化"微环境"上下功夫,进而构建资源集约、结构合理、差异发展、协同高效的微载体矩阵。

一、增强"微意识",为微载体创新发展筑基

面对数字技术时代新要求、面对信息传播新样态、面对学生信息获取和需求的新特点,高校学生思想政治教育只有知目标,明方向;知时代,明生态;知对象,明需求,才能因时而变,随事而制,进而以逢山开路、遇河架桥的意志,摒弃不合时宜的旧观念,以"微意识"融入移动化、智能化时代,夯实高校思想政治教育微载体建设基础。

(一)知目标,明方向是增强"微意识"的动力

目标是前进的航标、行动的动力源泉。高校学生思想政治教育微载体建设

---

① 《习近平谈治国理政》第三卷,外文出版社 2020 年版,第 316 页。

目标的确立,关系着微载体建设的成败。随着媒体融合的不断推进,高校学生思想政治教育与微载体建设也经历了网络时代的转型、全媒体的洗礼、融媒体的提升,目前正随着媒体智慧化发展而面貌一新。可以说,媒体智能化、移动化和数据化新生态的构建,数字技术和"黑科技"带来的供需匹配精智和场景"沉浸体验",挑战传统载体功效,为微载体建设提供新契机。面对媒体融合化、移动化和智慧化发展态势,移动化、智慧化、矩阵化成为高校学生思想政治教育微载体发展的新方向。基于这一发展态势,坚持问题导向,加大人力、平台、技术等相关资源的深度整合,推进高校学生思想政治教育微载体"转场升维",构建移动化、智慧化、矩阵化的高校学生思想政治教育微载体,推进内容供给的"数据化、精微化、视频化、品牌化"已成为微载体建设具象性的目标。高校达成此目标,要以习近平新时代中国特色社会主义思想以及思想政治教育原理为指导,以落实立德树人根本任务为目标旨要,坚持以学生成长成才过程中面临的现实问题和多样化需求为问题导向,发挥微信、微博、抖音等微社交平台以及聚缘圈群、社区的传播优势,以 5G、大数据、人工智能等移动通信和数字技术为依托,不断提升思想政治教育微载体精智化水平,筑牢高校学生思想政治教育空中意识形态舆论场,打造多终端全媒体思想政治教育微矩阵。

(二)知时代,明生态是增强"微意识"的前提

生产力的革命是一切社会变迁和政治变革的终极原因。恩格斯说:"一切社会变迁和政治变革的终极原因,不应当到人们的头脑中……而应当到生产方式和交换方式的变更中去寻找。"①作为推动社会发展根本动力的生产方式是时代划分的根本依据。改革开放以来我们取得的历史性成就和社会主要矛盾的变化,为中国特色社会主义进入新时代提供现实依据。随着经济全球化、政治多极化、文化多样化、社会信息化的发展,在中国特色社会主义进入新时代的同时,世界也处于百年未有之大变局中。面对复杂多变的国际国内形势,高校学生思想政治教育要承担起立德树人、培养时代新人的重任,就必须把握机遇、应对挑战,化危为机,赢得主动。当前,网络空间环境复杂,意识形态斗争愈加激烈。随着网络、新媒体和智能设备的普及,网上学习、社交、消费、娱乐成为当前我国公民,尤其是青年学生的生活"标配",这也为西方国家进行文化和意识形态传播提供了可乘之机,网络新媒体成为意识形态斗争的主战场。一方面,一些西方资本主义国家打着"人权、民主、自由"的旗号,利用先进的网络技术进行文化输出和意

① 《马克思恩格斯选集》第 3 卷,人民出版社 2012 年版,第 654—655 页。

识形态渗透。另一方面,各种社会思潮甚嚣尘上,有人打着学术研究的幌子,聚焦"历史""英雄""争议"话题粉墨登场,歪曲历史、混淆视听;还有人以新自由主义和宪政思想为幌子,以夸大事实、无中生有的方式抨击我国政治制度。同时由于网络新媒体主体多元化,个别网络"喷子"肆意发表一些不负责任言论,这些在一定程度上都对主流意识形态产生消解和破坏。面对网络媒体发展新业态,我们必须主动占领网络微空间,使其为立德树人服好务。网络建设"要坚持发展和治理相统一、网上和网下相融合,广泛汇聚向上向善力量"①。高校作为人才培养基地,掌握网络意识形态工作的话语权,是解决"培养什么人""为谁培养人"的关键。要想掌握网络意识形态工作话语权,就必须主动占领新媒体阵地,就需要高校学生思想政治教育工作者树立微意识,主动融入微媒体,构建高校意识形态线上微矩阵。

(三)知对象,明需求是增强"微意识"的核心

思想政治教育作为一项实践活动,目的是解决人的思想和行为问题,实现这一目的,就必须以人思想和行为的变化规律为基本落脚点,具体到高校层面,就要以学生成长成才规律为基本出发点。因此,着眼学生现实需要和接受特点,创新创优高校思想政治教育供给体系,精准服务学生成长成才,是高校达成立德树人根本任务的重中之重。一是要知对象。随着网络媒体的快速发展,尤其是随着微博、微信、抖音、快手、知乎、哔哩哔哩等微社交媒体的不断涌现与普及,人类已步入新的"舆论场"。高校学生作为微媒体使用的主力军,其学习、生活、娱乐时刻与"微"相伴,"微"已成为他们的时代标志,他们也成为微时代的"代言人"。微媒介载体的发展,促进信息传播热点的流变化、传播速度的迅捷化、承载内容的海量化、信息表述的碎片化以及传播空间场域的开放化。微媒体传播的新样态对思想活跃、崇尚新生事物的高校学生的思想和行为产生强烈冲击,致使他们的生活和思维方式、认知和行为习惯都发生一定变化,其思想活动呈现出:热点流变性、节奏快捷性、情绪波动性、观念易变性②等特点。面对学生变化,高校要强化用户思维,贴近学生学习、生活,透彻把握学生思想关切、兴趣偏好、接受习惯和特点,更好为学生提供既符合其成长之需,又符合其口味的"精神食粮"。

---

① 《习近平谈治国理政》第四卷,外文出版社2022年版,第319页。

② 骆郁廷、唐丽敏:《网络空间大学生思想活动的多变性及其引导》,《思想教育研究》2019年第6期。

二是要明需求。只有内容精准,才能黏住用户。只有贴近用户习惯,了解学生"需求心理",才能提升思想政治教育供给的差异性和精准性。当前,造成高校学生思想政治教育实效性不强的关键因素,一方面,是由于教育者缺乏用户思维,不能从学生需求和体验的角度设计教育程式、选择教育载体、优化教学内容。另一方面,教育者缺乏品牌意识和"工匠精神"。不能结合本校办学"特色"和学校思想政治教育品牌,打造独具本校特色的思想政治教育品牌微载体,使微载体缺乏黏性,出现"门前冷落鞍马稀"的现状。因此,面对网络媒体时代的"原住民"——高校学生微阅读、微交往、微支付和"抢"票、"抢"座,等等"用户习惯",面对学生个体差异和个性化需求,面对学生心理特点和需求重点的差异,高校要突破传统"场域"及时跟进,借助大数据技术,对学生进行精确分析,进而研判其兴趣、爱好和上网习惯,掌握其思想状态、行为特点,按照立足小微、源自生活、关注体验、着眼内化、强化设计、突出品牌、注重研究的理念,优化选题、研创内容、创设场景,为学生提供供给菜单,满足学生差异化需求。

二、精研"微模式",为微载体创新发展建模

守正创新,有"融"乃强。微媒介载体丰富多元,为教育载体媒介化发展提供新契机。新媒体时代,高校学生思想政治教育要想贴近学生、切实把握学生的思想和行为动态,就必须全方位入驻微空间,这也是实现全方位育人的必然选择,而建好建强思想政治教育微载体矩阵则是实现微空间立德树人的关键环节,是确保微空间思想政治教育落实、落小、落细的基础工程。

(一)"四微"课程协同,筑牢教育教学主阵地

微课程流媒体播放有时间短、内容较少、容量小、设计精、体验强、简便实用等优势,促进微课程与思想政治教育的深度融合,初步形成以"四微"为主的课程群。微课程"位微不卑、课微不小、步微不慢、效微不薄"的特点,为高等教育提供新承载工具,已成为高校学生思想政治教育微载体构成要素。微课程作为"空中课堂",其传播需要一定的软硬件支持,尤其是承载平台的支撑。微课程作为高校思想政治教育的新手段,受教育者自身能力水平、学校网络基础设施和平台功能限制,目前"在高校领域对微课的实际应用并不乐观"[1],多数高校并未形成独具本校特色的思想政治教育微课程体系。[2] 究其根源,是少数高校相关设备和服务设施建设滞后,致使微课程的发展也因地区经济发展、高校办学层次

---

[1]　徐趁丽、于金伟:《微课在高校思政教学中的应用思考》,《中国现代教育装备》2017年第23期。

[2]　胡晓迪:《高职院校思政课微课教学的困境及对策》,《现代职业教育》2019年第13期。

的差异,而存在发展均衡失调的问题。

1. 打造"思政"微课程

坚守思想政治课主渠道,研发、打造品牌思想政治理论课"微课程"是高校思政课创优的重要举措之一。思想政治理论课"微课程"是对传统高校思想政治理论课的延伸、补充和创新,目的在于调动学生参与热情,激发学生主动性和能动性,增强学生探究和创新意识,进而提高思想政治理论课教学效果。打造高校思想政治理论微课程,要针对不同课程以及同一课程不同章节的重点、难点和疑点问题,选择、制作不同类型的微课程,以实现内容选择精准、素材精准、类型精准,进而提高微课程的质量。如以《思想道德与法治》中社会公德内容研发微课程,就可以"动车霸座事件"为切入点,围绕什么是社会公德,如何遵守社会公德这一主题,研发微课程,并以此案例引出相关疑问,启发学生,为课堂教学奠定基础;在"形势与政策课"中针对香港"占中"非法集会问题,可选择"颜色革命的教训"等内容为主题,进行微课程设计与制作。

2. 研发"课程思政"微课程

各个专业都蕴含着思想政治教育资源,高校要结合不同学科、专业特点,深入钻研教材,以天然和自然、内在和外在相结合的方式,提炼和挖掘其蕴含的"真善美",发挥其价值引导和人文化育作用,通过挖掘人文资料中的科学内涵和方法,引申科学研究的人文和历史价值,培养学生人文和科学精神。具体而言,微课程建设,就要围绕价值资源和课程目标,明确"立意",以引导学生树立正确"三观"为导向,合理确定建设目标。就要优化"创意",以融合价值观的问题为导向,强化顶层设计,以构建知识图谱。就要体现"聚意",落实学生中心,在展现"人性"光辉中,促进知识与价值有效聚合,实现融会贯通。就要强化"达意",发挥新方法、技术和载体的功效,以融合创新,实现内容与方式的相得益彰。比如,在化学教学中,我们可以将"居里夫人与镭元素的发明""屠呦呦与青蒿素"等故事中"镭""青蒿素"研发的艰辛和对人类的贡献等层面进行引申,培育学生锲而不舍的科学精神,引导学生树立服务人民、奉献社会的理想信念;在物理教学中,我们可以挖掘许多爱国主义精神,如"地质之父李四光""詹天佑与京张铁路"等这些喜闻乐见的故事;在汉语语言文学中,在历史教学中都蕴含着许多可以挖掘的、鲜明的,具有民族精神、爱国精神的优秀文化素材,这些优秀文化素材都可以成为课程思政的主体和资源。

3. 创设"主题(专题)"微课程

主题(专题)教育是指围绕重大问题、重大事件和重要节庆日开展专题思想政治教育活动,具有较强时代性、针对性和现实性作用。高校学生"主题(专题)"微课程,主要围绕国家重大节庆日和纪念日、国内外重大事件,学生关心的社会热点、难点和疑点问题,学生学习、生活中的比较关注的人际关系、职业选择、恋爱交友等现实问题,针对不同教育对象和不同时间节点,选择贴合实际的主题,精心设计、制作和推送各类微课,以实现帮助学生解惑答疑的作用。如针对新生入学,可以"我的大学生活——新生第一课"为主题制作抖音微视频和短视频,以帮助学生了解大学生活、熟悉大学环境;针对"七一"建党节,可制作"红船精神永放光芒"微视频,帮助学生了解中国共产党的诞生过程;结合"九一八""南京大屠杀"可制作"勿忘国耻"短视频,激发学生爱国热忱;结合优秀文化遗产,制作"我为'非遗'打 call""谁说国画不抖音"等微视频,让学生在沉浸体验中感悟中华优秀传统文化的精髓;等等。微课程可以不受时空限制,以主题突出、短小精悍、收看自如等优势,潜移默化地提升学生的认知水平。为提高主题微课的效果,专题微课制作,在主题上要彰显幽默感,体现时代感;在形式上要简洁、生动、形象。同时,要发挥党团组织作用,打造精品党团教育微课程,以发挥党校、团校的阵地作用。

4.设计"自律规范"微课程

没有规矩不成方圆。只有"把纪律建设摆在更加突出位置",才能"确保各项法规制度落地生根",进而增强人们自律、标杆和表率意识。高校作为人才培养基地,要将思想教育融入管理和规范之中。一方面,高校要将高校学生管理规定按照不同的专题,以微课程方式推送给学生,使学生了解学校各项规定。比如,围绕学生诚信考试,可结合相关考试法规制作相应"微课程",向学生讲清考试违纪的危害;针对学生日常道德规范要求,可制作"校园不良行为面面观",以鲜活事实,向学生展示不良行为带来的后果,引导学生从我做起,从自身做起。同时,强化网络管理,围绕网络不法行为,以微课堂的形式加强对学生教育引导,比如,制作"网络不法行为大家谈""网络沉迷录""校园贷风波""媒体素养大讲堂""新媒体使用指南"等相关微课程和抖音微视频,帮助学生提高网络道德和媒介素养,提高信息识别能力,养成健康网络行为。

(二)"圈群台端"共进,筑牢动态引领新矩阵

目前,多数高校构建集"三微"平台(微博、微信、抖音)、"两大圈群"(QQ群、微信朋友圈和群组)、智慧平台(易班社区、学习 APP)等平台于一体的微传播矩阵。未来"一表通""一网通办"的一站式社区将成为高校微媒体矩阵传播的时代标志。

1.建好"三微"宣传教育引领平台

高校"三微"宣传教育引领平台,是指学校以微博平台、微信公众号以及抖音和快手等短视频平台为载体,设立的各层级宣传教育引领平台。主要包括:高校(部门)申请并运维的微博平台、微信公众号和短视频平台。学校(部门)微博平台又称"官微",是高校或职能部门以微型博客为平台设置的广播式的社交网络平台。高校微信公众平台,又称官方微信公众号,是高校或职能部门以微信服务号、订阅号和企业号为载体设立的宣传教育引领微平台,因其使用便捷性、交互性和开放性深受师生好评,成为高校普遍设立的展示自我、引领学生的通用载体。抖音、快手等新兴短视频类社交软件的诞生,为高校宣传教育引领载体拓展提供新场域。尤其是抖音、快手等短视频类微平台所具有的"音乐+视频+社交"的传播特点,更受青少年喜欢,已成为青年学生"记录美好生活""自我个性张扬"的新天地。"你的校园'抖'了吗?"已成为青年学生的新谈资。随着中央电视台、人民网、新华网、光明网等诸多主流媒体相继入驻,高校也紧随其后,于2018年开始尝试在抖音、快手等微视频网站"开疆拓土"。北京大学、清华大学、浙江大学、北京师范大学、吉林大学等高校相继开通本校抖音公众号,目前,短视频平台已成为继微博、微信两大官宣平台之后的第三大校园线上宣传教育引领主阵地。高校"三微"平台强关系性、实时互动性和意见表达的隐秘性,提高受众黏性,降低"沉默的螺旋"效应。"一端"即客户(用户)端,网络终端,主要包括台式机、笔记本以及智能移动设备用户终端。目前,随着手机网民用户激增,"一端"多指智能移动终端,或称为服务端。针对上述发展态势,高校学生思想教育要想贴近学生,成为学生真心喜爱的新平台,就必须乘势而上,在全面检视微博、微信和微视频平台和移动客户端的基础上,扬长避短,按照协同共促、屏上共生的原则,将微博的理论优势、微信的快捷优势和短视频的感官体验优势融为一体,通过智能手机推送给学生,构建"3+1"微媒介载体传播资源平台,实现教育功能最大化。

"一要加快高校思想政治教育微资源平台、微内容和作品的智能生产、传播平台和用户沉淀平台建设……高校要在智慧校园建设的基础上下功夫。一方面,要强化与移动通信部门的合作,加快平台软硬件设施建设;另一方面,要整合校内、域内和互联网资源,建设协同共享的思想政治教育数据库;同时,要强化运营和监管系统建设,进而实现信息和数据资源的有效汇集,提升思想政治教育资源的数据化和集成化。二是要加快思想政治教育微作品的智能生产和传播平台建设。要结合学校实际,整合学校力量,以'一次采集,多元加工、多次发布'为目标,推进高校思想政治教育'中央厨房'建设,以实现思想政治教育作品研发、制作和推送的智能化。三是加快学生用户沉淀平台建设。为提高思想政治教育的精准度,高校要在对微平台上沉淀下来的学生用户数据全面整合的基础上,运用算法技术,对学生进行精准画像,围绕学生需求优化教育资源、推送平台,提高内容供给个性化、差异化,为学生提供智慧化服务。"[①]

2.建强功能协同"圈群"矩阵

高校"圈群交互"的管理服务矩阵,是指高校以QQ群、微信圈群为主要载体,建构不同类别的多层级圈、群和社区管理服务新平台。QQ群作为多人群聊公众平台,其聊天以及BBS、相册、共享文件、视频等群空间服务功能,实现了其"群聚精彩,共享盛世"的建设理念。自上线以来,就成为政府机关、企事业单位和各级各类学校进行日常管理服务的线上新载体,随着QQ群功能的不断升级,QQ群组成员容量不断扩大,现已达5000人。截至目前,QQ群仍是高校学生管理服务的重要平台。微信圈群作为一个以"熟人"关系搭建的群组,因趣缘、业缘、亲缘等"关系"的多元,使每个群成员都有自己不同类别群组,群主的交互交叉,构建一个网状节点扩布式传播的关系矩阵。微信群无纸化、便捷、互动等优势,受到管理者青睐,微信办公已成为高校学生教育管理新常态。目前,以QQ、微信为载体的各类圈群已形成条块、层级、种类多元的群组矩阵。比如,按层级可分为:学院群、班级群、小组群;按依托部门可分为:招生咨询群、财务缴费群、心理辅导群、就业指导群、学籍管理群;按学生入学时间,又分为新生群、毕业生群;按学生任职情况,又分为辅导员助理群、班长群、支部书记群、学委群,等等;按学生身份又分为特困生群、党员群、积极分子群等;按学生趣缘活动又分为老乡圈、篮球群、足球群、舞蹈群,等等。可见,每个学生都已成为高校各类圈、群的网格节点,而这些网格节点共同构成高校学生管理与服务条块多样、层级多元的群组结构。然而,杂乱无章的群组,也给学生带来诸多烦恼,由于每条线、每个专业、每项工作都有群,致使学生每天不得不在多个群间"穿梭",疲于应付各个群组的"收到请回复",甚至引发学生焦虑,面对这一现状,高校思想政治教育工作者要树立服务集约化理念,在及时整合单一功能圈群基础上,按照"一站式"服务理念,推进平台集约化和模块细分化,为科学管理和精智服务找准着力点。当前,技术升级换代,为高校学生管理服务精智化提供契机,高校要发挥大数据、物

---

① 张宝君、常潇楠:《融媒体背景下高校思想政治教育创优的实践进路》,《成都大学学报(社会科学版)》2021年第1期。

联网、人工智能等技术优势,推进群组融合化、匹配智能化,搭建高效管理服务矩阵,推进一站式社区建设,提高管理与服务精智化水平。

3. 用精 APP 学习平台

要想发挥 APP 平台的作用,就必须在注重创新、优化内容、打造品牌基础上,强化沉浸体验上下功夫,才能更好"善用"APP 平台,发挥其教育、管理和服务功能。一方面,要适应"微环境"、掌控"微媒体"、把握"微技术"、彰显"微特色",将马克思主义理论、习近平新时代中国特色社会主义思想、党的政策方针以及社会道德、法律等新理论、知识与微时代背景下各种新问题、新情况、新技术有机融合,打造微品牌,展现思想政治教育的生机和活力;另一方面,要树立"时代思维"、瞄准"时代新人"、把握"时代特点"、了解"时代话语",将新理念、新事物、新技术有机融入学生思想政治教育全过程,融入学生成长成才全过程,以新鲜的微内容、新颖的微形式引领学生,使他们透过层层信息表象明辨"真伪"、把握"真相"、感悟"真理"。智媒体时代,面对受众注意力呈现动态性,"受众占意很难,捕捉和引导意流更难"的新样态。① 高校要把握媒介传播格局演变新动态,抓住智媒体内容生产新特点,全面推进学习 APP 智慧化建设,让"高校思想政治教育议题干预与监控'动起来'、人机交互'活起来'、内容供给'灵起来'、现实感受'真起来'。"②

4. 建好易班和一站式社区

易班社区作为一个面向高校师生的非商业性公益服务型网站,自 2007 年诞生以来,经过十余年升级改版,已成为集"思想教育、教育教学、生活服务、文化娱乐等功能于一体的全国性、综合性的实名制互联网教育平台。"③"截至 2018 年 12 月,全国各省、区、市易班建设实现全覆盖,有 1129 所高校、1000 万大学生进驻易班。"④虽然易班社区高校覆盖率较高,但也存在内容原创性差、用户黏性不高、建设力量薄弱、用户使用积极性不高等现实问题。⑤ 为此,高校要充分发挥易班社区丰富性、集成性、时代性、独特性、纯洁性、朋辈性的特点,将其打造成

---

① 杨学成:《5G 时代的媒体智变》,《新闻战线》2019 年第 23 期。

② 张宝君、常潇楠:《融媒体背景下高校思想政治教育创优的实践进路》,《成都大学学报(社会科学版)》2021 年第 1 期。

③ 谭来兴:《论"易班"园地的构建与大学生社会主义核心价值观的培育》,《思想理论教育导刊》2019 年第 2 期。

④ 余俊渠:《易班平台在高校大思政建设中的功能与路径探析》,《广西民族大学学报(哲学社会科学版)》2019 年第 1 期。

⑤ 张力:《基于"易班"的高校网络思想政治教育模式构建研究》,东南大学 2017 年博士学位论文。

一体化的高校学生思想政治教育微载体。一是以技术夯基,提升平台功效。易班社区与商业和娱乐网站在准入标准、访问速度和互联互通等方面存在一定差异,影响用户黏性。这就要求高校首先通过自建、共建和共用等模式,加强品质基础设施建设,推进现有各类云应用平台和模块迭代,提升大数据和人工智能技术的赋能水平,达成提升用户访问速度、提升平台功效、强化移动供给的目的,进而推进易班社区思想政治教育立体化、动态化、多维化。二是需求导向,满足学生需要。易班社区作为学生教育管理服务公益平台,只有贴近学生实际,才能吸引学生入驻,提升到访率。既要围绕学生思想学习和生活的实际需求,强化顶层设计,优化版块,做到在功能上覆盖学生日常学习、生活全部;又要结合学生触网的心理特点和行为习惯,提高内容易受性。三是要彰显特色,共建共享。各高校既要结合办学特色,在依托现有平台和优势学科、特色专业打造独具特色的校、院、班三级易班工作站,同时,也要借助教育部易班联盟,加强与易班社区共建高校的协同共进,形成立体化、多维度、全方位的育人空间。

一站式社区作为高校提升管理效能的新兴平台,是高校"协同育人的重要空间载体,兼具学校管理单元以及学生学习生活共同体的双重角色与功能。"① "一站式"学生社区综合管理模式建设,是提升新时代高校思想政治教育系统化精细化的重要举措,目的在于推进高校教育培养模式、管理服务体制、协同育人体系、支撑保障机制改革的深化,实现全程全时全员管理和服务育人。"2019年,教育部'一站式'学生社区综合管理模式建设试点工作启动",首批试点高校10所,2021年7月,教育部将试点范围扩大至31所高校。目前,一站式社区已成为高校教育管理服务智慧平台发展的新动态。然而,作为新生事物,高校一站式社区试点虽取得一些经验,但还存在一些问题。主要体现为,一方面,队伍参差不齐,受社区辅导员队伍数量、学历、能力等问题影响,致使工作质量无法保证,同时,因招生数量的攀升,学生社区活动场所也呈现"捉襟见肘"的问题;另一方面,随着新媒体快速发展,学生多样化、高质量需求与社区教育管理职能所产生矛盾,一站式社区管理主体多元与社区辅导员"孤军作战"矛盾,致使社区育人合力不够。② 高校可参照试点高校建设经验,在完善社区硬件设施及物理配套,优化学生社区物理空间基础上,充分发挥基层党组织的核心作用,促进多

---

① 史龙鳞、陈佳俊:《新时代高校学生社区协同育人的机制研究:基于浙江大学"一站式"学生社区综合管理模式的观察》,《思想教育研究》2021年第3期。
② 李刁、陈志:《高校"一站式"学生社区教育管理模式的构建策略》,《学校党建与思想教育》2019年第12期。

方力量和资源整合,不断健全"社区物理空间与社会空间的联动机制、'一核多方'的主体聚合机制、自上而下的公共服务与学生自我管理自我服务的融合机制、数字化改革全面服务学生社区建设的技术支撑机制……实现'空间—主体—服务—技术'四重机制的同步运转和有效运作"①,全方位、多角度提升学生公共服务水平和服务效能。

三、创优"微内容",为微载体创新发展铸魂

数字化时代,学生对于虚拟空间的内容品质与呈现形式有着极高的期待。对标立德树人根本任务要求,为大学生提供优质教育内容,全面提升学生思想、政治和道德认知,永远是高校思想政治教育微载体信息传播的核心。

（一）与时代定位同向,以突出"四性"为微内容创优铸魂

面对新起点新使命,要想有新作为,需要新思想引领。微媒介传播样貌的变革,受众微阅读的常态化,赋予思想政治教育内容守正创新契机。与时代定位同向,要求高校微内容建设,坚持导向性、引领性、系统性和人文性相结合,发挥话语政治导航、价值引领、理论夯基和文化熏染作用。

1. 突出政治引领彰显内容导向性

思想政治教育作为立德树人制胜法宝,是筑牢高校意识形态教育阵地的有力武器。政治性是思想政治教育的"灵魂"。习近平总书记指出:高等教育"要把握大势,敢于担当,善于作为,为服务国家富强、民族复兴、人民幸福贡献力量。"②思想政治教育的阶级属性,在本质上规定微内容建设,要把政治性摆在首位,以体现其"为党育人,为国育才"的政治和价值诉求。彰显微内容的政治导向性,首先,要把党性内容建设放在首位。党性是政党与生俱来的本性。"抓好党性教育这个核心"③是思想政治教育阶级性最集中与最高体现。增强学生对中国共产党的认同,强化微空间党性教育,要求高校要将"党史"教育、党的精神谱系教育有机嵌入微空间,以学生喜闻乐见的微内容形式展现出来;以建党百年来伟大成就,展现党先进、无私的模范性,坚定学生永远跟党走的信心。其次,要充分彰显微内容的阶级性。阶级性作为政党和国家的根本属性,是本阶级利益和诉求的具体反映。为人民谋幸福的初心,体现了中国共产党人民至上的思想。

---

① 史龙鳞、陈佳俊:《新时代高校学生社区协同育人的机制研究:基于浙江大学"一站式"学生社区综合管理模式的观察》,《思想教育研究》2021年第3期。

② 《习近平在清华大学考察时强调 坚持中国特色世界一流大学建设目标方向 为服务国家富强民族复兴人民幸福贡献力量》,《人民日报》2021年4月20日。

③ 《习近平谈治国理政》第一卷,外文出版社2018年版,第417页。

人民创造了历史。建党百年来的伟大成就,是人民接续奋斗的结果。在中国,彰显阶级性就是坚持人民性。一方面,高校要以党百年奋斗中涌现出的各类先进人物为素材,研发微内容,发挥其典型示范作用。另一方面,还要落实学生中心地位,运用形式多样的微内容,回应学生思想困惑和现实问题。最后,要体现微内容时代性。党和国家结合时代要求,不断调整工作重心。高校作为党和国家人才培养的重要途径,其人才培养目标和根本任务必须与党和国家工作重心同向同行,切实体现党在不同时代的政治意愿。培养"立大志、明大德、成大才、担大任",勇于"为服务国家富强、民族复兴、人民幸福贡献力量"的时代新人①,是高等教育的时代使命。体现时代性,要求高校必须把为党育人、为国育才作为实践的价值遵循,在内容建设上积极围绕这个中心,遴选素材,研发作品。

2.强化思想导航突出价值引领性

文字的力量和理论的厚重均源于思想的深度。思想性,是内容价值判断、伦理追求和道德呼吁的彰显。微内容涵盖思想政治教育全部内容,但其呈现的样态却有别于传统单向度的"漫灌"。当前,海量"信息流瀑","湮没"高校思想政治教育的"光芒",主流价值引领与多元文化、社会思潮和娱乐主义同屏共在,相伴而行,如果不能以其思想的深度抓住学生,就很难引发学生关注,使微空间思想政治教育成为"摆设"。当代大学生成长于国富民强、物质极大丰富的时代,他们对党的奋斗历程,新中国和改革开放的建设历程,缺乏足够的感官体验。他们习惯在生活的实然、小我的感受和眼前的快乐中沉湎、陶醉和满足,甚至"躺平",他们对自身在国家、社会发展中的使命和角色意识模糊。然而,特殊的年龄决定他们必定成为第二个百年奋斗目标实现的亲历者、见证者。特殊的身份、伟大的责任和使命,要求其符合"筑梦人"的要求,这也为高校如何以思想性的内容,实现价值引领提出新挑战。培养"筑梦人",高校要充分在增强微内容学理性基础上,把握"四史"教育契机,以"史实"为素材,以场景化的现实体验,将蕴含思想性、引领性的内容推送给学生,以消除不良思潮、陈规陋习和泛娱乐化的影响,提高学生思想认识的深度、广度和高度。

3.注重理论夯基提升内容系统性

理论是实践的凝练和升华。理论性,即理论的系统性和整体性。理论性是内容精神实质、逻辑体系和思想内涵的彰显。思想政治教育内容的理论性,体现

---

① 《习近平在清华大学考察时强调 坚持中国特色世界一流大学建设目标方向 为服务国家富强民族复兴人民幸福贡献力量》,《人民日报》2021年4月20日。

在"坚持不懈传播马克思主义科学理论,抓好马克思主义理论教育"①,目的是使马克思主义理论成为"巩固全党全国人民团结奋斗的共同思想基础"②。在微空间思想政治教育实践中,在微内容遴选与研发上,还存在"重接受度,轻理论性"的现象,满足受众接收样态和内容理论性彰显的矛盾依然存在。一些教育者由于过于关注学生微阅读的惯习,在内容研发和推送中,忽视知识和理论的系统性和整体性,影响理论的科学性。解决这一问题,就要善用微媒体多元技术,按照适宜的时长,将宏大的理论叙事,科学合理地细分成不同的知识模块,并将其录制成系列微专题、微音频和微视频作品,以分层、递进方式适时推送给学生。在这方面,主流媒体给我们提供了经验借鉴。"学习强国"、新华网、《人民日报》、中央电视台等主流媒体,以模块的细分,内容精炼,多元感官刺激共在的样貌,将新思想新论断新成就呈现给受众,使受众在感官和场景沉浸中自觉接受和认同。高校微空间要借鉴主流媒体成型经验,变被动为主动,以理论的系统性和呈现的多样性留住学生。

4. 注重人文关怀突出内容人文性

作为先进价值规范,人文性是相对工具性而言,体现为对人文关怀的重视与关注,人文性的核心指向是对教育对象的关切。围绕、关照、服务学生是教育人文性的体现。在思想政治教育实践中,重视、尊重、关心、爱护学生,是教育目标达成的关键。人文和生命关怀是人文性的实践展现。现代人文思想倡导"人本""个人"和"自由"的理念。这与促进人的自由而全面发展的教育理念相契合。思想政治教育微载体的创生,为思想政治教育彰显人文性,提供新交互平台。微平台主体的平等性利于教育主客体共情,同频共在。就思想政治教育微内容而言,彰显其人文性,一是内容呈现要"刚柔相济"。注重将隐性教育与显性规约相统一。既要以"刚性"规约内容,强化学生自律,又要以"柔性"内容,熏染和化育,促进学生自强。二是内容要"情理相融"。教育者要在思想感悟、理论引导和情理相融上与学生同频共振。以学生生活中典型事例为素材,以社会热点为切入,善于将抽象理论疏导转化为现实生活观照,以现实例证,接地气的话语,提升对理论的阐释力,进而发挥其"批判武器"的作用;要善于把握不同时间节点学生面临现实问题,有针对性地推出有内涵、有温度、有体验的专题微作品,以满足学生专业发展、考研、就业的内在需求,同时,充分发挥智能手机掌上

---

① 《习近平谈治国理政》第二卷,外文出版社 2017 年版,第 377 页。
② 《习近平谈治国理政》第一卷,外文出版社 2018 年版,第 153 页。

社会、无限协作的优势,搭建专题性、专业性在线咨询平台,以个性化、原创性的微内容,以"沉浸体验"的场景创设,为学生解惑答疑、化解思想、心理和生活问题。人文性的彰显,并非一日之功,需要教育者树立"用户思维",深入"研究"学生,摸准其"真实"样貌,找准其接受惯习,把握其关心关切,以"爱"为出发点,以"三贴近"为落脚点,以供给精准为着力点,真正将人文化育落到实处。

(二)与科技发展同步,以汇集资源为微内容创优奠基

数媒时代,"内容"营销媒介生存的新样貌。内容品质决定媒体生存的价值,是竞争"核动力源"。当前,随着"媒体+人工智能"的深化,内容生产的集约化、智慧化程度,成为制约媒体生命力核心要素。大数据汇集、算法"画像"、传播技术的"场景沉浸",为高校学生思想政治教育微载体建设与发展提供"新动能"。高校要拥抱大数据、善用"算法"、巧设微场景,图存求变,助推思想政治教育微载体再创新高。

1.依托大数据,以内容资源建设奠基

媒体"千帆竞发"的传播症候,更突显内容本源价值。"互联网+媒体"时代,内容为王。无论何时,内容都是媒体永恒的本质和价值归宿。高校思想政治教育微载体具有媒介属性,其生存与发展更离不开"优质内容"支撑,微内容是吸引学生关注、驻足的核心,也是微载体生命力的彰显。内容为王是教育的"灵魂",离开内容支撑,思想政治教育微载体就失去存在价值。首先,强化内容数据资源库建设。平台化、规模化与集约化是"思想政治教育+微媒体"的显著特点。推进"思想政治教育+微媒体",要求高校要树立全域传播理念,将数据资源建设放在首位,构建贯通多终端、协同共享、统一管理的数据采编系统,构建丰富、多元思想政治教育数据资源库。数据资源库是内容研发的基础,是高校思想政治教育占领微阵地的核心要素。全媒体时代,高校只有主动出击,强化思想政治教育数据采集、计算、萃取、交换等能力建设,才能更好迎接和拥抱数字化,建好、用好思想政治教育数据资源库。高校思想政治教育数据资源库,包括高校官方网站、微博、微信、微视频类公众号、微信群组和 APP 客户端,也包括蕴含思想政治教育文字、图片、音频、视频等纸质、电子、网络、手机类媒体数据库,还包括酷云、百度、优酷、知乎等收视、搜索、视频和社区类工具数据库。当前,由于高校重视程度、建设力度的差异,导致高校思想政治教育数据资源库建设还存在不充分不平衡的现实问题,制约微内容研发与生产。深度整合思想政治教育资源,加快资源库建设,要求高校:一是要提高认识,明确数据资源库建设是思想政治教育微内容建设关键,是微载体生存和质量提升的核心,是落实高校立德树人的重

要举措;二是要树立"互联网+"思维,建立数据资源协同机制,加强对数据资源库建设的领导,制定总体规划,改变因本位主义所引发信息、数据和利益等"孤岛"现象发生;三是要在完善基础设施建设基础上,加大对数据资源库人力、财力和物力投入,提高平台智能化水平;四是要建立目标责任制,制定数据资源库建设规划,落实部门目标责任制,制定本部门数据资源汇集和整合目标。高校思想政治教育的终极目标是满足学生的需求。坚持"用户视角",以丰富数据资源为研发和生产优质、特色微内容夯基,是微载体建设的价值所在和生存之道。

2. 加强内容研发,以品质创优为立足之本

创新微内容研发流程。随着移动互联技术和数字技术的迭代发展,"内容为王"成为媒体生存的核心要素。智媒体初现端倪,人类虚实共在的"元宇宙"和"ChatGPT"时代已开启,"场景沉浸"成为媒介传播新样貌。技术不断迭代、承载工具深度变革,受众"在场"情境创设,增强学生体验与内化。作为"思想政治教育+微媒体"产物,紧跟微媒体形态演进,是微载体贴近对象的应然选择,也是其生命力的具体表现。为此,微内容建设要与时俱进,紧跟时代、载体和对象的发展与变化,树立"沉浸体验"意识,专注于内容研发与生产,在不断提升"作品"品质的前提下,提升其受众"在场"沉浸力,增强其现实感受力,提升其生命力、影响力,达成微载体内容品牌溢价效应,留住学生占意,提升载体沉淀力,进一步筑牢微阵地、发挥微内容涵化作用、提高微思想政治教育效能。面对高校思想政治教育微内容更新缓慢、品质欠佳、黏性不足、缺乏新意等现状,高校要以"用户体验为王"为落脚点,树立以学生为中心、以内容"沉浸"和"场景体验"为突破口。在完善数据资源支撑下,重构和优化高校思想政治教育内容采编流程,加强顶层设计,从用户黏性、体验等传播效果入手,精心策划选题、全面挖掘素材、锤炼打磨内容。一要树立"工匠"意识,注重"精研细磨"。多元媒介矩阵供给场景下,内容品质和价值决定其传播效度。唯有满足学生价值要求和接受特点的内容,才能黏住学生,赢得学生的信任和口碑。微内容研发唯有注重价值,突出品质,才能吸引学生关注和阅读。要结合时代和学生的变化,在认真选材、筛选、制作上下功夫,按照创意出新、呈现创新、策划制胜的理念,一方面,强化内容的价值性、效用性,在话题、素材遴选上"精挑细选",提升内容的内在价值。另一方面,要发挥"沉浸"媒体技术的作用,注重 4K、VR、H5 等技术嵌入,提高作品"沉浸感"和"体验度",实现学生实时"在场",提升其接受度。二要树立"品牌"意识,注重"个性原创"。稀缺和唯一是信息、资讯的价值所在。学生作为"新新人

类",喜欢个性张扬原创作品的个性,决定高校思想政治教育微作品内容要突出"品牌"和"特色",甚至信息内容的"独家"。比如,为什么央视"全国大学生党史知识竞答大会""中国诗词大会"一经推出,就能吸引和留住观众,关键在于"独此一家"且内涵丰富、特色鲜明。高校要在创新上下力气,充分挖掘本校资源,研发彰显本校特色、学生特色的个性原创作品,以其独特性,提升点击率和回访率。同时,还要注重理论内容、热门话题的延展性和连贯性,用优质内容去赢取学生"支付"时间,用内容价值、温度和厚度去收获学生注意,达成桃李不言、下自成蹊的目的。

3. 强化技术支撑,以智能生产促发展

人工智能,为高校思想政治教育既提供实践背景和技术工具,也创造了发展契机。① 物联网、云计算等技术的创新迭代,尤其是人工智能技术的再度崛起,进一步模糊了虚拟与现实世界的边缘。数字化引发人类文明重塑,也改变着教育样貌。教育人工智能系统可替代教师,使其不再囿于知识传递角色,而专注于学生能力的培养。未来,平台、算法以及接口等核心技术的突破,将使"人工"智能迈向"类人"智能。这也为教育人工智能,提供平台和技术支撑。平台价值智力赋能、内容智慧生产、分发智能匹配是智媒体的本质。面对教育人工智能发展的大势,高校思想政治教育必须未雨绸缪,提前思考如何实现"思想政治教育+人工智能",如何推进其不断迭代创新。为此,高校首先要抢占先机,发挥高校知识集散地作用,加强对人工智能技术学习与认知,提高其赋能思想政治教育的价值认同。其次,要组建专业团队,主动参与思想政治教育人工智能平台、算法以及接口的设计与研发。一方面,赋能平台价值,使其能自主"存优去劣";另一方面,参与资源"信息池"建设,加快高校思想政治教育微内容研发,把好信息"源头关"。最后,思想政治教育者要善用人工智能分类技术、算法技术,对学生予以动态多维"画像",并在此基础上,发挥"场景"感染和熏染作用,在内容呈现上寻出路,结合"画像"样貌,创设场景,发挥"沉浸"体验功效。技术终归是工具,思想政治教育更需要价值、情感投入,教育主客体同频共振,是"思想政治教育+人工智能"的最终归宿。

(三)与用户思维同行,以数字阅读为微内容创优增效

网络媒介的快速发展,改变了大众阅读的样态。数字化阅读已占据阅读主流地位。《第十五次全国国民阅读调查成果发布》显示:2008年以来,数字化阅

---

① 陈清:《论人工智能融入高校思想政治教育的深层逻辑》,《江苏高教》2022年第1期。

读接触率持续走高,2014年成为主要阅读接触方式,2020年数字化阅读方式接触率达79.4%;《第二十次全国国民阅读调查结果发布》表明:2022年成年国民综合阅读率为81.8%,网络在线、手机、电子阅读器、Pad等数字化阅读方式接触率为80.1%,成年国民手机阅读占77.8%,"轻阅读"占时越来越长,"听书"和"视频讲书"呈增长态势。《第二十一次全国国民阅读调查成果发布》显示,2023年数字阅读方式的接触率为80.3%,听书和视频讲书等新兴数字化阅读方式越来越受欢迎,2023年有36.3%的成年国民通过听书的方式进行阅读,有4.4%的成年国民通过视频讲书的方式进行阅读。可见,随着数字化渗透率、深度阅读群体以及移动听书率的持续攀高,手机移动阅读已成国民阅读常态,而青年学生是手机阅读接触的核心主力。因应学生移动阅读新样貌,因事而变,顺势而为,是高校思想政治教育生命力彰显的应然选择。

1.突出兴趣导向,增强产品吸引力

移动阅读新常态下,"内容"依然是平台的"刚需"。优质内容是守住阵地,提升人气、流量的核心。流量时代,谁抓住受众,谁就抓住关键。媒介载体的多元选择,内容的海量供给,主体的多元嬗变,给高校微空间思想政治教育内容建设提出新课题。契合时代,瞄准对象,要求高校要树立"思想政治教育+"理念,在把握内容思想性、导向性、学理性的前提下,突出"兴趣"导向,摸准学生思想和切身关注。要从思想政治教育微作品立意、内容创意和效果达意视角出发,发挥新媒体承载工具作用,将专家、学者转场微空间,为学术经典在线视听搭建新阵地。首先,遴选专家学者,配备专业制作团队,为学术数字化夯实基础。传统教育由于知识再生产的滞后,难以实时满足学生需求,而媒介载体传播即时交互特点,为高校知识和教育转化提供了新平台。高校要发挥自身优势,组建以著名学者、专家和知名校友为核心的专家宣讲团队,同时,组建由专业人员构成的微作品研发团队,按照视听产品的要求,与专家团队共同生产既有理论深度,又有专业水准的多样化微视听产品,满足学生视听感官需求。其次,建立反馈机制,及时完善微视听产品。视听微平台通过"课程助手"可促进师生有效互动。教育者可将思想政治教育潜移默化嵌入微空间,在学习群里同步必读论著、概括提要、解惑答疑,引导学生拓展阅读范围,同时也可即时收集学生对理论学习内容的反馈,进行及时调整。

2.适应阅读习惯,注重产品精微化

高校思想政治教育要符合学生信息获取和学习习惯,尤其要把握在数字化时代成长起来的"00后"学生特有的碎片化阅读习惯,为学生打造短小精悍的微视听产品,提高学生的阅读积极性。首先,精研"微活动",提高思想政治教育的感染力。高校思想政治教育工作者要深入学生班级、寝室,观察学生生活中的"微现象",发现"微问题",立足于"小",着眼于"远",从日常入手,通过"课间十分钟""用餐礼仪""微笑的魅力""今古传奇""我要上典礼""微言警句"等微主题活动,让学生在网络微实践中受到启迪、明辨真善美、增进情感认同,化教育于无形,达到教育的理想境界。其次,注重"微体验",提高产品的化育力。生活即课堂,社会即学校。"微体验"作为学生品格内化的重要途径,是线上高校思想政治教育的重要形式之一。高校可以将学生生活中的感人素材,以动漫、微电影、微直播等微视频的方式展示给学生,提高学生的认知。以水滴筹、微捐助、微公益等公益活动,增强学生参与活动的体验,培养学生细腻的情感、爱心、细心和耐心。最后,传递"微能量",共筑生命成长的家园。高校思想政治教育要以小事情,彰显大情怀。要深入挖掘生活的方方面面,按照切入点小,操作点准,参与性强,学生乐于接受的原则,以微小化的思想政治教育内容,传递"微能量"启迪学生的人生。

四、锤炼"微"话语,为微载体创新发展搭桥

全方位优化思想政治教育语态,构建思想政治教育微媒体矩阵,建好线上思想政治教育微阵地,使其成为高校意识形态引领的线上中流砥柱,全面提升其传播力、引导力、影响力和公信力。

(一)以语态"变频"创新"微"话语

脱离生活的教育将成无源之水。引发教育问题的根源是脱离生活。确立主体价值,提升主体的自觉,促进主体的交往,强化主体的实践,是教育回归生活的重要举措。[①] 高校学生作为微媒介载体的使用者,其已完全沉浸在"微世界"里,"微"生存已成其惯习。生活样貌的深刻变革,也引发他们话语模式的变迁,"微"话语变成他们的"口头禅"。话语是对现实世界的言说和表达。话语是一定观念、价值和评判标准的体现,[②]彰显话语主体的政治观点和立场。话语的背后是思想、是"道"。高校思想政治教育作为党在高校意识形态的主阵地,其话语必然蕴含着我国的文化密码、价值取向和核心理论。多元媒介的涌现,削弱了高校主流话语的传播力,加之"微"话语建构的滞后性,导致马克思主义、党的核心理论和社会主义核心价值观在微传播领域曾出现"失语""失踪""失声"的现

---

① 胡靖:《教育要回归生活》,《中国教育报》2019 年 5 月 30 日。
② 张康之:《中国道路与中国话语建构》,《国家行政学院学报》2017 年第 1 期。

象。话语的生成、发展和表达都需要话语建构这一系统工程①。思想政治教育"微"语态模式变革的迟滞性,影响其与学生话语模式的契合度,降低学生对话语的接受力,也使其失去传播效力。

1. 注重问题检视,为语态变革筑基

语言是人们实践需要的产物,思想政治教育话语担负着其内涵诠释与价值实现的双重功效。新媒体时代,高校学生思想政治教育话语主体多元化、海量信息难辨化、价值追求多样化、话语竞争激烈化等诸多问题,"湮没"和削弱了思想政治教育"微"话语传播力。致使"官微"公信力不足、黏性差、影响力弱、效果不佳的主要原因在于,一是主体"微"话语能力不足,限制话语功效。微媒体时代,媒介信息的海量化、复杂化、多样化,引发受众价值取向、思想意识和行为习惯的多元共生,如何发挥教育主体的主导作用,以学生喜闻乐见的"微"话语模式,使话语对象自觉接受、理解、内化马克思主义理论,成为高校学生思想政治教育"微"话语建设首要解决的关键问题,这也对教育主体的话语能力提出新的、更高的要求。同时,媒介传播的多元化也为不良社会思潮和信息的传播提供新的生长空间,历史虚无主义、新自由主义、公民社会等社会思潮和黄赌毒、虚假、诈骗等不良信息乘虚而入,致使媒介信息鱼龙混杂,面对这一现实问题,如何敏锐识别不良思潮和信息,进而以科学理论和恰当的"微"话语引导学生能够及时在"迷雾"中辨别真伪、明真相,避免"有理说不出,说了传不开"被动局面,已成为考验思想政治教育主体话语能力又一难关。二是话语主体间性疏离,影响话语功效。微媒体时代,话语主体的去中心化、交互化的特点,使"人人都有麦克风,人人皆主播",已成为话语传播的常态。信任是话语双方认同的基础,只有信任话语主体,才能认同其话语内容。良好的信任与交流关系是思想政治教育有效达成的基础。为此,因应微媒介传播格局和学生"微"话语样貌变革,破解思想政治教育微传播过程中主客体话语权,成为提升"微"话语效果的关键。一方面,受传统主客二分话语模式影响,思想政治教育者"独白"式话语意识依然存在,强制性、支配性与他赋性话语惯性犹存。同时,高校未能顺应微传播的特点,按照主客平等、互动、交流的原则和要求进行话语预设和语境观照,造成"微"话语失效。另一方面,为提高话语黏性,追求"点击率""回访率",有些教育工作者,矫枉过正,以娱乐化、低俗化的话语模式博取学生"眼球"、一味迎合学生,虽

---

① 程丙、王东莉:《新时代高校共青团"微"话语的表征及其优化:基于浙江省 10 所高校共青团微信公众号的实证研究》,《思想理论教育》2018 年第 11 期。

提升学生话语权,但却弱化教育者思想引领主导作用,导致思想引领功能难以实现。三是话语语境相关性式微,影响话语功效。语言是实践交往的产物,话语与人们交往的时代、社会和媒体环境等现实语境共在。语境是话语选择的重要因素。新媒体语境中对话双方都是"互动主体",二者间是双向互动关系。微时代,思想政治教育入驻微媒体,以微媒体为平台与学生交流、沟通,形成新话语语境。然而因教育者话语模式脱离微生活的现实语境,而导致师生"视界间隔"与"话语断裂"现象时有发生。面对这一现状,高校要结合微传播的现实语境,按照"简洁""精炼""可视"等原则,设计"微"话语传播内容、形式和方式,进而摆脱单向度话语逻辑文本,创设内容丰富、直观生动、生活化、接地气的微语境,更好满足学生"碎片化"阅读习惯和个性化、差异化、多样化的需要。四是话语表达方式滞后,阻碍话语认同。思想政治教育"微"话语作为在线交往工具,是一种实践性较强的情感体验活动。微媒体话语表达方式的选择决定"微"话语的传播效果。个性、新颖的"微"话语模式,更能吸引和打动学生,增强其情感体验和情感认同,达成心灵和情感的交融交汇,促进话语同频共振。受传统话语模式束缚,高校在"微"话语方式转换上,还存在双向转译不畅的问题:一是对理论化、系统化、学术化等教材话语转变为浅显易懂生活话语的能力不足;二是对生活化、平民化的话语提升、凝练和理论升华能力不足。致使思想政治教育"微"话语难以被学生认知、理解、认同与转化。尤其当传统思想政治教育完整的、理论的、严肃的、深邃的话语"遭遇"微媒体时尚的、朴实的、鲜活的网络、大众和生活话语时,明显处于话语传播劣势地位,[1]限制思想政治教育"微"话语转化认同功能的彰显。[2]

2.顺应发展趋势,推进语态变革

高校思想政治教育工作者,要应势而为,顺应"微"话语语境变化,坚持官话民说,硬话软说,全方位优化"微"话语语态,努力营造思想政治教育"微"话语语境,增强"微"话语吸引力、感染力和塑造力。目前,主流媒体语态转变跟进迅速,如《新闻联播》,2019年7月29日《主播说联播》竖屏短视频节目的开设,突破了传统新闻主题、报道方式、叙述视角,创新了文本、播报和声效语态,节目以"通俗而不失格调,幽默而不失内涵"的话语风格和模式,推动受众与节目情感

---

① 杨威、谢丹:《习近平语言艺术对新时代思想政治教育话语创新的启示》,《学术论坛》2019年第6期。

② 张宝君、孙志林:《高校思想政治教育"微"话语创优的实践进路》,《吉林师范大学学报(人文社会科学版)》2021年第1期。

同频共振,发挥其在新一轮语态革新中的引领作用,为高校学生思想政治教育"微"话语传播和语态变革提供新思路。当前,推进高校学生思想政治教育"微"话语变革,一是要突出用户思维,创新"微"话语文本语态。高校学生思想政治教育的对象是青年学生,作为网络"原住民"的"00后",他们成长于网络新媒体快速发展环境下,"微"话语交流已成为他们的习惯。面对话语对象变化,面对微媒体的传播特点和话语语境,高校思想政治教育要想全面占领微传播阵地,就须从学生话语特点入手,以通俗化、口语化、年轻化的文本语态贴近学生,将理论化、系统化、学术化的话语转化为时尚化、生活化、碎片化的网络金句、网络热词,以吸引学生,感染学生,引领学生。二是优化"宣传"语态,提升话语感染力、个性化。传统思想政治教育"官话""套话""宣传"较多,话语多呈刻板、严肃的"官方"话语,这一话语模式与微媒体时代学生话语接受方式产生"话语断裂",影响话语效果。高校要转变语态,以彰显个人气质和个性的语态,用学生喜爱的鲜活、幽默、有趣的话语模式阐释理论,以真诚、可爱、自然、随和的态度为学生解惑答疑,实现话语"共情"。三是创新声效语态,激发话语情感共鸣。以往思想政治教育微内容,多为简单文本和图片格式,对背景音乐、微视频应用较少,在一定程度上影响话语效果。"思想政治教育+微媒体"背景下,提升微空间话语变革,高校既要以网络流行语、表情包、动漫等时尚、生活和青年元素的微作品,增强学生的情感体验,同时,也要配以拟声词、语气词,使"微"话语各具情感性,全面提高作品的感染力和感召力。①

（二）以"工艺"改进锤炼"微"话语

"微"话语作为微社交媒介传播过程中的衍生词汇,是指话语结构简单、短小精悍、浅显易懂的"微言化"的话语体系。微社交媒体的普及与应用,推动"微"话语体系发展与完善。作为师生交互的载体和工具,"微"话语愈来愈成为影响思想政治教育效果的重要因素。把握"微"话语特点和发展趋势,打造高质量有黏性的思想政治教育"微"话语,提升思想政治教育信度与效度,成为高校亟待解决的问题。

1.突出价值引领,找准话语锤炼方向

高校思想政治教育"微"话语作为微空间师生交往的工具,是应微环境而生的新话语模式,其必然呈现微传播的表征特点。面对话语边界的放大、话语理念

---

① 张宝君、孙志林:《高校思想政治教育"微"话语创优的实践进路》,《吉林师范大学学报(人文社会科学版)》2021年第1期。

的创新、话语语境多元、话语范式多样的微媒介传播样态,高校思想政治教育"微"话语只有紧跟时代发展,不断创新优化,才能更好贴近学生,提升话语思想和价值引领效能。

服务国家政治、经济发展是教育的功能所在。阶级性是思想政治教育本质属性。思想政治教育话语必须突出价值导向。一是强化"底线"思维,提升话语意识形态性。坚持"底线"思维,要求思想政治教育"微"话语,要根植于中国特色社会主义建设实践,体现中国特色、风格和气派。一方面,要完善主流内容数据库建设。运用大数据技术,加强对马克思主义理论、习近平新时代中国特色社会主义思想、党和国家的大政方针、各行各业取得新成就以及国防外交、教育民生动态等数据采集和汇总,建设一体化的理论和形势政策数据库,为话语价值彰显筑牢数据基础。另一方面,要强化导向性议题设置。围绕党和国家安全、疫情防控以及各类重大突发事件设置"微"话语议题,让学生在微议题讨论中,增强"四个意识",坚定"四个自信",做到"两个维护"。二是提升话语正能量,以优质内容唱响时代强音。"互联网是当前宣传思想工作的主阵地,这个阵地我们不去占领,人家就会去占领。"①高校学生思想政治教育微载体建设的目的,就是要顺应时代发展,主动占领思想政治教育微媒介阵地。而占领微媒介阵地的关键是掌握微空间的话语权。因此,高校要充分发挥微媒体作用,在推进微媒体聚合的基础上,创新思想政治教育"微"话语,以有思想、有温度、有品质的"微"话语,让新时代奋进的豪情、礼赞新中国的真情等时代强音唱响微空间,让新时代的中国故事随"指尖"传播,把微空间打造成学生共同的精神家园,让主流声音更响亮、能量更强劲,洋溢满满正能量。②

2. 贴近个性需求,明确话语锤炼着力点

话语是人际交往的载体,离开交互对象,话语就失去存在价值。学生是思想政治教育"微"话语的交互主体,作为立德树人载体和工具,"微"话语优化要坚持以人为本,落实学生中心,突出学生"主体性"地位,凸显学生话语特点。思想政治教育"微"话语的锤炼和优化,一要凸显学生"主体性"地位。高校学生思想政治教育作为实践性教育活动,具有培养、塑造、发展和完善人的作用。③ 彰显

---

① 《习近平在全国宣传思想工作会议上强调　胸怀大局把握大势着眼大事　努力把宣传思想工作做得更好》,《人民日报》2013 年 8 月 21 日。

② 张宝君、孙志林:《高校思想政治教育"微"话语创优的实践进路》,《吉林师范大学学报(人文社会科学版)》2021 年第 1 期。

③ 王东莉:《德育人文关怀实践论》,浙江大学出版社 2015 年版,第 25 页。

人文情怀、体现学生的"主体性"是教育的价值旨归,因此,高校学生思想政治教育话语建构要坚持以人为本,落实学生中心,以洋溢人性光辉、充满人文情怀的话语打动和感染学生。微媒体时代,以微博、微信、抖音等微社交平台打破传统话语藩篱,学生信息接收范围更广、获取资源途径更宽、接触话语层次和机会更多,激发学生参与话语"微"交往主观能动性,促进学生思想政治教育"微"话语的自我吸收、加工、理解和内化。高校"微"话语构建要充分尊重、理解学生成长成才的现实需求,以提升师生情感交互为落脚点,让学生在"微"话语情境中充分感知思想政治教育话语的"温度",进而激发学生参与思想政治教育微活动的积极性。二要关注学生的话语诉求。个体成长的家庭和地域环境以及性格特点差异,导致个体阅读习惯和话语风格差异,这就需要高校学生思想政治教育"微"话语设定要尊重青年言说习惯,既要结合各类圈层特点,设定符合不同圈层群体"口味"的"微"话语,同时,也要关注同一圈层受众个体的差异,为他们推送符合个体偏好的,个性化话语,以满足学生对自己喜欢话语的期待。具体而言,一方面,要以学生习惯的语言逻辑优化"微"话语。坚持以网络化、时尚化和青春化的语言风格,把主流意识形态话语转变为学生喜听、易懂的"微"话语;另一方面,要以学生审美标准优化"微"话语。高校要针对学生求新求变、偏好原创的特点,充分挖掘数字技术,设计简洁明快、时尚鲜活的"微"话语,将"大理论"变成"微观点","大理念"变成"微图表","大道理"变成"微故事","大典型"变成"微视频",进而增强了"微"话语的趣味性和感官性。①

3. 贴近微生活,找准"微"话语锤炼落脚点

作为人们意识形态和风俗习惯、社会心理等的彰显,意识源于社会生产、生活实践。意识作为现实存在,回归生活是真正理解它的唯一选择。正像习近平总书记指出的,"一种价值观要真正发挥作用,必须融入社会生活,让人们在实践中感知它、领悟它。"②作为一切教育的现实场域,日常生活是人们意识、思想的发源地,生活实践是人思想养成的沃土。高校思想政治教育同样需要贴近生活,贴近学生实际,以其生活实践为切入点和出发点,才能落细落小落实。

随着微媒介传播样态的演进,学生"微"生存样貌凸显。贴近学生生活,首先就要关注其生存的微环境。微传播时代,传统思想政治教育政治性的灌输和

---

① 张宝君、孙志林:《高校思想政治教育"微"话语创优的实践进路》,《吉林师范大学学报(人文社会科学版)》2021年第1期。

② 《习近平谈治国理政》第一卷,外文出版社2018年版,第165页。

说教,其话语模式与"微"话语表述的巨大差异,易引起学生"逆反"心理,只有创新话语输出呈现方式,才能化被动为主动。首先,从满足学生对社会热点的关切出发,要找准与学生话语"同频"的切入"点"。形势与政策教育的目的是结合时事热点问题,帮助学生正确认清国内外形势,准确把握党在现时期的大政方针,坚定信仰信念和信心。实现这一目的,"微"话语建设要抓住时事热点这一学生思想关切点,变传统"官话""套话""政治话语"为学生惯用的微语态,使其在学习、分享中认知认同。同时,发挥大数据、算法和人工智能等技术优势,汇集热点资源,瞄准学生需求,从其关注热点、焦点人物和事件入手,研发微内容,以恰当话语风格和沉浸场景,适时推送给学生,使校内各类微载体,都成为学生了解国内外形势的窗口。其次,把握学生现实样态,找准与学生话语"共情"的连接"线"。作为微环境"沉浸"的一代,浏览微博、刷朋友圈、玩抖音、秀直播等现象,已成为当代青年学生标志性"症候",手机也成为他们"知天下事"的"智慧工具"。面对学生信息获取和阅读习惯的变迁,高校思想政治教育要连线学生,就需要主动入驻微空间,以微话题创设、微语态创新为话语锤炼的落脚点,在细致入"微"上下功夫,在微表达上寻共性,以实现话语模式的共情、共振和共鸣。最后,切合学生现实问题需求,建好与学生话语"共在"的实践"面"。回应学生现实需求,解决现实问题,是高校微空间思想政治教育时效性彰显的应然要求。结合学生在校期间,问题出现的不同节点和时期,有针对性地以学生惯用的网络和生活化话语,设定"微"话题,研发微视听产品,这样才能将思想政治教育内容与现实生活无缝对接,实现二者交织交汇、和合共生,建好思想政治教育与学生"共在"的实践面。同时,要加大微媒介传播载体裂变式传播的赋能作用,以"一站式"服务社区为载体,以多元服务模块建设为支撑,搭建心理疏导、职业规划、考研辅导等在线咨询"热线",及时回应学生思想、心理与职业发展等诉求。另外,还要借鉴在线听书的经验,建好各类专题讲座和课程APP,满足学生广泛和深度阅读的需求,形成"面面"有回应的话语体系,增强教育吸引力、感染力和辐射力。

4.重在应势建构,找准"微"话语锤炼突破点

时代发展、科技进步助推媒介传播形态不断跃进。媒介传播样貌变革,催化学生话语模态变迁。实现教育与对象话语的同频,是教育的本质要求。当前,高校学生思想政治教育"微"话语建构关键要把握两个环节。

一是强化"微"话语内涵建设。高校学生思想政治教育"微"话语建设的目的,是运用微媒体的承载和传播优势,对学生施以思想导航、价值引领和行为改

造,目的是拓展立德树人途径,更好培养时代新人。实现这一目的,高校学生思想政治教育"微"话语建设者,要在充分了解微社交媒体运行规律、发展态势和话语传播模式与特点,瞄准受众(学生)话语习惯和接受特点的基础上,坚持政治性、学理性、大众性和生活性相结合的建设原则,遵循学生成长规律、思想教育规律和"微"话语的言说规律,采用"新工艺"对思想政治教育素材进行"深加工",进而打造通识性、通约性的"微"话语,让学生听得懂、乐接纳、易认同。

要整合话语主体,突出官方"微"话语权威性。多元化微平台和圈群的设立,使高校"微"话语主体呈多元化,有学校宣传部门、团学系统、教务系统,有各学院办公系统、团学系统,有各类社团组织和师生个体。话语主体理论素养、政治水平和道德素养的差异,使话语标准、内涵参差不齐,面对这一现状,高校要担负起话语"把关人"重任,由学校统一制定微平台管理标准,由党委宣传部对校内各类"官方"微平台和圈群内容推送严格审核把关,进行统一规范和审核。同时,打造品牌官微,构建以官微为主、各院(部)和团体微平台为辅的传播矩阵,结合不同层级微平台学生阅读偏好和舆论传播情况数据比对为依据,提高官"微"话语内容投放的精准度。

筑牢"微"话语底线,提升"微"话语内涵。高校各类微平台作为高校意识形态阵地的线上拓展,要突出话语的意识形态性,全面筑牢"微"话语底线。高校微平台要以马克思主义为话语基础,以习近平新时代中国特色社会主义思想、社会主义核心价值体系、先进文化为话语核心,以学生接受为话语归宿。[1] 一方面,强化理论引导,抢占话语制高点。高校微平台要想把握话语主动权,就必须牢牢把握"微"话语的主动权。要在以马克思主义、习近平新时代中国特色社会主义思想、党的大政方针占领微阵地的基础上,强化对突发事件、重大问题的引导,面对重大事件和突发问题,要迅速响应,积极应对,以浅显易懂的"微"话语帮助学生澄清事实、化解矛盾、疏导情绪。另一方面,注重"上下"共振,落实学生话语诉求,满足学生现实需要,提高"微"话语的效能。

高校思想政治教育微平台的搭建为高校与学生有效沟通提供了新平台,高校"微"话语建设要关注学生的日常话语诉求,鼓励学生运用微平台及时发表自己的看法、意见和建议,提出自己关切的问题。同时,高校要结合学生成长成才中比较关注的现实问题,增加新生导航、就业创业指导、心理咨询、情感疏导类的微内容,以促进学生全面健康发展,增加微平台的实用性。

---

① 刘星彤、陈燕:《高校官方微信意识形态话语权提升策略》,《出版广角》2018 年第 6 期。

二是强化话语效用提升。话语体系适度开放，是增强其生命力，促进其内容更新、体系完善的关键环节。① "微"话语作为高校思想政治教育的承载工具，发挥着连接教育主客体的桥梁、纽带作用。微社交媒体话语传播主体多元化、交互化的特点，提升学生在场的主体性地位，拉近主体间交互关系，为高校思想政治教育主客平等交流提供新场域。高校思想政治教育"微"话语作为师生话语沟通载体，必须改变传统教育者"唱独角戏"现状，注重学生对"微"话语的接收和反馈，以"学生之声"强话语之功、借"学生智慧"提话语之效。一方面，强化话语转换。高校学生思想政治教育"微"话语建构，要坚持尊重、爱护、和谐、共享的理念，注重人文关怀，强化话语转换，以学生思想关切的热点、疑点、难点问题为切入点，以"集赞""微电影""微公益"等微媒介实践，将枯燥的"理论说教"和抽象的理论逻辑转化为学生喜闻乐见的网络"流行语"和大众化的生活话语，以触发心灵碰撞、激发情感共鸣、进而达成师生目标、思想、价值和认知的共识，更好发挥思想政治教育"微"话语的引领效果。另一方面，提升话语吸引力。高校"微"话语要紧跟话语潮流，贴近学生话语习惯，不断创新"微"话语语境和语态，以新颖、温暖、生动的"微"话语，以通俗易懂的故事、案例，以数据、图表和思维导图等呈现形式，吸引学生，提高学生对微载体的关注度，提高其在线率和活跃度，提高"微"话语感染力。②

五、提升"微能力"，为微载体创新发展夯基

人工智能技术的提速升级，为媒体安装智慧"大脑"，既促进微媒体移动智能传播生态的形成，也推动高校思想政治教育智能、智力、智慧化的进程。面对高校微空间思想政治教育智慧化发展态势，打造一支专业化、专家化的思想政治教育队伍已成为时代之需。针对思想政治教育队伍中进取、守旧和居安型三类群体，高校要在明晰思想政治教育队伍"微能力"属性，厘清"微能力"图谱的基础上，实施"激励式""应变式"和"强制式"能力提升，以促进队伍创新创优。

（一）明晰能力价值，增强建设意识

智媒时代，教育主客体已是信息体，学生数字化、智慧化生存已成新常态，打造一支"意识强、素质高、技能专"的思想政治教育队伍已成为时代之需。"微能

① 肖薇薇、陈文海：《社会主义核心价值观青年认同的话语赋能》，《中国青年社会科学》2016 年第 1 期。
② 张宝君、孙志林：《高校思想政治教育"微"话语创优的实践进路》，《吉林师范大学学报（人文社会科学版）》2021 年第 1 期。

力"是智媒时代高校思政队伍的基本能力。就其价值而言,提高队伍"微能力",既是促进人类智慧、人工智能智慧与思想政治教育、微媒体全面深度聚合的前提,也是推进思想政治教育精准化、智慧化的人力支持和技术保障。

"一是媒介聚合需要'微'能力。人工智能时代,移动设备迭代更新,数字技术的突飞猛进,微媒体层出不穷,形成了以网络信息元技术为支撑的多元媒体交相呼应、有效聚合的媒介传播新样态。"然而,微媒体跨场域、强交互、重聚合等传播优势给高校思政教育带来机遇的同时,也带来主体地位弱化、信息传播失序、思想教育话语"失效"、价值选择多元的现实问题。面对复杂多变的微空间环境,如何把握机遇,应对挑战,将微空间打造成传播主流意识形态、弘扬社会正能量的立德树人主阵地,关键在于媒介主体的能力和素养是否符合时代要求。面对微空间思想政治教育新业态,"需要队伍新能力的生成,既要具备整体性、动态性和关联性思维能力,也要具备适时开展个性化、差异化教育和驾驭微空间舆情的能力。"因此,推进思想政治教育、新闻和信息传播、人工智能等的"多重"素养和能力有效聚合,是以队伍保证思想政治教育智慧化目标实现的前提。二是主客协同呼唤"微能力"。"人工智能作为数字技术标志,已成为教育现代化、智慧化的重要战略支撑。"媒体融合发展,学生获取信息来源多维、多元,使传统教育模式无法自顾、举步维艰。数字技术演进推进思想政治教育业态重塑,使其现实场域与虚拟空间融为一体。"以移动通信、大数据和人工智能等技术为驱动,基于微媒体特殊场域,高校思政教育营造了一个全新的'微空间'。"作为数字化生存时代的"原住民",高校学生是与网络媒体相伴而生的一代,他们是数字化时代的信息主体,是微媒体的主动使用者和微文化的缔造者,而绝大多数思想政治教育队伍却既非"原住民",也非"微生活"的倡导者。与学生和合共生,要求思想政治教育队伍不断修炼自己的"微能力"。"在学生成为微空间'常客'的同时,思想政治教育队伍急需主动融入,尽快成为微空间学生道德价值的塑造者、深度学习的合作者、信息资源的整合者和树人成才的引领者。""三是思政增效依附'微'能力。微空间环境下,'由于身体的隐退导致责任的飘零',如何解决学生责任感、使命感缺失的问题是高校思政工作的关键。'微'能力是微空间思政教育提质增效的内驱力。思政队伍'微'能力是决定微空间思政教育效果的关键因素。"当前,5G技术促进了人工智能应用层次与深度的升级,运用大数据综合处理、复杂程式分析多维计量建模等功能,"对学生思想状态、行为和需求特点进行求解和模拟,科学把握和预测其现实状态和未来趋势,适时设计与研发个性化、高品质作品",为学生提供智能化体验平台,提升学生教育管理服务的精准度,是微空间思想政治教育的核心。这就要求思想政治教育队伍具备运用大数据的能力,具备运用算法技术对"动态数据的因果性或者相关性处理,实时追踪研判思想动向、行为方向和价值取向,多维度进行综合立体分析,进而为一定时期某个个体、特定群体乃至社会整体精准绘制思想政治状况'画像',还可以与历史数据相结合,更为完整地展现人的思想,为思想政治教育提供精准化、分众式、系统性依据"的能力。①

(二)精研核心要素,构建能力图谱

智媒时代,思想政治教育队伍的"'微'能力具有外显内隐的特质,作为与微媒体和数字技术相伴而生的能力,'微'能力不是单一结构,而是一个系统性的能力综合体,是从最高层次的思维意识到结构性素养再到基本能力的三维聚合体。"②

融合化的思维意识。"智能时代,树立超前意识、聚合意识和复杂意识是思政队伍'微'能力提升的思维基础。"意识是思维主体对客观物质世界的反映,是个体认识世界和改造世界的动力源泉。面对微媒体的多元化、新技术的多样化和信息的复杂化,思想政治教育队伍需要新的思维能力。一是"超前意识是能力革新之基。超前意识作为主动性思维,是直面业态变化主动迎接新挑战的积极思维,是微空间思想政治教育事先举措,预先设防,消弭问题的根本保障。"智媒时代,微空间信息传播呈现信息源失序,信息爆点广布、行业边界模糊的特征。任何领域、角度、层面的信息都可以成为微空间舆情热点产生的爆点。主动介入、提前预判,是有效疏导的关键。树立超前意识,运用大数据科学把握微空间舆情产生和扩布规律,提前疏导,可减少和避免被动局面的发生;针对网络热门议题、热点问题和社会思潮,及时发声,"可避免不良舆情的扩布和蔓延,及时堵住信息传导漏洞,解决价值引领偏离问题。""二是聚合意识是能力提升之核。"作为一种思维模式,聚合意识,是指一种有方向、有范围、有条理的思维方式。"聚合意识是指人们通过对各种观念的梳理和重新整合,最终形成统一的目标指向、行动指向,提出有效地解决问题的方案和计划的思维模式。"智媒时代,人机共教初见端倪。人机协作教育的不断推进,要求思想政治教育队伍提高对聚合功能和价值的认识,进而提高其适时转变微空间思想政治教育理念、优化教育模式、创新微方式以提高供给精度和准度的行动力。提高聚合意识,才能高屋建

① 张宝君、孙志林:《智能时代高校思政队伍"微能力"提升模式》,《江苏高教》2021年第3期。
② 张宝君、孙志林:《智能时代高校思政队伍"微能力"提升模式》,《江苏高教》2021年第3期。

瓴,才能主动转变理念,树立数字化、信息化、智慧化思维,不断提升对微媒体和数字技术的把握力、对微舆论的引导力、对"微信息的驾驭力和微空间安全的保障力";才能在行动上,积极投身微空间思想政治教育实践,运用"微"话语和微手段,引导学生把握"信息流瀑"特点,及时修正错误,澄清事实,使网络空间清朗起来。三是"复杂意识是能力应对之要。复杂意识,是个体将事物零散认知联系为一个整体进行认知的过程,有助于人们形成全局性和整体性思维。"复杂意识是将认识对象作为一个复杂结构体系来进行观察,从结构、要素、环境间的相互联系、相互作用等方面,综合考察认识对象的一种思维方式。思想政治教育解决的是人思维认知、价值取向、行为习惯的问题,人的思维意识、行为习惯本身就具有复杂性。微空间信息巨大且泥沙俱下,面对眼花缭乱的信息,受众无法直接洞见其背后隐含的真实动机。微空间信息供给的丰富性与学生信息接受有限性的矛盾,使学生因碎片化、片段化信息而产生认知偏见,引发过激行为,这都给思想政治教育带来诸多的不确定性,不确定性的存在,对思想政治教育队伍微空间信息危机的处置能力、对复杂问题的化解能力提出新要求。基于复杂性思维,"从信息的无序性中找寻有序性,切准临界相变点,用秩序的力量来处理复杂的信息,使无序的信息被有序的行动所洞见,进而在不确定性中寻找确定性,以应付万变的环境。"①

复合化的职业素养。智能时代高校微空间思想政治教育担负着立德树人时代使命,也担负着引导学生成长成才的使命,还担负着帮助学生学会媒介生存的使命,要求思想政治教育队伍要具备"扎实的思想理论素养、完备的信息和媒介素养"。"一是扎实的思想理论素养。'传播知识、传播思想、传播真理,塑造灵魂、塑造生命、塑造新人',是微空间思政教育的价值旨归。"率先垂范,担负微空间学生思想引领、价值塑造和文化化育重任,要求思想政治教育队伍具备以新思想新理论新要求,涵养学生灵魂,帮学生正确理想信念和价值观的素养;具备以透彻学理、彻底理论和强大真理力量,解学生人生之疑、澄学生思想之惑的素养;具备以中国优秀文化、中国精神、中国共产党人精神谱系滋养心灵,为学生"树魂、立根、打底色"的素养。"智能时代,人机协同、深度学习成为时代的标志。因此,面对微空间媒体和教育的智慧化,思政队伍要具备'立人机之德''立未来之人''立师生之业'的素养。"二是智能信息素养。信息素养,是指利用信息解答问题的技术和技能,指人对信息识别、获取、利用、创新、管理的知识能力与意

---

① 张宝君、孙志林:《智能时代高校思政队伍"微能力"提升模式》,《江苏高教》2021年第3期。

愿等综合品质的总和,是信息技术知识与技能、观念与意识、伦理与道德等素养的综合体。智能时代的来临,引发知识获取和能力培养方式"革命",导致数字化、网络化信息素养的智能化升级。面对"元宇宙"时代"四元"世界开启,要求教育者具备应对"人机共存、虚实同在"现实场景的综合素养。① 微队伍智能信息素养,一方面包括:获取、整合、处理、利用以及交互思想政治教育信息等技能;另一方面包括:了解人工智能技术的本体知识,明晰技术赋能微空间思想政治教育的素养,"即运用人工智能对学生群体和个体'画像'和进行思想政治教育评估、评价的素养,具备善于重组微场域,促进微媒体、人工智能与思想政治教育相互协作、相互赋能的能力,以及掌控、处理人工智能给微空间带来的安全、伦理和道德问题的意识和能力。"三是智能媒介素养。媒介素养是指受众对媒体信息的选择、质疑、理解、评估、创造、生产和思辨能力。简单说,是指受众解读、思辨、欣赏媒介以及运用媒介发声,提升媒介文化品位,正确性、建设性地享用媒介资源完善自我,并参与社会进步的能力。主要体现为,认识、分析、辨析、运用媒介的能力。智能时代,虽然数据抓取系统、标准化写作机器人在一定程度上替代了人工采集、信息生产,但人工智能还难以代替人类智慧,更代替不了人类感知和思维的整体性以及人的社会性和情感性,因此,微空间思想政治教育队伍要具备如下媒介素养:一方面,运用人工智能有效解读、欣赏微媒介作品以及对微媒介作品进行思辨、内涵价值赋予的素养;另一方面,"信息解读、受众媒介心理解析和复杂沟通以及媒体产品经营等素养",这样才能促进思想政治教育与多元媒介深度聚合、教育者智慧与人工智能智慧协同,打造融合化、智慧化的媒介矩阵,使数字符号更有磁性和情感,增强与学生心灵沟通、体验的深度与强度。②

全息化的能力图谱。移动通信和数字技术发展的超前性与队伍能力提升的滞后性间的矛盾,是引发队伍供给能力与受众需求能力失衡的重要因素。主动出击、深度学习是解决队伍能力素养失衡问题的关键。"智能时代,微媒体融合、智慧化发展,要求思政队伍具有与之匹配的能力。"一是"微"信息感知力。信息感知力,是指个体根据知识、经验积累和现实需求,通过逻辑推理对感知信息进行深加工,赋予其相应的语义和语用因素,更好服务话语和信息交往的能力。"'微'信息感知力是指思政队伍对微空间承载思政教育价值信息的捕捉、

---

① 王礼鑫:《马克思主义新认识论与人工智能:人工智能不是威胁人类文明的科技之火》,《自然辩证法通讯》2018 年第 4 期。

② 张宝君、孙志林:《智能时代高校思政队伍"微能力"提升模式》,《江苏高教》2021 年第 3 期。

识别能力,即通过对微空间思政教育信息传播样态的感知,预测此信息对学生思想和行为的影响及结果。"良好的"微"信息感知力有助于思想政治教育队伍科学预判思想政治教育走向,采取正确疏导策略,化危机为机遇,提高微空间思想政治教育的感召力。智媒时代,微空间信息渠道的多元、数量的无限、内容的杂糅、扩布的无序,要求思想政治教育队伍具备从信息海洋中捕捉、提取价值信息的能力,以便通过优化算法,为学生提供个性化"富有营养"的、符合"口味"的精神食粮。二是"微"信息判断力。信息判断力,是指人们运用对信息选择、判断的能力,以及利用反射推理和足够的证据来支持个体作出选择与判断的能力。全媒体时代,每一个跳动的字节都代表着新机遇和挑战。"'微'信息判断力是指思政队伍对微空间思政教育信息分析与判断的能力。"具体而言,一方面,是指思想政治教育队伍对微空间"多元信息进行分析、判断,选取蕴含思政教育元素的信息进行价值重塑,使之发挥教育引导功效能力";另一方面,是指思想政治教育队伍对微空间"学生行为痕迹数据筛选和比对,对学生思想和行为状态精准画像,按层次与阶段划分成共性群体的能力。"判断力既有助于思想政治教育队伍运用有效信息开展教育工作,又有助于思想政治教育队伍提高对不良舆情信息预警能力,以便提前介入,防患于未然。三是"微"信息沟通力。信息沟通力,是指人们信息沟通、交往的能力,是交互目的达成的关键环节。"'微'信息沟通能力,是指思政队伍以微空间为场域,运用微表情、"微"话语、微视频、微行为等方式与学生进行沟通交流,以实现师生共情、共意,实现思想、价值和行为趋同的能力。"微空间主客交流情境化、载体多元化、体验情景化,激发学生参与微交流热情,保证沟通品质。微空间"键对键"的交流沟通,弱化了交流的情感性,在表达上更趋于感性化。提升情感表达能力,满足人们普遍心理与情感期望,是提升"微"沟通能力的关键所在。四是"微"信息创造力。信息创造力,是指人们运用自身媒介素养,对价值信息发现、抓取、整合、加工、创造性转化和创新性发展的能力。"'微'信息创造力,是指思政队伍对微空间思政教育价值信息有效抓取、筛选、整合的基础上,对蕴含思政教育的信息资源、内容、呈现方式和推送形式创造性转化和创新性发展并进行价值赋予的能力。"微媒体时代,虽然微空间数字化的信息符号不具备创造力,但通过思想政治教育队伍的有效整合与创新、创造,可以使信息符号以正能量的信息流启迪学生思想、塑造学生品质、实现价值导航;以多元、广博、丰富的信息资源供给丰富学生学识、拓展学生视野,完善学生知识素养;以新颖、丰富、时尚议题设置促进师生思想与思维的交汇、交锋、交融,产生碰撞、激发灵感、提升主客创新、创造能力;以跨时空、多渠道信息推送和多维度内容呈现,提升学生参与积极性和主动性。五是"微"信息行动力。信息行动力,是指全面把握信息传播和扩散规律,有效应对、处置和化解信息危机的能力。"'微'信息行动力是指思政队伍深入了解舆情传播特点和规律,有效应对、化解微空间信息突发事件和舆情危机的能力。"具体体现为,在微空间环境中,思想政治教育队伍"微"能力可应对因受众个体价值、情感差异使信息在网络和情感联结关系传播中愈加复杂、多元的问题;可应对因媒体多元使信息传播显隐杂糅,舆情扩散热度和强度难控的问题;可应对因"节点式"互动共享使信息几何式扩散,产生漩涡式发酵的问题;可应对因传播"标签化"固化受众思维造成受众对信息的片面认知,引发舆情泛化的问题;可应对因情绪共振迅速感染节点受众,引发全民讨论,形成热点舆情的问题。总之,就是对信息危机的处置能力和复杂问题的化解能力。六是深度学习力。学习力是知识资源向资本转化的能力,包含学习动力、毅力和能力等。个人的学习力体现为知识总量、知识质量、学习流量、知识增量。当前,树立与信息流、知识流同进的竞争意识,提高自身媒体素养和能力,具备快速消化吸收数据资源的能力,已成为队伍适应微空间思想政治教育智慧化新业态的关键。深度学习既是职业发展动力源,也是工作区间拓宽的助推剂。数字媒体的影响力具有聚集性和迸发性,可跨时空即时引发微空间舆情共振,远超队伍个体的影响力和传播力。面对思想政治教育智能化、媒体化新业态,思想政治教育队伍要在认知冲突中,实时更新认知结构,革新认知范式,与时代同频同行。①

(三)把握群体差异,注重分层提升

智媒时代,思想政治教育队伍"微"能力提升是一个动态的行动过程,"既是一种能力外显,也是内在提升的过程。内在提升需要触发机制——驱动力,驱动力既包括外在压力,也包括内生动力。高校思政队伍归根结底是由人构成的,人作为独立个体具有多层面的需求和期待"②③,具有显著的群体差异性,为此,队伍"微"能力提升,要强化分类促进,协同共进。

首先,"进取型群体:'激励式'提升。进取型群体,是指发展上有方向,工作上有理想目标,行动上有动力,善于捕捉机会、主动提升自己的群体。"进取型思想政治教育队伍群体思维开阔、精力旺盛、善于接受新事物、对未来充满憧憬和

---

① 张宝君、孙志林:《智能时代高校思政队伍"微能力"提升模式》,《江苏高教》2021年第3期。
② 张宝君、孙志林:《智能时代高校思政队伍"微能力"提升模式》,《江苏高教》2021年第3期。
③ 冯刚:《治理视域下高校思政队伍专业化建设的理论与实践》,《学校党建与思想教育》2020年第9期。

期待,能直面外部环境变化和挑战,以积极的心态,主动出击,不断促进自我能力结构的优化和完善。"'激励式'提升取向属于能力跃升型提升,是个体在自身已经适应并具备'做好'本职工作基础上的自我能力发展和跃迁,须以鼓励、支持、扶持等外部要素进行'催化',使其在'目标'的'激励'下积极提升,进取型思想政治教育队伍'微'能力提升,既需要自我拓展,也需要外部助力。"①

一是"善探究、勤学习,自我拓展'微'能力。"一方面,关照现实,寻找差距。高校要通过组织人工智能、融媒体、教育智慧化等前沿问题研讨,"帮助他们了解教育智慧化背景下网络思想政治教育的职业素养和能力需求,寻找自身不足和差距,协助他们制定中长期能力提升计划,并为计划实施提供制度保障"。另一方面,自我拓展、共同进步。"结合个体专长,设立教育智慧化'卓越'人才成长计划,直面微媒体和人工智能发展大势,帮助他们规划职业目标,制定优先支持计划,推荐他们参加更高层次研修,同时围绕人工智能强国战略、教育智慧化、新媒体发展动态"以及舆论引导与舆情处置案例,设立人才提升专项,进行专题强化,尤其要加强他们多元媒体协同样态下舆论应对能力的提升,通过专门训练和行业挂职,在舆情应对实操中掌握语言和信息处理技巧,提升复杂舆论问题应对和化解能力。②

二是"分类培养、注重优育,打造业态的'新标杆'。"高校要对不同层面的进取型微空间思想政治教育队伍分类培养和分层优育,使之成为本领域"网络大V""网络领袖""网红""人工智能达人"。一方面,要注重分类培养。"高校要发挥学校知识文化集散地的作用,要'用好'人工智能新技术和微社交媒体这一'大渠道',将进取型的知名学者、专家打造成'理论文化'网络传播'大咖',将进取型的辅导员、教师、心理咨询工作者打造成'职业导航''学业领航''心灵港湾'等智能服务'达人',成为传播正能量的'网红'。"让他们到微空间尽情施展自己的拳脚。另一方面,注重优育。"要注重微空间思政教育领军人才培养,围绕微思政教育难点和问题,设立人工智能与微思政教育专项课题,加大支持和扶持力度,通过建立开放式研修平台,组建学术共同体,实施'思政名师引领工程',促进队伍职业化、专业化和专家化";同时,还要"打造思想政治教育'网络达人'。遴选有潜力专业骨干,通过新闻媒体单位挂职锻炼、专业院校相关专业深造",让他们切准"人工智能+新媒体"的发展态势和现实问题,熟悉国内外网

---

① 张宝君、孙志林:《智能时代高校思政队伍"微能力"提升模式》,《江苏高教》2021年第3期。

② 张宝君、孙志林:《智能时代高校思政队伍"微能力"提升模式》,《江苏高教》2021年第3期。

络问政、社交网络应用上的异同,精通网络舆情应对技术,具备运用人工智能技术对教育效果信息传播扩散强度、民众关注度、内容敏感性等因素的精准把握的能力,掌握危机处置与引导的时机、技巧与方法,善于处置、引导与化解网络舆论危机,"增强他们用媒体'广角镜'辨别真伪、用媒体'麦克风'引导舆论走向、用媒介语言传递信息,让学生豁然开朗、心服口服的能力。"①

"其次,保守型群体:'应变式'提升。保守是一种人格特质,这类群体思想上处于守旧的状态,现实中思维滞后于形势发展,即便是在能力提升上也处于被动状态。"高校微空间思想政治教育队伍中保守型人格特质群体仍依赖传统工作范式,对智能时代微空间思想政治教育新业态认识不足,寄希望于利用以往经验解决当前问题。保守型群体在无法适应工作新业态,难以有效解决新问题的情势压迫下,也会被动采取行动,接纳并学习新范式。"'应变式'提升作为一种触发、驱动式提升,是针对现实问题,通过引导、激励等外部影响,促进个体应急转变,以抵抗外部压力的自发提升,需借助思想引导、问题驱动、多元激励等外部作用予以'唤醒',使其在'问题'的'引导'下主动提升。保守型思想政治教育队伍'微'能力的提升,既需要因事因时因势利导,也需要激励和适当外部施压。"②

一是提认识,明大势,树立"用好"意识。提升保守型思想政治教育队伍群体"微"能力,要坚持以"用好"人工智能和微媒体为基本行动取向。要在认识提升上下功夫。高校要提高这类群体对微媒体和人工智能技术赋能思想政治教育价值的认知,一方面,要通过举办各类微媒体和人工智能专题讲座、知识培训和工作沙龙,"让他们了解微媒体的种类、特点、功能,了解人工智能技术的优势,明确思政教育媒体化、智慧化的趋势,树立思政教育智能化的意识,增强他们运用微媒体和人工智能技术为学生成长成才服务的责任感和使命感";要在明大势上下功夫。"要通过分层次、分类别的专题培训",使保守型思想政治教育队伍群体明确智能时代高校创新型、复合型人才培养定位,了解智能社会对创新型人才需求大势。明确智能时代媒体智慧化发展态势,了解思想政治教育精智化的趋势走向,"明确时代责任和使命,坚定全面融入微思想政治教育的信念和信心,树立'用好'微媒体和人工智能技术的意识";要在日常培训上下功夫。要以能够运用微媒体和人工智能技术,"有效解决微思政教育中的现实问题为着力

---

① 张宝君、孙志林:《智能时代高校思政队伍"微能力"提升模式》,《江苏高教》2021年第3期。
② 张宝君、孙志林:《智能时代高校思政队伍"微能力"提升模式》,《江苏高教》2021年第3期。

点和基本出发点,围绕智媒时代微媒体发展态势,从微媒体和人工智能知识普及入手",为他们制定阶段性的媒体和人工智能运用能力提升计划,使能力提升成为常态,成为自觉。加强智媒体时代,网络舆情应对能力专项培训,提高他们媒体舆情监控和疏导能力。搭建体验平台,让他们在亲身实践中体验微媒体和人工智能的功效,消除"恐惧"心理,树立"能用、会用"的信心。二是重激励,搭平台,促进能力提升。针对保守型思想政治教育队伍群体数字和媒体意识不强,改变固有工作业态的动力和动机不足,在原有工作思维与微空间思想政治教育场景难以精准匹配的前提下,此类群体可以选择以有机嵌入的方式,将媒体和数字技术逐步融入其固有工作范式。鉴于保守型人格的内因作用,需"借助外部驱动—刺激、督导和施压,由外向内传导压力,以激发他们正确面对微媒体和人工智能,作出应急选择",对思想政治教育固有模式、方式、方法予以改进。按照保守型队伍提升目标,"高校要将微媒体和人工智能运用纳入岗位职责和业绩考核,列入学校评优体系,设置微媒体和人工智能应用专项经费,激发队伍应用的积极性。"为调动他们运用微媒体和人工智能技术的主动性,"高校加快微媒体智能平台建设,使其尽快熟悉微空间信息传播规律,学会利用人工智能技术汇集、研判学生思想和行为动态和教育效能,动态调整教育策略,善用'网言网语'设置议题、组织线上研讨,具备甄别、抵制、批判错误信息的能力,提高他们的媒介素养与技能。"[①]

　　"最后,居安型群体:'强制式'提升。"居安型,顾名思义就是安于现状,对于新事物具有排斥和抵触心理。"居安型思政队伍群体往往存在职业倦怠,对微思政教育新业态具有排斥心理,行为认知迟滞。若非外力急剧促动,其自身发展和能力提升则多处于停滞状态。"面对他们接受新事物主动性差、拒斥工作业态更迭的现状,只有强制性提升,才能促进其改变。"'强制式'提升作为一种外部督导、促进式提升,是有目的、有计划、分层次、多元化的弥补、完善式的提升模式,需借助培训、实践、竞赛等外力的强力植入,使其在'考核'的'驱动'下被动提升。"居安型思想政治教育队伍"微"能力提升,既需要健全、完善考核评价体系的保障,更需要针对性、专业性强的技能培训。"一是建制度、明要求,健全'微'能力标准体系。要建制度,重考核。高校要针对居安型微思政群体的特点",结合智能时代微空间思想政治教育的特点,"制定工作目标责任制,出台微思政考核、奖惩条例,完善网络媒体使用、监管等相关规定,使他们知规则,明底

①　张宝君、孙志林:《智能时代高校思政队伍"微能力"提升模式》,《江苏高教》2021 年第 3 期。

线";要明要求,设标准。智能时代,教育智慧化对队伍思想、政治、道德以及媒介素养和能力提出新要求,"高校要按照理论与实践能力协同提升的原则,制定队伍能力标准和职业规范,让队伍知标准,明差距,有方向;要制定职业能力短期规划和能力达标培训计划,确保思政队伍提升有目标、有计划、有抓手;要强化实战模拟、角色换位等体验式培训,实施队伍建设,营造队伍'微'能力提升良好氛围。二是多层次、多途径、实施'微'能力强制提升。要依托各级培训基地,对队伍进行思政理论和媒介素养专题轮训。发挥专业院校作用,开展跨学科联合培养,分期分批组织培训,提高队伍数字技术、媒介素养及信息处理能力;要结合个体实际,制定能力提升目标责任制,量身定做培训'套餐',采用脱岗培训或顶岗实践、锻炼等方式,推进目标落地;要搭建微理论提升和宣讲实践平台、门户网站、主题网站、主题 APP 及微博、微信、抖音等新媒体协同的微思政教育阵地,为他们提供实训阵地;要加强团队主题教育和专业学术网站、互动社区以及'三微一端'学习平台建设,整合校内外学习资源,建立线上联盟,营造学习氛围,促进自主学习习惯养成。"①

六、净化"微环境",为微载体创新发展护航

高校微空间思想政治教育工作者要以积极向上、情趣高雅的主流作品占领新媒体阵地;也要加强对媒体信息平台监管和治理,以确保网络舆论阵地风清气正。

(一)依法治理,明晰权责

网络强国,要"加强互联网内容建设,建立网络综合治理体系,营造清朗的网络空间。"②首先,国家层面:健全完善网络治理法律体系。近年来,媒介的井喷式发展,平台低俗、垄断、凌弱现象,非法获取、泄露用户敏感、隐私信息和算法歧视、欺诈等现象时有发生。党和国家高度重视网络媒介领域治理工作,力度不断加大,2018 年,《微博客信息服务管理规定》对微博客内容予以规范。随后,国家广播电视总局查处违规短视频内容、封闭不法账号、暂停下载相关APP 软件。2020 年 12 月,《法治社会建设实施纲要(2020—2025 年)》提出,建立健全网络综合治理体系,加强依法管网、依法办网、依法上网,全面推进网络空间法治化,营造清朗的网络空间。为此,法治化是网络空间治理的大势所趋,其法治建设必将日趋完善。其次,智媒平台层面:应树立担负治理首责意识。

---

① 张宝君、孙志林:《智能时代高校思政队伍"微能力"提升模式》,《江苏高教》2021 年第 3 期。
② 《习近平谈治国理政》第三卷,外文出版社 2020 年版,第 33 页。

数字技术创新迭代,媒体内容采集、传播和推送的"智能化"升级,促进内容生产模式和渠道多元化。除微信、微博、微视频和移动客户端外,网络直播、网络剧、网红等发展迅猛,新媒体信息内容生产、传播和消费旺盛增长。2024 微信数据报告显示:微信每天信息内容发送达 450 亿之多,用户登录达 16.7 亿人。可见,智能化微媒体平台已成为内容生产、分发的主渠道。然而,内容生产主体的多元化、内容传播的重复化、多样化,监管的滞后性,势必出现"劣币驱除良币"的现象,导致"内容过剩""精品""干货"稀缺,"低俗、虚假、暴力、色情"等不良信息的泛滥。因此,智媒平台作为大数据流量的直接受惠者,在获取利益的同时,应责无旁贷地成为媒体传播内容治理责任的主要承担者。高校作为思想政治教育微作品的生产、推送主体,也必须按照国家网络法规制定切实可行的微空间思想政治教育管理条例,进一步强化责任意识,承担起微空间思想政治教育内容治理的责任。

(二)站稳立场,坚守阵地

目前,媒体内容生产存在"泛大数据"迷思。用户数据与信息内容规模体量的增长与增殖,稀释内容价值密度,内容生态环境异常,精品稀缺、高端隐退,泡沫激增,降低内容传播与社会价值的实现。一是降低自我净化能力。"泛大数据思维"导致用户、渠道平台和内容价值体系的紊乱。"网红"、直播的兴起,在加快"流量变现"的同时,降低了创作门槛,低俗媚俗文化盛行,内容浅白化现象愈加严重。戏谑、调侃、荒诞、庸俗直播和短视频 APP 层出不穷。由于创作主体缺乏文化积淀,自觉性差,必将影响互联网内容生态的净化和健康发展。二是内容分发造成价值无序。数据算法作为满足用户需求、内容精准推送的依据,可以提高用户数量,却代替不了主流精品内容。随着客户端的兴起,促进了新媒体信息内容分发与大数据算法的有效契合,大数据算法虽可精准画像用户需求和偏好,但却难以赋能内容价值。往往存在重用户表层兴趣检索和内容匹配,轻内容品质、价值和效果。在一定程度上"泛大数据思维"仍是内容生产的简单化和理想化的表现,是对"技术决定论"的演绎,既没有真正体现"用户思维",也没有彰显社会责任。因此,高校思想政治教育微环境优化,只有坚持马克思主义新闻观,回归传播的本真本意,才能为主流、精品内容优先传播提供新阵地。

(三)建治协同,净化空间

首先,"因"网而生,坚持内容生产与治理同步。"破窗效应"易引发他人效仿。媒体传播领域的虚拟性,为网名"破窗"提供新场域,有害信息、不良舆论易借网民情绪而燃爆。在自媒体勃兴的时代,唯有建设与治理同步,才能第一时间修补信息内容"破窗",做到既"亡羊补牢",又"纠偏改错"。既要加强对现有思想政治教育微内容清理和堵漏,也要对原生内容实时监控。同时,更要为思想政治教育微内容生产者立标准,订规矩,做到有错必纠,违规必罚,违法必惩。其次,"因"网而为,促进网络文化与微内容价值有效融合。要遵循传播规律,围绕网络特点、针对学生需求,以提高内容"网感"为旨归,运用网络语言和风格,把点赞、评论和转发等作为衡量指标,摆脱传统"套路",增强用户内容体验,满足用户多样需求。最后,"因"网而治,坚持技术路线与群众路线并重。要尊重数据技术发展规律,通过关键词梳理、数据识别、人工智能等手段,提高治理效率和精准度。要发挥受众主体作用,将学生对内容评价贯穿始终,健全学生内容评价和举报机制,激发学生批判意识,降低评价门槛,为学生参与内容治理提供新途径。

第三节　推进"六微"载体建设,搭建思想政治教育立体矩阵

人工智能技术和移动通信技术的升级,媒体的融合发展,改变着人们的生存、生活方式。微社交媒体的蓬勃发展,使"微"成为"网生代"——青年学生学习、生活的新常态。面对学生现实样貌的演变,高校学生思想政治教育只有与微媒体有效聚合,主动占领微空间阵地,才能守正创新,与时俱进。随着全媒体时代的到来,信息传播呈现媒体的多样化、传播主体的多元化、传播渠道的扁平化、受众接受的自主化、呈现方式的体验化和话语模式的图像化的新样态,全程、全效、全员成为媒体融合发展新要求。作为"思想政治教育+微媒体"的实践结晶,微载体系统化、融合化发展,为高校思想政治教育立体化传播提供理念、平台和技术支撑。高校要强化教育、教学、管理、服务、文化、活动等载体建设,全力打造立体化智慧传播平台,以提高学生思想政治教育针对性、时效性和获得感。

一、建好宣教微载体矩阵

高校宣教微载体,作为高校思想政治教育的线上主渠道,主要包括学校官微(微博、微信、抖音)、学生组织号和自媒体类公众号,以及易班和一站式社区、学习 APP、各级圈群和蕴含思想政治教育内容的多样化微作品。相对广播、电视、会议、报告、谈心等传统日常思想政治教育载体,高校宣教微载体具有"移动化、伴随性、即时性、互动性等特点",这也决定微载体的可供性逐步由可供阅读、收听演变为可供回应和生产。为此,高校要在对高校宣教微载体构成要素予以历时性与系统性分析的基础上,从主体、内容、渠道、媒介、话语等维度进行细致考

察,通过提升主体能力,搭建传播矩阵、提升传播效率等途径,提升高校思想政治教育内容的到达率、普及率与影响力。

（一）明确效能优先的思想导向

导向是行动的指引和方向。全媒体时代,云计算、大数据、算法、深度学习等多元技术的落地,为微媒体插上智慧发展的翅膀,增强微媒体信息甄别和自洁能力,也为高校日常宣传教育微载体功效实现提供"核动力"。面对环境、教育对象和技术发展新态势,高校宣教微载体建设只有坚持正确的行动导向,才能持之以恒、不断提高平台传播效率。

目标导向是宣教微载体发展的行动指南。目标是行动的指南,只有坚持目标导向,才能按照既定目标,持之以恒、奋力前行。当前,突出"内容为王",坚持正确导向,创新传播方式,增强宣教引导能力,加快建设适应微传播的内容生产体系成为微载体建设的核心目标。高校要始终坚持"内容为王",把宣教内容建设摆在首位。一是坚持正确舆论导向是高校所有媒体的核心要求。作为意识形态主阵地和立德树人主渠道,政治导向是高校宣教微载体建设的核心要求。二是坚持以互联网思维是高校要"抓融合、促发展"的前提。依托"三微""二端""一班一站"和垂直圈群搭建移动传播格局,加强内容采编与研发队伍整合,构建矩阵式、扁平化的信息内容采集、研发与推送机制。同时,注重发挥技术引领和驱动作用,以内容和技术融合共促提升平台沉淀力。三是要强化用户意识,把吸引师生、留住师生和集聚师生作为落脚点。瞄准学生阅读习惯,着力创新内容表达方式,围绕学生关注热点、难点、疑点和节点问题,适应研发和推送符合学生移动阅读习惯的个性化内容,提升微载体传播力和影响力。要结合学校特点,采取跨领域协作,兴趣化组合等方式,设立高校融媒体中心（工作室）,为打造本校品牌奠基。同时,要坚持互利共赢,开放共享。加强与国内高校的沟通与交流,在资源利用方面加强合作,构建资源共享协作联盟。

问题导向是宣教微载体创优的根基。坚持问题导向就是要善于发现问题,找准引发问题的症结所在,集中力量全力化解矛盾,解决关键问题。在高校宣教微载体建设中坚持问题导向,就要抓准高校宣教微载体建设的主要矛盾和矛盾的主要方面,摸清切中矛盾的要害,找准化解矛盾的着力点和解决矛盾的突破口。当前,高校宣教微载体传播力是微载体建设的核心。高校要针对技术赋能水平和平台整合程度不高的问题,以媒介融合和人工智能技术驱动为重点,拓展供给渠道,提升内容品质,更好聚拢师生,推动高校宣教微载体融合发展。一是紧跟媒体、通信和数字技术发展步伐,把移动化、智慧化作为高校宣教微载体发展的切入点和突破口。高校要从新闻、资讯、服务等方面入手,围绕"闻、评、听、问、帮、图、视"等板块,建好学校官方微媒介公众平台。要适时优化板块设置,重点在宣教内容生产、风控、聚合与分发等方面下功夫,切实提高精品内容的原创能力。二是高校要紧跟人工智能技术发展步伐,推进校园媒体联盟("中央厨房")建设,实现校内资源互联互通;要发挥大数据汇集功能,搭建大数据挖掘平台,加快对校内、域内宣教资源整合,推动高校、社会和政府大数据的整合。三是高校要契合学生体验化需求,增加短视频模块,推进主流短视频 PUGC(专业生产内容)聚合平台建设,促进短视频类宣教内容智能生产和分发效率的提升,尤其要加强关键内容的人工优化,建好信息池,提高算法推荐的价值赋能。

(二)提升主体队伍核心素养

教育者的素质能力决定教育成效。"让有信仰的人讲信仰"[1]是思想政治教育的基本要求。高校学生思想政治教育宣教微队伍作为线上立德树人的主体,自身综合素养的提升是开展好微空间学生教育引领的关键。

提升政治素养。政治强是合格教育者的首要标准。习近平总书记指出:思想政治教育工作者政治要强,要有理想信念,"自觉做共产主义远大理想和中国特色社会主义共同理想的坚定信仰者和忠实实践者。"[2]提升微空间思想政治教育队伍的政治素养,就要加强他们理想信念和政治立场教育,帮助他们坚定理想信念,增强他们立德树人的事业心、责任感和使命感,能够在复杂的微空间保持政治清醒,善于从知识、国际和历史视野,为学生解惑答疑,做学生价值判断、道路选择引航员;就要加强马克思主义基本理论教育,引导他们树立正确世界观,培养科学应对微空间现实问题的能力,善用渊博的学识、扎实的理论功底,为学生指点迷津,做学生灵魂导师;就要强化他们党的理论和路线方针政策教育,引导他们坚定理想信念、厚植爱国情怀、强化品德修养,愿用善用马克思主义及其中国化的理论武装学生,给学生心灵埋下真善美的种子,扣好人生第一粒扣子。只有这样,他们才能善于从政治上看问题、时刻保持政治清醒,站稳政治立场,成为有信仰、讲信仰的人,真正担负起铸魂育人的使命和责任。

夯实理论素养。高校学生思想政治教育微载体作为意识形态教育的重要阵地,担负着以立德树人为党育人,为国育才的历史重任。高校学生思想政治教育

---

① 《习近平谈治国理政》第三卷,外文出版社 2020 年版,第 330 页。
② 《习近平在清华大学考察时强调　坚持中国特色世界一流大学建设目标方向　为服务国家富强民族复兴人民幸福贡献力量》,《人民日报》2021 年 4 月 20 日。

微载体的特殊地位,决定其建设和运维工作者要具备深厚的理论功底,这就要求他们必须树立深学深悟、常学常新的理念,养成读原著、学原文、悟原理的习惯,深入钻研基本理论,切实用新思想、新知识武装头脑。要在读原著、学原文、悟原理上,下苦功夫、硬功夫、细功夫。只有全面、系统、持续地潜心钻研,才能学深、学精、学懂,真正把握原著原文的精神实质和核心要义,在深层次上提高思想理论和政策水平。要树立"学而思、学而用"的理念,做到学以致用、用以促学。只有带着问题学、深入思考学、联系实际学,才能学深学透,只有用心体会、细心领悟、积极反思,才能悟深悟透。要树立经常学、反复学、持续学的理念,做到学懂、学通、学透,切实把理论贯彻落实到微载体建设各个环节,体现到微载体建设各个方面,转化为推动微载体建设的强大正能量。

丰富媒介素养。媒介素养是指人们对媒介信息的选择、理解、质疑、评估以及制作和生产媒介信息的能力。传播方式的变革、自主内容的生产、信息传播的实时性对公众信息传播能力、制作能力、辨析能力提出新的、更高要求。高校思想政治教育微载体建设者的媒介素养主要包括:对媒介资源的利用动机,使用的方式、方法与态度,利用的有效程度以及对传媒的批判能力等。具体说,就是对媒介的正确认识和创造性使用的能力。微传播样貌下,媒介素养已成为教育者的核心素养。一方面,良好的媒介素养,可以最大限度地分享媒介资源,获取信息和知识,丰富自己;另一方面,良好的媒介素养,可以使思想政治教育工作者巧妙地向媒体"借力、借路、借光",运用新媒体平台开展教育管理与服务,实现教育管理与服务的无界化、即时化和效率最大化。同时,良好的媒介素养,可以促进师生无障碍交流,消除不必要的负面影响,化解各种矛盾,为思想政治教育提供"预警系统"和"安全阀"。习近平总书记指出:"全媒体不断发展……信息无处不在、无所不及、无人不用,导致舆论生态、媒体格局、传播方式发生深刻变化。"我们要"因势而谋、应势而动、顺势而为","加快推动媒体融合发展,使主流媒体具有强大传播力、引导力、影响力、公信力,形成网上网下同心圆……让正能量更强劲、主旋律更高昂"[1]。要"打造新型传播平台,建成新型主流媒体,扩大主流价值影响力版图,让党的声音传得更开、传得更广、传得更深入"[2]。面对媒体的快速发展,高校思想政治教育工作者要在提高媒介素养研学上下真功夫,以过硬媒介应用能力,畅游微空间。

---

[1] 《习近平谈治国理政》第三卷,外文出版社 2020 年版,第 317 页。

[2] 《习近平谈治国理政》第三卷,外文出版社 2020 年版,第 319 页。

(三)强化多元平台协同发展

随着高校新媒体建设的不断推进,高校宣教微载体建设成绩丰硕。从平台发展态势看,一方面,高校宣教公众号类微平台呈现"运营主体多元,内容丰富,互动意识增强,深耕校园资讯、结合社会化新闻拓展学生视界"的特点。正像《2019高校新媒体观察报告》提出的,"搭建全网传播矩阵,主题分明,多元化协同运作"的机制,"内容形式多样,音视频应用广泛"的平台,"校际交流加强,共享资源,共造热点"资源体系,已成为宣教微平台新的发展趋势。另一方面,圈群、学习APP和"微"产品视角等辅助平台亦呈良好发展态势。既有学工和共青团系统设立的各类工作、活动圈群,也有学生组建的各类趣缘圈群,可以说,圈群林立,应接不暇的"回复"已成学生日常生活的常态。圈群作为大学生人际交往的主渠道,也是高校宣教的重要载体,微电影、微课程、微视听类"微产品"百花齐放,为高校宣传教育提供诸多承载中介;从学生使用角度看,学生作为高渗透率群体,"三微"公众号"全天候"活跃已趋常态。作为校园最具生产力和传播力的知识大V,教师发博量与阅读量亦呈双高态势。《2019高校新媒体观察报告》表明,学生应用校园微信公众号已成习惯,多数学生对"官微"持满意态度,超八成学生关注"官微",他们更欢迎多媒体组合,93%的学生能够积极参与评论和转发公众号内容,学生关注度最高的是校园新闻类内容。因"音乐+视频+社交"传播特点,抖音、快手、直播等微视频更受学生喜欢,成为青年学生"记录美好生活""自我个性张扬"的新天地。高校学生思想政治教育微载体的多元化,虽为高校学生思想政治教育提供新载体,但平台的多样化,也因各自为政离散了建设队伍,致使内容重叠、更新迟缓、平台沉淀力不够等现象普遍存在,为此,高校亟须推进平台聚类发展,构建一体化传播矩阵。

要促进校际公众号协同发展。面对高校公众号设置和运维的现实情况,高校要树立均衡发展的理念,推进高校公众号的协同发展。中西部经济欠发达地区高校要充分认识到日常宣教公众号建设的价值和意义,主动加大投入,强化硬件和软件设施和平台建设,做好"三微一端"公众号的运维工作,尽快缩短与东南部地区的差距;高校间要建立"对口帮扶""手拉手,结对子"的机制,组建高校公众号联盟,通过"大手拉小手"的方式,推进全国高校公众号的均衡发展;国家要强化检查和督导,出台相应激励政策,加大扶持力度,设立高校网络思政专项基金,为高校宣教公众号建设保驾护航。

要促进校内"三微"平台协同。高校微博、微信和抖音等短视频三类平台的强关系性、实时互动性和意见表达的隐秘性,降低了"沉默的螺旋"效应,提高微媒介载体的沉淀力。高校学生思想政治教育要想成为学生的真爱,就必须在明确学生对"三微"平台应用偏好的基础上,按照协同共进,屏上共生的原则,推进载体聚合,变"独唱"为"合唱",构建协同共进的思想政治教育日常教育微矩阵,提高学生获得感。

要推进圈群聚合,构建一体化微传播矩阵。一方面,按照统一规划、统一管理、统一发声的原则,实现圈群的集约化管理,发挥圈群日常宣教的辅助作用,使其成为高校日常宣教的"毛细血管",直达宣教体系的每一个细胞,发挥其桥梁和纽带作用。另一方面,通过组织协同,搭建微载体建设"中央厨房",推进高校微载体决策领导、资金支持、组织推动、人才使用等机制建设,促进各类平台设施、人力、内容等资源的深度融合,强化载体功能聚合,打造协同共享的立体化宣教矩阵,提升载体的聚合力。

二、健全教学微载体矩阵

课程教学是高校思想政治教育有效实施的主阵地和主渠道,健全思政课程和课程思政教学微载体是因应时代发展和学生需求的应然选择。传统课程教学,教师对思想政治教育的内容数量与质量、流量与流向具有绝对掌控权。而在微媒体时代,教师的主体地位和话语权因信息主体的交互、平等而日渐弱化。面对教育形态、教育主体地位和教育对象的诸多变化,高校课程教学应顺应时代发展,在建好实体课堂的基础上,加大对微课程建设力度,重点把握关键要素,推进微课程的接续发展。

(一)以关键要素聚合赋能"微"课程

高校学生思想政治教育课程微载体,作为课堂教学与微媒体深度聚合的产物,其既具有传统课堂教学的特点,也具有微媒体移动化、智慧化和精细化的特点。为此,高校思想政治教育"微"课程建设,要在把握课堂教学设计要求的基础上,突出课程主体多元化、主客交互化、内容专题化、呈现多样化、参与体验化等微传播特点,坚持落实以学生为中心,促进主客协同;强化内容专题聚焦,呈现维度多元;注重技术赋能,推送匹配精准为落脚点,推进课程微载体建设。

落实学生中心,发挥双主体作用。"微"课程作为思想政治教育课堂教学的延伸,要想创新创优,成为学生最爱,当然也离不开教师主导性和学生主体性的有机统一。微媒体信息传播角色的平视化、传播主体交互化等特点,要求微课程设计和研发要遵循以下规律:一是在角色上,要改变传统课堂教学中教师的统治地位,角色由知识"传递者"转变成学生知识探究"促进者、组织者和指导者"。二是在授课上,要改变传统课堂教师"一言堂"现状,授课由教育者"独唱"转变为主客体"合唱",提高学生教学参与率,让学生在参与中自我感悟、体验和提升。三是在位置上,要改变传统课堂教师占"前台"现状,让学生走向课堂教学"前台",参与微课程设计、讲授和制作,由教学对象变为教学主体。

强化内容专题聚焦,呈现维度多元。学生思想政治教育"微"课程,是指思想政治教育工作者以视频为主要载体,围绕某个社会热点、重大问题和知识点开展的教学活动全过程。"微"课程具有时间短、内容精少、容量小、方便用等特点。思想政治教育微课程建设,要以"微"为落脚点,彰显课程的"以微知著""小中见大""微言大义"。一是要贴近学生特点,设置课程主题。要聚焦学生关注的热点、难点、疑点问题和重大事件,聚焦学生关心的学习、交往和就业问题,遴选课程主题。二是要结合学生接受习惯,优化呈现形式。要坚持学生用户思维,从学生阅读特点、接受方式和内化习惯入手,针对学生移动化、碎片化阅读的习惯,优选贴近生活的"有滋有味"的微素材,制作"震撼灵魂"的微视频,设置"动静结合"的微情景,采取文字、图片、音视频一体化的呈现方式,为学生打造情境化、动态化、形象化的视听"盛宴"。

注重技术赋能,推送匹配精准。数据改变教育。只有全面、准确把握微课程教学过程数据,才能全面把握学情和教情,更好提升微课程的教学效果。一是用好大数据技术赋能"全样本"分析功能,建设资源数据库。大数据的汇集功能,为教学过程数据的动态汇集和反馈提供技术支撑,实现教育者对学情和教情的动态把握,为适时改进教学决策提供了科学依据,为此,高校要运用新技术建好建优过程痕迹数据集聚系统。二是用好算法功能,建好教学精准供给平台。在运用大数据技术对学生日常痕迹数据、学习过程数据和教学过程数据汇集的基础上,运用算法功能对学生和教学数据进行分析、比对、筛选,既可以准确把握学生的思想和行为动态,了解学生的现实需求和接受特点,也可以对教学中存在的问题进行即时反馈,进而为教育者改进教学策略、实现精准供给提供依据。

把握关键环节,强化效果优先。一是要强化"图像思维",注重为我所用。微课程作为视频教学案例,是主题鲜明、类型多样、结构紧凑的"资源包",其容量较小,既可在线直播,也可下载保存,不仅利于学生"移动学习",也利于教育者观摩、反思和研究,为教育主客体营造一个真实的"微"教学资源场景。视频化是微课程主要"特征",它把传统教学空间延伸至移动智能终端设备——"屏上",改变"一对多"传统授课方式,使学生可结合自身需求自主选择学习内容、时间和空间,使学生真正成为学习的主体,促进学习的个性化。为此,高校要把握这一特征,掌握微课的制作和应用,让微课程更好地服务于思想政治教育,为我所用。二是要把握"要领",突出简单实用。内容讲授要围绕主线、突出重点,语言简洁,通俗易懂。要强化议题设置,通过设置疑问、悬念或以生活现象和问题等方式快速引入主题,引入要扣题,力求新颖、有趣,具有感染力。微课内容要展现作者独到的见解,要有思想、有价值、有创新,能够发挥启智、解惑的作用。微课讲授,要做到思路清晰,逻辑层次强,要抑扬顿挫,声音洪亮,要通俗易懂。同时,还要语速适当,注重留白,对接学生思维的流速。小结快捷、利索,语言精简、重点突出。

（二）以关键环节优化建好"微"课程

随着教育现代化的发展,微课程已成为常用教学模式。作为现代传播技术与教育聚合的产物,微课程以短视频的形式完整呈现某一专题教学内容,具有聚焦专题、内容精炼、呈现多元的优势,深受师生喜爱。提高微课程效果,要求微课程制作者必须树立"以学为中心"理念,在题目、内容、制作和推送载体等方面设计上下功夫。

把握规律,慎选教学知识点。教育的最高境界是启迪学生,帮助学生开启智慧之门。全面唤醒学生,激发学生自我提升意识,是高校思想政治教育的价值所在。"微"课程作为教学新载体,能够针对思想政治教育重点、难点、疑点问题,选择核心知识点进行精要讲解,并以短小而精悍的音频、视频等多维呈现方式,展现给学生,满足学生碎片化、显性化、形象化、传媒化的学习需求。核心知识点的选择和分析处理,是提升微课设计水平,提高教育教学质量的关键。选择知识点:一方面,要选择适合用多媒体表达的知识点;另一方面,要结合学生重点关注的国内外重大问题以及学业、生涯、心理和生活等现实问题。具体来说,知识点选择,在内容上要贴近学生关注的热门话题和现实问题,并且准确无误;在容量上要细、微,并能按照一定逻辑串联起更小知识点,可以在十分钟内讲解透彻。

精炼题目,激发学生"打开"兴趣。一是关注受众群体。找准教育对象是"微"课程题目设计的关键。随着媒体的快速发展,信息供给愈加丰富,信息过载已成为制约学生有效获取信息的症结所在,面对海量"微"课程资源,如何让学生及时发现有效"微"课程资源,成为高校"微"课程题目设计的关键。为此,高校要针对不同学生群体,设计不同的"微"课程题目,以方便对应群体学生需求,比如,针对刚入学的新生,"微"课程题目就应尽量包含"新生"这一关键词,而针对考研指导类"微"课程,题目要设计为"×××考研×××"。二是最好包含数字。随着微媒体的发展,移动阅读、碎片化的微阅读已成为学生获取信息的习惯。为此,在题目中明确课程的时长,更容易引发学生关注,激发学生"打开"的兴趣,例如,"3分钟教你如何入学""5分钟读懂马克思""5分钟知晓防疫流程"等。三是题目要突出"微"课程的核心内容。核心内容,就是教育者要传递的核心思想——教什么,学生要掌握的主要内容——学会什么,具体说就是"微"课程的主题。比如,"三分钟教你研究生报考流程",这里的核心内容就是报考流程,又如,"五分钟学会处理人际关系",人际关系处理则是课程的核心内容。

强化课程设计,优化课程体系。"微"课程点状、分割状和碎片状的内容讲授特点,要求把教学设计放在"微"课程建设的关键环节。"微"课程设计,要体现内容的完整性。微课知识点小,时间短,但仍然要遵循教学和认知规律,围绕主题,按照专题导入、内容讲解和科学结论的教学顺序,主次分明地讲清一个完整的内容。简单说,就是既要教学环节完整,又要教学体系完整;要体现教学环节的有序性。教育者要按照思路清晰、结构紧凑、层层递进的设计理念,精心设计和梳理"微"课程教学各环节,确保教学环节设置井然有序;要体现教学内容的沉淀力。拓展教育场域,提高教育效果,需要建好高校思想政治教育"微"课程。"微"课程设计要遵循思想政治教育的规律和学生接受规律,在教学内容甄选上,要贴近学生需求,紧紧围绕学生关心、关注的现实问题。在案例选择上,要贴近生活,选择鲜活的现实生活素材。在呈现形式上要满足学生接受特点,注重讲授和体验相结合,科学选择直观图表、微视频以及背景音乐,提升课程的易学性和趣味性,激发学生学习热情,促进学生主动接受并内化;要体现内容体系的系统性。思想政治教育作为一门系统的学科,要求知识体系具有整体性,"微"课程内容虽然都是围绕某一知识点展开,看似零散,但也可以按照知识体系串联成完整的学科知识体系。为此,思想政治教育"微"课程设计、开发要注重系统化,以体现教学系统设计的完整性;要体现课件、话语的简洁性。发挥课件核心内容强化的作用,避免为追求全面而堆砌图片或文字。由于时间有限,教育者需要精炼语言,做到言简意赅,开门见山。

以优化"微"内容增效。微传播时代,内容永远是沉淀受众,提高传播效率的核心要素。"微"课程作为高校思想政治教育的重要载体,其内容建设是确保"微"课程质量的关键环节。思想政治教育"微"课程知识点选取既可以是热点解读、理论精讲、要点归纳;也可以是"抗挫折"训练、社交技巧和生涯设计等现实问题的知识讲解和展示。高校要结合知识点,按照准确性、针对性和简洁性的要求,以"立足小微、源于生活,形式多样、易于接受,关注体验、着眼内化"为出发点,遴选教学内容。立足微小,是指知识点的选择要从小处入手,将系统理论

"微格化",对每个格点进行精讲。源于生活,是指"微"课程内容接地气,要贴近学生学习和日常生活,从学生身边的事例中选取素材,用学生喜闻乐见的话语模式,讲授学生喜闻乐见的故事。形式多样,是指内容呈现的多样性,即文字、图片、视频等体现形式融为一体,通过学生感官刺激,提升学生现实体验,促进学生共情。易于接受,使微课程内容要接地气,以学生喜闻乐见的方式呈现。关注体验,是指微内容要以提升学生体验为出发点,在内容展现场景、气氛烘托上运用5G、4K、三维仿真等数字技术,使内容场景同步传输,达到身临其境的效果,以增强体验感。着眼内化,是指内容要便于学生认知、利于学生情感认同,这样教育内容才能内化为学生的品质,外化为学生的自觉行为。

三、建细管理微载体矩阵

高校学生管理微载体,作为管理工作的线上拓展,是高校学生管理与微媒体有效聚合的产物,因其具备微媒体使用成本低、易操作、跨时空等特点,深受学生的喜爱,成为高校学生管理精细化的重要组成部分。当前,高校学生管理微载体,除了传统的网站、QQ 和微信群组外,易班和一站式社区以其贴近生活、灵活多样、方便快捷、易于操作的特点,异军突起,成为高校移动化、一体化、精细化、智慧化的管理"新秀"。基于教育部易班和一站式社区联盟试点的成功经验,尤其是教育部的行政指导,未来一站式社区将成为兼容高校微载体的集约化新平台。

(一)注重顶层设计构建集约化管理新模式

微媒体的发展,网站、QQ 和微信群组、易班社区和 APP 小程序的涌现,拓展了高校学生管理的空间和途径。受高校传统管理模块化的影响,多数高校仅限于对相关单一微载体和易班社区的应用,而对于一站式社区平台建设目前仅限于试点高校,其他多数高校尚处于观望和等待阶段,而就易班和一站式社区试点高校的运维状态看,目前还存在管理主体职责交叉、责任不明难以形成合力,行动导向上难以精准聚焦学生成长发展需求,学生对社区认同感、参与度不强等问题。[①] 为此,高校要通过加强顶层设计,强化资源整合,推进管理平台的集约化。

加强顶层设计,形成建设合力。《加快推进教育现代化实施方案(2018—2022 年)》提出,要推进信息时代教育治理模式创新,以大数据为支撑实施教育治理能力优化行动。推进高校治理能力现代化,要以提高管理精智化水平为切

---

① 史龙鳞、陈佳俊:《新时代高校学生社区协同育人的机制研究:基于浙江大学"一站式"学生社区综合管理模式的观察》,《思想教育研究》2021 年第 3 期。

入点,推进"智慧校园"建设。2019 年教育部启动一站式社区试点工作,2021 年教育部在原有 10 所试点院校的基础上,将试点院校增加至 31 所。教育部部长怀进鹏在《人民日报》撰文指出:"在育人方式改革上,进一步推广'一站式'学生社区综合管理模式创新,积极推进大数据技术赋能精准思政工作。"①当前,受"本位主义"思想的影响,高校学生管理部门因"权责分明",部门间"相对独立"现象依然存在,部门间资源融合不力。推进一站式社区建设,首要的就是加强顶层设计。高校要强化学生信息化管理的顶层设计,成立易班和一站式社区建设领导小组,组建高校学生管理数据资源协同中心,建强由网络技术、专业技术和学生事务管理人员和学生骨干组成的专业运营团队,围绕学生处、研究生院、网络中心、团委、教务处、图书馆、公寓中心、计财处等涉关部门的管理职能,按照协同共进、"一数一源"的设计理念,对学生学籍、户籍、奖惩、勤工助学、考勤、住宿、图书、缴费等管理功能进行总体设计和整合,制定学生管理智慧化发展目标和总体规划,协调统筹各职能部门及院系力量,推进校园学生管理微载体建设与发展。

注重资源整合,推进管理资源共建共享。由于管理者数据意识不强、数据编码标准不统一和职能分工条块化等因素影响,高校学生管理"数据孤岛"现象依然存在,管理平台林立、部门信息难共享、数据衔接不畅等问题成为困扰高校管理智慧化、一站式的主要障碍。比如,招生和毕业资格审查与学籍管理分别隶属于教务处和学生处,为此,两个部门常因工作分工产生分歧,各自系统中储存的学生基础数据甚至出现差异,给学生管理带来不应有的麻烦。又如,学籍系统与缴费系统的不兼容,使基层反复提交学生数据,给基层带来许多不必要的工作。一是加强协同共享数据库建设。随着微媒介平台的智慧化发展,尤其是人工智能技术的崛起,高校学生管理"智慧化"已成为时代的必然选择。管理微载体的智慧化、智能化和智力化,要求以数据全息化为支撑,为此,高校需要在基础数据汇集上下功夫。一方面,要对学生的基础数据、特征数据、行为数据进行全面收集,创建全面、系统的基础数据资源库;另一方面,对学生管理部门的工作和学生痕迹信息数据进行采集、清洗、整合、存储,创建学生管理过程信息数据库。高校要按照标准化、一致性、可扩展性的原则,建立"一数一源"的数据共享制度,健全个人基本信息共享基础数据库,避免基本信息的重复采集。二是强化平台整合,构建一站式管理社区。平台设置无序化,信息负载加大,易引发学生回复"焦虑"。因高校垂直化、条块化管理,各部门把"建群"作为管理的首要任务,甚

---

① 怀进鹏:《不断推动高校思想政治工作高质量发展》,《人民日报》2021 年 12 月 10 日。

至出现 QQ 群、微信群以及 APP 泛滥的现象。如选课、选座、签到等 APP。APP和群组生存,让学生每天穿梭于各类"回复"之中,给学生身心健康带来影响。面对上述情况,高校要加强对各类群组和 APP 的整合,推进数据集中、服务集成的学生管理一站式社区平台建设,以提高学生管理智慧化水平。一方面,要通过配齐建强队伍、完善管理主体协同机制、健全物理和网络空间阵地,为一站式社区建设夯基;另一方面,要优化、集成、下沉教育管理服务职能,推进思想政治教育与管理服务的有效聚合,实现一站式社区功效集约化。

(二)强化技术赋能彰显智慧化管理新效能

互联网、物联网和人工智能技术的飞速发展,为高校学生管理提供技术支撑,促进学生管理集约化、精细化和智慧化。面对场域、载体和对象需求的新变化,高校要增强智慧意识,强化技术赋能,提升校园学生管理微载体的效能。

转变管理理念,推进范式变革。一是转变管理理念。微时代,高校学生管理时空和对象都发生深刻变化。一方面,微媒体的快速崛起为高校线上管理拓展了新空间,促进管理方式由"面对面"向"键对键"转变,避免因时间延迟而带来管理滞后问题;另一方面,微媒体的崛起改变学生生存状态。作为微载体应用主力军,"微"应用已成为高校学生群体的惯习。面对高校管理模式变革和学生接受习惯变化,高校要转变传统管理理念,将学生管理微载体建设纳入高校治理能力现代化的总体规划,将一站式社区作为学生管理精细化发展的目标,在完善基础设施、数据库建设的基础上,推进机制、体制和队伍建设,增强平台运用人工智能技术采集、分析与解读数据的能力,用技术打开高校学生管理的智慧化大门。二是推动范式变革。微媒体的不断演进,推动高校学生管理范式革命,移动通信技术、数字技术和移动终端设备的升级,不仅丰富了高校学生管理的载体,也促进生成性管理范式的衍生、柔性化管理范式的产生和多维式管理范式的形成。随着人工智能技术的升级,尤其是媒体智能化水平的提高,为高校学生管理模式变革、主客协同和多主体参与提供了新平台,使传统固化的管理模式因载体和技术的革新而演变为生成性管理范式,使传统硬性管理因微传播的主客交互性、平等性转变为柔性化管理范式,使传统教育者主导发展为多维式参与管理范式。[①]面对管理范式的转变,高校学生管理工作者要坚持开放、开明的心态,遵循接受、接纳、介入、融入的思维,针对学生特点,按照知情意行相统一的原则、设计形式多样的微管理模式,让学生即时融入集体并延续管理。

---

① 胡盛祥:《微时代背景下高校管理态势、范式及路径》,《黑龙江高教研究》2017 年第 1 期。

强化"技术"赋能意识,提升管理效能。互联网、物联网、云计算等移动通信和数字技术的发展,不仅拉开了微媒体智慧化的时代大幕,而且也开启了高校学生管理"精智化"的大门。面对移动通信和数字技术快速发展的新态势,高校学生管理要借移动网络技术和数字技术的东风,全力推进高校学生管理的数字化转型。

一是要强化"技术"意识。微媒体使用成本低、简单便捷、即时送达、平台多元的传播特点,为高校全员、全过程、全场域管理奠定基础。运用大数据功能,可有效汇集学生个体和群体以及管理过程的痕迹数据,为高校管理数据的全息整合提供技术支撑。通过算法功能,可对管理对象的个性和共性特征进行精准"画像",对不同管理平台和模式进行关联分析,进而及时修订和完善管理模式、改进管理方法,提高管理的精准性。为此,高校要强化"技术"赋能意识,充分挖掘微媒体和人工智能技术,按照源于生活,操作简便、匹配精智的原则,推进一站式社区建设。同时,在法律允许的范围内,善用人工智能技术对学生日常思想、行为痕迹数据和管理过程中产生的过程性数据进行采集和汇聚,为高校提供全息数据资源,使高校在综合分析数据、深度挖掘数据的基础上,探寻数据间的潜在规律,为科学决策和管理提供依据。

二是要提高管理效能。效能作为衡量工作结果的尺度,其衡量的依据是工作(管理)效率、效果和效益。高校学生管理微载体的效能,是指运用微载体开展学生日常管理在效率、效果和效益等方面的具体体现。微博、微信等圈群以及APP 软件具有传播成本低、时效快、范围广的特点,促进高校学生管理由纸质文档向数字文档的转换,推动管理空间由现实向虚拟转变,实现管理时效由延迟向实时管理转变。随着 5G 网络和人工智能技术的迭代,高校学生管理微载体移动化、智能化水平日趋增强,为高校管理者科学预判管理对象和有效掌控管理过程提供智力支持,提高学生管理的关联性、前瞻性和精准性,为高校学生管理效能的提升搭建新渠道。为此,高校学生管理工作者要把握这一有利契机,主动出击,要强化数据意识,增强对数据的敏感意识,通过不断学习,增强自我数据定位与采集、分析与解读、反思与决策等能力,提高数据建模水平,为准确把握管理与学生数据信息的关联性、提高管理效能奠定基础。同时,要推进微媒体、人工智能与学生管理的有效聚合,用好人工智能这个"显微镜"和"望远镜",在运用大数据功能对学生基础、特征和行为数据进行全息积累的基础上,运用算法功能深度挖掘学生的思想、学习状态、消费偏好和社交需求等隐性特征,将"信息池"中符合学生个性需求的管理信息精准推送给学生,提高管理的精度,进而增强管理效能。

(三)夯实硬件设施建好一站式管理新社区

"工欲善其事必先利其器。"高校学生管理软硬件建设,是提高一站式社区管理效能的基础保障。

完善基础设施建设。当前,"着力构建基于信息技术的新型教育教学模式、教育服务供给方式以及教育治理新模式""构建'互联网+教育'支撑服务平台,深入推进'三通两平台'建设"①,已成为国家教育现代化的目标。然而,受"移动网络、平台设置以及硬件设备"等要素制约,高校管理"微"平台建设方面还存在较大提升空间。各高校由于办学资金来源的不同,"三微一端"、易班社区建设投入也存在较大差距。"移动网络平台和相应硬件设施的功能不一,有线和移动网络覆盖率和硬件设备"、基础设施支撑不够等现象依然存在,在一定程度上制约了高校学生一站式社区的发展。② 推进高校信息平台建设,信息化基础设施是高校实现教育信息化的前提。因此,国家要加大对中西部地区高校的扶持力度,在政策和资金扶持上予以倾斜,尽快缩小地区差异,以信息化水平的提高,推进教育管理服务水平协同共进;地方政府也要多方筹措,加大对域内普通高校信息化建设的支持力度,加大硬件设施投入,推进地方高校一站式社区建设;高校本身也要加大与属地移动通信部门的合作,采取"借船出海"的协同共建的模式,为一站式社区建设夯实基础。

多措并举建设一站式社区。学生对微管理平台服务质量要求的提升,既对高校一站式社区建设提出新要求,也对高校数据统筹管理能力与运维能力提出新挑战。2020年以来,为有效应对疫情,实现"最少接触、最小交叉",高校普遍通过线上形式开展教育教学活动,这也使本来就能力"有限"的高校IT部门运维人员面临更大的考验,如何在IT软硬件设施不足和带宽资源不充分的前提下,既保证高校信息空间和数据资产安全又能满足全校学生教学网络要求,成为高校必须直面的现实问题。一是基础设施完备、技术力量雄厚的高校可自建一站式社区。整合微信公众号、微信企业号和易班社区等现有平台,推进一站式社区平台建设,实现数据"一方采集,全校共享",师生服务"掌上完成"。二是基础设施完备、技术力量薄弱的高校可采用技术外包的方式推进一站式社区建设。可以将智慧教室和多媒体教室的管理、校园一卡通、网络检修与维护等非涉密、

---

① 《中办国办印发〈加快推进教育现代化实施方案(2018—2022年)〉》,《人民日报》2019年2月24日。

② 张宝君、孙志林:《智媒时代高校微空间思想政治教育的审视与创新》,《思想理论教育》2021年第2期。

非关键资源管控业务外包,以此,降低学校用工成本,提高信息平台的社会化运作效率,提升管理服务质量。三是基础设施较弱、技术力量薄弱的高校可以"借船出海",直接购买成型的一站式社区。要在全面了解的基础上,选择与本校特点和功能需求相符合的平台,同时要提升信息安全意识,强化对中心机房、涉密和关键资源的管控,做到防患于未然。

四、建强活动微载体矩阵

面对微博、微信、微视频等微社交媒介的发展演变,高校"三微一端"建设取得长足发展,以微博、微信、抖音公众号以及移动客户端等"微"媒介载体成为高校学生日常活动的新场域。当代青年学生作为微媒介应用的主力军,他们了解微媒体、懂得微媒体和善用微媒体的现实特点,为高校开展线上思想政治教育实践活动提供新契机。高校要把握这一有利契机,找准着力点,把住关键环节,推进活动微载体建设。

(一)坚持价值导向注重活动微载体设计

活动微载体主题突出,方式简便,具有"四两拨千金"的作用,高校只有明晰活动微载体的价值,强化活动的顶层设计,才能不断创新微活动实践,进而发挥活动的浸润效能,提升学生获得感。

彰显优势,明确活动微载体设计的价值。智媒时代,活动微载体作为思想政治教育承载工具具备三大优势:一是活动微载体的多样性,丰富活动内容和形式,激发学生参与活动主观能动性,彰显学生活动主体性。微话题、微展示、微公益等微活动,主题突出、内容新颖、形式多样,既满足学生碎片化、视频化、移动化的阅读习惯,也契合学生需求的多样化和差异化。二是活动微载体信息的交互性,使活动参与主体间交互更加简洁、便利,促进活动的共建、共享、共评、共传,消弭传统思想政治教育活动主体交互不畅的隔阂,实现思想交流与情感沟通的实时在线,既契合思想政治教育接受规律,也满足学生情感交互的需求。三是微媒体蕴含的数字技术,既可以对活动主体的行为痕迹进行数据采集和关联分析,实现对学生活动中思想和行为动态精准"画像"的目的。同时,也可即时将活动过程予以实时分析和可视化反馈,为活动承办主体及时根据学生需求和活动反馈,实时调整和完善活动环节和要素提供科学依据,实现活动与对象需求的精准对接,以最大限度满足学生个性化、差异化需求。基于上述优势,活动微载体价值优势愈加明显:一方面,活动微载体打破时空限制,消弭了安全隐患,扩大受众覆盖面。高校传统思想政治教育实践活动因时间固定、空间固定、人员固定,且受外部客观环境等因素限制,对实践活动时间、空间和参加人员都有特殊要求和限定。比如,在课堂实践活动中,教室环境、教学设施和班级人数等因素,势必对学生参与广度、活动效果产生影响。又如,高校"三下乡"和暑期社会实践活动,由于受实践地点、接待能力和交通工具等诸多因素影响,实践的人数只能以学生骨干为主体,而多数学生难以参加学校层面组织的相关活动,使活动覆盖面较小。同时,出于对活动安全的考虑,组织者大多选取交通便利和学校周边实践基地组织相关活动,学生参与活动地域和方式受到客观因素制约,活动局限性较大。而活动微载体作为一种线上虚拟活动载体,其传播具有跨时空、实时性和在场性,有效克服了传统活动场域、时间和参与人员数量的限制,消弭因天气、交通和管理不当等因素带来的安全隐患,为高校思想政治教育实践活动提供了新的平台。另一方面,活动微载体优势多元,消弭主体交互隔阂,满足对象现实需求。随着移动通信技术和数字技术的进步,尤其是5G传输和人工智能技术的升级、推进微媒体移动化、智慧化发展的进程,也为高校微活动有效开展提供平台和技术支撑。活动载体选择是促进活动效果提升的关键环节。满足学生日常活动习惯要求是激发学生主动融入活动的前提。当前,在高校思想政治教育众多载体中,还没有哪一种载体能够像活动微载体那样,不仅深受学生喜爱,也与学生个性与差异化需求相契合,并具备互动性、便捷性、开放性的传播优势。

立足对象,要找准活动微载体设计的着力点。科学把握活动微载体建设的基本维度,加强思想政治教育活动微载体的顶层设计和前期构思,是确保活动有效开展的前提。一是在活动微载体主题设计和选取上,突出主题、精心策划。既要紧扣国家战略、国家政策和重点工作,又要结合国内外时政热点、重大节庆和事件,设置活动议题,用"微"实践来映照"大道理",用"微"话语来解读"大理论",用"微"行动来传递正能量,发挥微活动鼓舞士气、凝聚共识的作用;既要贴近高校实际,又要贴近学生需求,从学生关心的学习、就业、交往等问题出发,遴选活动主题,设计"微"活动形式,以学生身边的典型案例,潜移默化传承校园精神,提升学生责任意识和使命担当。比如,教育部推出的"青年红色筑梦之旅"主题活动,中宣部指导,人民日报社主办,人民日报新媒体中心承办的《"我与中国"短视频大赛》活动,用镜头为参赛者讲述自己与中国的故事提供了展示平台。《"我与中国"全球短视频大赛颁奖典礼在京举行》报道显示,活动在全球范围内征集的活动作品累计超过43万件,活动引发受众的广泛关注,海内外大赛相关总阅读量达80.29亿。二是在微载体承载工具和活动形式设计上,注重表现形式的策划,推进技术与内容的完美融合。高校思想政治教育工作者要从学生偏好出发,选择学生喜闻乐见的微载体、耳熟能详的微语言和易于接受的活动方式。既要考虑活动载体的普适性和操作的简便性,又要考虑平台呈现形式的多样性和话语模式与风格的时尚性,要以新颖的形式、鲜活的语言,激发学生的兴奋点,提高活动的易受性。比如,"校园好人"微视频展示活动,活动目的就是挖掘典型,以榜样的力量影响和激励学生。微视频是学生喜爱的微媒介载体,运用微视频既符合学生的阅读和接受习惯,也符合学生张扬个性、展示自我现实特点;既有利于激发学生的参与意识,也有利于学生在寻找"好人"、拍摄"好人"的过程中,进一步认识"好人"、认同"好人",进而达成自觉做"好人"的教育目的。三是在活动微载体的应用设计上,要突出人本理念,让学生在参与中提升思想认知,增强情感认同,锤炼意志品质,提高行动自觉。高校学生思想政治教育活动微载体建设,要充分考虑学生思维活跃、个性张扬的特点和热衷参与的主体需求,积极拓展参与空间、丰富参与渠道,让学生在"微"活动策划、组织、参与、分享和传播中,用朋辈的视角去分析问题,用"共情"话语去回应同辈的思想困惑,潜移默化地提升自我认知和情感认同。

(二)尊重科学规律抓活动微载体建设

高校活动微载体的快速发展,使学生教育实践活动从封闭走向开放、从静态走向动态、从显性走向隐性。为此,高校只有建好活动"微"阵地,培育活动"微"网红,创优活动"微"品牌,才能寓教于"活动",做到大道至简,润物无声。

把握规律,推进活动微载体阵地建设。随着移动通信和数字技术的深入发展,尤其是微博、微信、微视频和 APP 客户端等信息载体的更迭,"微"交互已成为学生获取和传播信息的新样态。为此,高校要"守好一段渠、种好责任田",就必须主动进驻微空间,建好微平台,让主流舆论、主流文化、主流价值唱响微空间。平台是"微"活动有效开展的基本支撑。一是要把握高校学生思想政治教育的发展规律,了解信息时代教育"双主体"间的认知差异和能力上"数字鸿沟",按照学生的接受和成长规律,科学选择微平台,合理设计活动微载体,提高活动的参与度,扩大活动的覆盖面。二是要摸准微媒体发展规律,充分认识到微媒体对传统教育主体权威的消解和个体意识凸显的作用。主动把握不同微媒体的特点和发展态势,结合活动的特点,遴选合适的微媒介平台和活动形式,构建集多种平台和多元载体于一体的活动微载体矩阵,既拓展学生"刷"存在感的空间,也开垦思想政治教育润物无声的"滴灌田"。三是要把握数字技术的演进规律,充分认识到数字技术的价值所在,将人工智能、大数据技术、算法技术应用于对学生"画像"和活动过程的即时反馈,善用智媒体传播优势,通过多元媒体与议题活动的有效协同,使学生在活动共振中实现共情。

加强培育,打造"微"活动"网红"。习近平总书记指出:"互联网是一个社会信息大平台,亿万网民在上面获得信息、交流信息,这会对他们的求知途径、思维方式、价值观念产生重要影响,特别是会对他们对国家、对社会、对工作、对人生的看法产生重要影响。"①知识、信息的交流,实际上是价值的传递。微媒体所承载的海量信息中所蕴含的价值观念时刻影响着青年学生,而网络"意见领袖"和网络红人因其社交范围广、信息渠道多元、受众接触频度高及其人格魅力和较高的社会认同感,对受众产生的价值影响更大。当前,自媒体平台的崛起,"网红"成为新媒体时代标志,作为一种特有的网络文化现象,"网红"的价值倾向与价值导向,对网民的价值取向具有潜移默化的影响。因此,高校思想政治教育只有顺应微媒介传播态势,主动出击,建好微活动阵地,发挥高校人才优势,大力培育"微"活动代言人,以有思想、有价值、有深度的"知识网红"取代低级媚俗的娱乐"网红"②,进而牢牢把握"微"活动的思想引领权和价值导向权。一是克服"代际"差异,构建相辅相成的"知识网红"指导团队。高校"微"活动指导教师要"善于学习新知识、新技术、新理论。"③既要具备深厚的理论功底,还需要具备广博的知识。当前,"微"活动载体指导团队还存在队伍结构、素质和能力参差不齐的问题,加大"微"活动指导队伍建设,要在落实全员育人的基础上,制定教师参与思想政治教育"微"活动相关制度,建立学生"微"活动指导教师数据库,将那些关心、关爱学生工作,有意愿参与学生活动指导的教师有机组织起来,推进"知识网红"团队建设;要建立青年指导教师学习提升计划,通过常态化日常自我学习,规范化的业务能力和理论培训,以及经常化的线上实践研修提升青年教师的理论素养和学识水平,为"知识网红"奠基;要通过建立名师工作室、研究中心等形式,聚焦于某个细分专业领域,为功底扎实和知识渊博的知名学者和专家提供展示平台,打造不同垂直领域、行业专家化"知识网红"。二是激发学生"潜力",培训活动"意见领袖"。人作为一切社会关系的总和,离不开社会交往。朋辈教育在众多交往中具有无可比拟的教育优势。自媒体时代,"人人皆主播",作为"微"活动主体,学生既是"微"活动发起者、组织者,也是"微"活动参与者和围观者。培育学生网络"意见领袖",对净化"微"活动空间,确保活动发展方

① 《习近平著作选读》第一卷,人民出版社2023年版,第471页。

② 吕婷婷等:《"知识网红"模式对高校网络思想政治教育的启示》,《煤炭高等教育》2018年第6期。

③ 《习近平在清华大学考察时强调　坚持中国特色世界一流大学建设目标方向　为服务国家富强民族复兴人民幸福贡献力量》,《人民日报》2021年4月20日。

向具有不可替代的作用。高校要慧眼识珠,善于发现和挖掘学生"意见领袖"。一方面,要主动进驻网络新媒体,把那些思维敏捷、受众广泛、影响力大的学生"网红"聚集起来,为我所用;要循循善诱,强化引导和注重发展。另一方面,要在广泛挖掘学生骨干和学生"网红"基础上,强化对各类学生线上工作骨干和"网红"进行适时引导,对有志于从事学生思想政治教育的学生"网红"予以扶持,促进其快速发展,同时,强化日常管理,确保其传播正能量。

创优活动"微"品牌。微传播时代,内容品质为王。高校活动微载体要想提高活动的张力,就必须在活动创意和品质上下功夫。一是要在创意创新上下功夫。创新是最重要的引擎,创意是最稀缺的资源。创意即创造和创新意识,是创新的前提和基础。提升"微"活动效果靠的是活动的创新,比的是活动的创意。高校既要在加强投入、完善基础设施、整合活动资源上下功夫,更要在创意、创新上下力气。要树立创新创造意识,始终把创新创造放在工作首位,时刻关注微媒体和数字技术发展态势,适时关注学生需求和接受特点,做到因时而变、顺势而为、乘势而上;要注重思维、体制和技术创新。要坚持用户思维,以最大限度满足学生活动需求为出发点,树立学生在哪里,活动就延伸到哪里的理念。要创新机制体制,打破部门条块垂直管理的限制,推进活动资源的深度融合,搭建协同共进的"微"活动组织、指导机制和体制;要注重技术赋能,以提升活动微载体移动化、智能化和视频化水平为落脚点,把"微"活动作为价值引领和知识传递的重要载体,巧借微媒体交互性、即时性的特点,发挥5G、AI和AR/VR、H5等技术优势,推动活动内容、载体、形式创新,提升活动的智能化水平,激发学生参与活动的主动性、自觉性。二是要在坚守活动初心和本性上下功夫。"培养什么人,怎样培养人,为谁培养"是活动微载体建设的基本价值遵循。落实"为党育人,为国育才"目标,要求高校学生开展思想政治教育活动必须坚守初心和本性。只有这样,才能把活动微载体建设新动能有效转化为立德树人新潜能。要把牢政治导向关。要把立德树人和坚持社会主义办学方向贯穿活动微载体建设的始终,以培育具有"四个服务"意识和能力的时代新人为落脚点,用"通俗的语言"阐释精深的理论,用"鲜活的实例"触动学生的灵魂,用"多样的体验"促进学生认知、认同;要落实学生中心,把最大限度满足学生的现实需要,增强学生获得感作为活动的出发点,坚持用户需求导向,充分运用活动微载体,以学生喜闻乐见的话语模式和多样化的呈现方式,将蕴含党的理论、优秀文化和核心价值观的活动有效开展起来,为学生提供符合其"口味"的精神"食粮"。三是要在活动内容和形式上下功夫。无论"微"教育活动的形态和模式如何演变,但活动的生命力却始终根植于"微"活动的内容。高校学生思想政治教育活动微载体建设只有坚持"内容为王",才能让活动发挥"成风化人、凝心聚力"的作用。一方面,高校要在精心确立活动主题的基础上,围绕主题收集、遴选内容素材,善于将宏大叙事话语转化为"网络语言""流行话语",将"大部头"微格化为"小主题",将"大写意"细分为系列"小确幸",将"四史"、共产党治国理政新思想、党的十八大以来新成就等内容有机嵌入活动内容,激发微活动活力和生命力,让学生在活动参与体验中,坚定理想信念,树立"四个意识",坚定"四个自信",自觉将自我价值实现融入中华民族伟大复兴中国梦。

五、建优文化微载体矩阵

人创造了文化,文化也在塑造着人。习近平总书记指出:"文化自信是一个国家、一个民族发展中更基本、更深沉、更持久的力量。"①以文化人、以文育人是高校思想政治工作的重要组成部分,是落实"立德树人"任务的内在要求。作为新兴文化传播样态——文化微载体,既具有传统文化载体的传播特点,也具有"内容简短、传递便捷""信息更新快、时效性强""鲜明的自主性和个体性""强烈的交互性和开放性"②等微媒体网络传播的特性。文化微载体用微小、精致的内容呈现方式将丰富的人文内涵展现出来,将优秀传统、革命和社会主义先进文化转变为接地气、通俗化的大众文化。文化微载体具有移动化、智慧化、视频化的特点,符合当代学生的个性化、多样化、差异化需求,彰显新媒体时代特征。面对"无处不在"的微文化,高校学生思想政治教育文化载体,只有紧跟时代和社会发展而与时俱进,其功能才能不被弱化或消解。③

（一）找准立足点,为文化微载体建设导航

发挥高校文化微载体的化育作用,就要在文化微载体质量保障上下功夫。把握正确的建设方向,是确保文化微载体发挥思想政治教育功能的前提。新时代,高校学生思想政治教育文化微载体,要发挥校园文化引领、舆情危机化解、网络环境净化、主客关系协同的作用,就必须在找准立足点上下功夫。

要坚持德育为先,突出教育性。国无德不兴,人无德不立。微文化作为高校意识形态重要载体,其建设必须以习近平新时代中国特色社会主义思想和

---

① 《习近平谈治国理政》第三卷,外文出版社2020年版,第18页。
② 牟文谦、董佳影:《论大学生社会主义核心价值观教育的微文化载体》,《黑龙江高教研究》2017年第2期。
③ 王景云:《思想政治教育文化载体发展新趋势刍议》,《思想教育研究》2017年第7期。

习近平总书记关于教育和思想政治教育的系列讲话为指引,以理想信念教育、爱国主义教育、道德规范教育为出发点和落脚点。只有这样,才能以先进的微文化浸润、感染、熏陶学生心灵。为此,加强高校思想政治教育文化微载体建设,必须在始终坚持德育为先的前提下,充分运用微平台传播速度快、覆盖面广、时效性强的特点,利用微博、微信群、移动终端等微媒介载体,推动文化的生活化和网络化转换,让静态的文化产品转变为动态的、视觉化的,融思想性、知识性、服务性于一体的系列微文化活动,进而增强学生现实体验感,促进学生入耳、入脑。

要坚持价值领航,突出导向性。作为社会评判是非曲直的价值标准,核心价值观是一个民族、一个国家的共同精神追求。自觉培育和践行社会主义核心价值观是每个公民的义务。微文化是青年学生看得见、摸得着,易于体验、内化的文化形态,为此,突出社会主义核心价值观引领作用,运用微文化多元化呈现的形态,使其"润物细无声"浸润和涵养学生,是高校思想政治教育的应有之义。要发挥新媒体融声、像、图、画和视频等感官功能于一体的技术优势,以学生乐于接受的认知图式,选择恰当的微媒体,以生活化和网络化语言表达,将社会主义核心价值观以学生喜闻乐见的微方式呈现给学生,激发他们的情感认同,促使他们养成积极向上的思想道德情感,提升校园微文化的吸引力和认同度;要发挥榜样的典型示范作用,将学生身边的人和事打造成易引起情感共鸣的网络微作品,为学生营造共情的思想和情感氛围;要增强社会主义核心价值观网络议题设置能力,从学生关心关注的各类热门话题探讨中,提高学生对社会主义核心价值观的认知、认同,进而自觉践履。

要注重因时而进,突出时代性。知常明变者赢,守正创新者进。校园文化微载体作为时代的产物,必然随国家、社会、媒体和科技的发展,而不断发展与创新。为此,高校文化微载体建设,一是要在引领上下功夫。坚定社会主义先进文化方向的前提下,运用微媒体和数字技术,将本校特色文化、中华优秀传统文化、革命文化进行创新性发展和创造性转化,进而让正能量充满微空间,发挥微空间的文化引领作用。二是要在微文化议题设置上下功夫。要结合学生思想关注、重大节庆日、纪念日以及学生成长成才的现实需要设置文化活动议题,使学生在微文化活动中,增强社会责任感、养成创新精神、提高实践能力。三是要在微文化平台建设上下功夫,完善网络设施建设,建好微博、微信、抖音以及 APP 移动客户端等舆论宣传阵地,用中国特色社会主义文化占领微空间,增强微文化育人的实效性。

（二）找准着力点，让文化微载体落地生根

高校学生思想政治教育文化微载体品牌，是高校思想政治教育工作者结合学校文化特色、学生特点，打造的具有符合时代要求，彰显学校特色，满足学生需求的，独具本校特色的思想政治教育精品文化微载体。

要凝"神"塑"魂"。高校学生思想政治教育文化微载体建设要以凝练办学之"神"，紧扣文化之"魂"为着力点。高校学生思想政治教育文化微载体品牌建设只有围绕时代主题，贴近学生思想关切，才能具有生命力。这方面高校可参照《人民日报》《光明日报》、新华网等媒体文化"微"品牌打造的做法。如人民日报新媒体中心"两微两端"紧扣 2020 年两会主题和议程，制作"推出图文报道、短视频、H5、海报、长图、微纪录片等一系列角度新颖、制作精良、传播力强的融媒体产品"。《向胜利进军！回顾习近平历年两会扶贫金句》《原声！习近平两会上的暖心话》《微镜头：" 留在那儿，子孙后代可以用"》等制作精良、传播力强的微媒体产品，多层面、多维度展现习近平总书记的大国领袖形象，彰显习近平总书记务实亲民、心系百姓的人民情怀。① 围绕学校办学特点，凝练办学精神，打造具有本校办学特色的文化微载体品牌，是提升校园微文化渗透力、感染力的基础。高校要围绕时代主题和学校特色文化，在文化作品主题的选择、内容研发、场景创设以及传播的拼接等方面下功夫，提升产品的价值引导性、文化化育性。要面向社会，面向师生，从学校实际出发，遵循学校办学历史、文化积淀、学科优势和个性特征，发掘亮点、培育特色，这样才能促进微品牌可持续发展，保持旺盛的生命力。要将"四史"教育、爱国主义、集体主义和社会主义教育有机融入校园文化，以学生喜闻乐见的微文化模式，把文化自信的种子播撒进青少年心灵。

要彰显特色。高校学生思想政治教育品牌文化微载体既具有引领示范、文化育人和认识整合作用，也具有创新创造和激励促进作用。高校学生思想政治教育文化微载体只有"品牌"化，才能"接地气""有黏性"。品牌离不开特色和个性。高校学生思想政治教育文化微载体品牌建设既要结合本校办学特色，又要体现个性。张扬个性，是当代青年学生的特点，只有独具个性的平台和作品才能吸引学生，因此，有创意、有个性是文化微载体品牌化的关键，也是增强学生品牌认同感和归属感的前提。当前，高校学生思想政治教育文化微载体品牌建设还存在"重包装轻内涵、重数量轻质量、重娱乐轻思想"的问题，为此，面对上述问题，高校学生思想政治教育品牌文化微载体建设要在凝"神"塑"魂"，在突出

---

① 《深厚人民情怀感动亿万网民（融看台）》，《人民日报》2020 年 5 月 28 日。

特色和个性上下功夫。一是要以"校园文化提升工程"为依托，打造"内涵层次高、影响力大、教育成果显著"品牌文化微载体。二是要根植于经典文化、学校历史、学习生产生活的伟大实践，发挥其教育引导、凝聚激励、协调美育等功能。

六、建精服务微载体矩阵

微服务一词源于微服务架构理论。作为一种全新的理论架构——微服务架构，是指将单一应用服务程序拆分成一组可实现的微小应用服务，这些微小应用可独立开发、部署和管理。① 由此可以看出，微服务，既指服务事项的细微化，也指复杂服务事项流程的简约化。本研究所探讨的微服务载体，特指高校以微服务架构理论为支撑，对学生复杂服务事项加以细分，所形成的垂直细分、集约协同的移动化、智慧化和精细化服务平台。当前，高校要强化技术赋能意识，树立移动化、智慧化和精准化的建设理念，强化服务微载体的设计和框架，以构建垂直细分、集约协同的高校服务微载体矩阵。

（一）树立用户思维，以质效提升促服务微载体建设

《中国教育现代 2035》明确提出：要"加快信息化时代教育变革。建设智能化校园，统筹建设一体化智能化教学、管理与服务平台"。② 当前，面对微媒体的快速发展、面对大数据、云计算、人工智能等数字技术的迭代，高校学生服务微载体建设应树立微服务意识，强化用户思维，坚持问题导向，以提升服务精智化水平为出发点，全面提升高校学生微服务的水平和质量。

要树立微服务意识。《中国新媒体研究报告 2024》显示："微信公众号"、自建 APP、短视频平台已成为"媒体移动端用户最活跃端口"和"用户数量最大端口"，短视频传播潜力较大，是媒体未来深耕的蓝海。由此可见，微媒体已成为人们最重要的使用终端，这也为高校学生服务提供了新的平台支撑。面对微媒体平台种类的多样化、传输的迅捷化、场域的无界化特征以及微信小程序使用便捷化等优势，高校要树立微服务意识，主动投身服务微载体开发和使用。一是要明确微服务的内涵。微服务作为新服务架构模式，是以云计算为技术支撑，"每个服务运行在其独立的进程中，服务与服务间采用轻量级的通信机制互相协作，每个服务都围绕着具体业务进行构建，并且能够被独立地部署到生产环境"③。

---

① 李春阳等：《基于微服务架构的统一应用开发平台》，《计算机系统应用》2017 年第 4 期。

② 《中共中央国务院印发〈中国教育现代化 2035〉》，《人民日报》2019 年 2 月 24 日。

③ 赵伟、吴天宇：《基于微服务架构的大学生思政教育实践初探：以苏州大学纺织与服装工程学院为例》，《纺织服装教育》2020 年第 4 期。

简单地说,就是将复杂应用和服务事项分解成松散耦合的一组(系列)微应用和服务。二是要明晰微服务架构的特征和功效。一方面,可根据用户需求对复杂服务功能进行粒度化拆分,使每个粒度(微服务)只满足单一的功能,粒度间相互独立,易于开发和维护,有助于将高校复杂服务事项予以多级拆分,构建垂直细分的服务体系,提升服务的精细化,比如,高校可结合不同阶段,如迎新、考研、就业等关键时间节点学生的不同需求适时调整微服务业务,满足不同学生需求;另一方面,可以满足高并发的需求,根据需求变化增加或者减少微服务节点,并将微服务节点部署到多个服务器上,实现分布式部署,促进部署负载均衡,增加并发量,增强服务的延展性,有利于高校部门间服务职能的整合,如将学生心理辅导、职业规划、就业创业指导等服务模块进行整合,实现一次开发,多入口并行上线,①提高服务一体化和集约化水平。同时,微服务体积小、复杂度低,易于运维营团队掌握和管理的特点,有助于学生自主管理和运营微服务平台,对全面激发学生参与意识,实现学生自我管理、服务、决策、监督,具有极其重要的实践价值。② 基于微服务的特征和功效,高校思想政治教育工作者要摒弃传统学生服务载体"求全求大"的建设理念,树立"求精求活"的微服务意识,充分运用媒体技术和数据技术,将大系统解耦成为微服务,实现从"大系统"到"微系统"的理念转变。

找准服务微载体建设的落脚点。微载体建设的目的,是提升高校学生服务的水平和质量。为此,明确新时代学生服务需求的变化,了解网络移动传播背景下微服务的应然要求和实然状态,成为高校学生服务微载体建设的首要前提。随着移动通信和数字技术的发展,高等教育现代化成为大势所趋,高等教育现代化要求各项工作现代化。高校基本职能是服务于学生成长成才,为国家和社会培养合格人才。为学生服好务,既是高等教育人民性的具体体现,也是高校落实学生中心、提升人才培养质量的必然选择。为学生服好务,就要了解学生的需求变化。当代大学生作为数字化时代的"新新人类",由于他们成长于物质生活极大丰富、移动通信和媒体技术快速发展、生活样貌日新月异的时代,从小就接触网络移动智能终端设备,习惯于运用移动智能终端设备获取信息、交友和购物,微生存模式成为学生移动应用的"香饽饽"。因此,他们对服务微载体并不陌

① 王磊等:《一体化微服务平台:高校移动校园发展新探索》,《中国电化教育》2017年第11期。
② 赵伟、吴天宇:《基于微服务架构的大学生思政教育实践初探:以苏州大学纺织与服装工程学院为例》,《纺织服装教育》2020年第4期。

生,甚至对服务微载体的功能有着更高的期盼和要求,这也为高校服务微载体建设提供了落脚点。基于教育现代化和学生需求精细化,高校学生微服务载体建设,要树立融合创新的理念,以微服务理论为支撑,以微媒体与高校思想政治教育聚合为切入点,一方面,采用微服务架构,打造"一站式服务大厅"的模式,推动"一张表"工程,提高数据服务的共享与利用能力;另一方面,积极开发的各种APP和微媒体小程序,将单一应用按功能边界分解成多序列的独立专注的微服务,进而进一步精简学生服务事务流程,提高服务效率。

(二)坚持统筹规划,以分层推进助力服务微载体建设

要明确建设思路,强化顶层设计,做到统筹规划。思路决定出路,战略决定未来。思路是确保高校学生服务微载体建设的前提。清晰的建设思路是确保建设成效的关键。为此,高校要加强顶层设计,将学生服务微载体建设纳入学校教育现代化2035年的总体规划,以智慧校园建设为契机,统筹制定高校学生服务微载体建设的总体发展计划,以为学生提供个性化贴心服务为落脚点,以加快信息系统关联整合和支撑环境深度集成为目标,有计划、有步骤地推进学生服务微载体建设。一是以云计算为技术支撑,推进微服务架构模式的重组与建构,要加强高校学生服务微载体基础设施投入,推进平台硬件和操作系统、数据库等软件基础设施建设,提高基础平台的标准,增强平台云计算和安全防护能力;二是要按照模块化、松耦合的微服务模式,加强流程、数据、身份权限、分析等服务平台核心模块研发,推进一站式服务中心、数据中心和认证(注册)中心建设,[1]充分发挥流程驱动的作用,促进服务与管理的有效分离,形成服务业务流程集合[2],提升人机协同服务的水平,实现平台服务层应用场景的全覆盖;三是要发挥微服务"独立部署、动态扩展、快速迭代"的优势,按照"轻应用"理念,对学生获取服务的各种方式进行有效整合,构建应用层和展示层相融合的信息门户,"以解决内容匹配性差、终端割裂、更新对接滞后等问题",实现各类服务功能同屏共享、使用场景的同屏共现。[3]

要突出重点,把握关键,分层次推进。当前,面对教育现代化时代趋势,面对

① 宋苏轩等:《教育信息化2.0背景下新一代高校智慧校园基础平台建设研究》,《现代教育技术》2019年第8期。
② 刘革平等:《基于流程驱动的高校智慧校园基础架构研究与实践》,《中国电化教育》2019年第4期。
③ 宋苏轩等:《教育信息化2.0背景下新一代高校智慧校园基础平台建设研究》,《现代教育技术》2019年第8期。

高校治理和服务能力现代化的新要求,尤其是面对微媒体普及和人工智能带来的新机遇,高校只有基于微服务架构理论,构建大平台、微服务、轻应用的一体化分布式数据服务平台,才能更好顺应时代发展,提高服务的智能化水平。

一是抓好基础设施平台建设,为服务微载体建设奠基。高校服务"微"平台设施建设是高校学生服务微载体的现代化、智能化程度的根本保证。随着 5G 的落地和人工智能技术,尤其是智能移动终端设备的升级,对高校信息化基础软硬件设施提出更高要求。为此,在硬件设施建设上,要重点提升平台的功能、设备技术指标和网络覆盖率。一方面,要通过增加预算、争取项目建设基金以及投资和融资等渠道,拓展资金来源,加快对校内原有网络通信基础设施升级改造,提升网络与服务器等设备的标准、核心设备档次和组网技术水平;另一方面,加大与地方移动、电信和联通等数据传输和通信部门的深度合作,借船出海,采取共建、援建的模式,推动校内网络通信基础硬件设施建设。在软件设施建设上,重点建好操作系统和数据库等软件,完善数字教育资源共建共享机制,打造全场景业务综合服务平台。一方面,成立校园"微"服务联盟,抽调各部门"精兵强将"组建服务微载体建设研发团队,加快信息系统、共享基础数据库建设,构建以云技术为支撑的网络拓扑式微服务架构,打造"全方位的管理服务中心""全流程的教学应用中心""全场景的资源服务中心"。另一方面,加强与校园网络服务企业的合作,通过购买和租借的方式,建设校内软件平台。如超星、泛微、青橙等校园微服务平台。

二是抓好平台核心模块建设,实现平台服务层应用场景全覆盖。大数据、云计算和人工智能技术的快速发展,为高校学生服务的智慧化提供了技术支撑。面对高校因"信息孤岛"导致的服务流程、数据割裂,服务信息共享,平台运营复杂化,无法自维护以及信息安全难保障等问题,高校急需发挥新媒体、移动通信和数字技术的数智化赋能的作用,推进校园数智化平台建设,构建一站式校园智慧应用服务微载体。要抓好平台"门户"建设。针对传统服务平台多入口、多消息、多组织的"三多"问题,高校要按照微服务架构,结合学生使用习惯,将校园管理 APP、微信企业号和易班社区等多门户有机聚合,构建全终端融合的、符合校园特色的多维度组织架构的门户体系,以满足不同权限在不同场景中使用。要建好一站式社区服务"大厅"。按照"让学生用得更畅快、让业务部门用得更满意、让网络部门更省心"的原则,以实现学生在任何时间、任何地点、任何终端都能获得服务目标,建好 PC 端、移动端的办事大厅及流程,推进一站式服务中心支撑平台建设。要建好建强身份认证中心,针对高校微服务身份平台存在的身份管理和使用不便、缺乏多维度身份标签能力以及不支持场景化认证和灵活多维授权等问题,加强支撑认证、授权、多元身份管理与身份数据服务组件建设,构建智慧化全向身份服务认证平台。要加大跨系统的数据整合,在实现公共数据和业务数据松耦合的基础上,推进动态数据治理、管理和服务数据平台建设,构建精智化服务供给平台,形成"场景+数据+算法"闭环,提升数据服务和分析服务能力,实现事务性和分析性数据的协同共享。

三是推进单一应用,构建服务微载体矩阵。单个微服务因其"独立部署、动态扩展、快速迭代"的优势和规模小、复杂度低、易修改的特点,成为高校学生服务微载体建设的重要环节。高校要统筹整合校内数据资源,打破部门数据"孤岛"现象,以公共基础服务为粒度划分的标准,对部门业务数据实体组成的功能模块进行划分,推进部门间协作和应用集成。在此基础上,对聚合在同一部门的公共服务功能模块进行拆分。[①] 当前,高校要结合学生公共服务需求的功能模块,围绕学工系统学习引领、心理疏导、就业创业指导等公共模块,教务系统的学风、课程、成绩、考试等管理与服务模块,以及生活导航、宿管、就餐、图书等隶属不同部门的管理与服务模块,运用微媒体,积极研发 APP 和小程序,构建序列多元、独立专注的微服务平台,为学生提供智能化、数据化的服务。

欲思其利,必虑其害,欲思其成,必虑其败。高校微服务要取得成效,就要既把握机遇,又要正视挑战。当前,服务微载体建设已成高校智慧校园建设的必由之路,然而在服务微载体建设实践中,也面临着由于服务数量增加,而引发的测试以及服务配置、部署、扩展复杂度增加,技术手段仍需不断创新。同时,微服务模块是否需要拆分以及拆分的程度都需要认真考虑。总之,微服务的"微"是相对的,服务微载体的建设也是与时俱进的,其终极目标就是通过对应用的充分分解,最大限度满足学生的现实需求。

---

① 闻雷:《基于微服务架构的高校应用集成方案的设计与实现》,江苏大学 2018 年硕士学位论文。

第六章 "聚合效应"视阈下高校学生思想政治教育微载体支撑机制体系建设

微媒体的快速发展,对高校学生思想政治教育主体、对象、载体和环境都带来深刻的影响,不仅拓展教育时空,而且引发教育主客关系的蝶变。紧跟链式变革带来的发展机遇,高校思想政治教育要因势而谋、应势而动、顺势而为,建立健全组织领导、协同创新、舆论监管、队伍提升、运行保障、考核评价体系,为微载体建设提供强有力的制度支撑,更好把握微载体建设时、度、效,创新优化思想政治教育微内容,增强其吸引力和感染力,让学生勤点、常留、喜听、乐看,产生共鸣,自觉认同,内化为思想意识、外化为行为习惯。

第一节 建立健全组织领导和督导体制机制

明者因时而变,知者随事而制,推进高校学生思想政治教育微载体建设,需要强有力的组织领导保障,只有干部强起来,班子强起来,才能凝心聚力,做到守土有责、守土负责、守土尽责。高校只有把思想政治工作摆到重要位置,强化主体责任意识,注重组织功能发挥,完善督导问责机制,才能统筹规划,确保微载体建设工作落到实处。

一、健全领导主体责任落实机制

微媒体形态的演进推动高校思想政治教育微载体范式变革。在高校各级各类组织的共同努力和奋斗下,大多数高校已构建以微社交媒介和各类圈群为中介平台的微载体矩阵,打造彰显本校特色的微课程、微公众号和微视频等品牌微载体,但也有部分高校思想政治教育微载体建设还存在"有名无实"和"门前冷落"的状态,出现这一现状的因素固然多元,但究其实质,主要还是高校"首责"意识不强,主体责任落实不到位所致。完善领导主体责任,健全组织领导机制、健全责任落实机制是推进微载体建设落到实处的根本保证。

(一)完善领导主体责任,推进微载体建设落实

"要想火车跑得快,全靠车头带"。"干事担事,是干部的职责所在,也是价

值所在。"①思想政治教育微载体建设在高校意识形态建设和立德树人工作中地位重要,其建设成效如何源于高校各级组织负责人的重视和落实程度。高校党委和各级领导必须强化"首责"意识,主动落实主体责任,这样才能把微载体建设工作抓紧抓好。

高校党委要担负起微载体建设的主体责任。新时代,党和国家高度重视网络和新媒体思想政治教育工作,并从党和国家的前途命运、中华民族伟大复兴等战略高度,对网络新媒体时代高校思想政治教育作出了一系列重大部署,要求高校党委要对网络新媒体思想政治工作负总责,切实担负起主体责任。主体责任作为一个责任体系,要求高校党委履行集体领导责任。为此,高校党委要着眼于"大思政"格局的构建,加强对高校微空间思想政治教育的组织领导,通过优化顶层设计和统筹、协调,全面推进高校思想政治教育微媒体矩阵的建设。

高校各级党委主要领导和班子成员要主动履行领导责任和"一岗双责"。《教育部等八部门关于加快构建高校思想政治工作体系的意见》指出:"党委书记是思想政治工作第一责任人,校长和其他班子成员履行'党政同责、一岗双责'","党委主要负责同志落实领导责任,分管领导落实直接责任。"高校院(部)领导班子成员都要紧跟时代和科技发展步伐,主动履行高校学生思想政治教育微载体建设的"一岗双责"。高校要列出思想政治教育微载体责任清单,将思想政治教育微载体任务细分化,责任具体化,确保"党委不松手、书记不甩手、班子成员不缩手",实现思想政治教育微载体建设责任互联互通、压力传导通畅,形成齐抓共管良好局面。

(二)健全组织领导机制,促进微载体建设落地

组织,作为动词,是指有目的、有系统地集合起来。作为名词,分广义和狭义之说。广义上讲,是指按一定方式将构成要素联系起来的系统。狭义上讲,是指人们为实现共同的既定目标、任务,而结成的集体或团体。从管理学角度看,组织作为目标导向明确和结构系统严密的活动单元,既是社会的构成细胞,也是社会的基本组成单元,离开组织,社会也就失去了存在的价值。组织具有目的性、整体性、开放性的特征,其构成要素包括:管理主体和客体、组织环境和目的四个基本要素,这四个要素相互耦合、相互作用,共同构成一个完整的组织。② 高校学生思想政治教育微载体作为复杂的系统工程,需要有强有力的组织领导机构,

---

① 《习近平谈治国理政》第四卷,外文出版社 2022 年版,第 529 页。
② 许激:《效率管理:现代管理理论的统一》,经济管理出版社 2014 年版。

以保证组织任务的有效落实。

要完善组织领导机制。习近平总书记强调指出,创新创优思政课,"要建立党委统一领导、党政齐抓共管、有关部门各负其责、全社会协同配合的工作格局"①。作为一个复杂系统工程,高校学生思想政治教育微载体建设涉及方方面面,贯穿于高校事业发展的全过程,需要一个权责明晰、协同一体的组织领导机构,予以设计、规划、组织和落实。为此。要在高校思想政治工作小组之中设立网络思想政治教育领导小组,由党委书记任组长,分管副书记(副校长)为副组长,职能部(处)负责人、学院党委书记(院长)、学生副书记(副院长)、分团委书记(学办主任)、教师、学生为成员,负责网络新媒体空间思想政治教育的总体决策、规划、指导和督查工作,确保微载体建设持续推进。

要建立"层级"组织落实机制。受传统组织层级思维和固化模式影响,高校学生思想政治教育微载体建设要素分散而孤立,相互封闭,致使"信息孤岛""协同不利""共享性差"等现象屡见不鲜。组织协同不力,凝聚力、战斗力不强的现实问题依然存在。为解决这一问题,推进高校学生思想政治教育微载体建设,需要加强领导机制建设,全面整合高校资源,结合大数据时代管理智慧化的现实要求,采用扁平化管理模式,健全思想政治教育微载体建设组织领导和运行机制,进而营造协同共进的高校思想政治教育微载体建设局面。高校要成立网络新媒体空间思想政治教育办公室、研究指导中心或新媒体联盟,强化对涉关部门的体制、资源、队伍的整合,形成统一领导、归口管理、分级负责、分层实施的工作机制,构建以学校党委为核心、以院(部)二级机构为责任主体、团学组织为支撑、以学生为落脚点的"四位一体"思想政治教育微载体建设和管理工作组织领导机制。

要搭建"六级"组织协同机制。高校要发挥大数据、云计算的数据汇集和细分功能,打破传统条块化、层级化管理模式,构建智慧化的新媒体联盟,以应对微时代信息传播跨时空、即时化、便捷化传播的特点,改变传统校、部(处)、院、系、班、寝六级组织架构反馈慢、时效差的现状,形成全员参与的协同机制,打造有动力、有活力的思想政治教育微载体建设动车组。

(三)健全责任落实机制,促进微载体建设落细

全员全程全方位育人是高校实现立德树人目标的重要保证。实现全员全程全方位育人,高校要落实《教育部等八部门关于加快构建高校思想政治工作体

---

① 《习近平谈治国理政》第三卷,外文出版社 2020 年版,第 331 页。

系的意见》中"以建立完善全员、全程、全方位育人体制机制为关键,全面提升高校思想政治工作质量"的要求。随着网络新媒体的发展,尤其是智慧校园和教育现代化的进程的深化,移动化、智慧化的新媒体平台已成为高校教育教学、管理服务的新载体,也为高校全员育人提供了新渠道。高校思想政治教育微载体建设涉及不同层次、主体和领域的有效衔接,是一个系统的建设工程。具体而言,就是要重点强化四支队伍责任意识。

要强化党政领导的"首责"意识。高校党政干部,主要是指学校从事党务和管理工作的部门和院(系)干部,他们担负着组织领导和具体实施者的双重责任,在高校学生思想政治教育微载体建设中具有举足轻重的作用。为此,要将高校学生思想政治教育微载体建设纳入意识形态工作,明确目标,建立责任制,使他们明确自己在学生思想政治教育微载体建设中的"首要"责任。同时,加强目标管理和责任考核,提高他们主动抓好微载体建设的自觉性。

要强化教师育人"主责"意识。"教书育人"是教师的"本职工作","育人"是每一位教师的"主要职责",网络育人也是高校教师义不容辞的责任。一方面,高校要通过培训、报告和典型示范引领等方式,强化全体教师的师德师风建设。要通过专题讲座、短期培训和日常学习,增强教师媒介素养和媒介能力,提升教师网络育人的"主责"意识。要调动教师参与思想政治教育微载体建设的积极性,尤其要发挥专家、知名学者的示范引领作用,鼓励他们主动走进网络,成为网络新媒体空间的"思想达人"。另一方面,要调动学校专业领军人物和学科带头人的积极性和主动性,发挥他们在教师和学生群体中的影响和引领作用,通过建立网络名师工作室、打造网络"金课"等方式,为那些理论功底扎实、学识过硬的专业教师搭建线上"展示"平台,使之成为引领师生的"理论先锋"。

要强化辅导员的"责任"意识。高校辅导员作为学生人生导师和知心朋友,在学生教育管理服务工作中发挥着举足轻重的中坚作用。微媒体时代,利用微载体开展学生教育管理与服务已成为高校辅导员队伍的新常态。高校既要加强教育引领,提高他们对微载体思想政治教育价值的认识,更要增强他们用好微载体的责任意识;既要加强辅导员网络素养、媒体素养的提升,也要强化他们信息能力、传播能力和舆情把控能力的提升;既要健全保障与激励机制,将辅导员参与"微"媒体建设成果与职务职级"双线"晋升挂钩,又要健全考核评价机制,将"微"媒体建设成果纳入考核和评优体系,以充分调动他们的积极性和主动性。

要发挥学生骨干示范引领"责任"。提高学生骨干参与微载体建设的积极性,发挥其"舆论领袖"的作用。要加强对学生干部、学生党员的教育、培养,提高他们的政治理论素养、媒介素养和信息技术使用能力,让他们主动入驻微空间,为他们提供微展示平台,倾力打造"思想网红""活动网红""形象网红",进而发挥他们朋辈引领示范作用。要通过团学组织,以"青马工程""公益服务""微社会实践"等方式,组建学生"微"思想政治教育建设团队,让学生在微活动中提素养、增才干,让微空间真正成为学生成长成才的新沃土。

二、建立组织创新发展机制

微时代高校各级各类组织要顺应微媒体发展态势,在全面把握"立德树人"时代主题和"四个服务"人才培养定位的基础上,全面加强党的领导,按照内涵式发展理念,以最大限度满足学生需求,解决学生现实问题为导向,在明晰职责、创新形式、发挥功能上下功夫,努力构建协同育人新机制。高校各级组织都承担着"立德树人"的责任和使命。微时代高校各级组织要顺应微媒体发展态势,围绕自身的服务对象——学生,结合部门工作内容,设计和建设微载体。这不仅有利于组织发挥自身育人优势,也有利于组织自身可持续发展。因此,高校思想政治教育微载体组织机制建设,必须坚持党的全面领导、内涵式发展和需求导向,推进建设体系现代化,才能发挥其组织效能。

(一)以党的全面领导促进组织功能发挥

落实立德树人根本任务,"为党育人,为国育才",离不开党对高校全面领导这一坚强核心。高校各级组织只有把"立德树人"摆在工作首位,构建"十大育人体系",才能将高校思想政治教育全程、全员、全方位育人工作落到实处。加强高校学生思想政治教育微载体建设,要求高校基层党组织要高度重视,把其放在工作首位,加强党的全面领导,切实发挥组织功能,牢牢把住建设方向、大局,充分调动和发挥党团组织参与微载体建设的积极性,发挥其思想引领、价值引领、能力拓展和文化熏陶功能。在思想政治教育微载体建设中,高校要加强党的全面领导,把微载体建设纳入思想政治教育体系,并摆到工作的重要位置,切实加强对思想政治教育微载体建设工作的组织领导和工作指导,要定期分析具体建设情况,研究解决微载体建设实践中存在的重大问题。院(系)党委要发挥思想政治教育微载体建设的组织功能和政治功能,落实党建带团建制度,做好群团组织思想政治教育微载体建设组织和指导工作。

(二)以内涵发展促组织能力提升

"质量提升"是高校思想政治教育创新创优的核心所在。提升高校思想政治教育质量需要以内涵式发展为依托,只有树立内涵式发展理念,才能全面整合组织资源,促进高校思想政治教育微载体建设构成要素的协调统一。微时代,媒体的融合发展,为高校思想政治教育网络空间阵地建设提供了新契机。按照《教育部等八部门关于加快构建高校思想政治工作体系的意见》要求,高校各级组织要把"提升校园新媒体网络平台的服务力、吸引力和黏合度""重点建设一批高校思政类公众号,发挥新媒体平台对高校思政工作的促进作用""引导和扶持师生积极创作导向正确、内容生动、形式多样的网络文化产品"。坚持行动导向,注重内涵式发展,把微载体建设融入发展规划,全面优化资源配置,提升高校思想政治教育微载体建设质量。要以组织规范化、管理科学化、运行精细化,提升各级组织微载体建设能力。要以组织职责层次化、任务具体化,落实微载体建设组织职责,以完善的目标责任制和发展计划,分层细分微载体建设主体责任,做到责任落实到位、任务落实到位,使院(部)和其他各类组织明确目标、任务,提高其责任意识,增强组织创新创优能力。

(三)以需求导向促进组织服务精准

以学生为中心是高校一切工作的落脚点。推进"思想政治教育+微载体"工程建设,其目的是拓展思想政治教育途径,更好满足学生"微"需求。由于工作职能的差异,高校内部不同组织服务学生的角度不同,但无论具体职能和分工如何,都承担着立德树人的职责,都需要主动占领微空间,发挥微空间的育人作用。高校思想政治教育微阵地的占领需要依靠不同的组织,要按照齐心协力、共建共享的理念,围绕自身工作范畴和职能,针对学生的思想和行为特点,运用微媒体对学生开展政治思想、价值和文化教育引导,将思想政治教育与学生日常教育管理服务相结合,打造协同共享、供给精准的微媒介载体。一方面,要发挥组织作用,既帮助教育主体解决微空间立德树人中遇到的各类问题,又要将其育人效果纳入组织评价和考核体系,以调动他们参与的积极性、主动性,提升成就感;另一方面,要加强对学生的人文关怀。高校各级各类组织要结合工作职能,充分发挥微载体传播优势,针对学生普遍存在的人际交往、思想和心理困惑、就业创业等现实问题,为学生提供个性化的帮助,使微载体形式"活"起来、效果"强"起来、影响"广"起来,进而拓展和延伸组织育人的覆盖面和辐射力。

(四)以治理现代化促组织管理到位

构建现代化大学治理体系作为高校提质增效的必然选择,既为高校深化管理体制改革提供了有力保障,也为高校学生思想政治教育微载体建设打通"主体责任闭环"、打破"部门数据壁垒"、共建"智慧化平台"提供了组织保障。高校要通过健全组织制度机制,提升组织管理精细化、智慧化程度,推进微载体建设。高校要把微载体建设纳入学校立德树人总体规划,纳入人才培养体系,成立由党委宣传部牵头,由信息中心、学生、教务、团委等院部机关以及后勤、院(系)为成员单位的思想政治教育微载体建设工作协调小组;高校要结合各类组织的工作职能,细化思想政治教育微载体建设任务书和时间表,为各类组织"定目标、定职责、定标准",以理清边界,精准"认责",做到责任"有人担",事事"有人管"。最后,高校要强化监督评价,推动组织"履责";高校要把思想政治教育微载体建设成效的评判权交给教育对象——学生,充分发挥微载体的信息汇集优势,开展网上测评,以学生满意度评价倒逼组织提升服务质量。

三、完善督导问责机制

要素协同是实现机制同构,是推进高校微载体建设全员参与格局形成的根本保障。实现这一目标,需要以完善的督导、问责机制,明确责任清单,强化责任意识,切实促进高校学生思想政治教育微载体建设。

(一)建立督导机制,推进微载体建设标准的科学化

"没有规矩,不成方圆。"规章制度是组织为维护组织内正常秩序,保证任务有效执行的规范和准则。完善的督导机制是高校党委履行主体责任,以全面落实立德树人根本目标为基本出发点,以新时代思想政治教育创新创优为着力点,围绕微载体相关主体任务清单而制定的督导制度和规范,目的在于整合力量,促进思想政治教育微载体建设有序进行。提升微载体督导效能,需要建立和完善督导任务清单明示、奖惩和考评等机制。

建立督导任务清单明示机制。督导任务清单明示机制,是指高校党委在微载体建设内容统筹细分基础上,按照学校党政部门、院(系)或个人职能将任务内容"对号入座",通过召开工作协调动员会、签订目标责任书、形成文件等形式将任务分工和责任划分情况告知建设主体的制度,目的是让任务主体明确目标,找准定位,制定科学的建设规划。为此,高校要按《教育部等八部门关于加快构建高校思想政治工作体系的意见》要求的,"完善推进落实机制。明确责任分工,细化实施方案,及时研究解决重点问题。将高校思想政治工作纳入整体发展规划和年度工作计划,明确路线图、时间表、责任人。"在宣教微载体建设上,高校网络中心担负平台硬件设施的建设职责,机房建设、网络传输速度、无线网络覆盖率是其主要任务,而党委宣传部门则承担着微载体平台的选择、搭载内容的审核把关、意识形态引领的核心职责。

建立督导任务落实奖惩机制。督导任务落实奖惩机制,是指高校党委依据微载体建设规划和任务目标,对任务主体(组织和个人)在规定期限内完成任务情况进行相应激励和问责的规定或条例。高校要建立多元多层、科学有效的高

校学生思想政治教育微载体建设考核评价标准,并将其纳入高校思想政治工作测评指标体系,构建过程和结果相结合的微载体建设评价机制,把微载体建设成果纳入教学评价、人事考核、科研成果评比和职称职务晋升考评体系。如对那些乐于投身微载体建设的组织和个人,可通过完善薪酬制度或设立专项发展基金、将优秀典型和成果纳入年度评优和表彰等方式,强化激励的正导向作用,激发他们参与微载体建设的积极性和主动性。对工作不主动、态度不积极、投入不到位,对微载体建设任务不落实或落实不力,甚至造成影响的组织和个人,降低奖励工资等级、取消年度评优资格,直至调离工作岗位。

建立督导考评方法与责任划分机制。督导考评方法与责任划分机制,是指高校党委依据中办国办思想政治教育系列文件和教育部教育督导的意见的精神要求,按照党内问责和教育督导的程序和办法,结合微载体建设的实际,制定阶段考核、项目考核、分类考核等多种考评方法以及诫勉谈话、限期整改、定期复查以及责任追究等问责制度,目的是全面推进微载体建设,提高任务主体责任意识落到实处。对不同任务主体实行分类考核,对主导性主体重点考核其在微载体建设主导力、组织力和引领力,而对于参与性主体则重点考核其支持力和辅助力。

(二)落实问责机制,促进微载体建设要素聚合化

高校学生思想政治教育微载体建设的复杂性决定了其建设主体的多样性。《中国共产党问责条例》明确指出:"党委(党组)应当履行全面从严治党主体责任……追究在党的建设、党的事业中失职失责党组织和党的领导干部的主体责任、监督责任、领导责任。"要对"党的思想建设缺失,党性教育特别是理想信念宗旨教育流于形式,意识形态工作责任制落实不到位,造成严重后果或者恶劣影响的"党组织、党的领导干部进行问责。[①] 作为党的思想建设和意识形态工作的重要渠道,需要对微载体建设启用"问责"机制,通过问责主体的协同,推进问责与微载体建设同在,进而规范问责程序,以有效问责保证学生思想政治教育微载体建设有序发展。

注重问责主体的协同。高校思想政治教育微载体的问责主体既包括高校党委、纪委等主导性主体,也包括高校各级行政组织、部门等参与性主体。一方面,高校要发挥主导性问责主体的主导力和引领力,坚持以习近平总书记关于教育、思想政治教育、新媒体和舆论宣传等方面的重要论断为指导思想,按照党和国家

---

① 《中国共产党问责条例》,《人民日报》2019 年 5 月 3 日。

以及各部委关于新时代高校思想政治工作的总体要求,着力构建各负其责、齐抓共管的思想政治教育微载体问责机制,支持院(部)结合实际,对问责内容进一步细化,强化对本单位微载体建设者德能勤绩等方面的监督考核,并将其与师德师风、教学、科研和人事等高校内部考核挂钩,进而提高微载体建设工作问责的实效性。另一方面,高校党委要通过搭建网络平台、拓展沟通渠道,构建科学有序的问责参与机制,继而形成以主导性参与主体为主,各类参与性主体积极参与的"多元共治"的思想政治教育微载体问责格局。

坚持督导与问责协同。《教育部等八部门关于加快构建高校思想政治工作体系的意见》指出:要"健全督导问责机制。强化高校思想政治工作督导考核,对履职尽责不力、不及时的,加大追责力度。实行校、院系、基层党组织书记抓党建和思想政治工作述职评议考核制度,纳入党纪监督检查范围。"高校要改变将"问责"单一看成"追责"偏见,推进问责向激励、监督的转化,促进问责与高校学生思想政治教育微载体的深度融合,将问责制嵌入微载体建设全过程,一是明确分工。高校党委要结合相关单位职能,细化部门主体责任,让任务主体明晰自己的责任、目标,了解参与的相关激励制度。二是加强督导。要强化过程责任监督,依据微载体建设的标准和督导要求,构建阶段性检查和考评机制,以及时发现问题,提前整改,做到防患于未然。三是做到问责的程序正当。程序正当作为法律实施的基本要求,同样适用于问责的程序设定的基本依据。高校思想政治教育微载体建设工作问责程序的正当与否关系着问责的实际效果。为此,高校要规范思想政治工作的问责程序建设,为推进微载体建设保驾护航。要健全责任明确、责任追究、调查取证、客体申诉、问责决策、后续恢复等程序,完善信息公开机制,确保问责过程的权威性和公正性。[①]

第二节　建立健全资源协同共享体制机制

高校学生思想政治教育微载体作为开放的系统,其构成要素(子系统)多元、多样,需要构建一个科学有序,能够保证其有效运维的协同共享的机制。高校学生思想政治教育微载体建设作为系统工程,其资源协同共享机制,是指在高校党委的领导下,以沟通、协商、共享为途径,而形成的立体化的微空间思想政治教育资源共建共享机制。

[①]　吴玲玲、胡洪彬:《新时代高校思想政治工作问责制的理论架构和机制重构》,《黑龙江高教研究》2020年第6期。

一、健全"微"数据资源协同共享机制

人工智能时代,智慧媒体、智慧教育发展需要以全样本的数据资源为支撑。作为"思想政治教育+微载体"的实践结晶,微载体建设体系的复杂性、相关主体的多元化,要求高校要打通信息数据壁垒,构建校内协同共建共享的数据源。只有这样,才能破除信息孤岛、数据烟囱现象,实现校内数据资源的共享和开放,形成协同共进的微载体建设新局面。

(一)健全数据资源主客协同机制

建设全样本数据资源库,克服数据碎片化,打破"信息孤岛",实现高校思想政治教育微载体建设数据资源共享主体和客体协同,需要推进协同机制建设。

建立调研分析机制,科学把握数据构成要素。作为一种重要资源,数据只有通过交互共享,才能发挥其应有的价值。高校微空间思想政治教育本身作为一个共享主客体数据动态交互过程,需要构建一体化的共享载体——思想政治教育微载体建设大数据平台,以满足共享主体对共享客体数据资源的充分共享。明确共享数据资源的构成,是促进主体协同的前提。为此,高校要围绕微载体构成要素,建立调研分析机制。一是要建立健全调查研究各项工作制度,把微载体数据资源调研作为微载体建设队伍履职的重要环节纳入决策程序。要通过协商会议、专题调研、学生意见收集等方式,形成规范有序的调研机制。要通过组建筹划小组,从共享主体、客体入手,对微载体建设数据资源进行分析调研,以便准确把握高校思想政治教育微载体建设数据资源的主客体构成。二是要科学把握数据共享主客体的构成。信息共享主体,是指参与微载体实践的所有成员,既包括高校校部机关各相关部门、院(系)等组织和团队,也包括参与微载体建设的思想政治教育队伍主体——辅导员和思政课教师,还包括学校其他相关教职员工和学生。信息共享客体,是指教育者、学生行为数据以及教育资源和管理数据资源的集合。[①] 其中,学生行为数据是指学生个体层面与思想政治教育微载体建设相关的元信息数据、思想和学习数据、行为和习惯数据以及在参与思想政治教育微载体建设活动过程中产生的痕迹数据。思想政治教育微载体建设参与主体的行为数据,是指学校涉关部门和教职员工在参与微载体建设过程中产生的痕迹数据,包括参与组织及实施主体的基础信息、行为活动、方式方法等痕迹数据集合。建设资源和管理数据,即微载体建设实践产生的数据和可采集的教育

---

① 张绍丽等:《基于资源共享的教育大数据信息平台构建及机制研究》,《现代情报》2017年第12期。

资源数据集合。既包括所有数据化的图书、期刊、报纸等文献资料以及精品课、PPT课件、教学音视频、微视频等可采集的教育教学资源数据,也包括微博、微信、抖音、短视频等平台以及三维仿真教室、电子阅览室(馆)、沉浸体验馆等搭载和储存的资源数据,同时,还包括党和国家以及教育主管部门关于思想政治教育政策、指导和督导的关联数据集合。

强化顶层设计,构建数据资源主客体联动机制。联动,即多元主体(构成要素)联合行动。作为计算机术语,联动是指应用程序与用户界面控件间产生的关联性变化。联动机制,是指系统内部构成要素相互协调,各环节联动协作,以提升组织活动效率的机制。数据资源主客体联动机制,是指高校思想政治教育微载体数据资源主客体间相互协调、联动协作的机制。加强思想政治教育微载体建设的顶层设计,构建资源聚合的"微"数据共享平台。一方面,高校党委作为思想政治教育微载体建设的责任主体,要主动担负数据资源建设主体责任,通过组建相关主体数据资源联盟,以解决数据资源主体因数字意识和责任意识不强,而产生的不愿、不敢共享数据资源的问题,进而形成多元数据资源主体联动的新局面;另一方面,要健全微空间思想政治教育信息资源整合共享的顶层体系架构,依据各部门的具体业务细分责任目标,建立健全数据资源管理、平台对接、运行管理、安全保障等方面的标准规范,搭建"以计算机、网络软硬件为技术支撑,以资源整合和数据处理为管理支撑,以应用服务和用户服务为服务支撑"[1]的数据信息共享平台,通过标准化的数据处理和规范化的流程再造,促进资源共享主客体按照统一标准和要求挖掘和采集有价值数据资源,进而保障数据共享交换与业务协同。

组织多方联动,完善数据资源协同机制。高校学生思想政治教育"微"数据资源作为高校主客体共享的公共基础性数据,是深化网络新媒体思想政治教育研究和政府部门科学决策的重要依据。高校思想政治教育"微"数据资源的采集优化、开放共享,是一项复杂的系统工程,涉及政府、社会、高校、师生等多方利益。政府和社会各方要发挥主导作用,积极参与高校思想政治教育"微"数据资源建设的统筹规划,推进域内平台、资源、技术协调共享。高校要在组织协调上下功夫,要建立高校数据资源共享中心,按照统一标准对数据采集、整合和分类管理进行统筹规划,构建集约化、智慧化的数据供给平台。同时,高校要强化师

---

[1] 张绍丽等:《基于资源共享的教育大数据信息平台构建及机制研究》,《现代情报》2017年第12期。

生数据意识,提高师生数据信息运用能力,通过建立数据自律机制、开展多形式的专题培训和线上实践体验活动、营造数据共享环境,使师生明确数据共享的意义价值,提高数据采集、获取和存储的主动性,增强数据共享的意识和自觉性。

(二)健全数据资源共享运行机制

随着教育现代化2035进程的演进,数据的深度聚合和有效共享已成为智慧校园的显著标志。高校学生思想政治教育微载体数据资源共享系统作为一个复杂的体系,要求高校以健全的数据运行共享机制来保证系统正常运维。

构建数据共享保障机制。数据信息的适度开放和有效获取,是高校信息资源共享的基础。数据资源建设是微媒介载体内容供给智慧化的"源泉"。人员、设备、设施等基本数据是高校思想政治教育微载体元的基础数据源。高校只有实现元数据资源共享,才能将高校思想政治教育微载体落到实处。为此,高校要"遵循责权清晰、统建共用、全程管控、标准一致的原则"[①],强化学生管理、教务等部门对学生基础元数据的开放,打破条框管理下的部门信息壁垒,实现校内学生元数据的共建共享;要建立集约化的数据共享平台,以实现对学工、教务和财务等多部门数据的标准化整合,为各部门有效获取数据提供一体化共享平台。然而数据的开放与获取是有限度的,需要在法律允许的范围内获取和保障数据安全的前提下开放。对于数据的开放,主要对那些属于公共资源的信息,如图书、教学、学生活动等公共数据资源要强制开放,而对于涉及部门利益和学生切身利益,而又非保密和个人隐私的数据,则应鼓励选择性、有序开放;对于资源的获取,必须在法律允许的框架内进行,要根据共享主体的需求、目的、用途界定数据获取的范围,同时,要采取强制和自愿相结合的形式,以把握获取的"度"。[②]对学生行为数据的获取,尤其是涉及个人隐私的数据,必须在学生知情并允许的条件下获取。在此基础上,通过搭建微载体协同互促的利益共享关系,提升"微"数据共享平台标准化和规范化水平,营造良好资源共享"微"环境,全面推进"微"数据协同共享。

健全数据分类与存储保障机制。"微"数据采集过程中,应遵循统一的规范和机制。一是数据共建共享是微载体建设的核心,要按照思想政治教育微载体建设的目标要求,制定和完善数据标准、规范,以大数据相似性计算技术为支撑,

---

① 查金忠:《数字经济时代建立治理体系刻不容缓,中国科学院院士梅宏:明确大数据的"资产地位"》,《南京日报》2018年9月1日。

② 张绍丽等:《基于资源共享的教育大数据信息平台构建及机制研究》,《现代情报》2017年第12期。

对基本和动态数据实施关联分析和处理,将符合思想政治教育采集规则和要求的"微"数据信息筛选出来,纳入思想政治教育微载体建设数据资源库并进行集成整合和统一管理。二是运用大数据关联分析功能,将筛选出有价值的、分散无序的信息数据,按照数据库文件格式进行组织、加工与分析,使其"有序"排列,并按标准格式存储。要通过提升数据存储体系标准化,做好"微"数据的存储保值。一方面,要通过统一规范数据表示和元数据类型标准,规范分布式文件系统和数据仓库标准,建设开源分布式计算平台,制定分析技术、过程模型和可视化标准,①对"微"数据进行统一储存,以提高储存可靠性、高容错性和高吞吐率,进而全面提升数据处理质量;另一方面,选择合适的"微"数据存储系统和技术。对微载体建设过程中产生的文本、图片、视频等非结构化数据,可采用 GFS、HDFS 等分布式文件系统存储,对数字、符号类结构化数据可采用 GPDB 分布式并行数据库系统存储,对 HTML 文档类半结构化数据一般选用 No-SQL 数据库存储。同时,要强化云计算技术在微载体数据存储中的应用。

完善数据技术支撑保障机制。一是强化软件系统建设。建设融数据资源开放类、发现类、获取类等软件于一体的资源开放软件集和搜索引擎软件集,是思想政治教育微载体软件系统建设的首要前提。要在推进学生元数据库、行为数据库和教育主体行为数据库等数据库系统建设的基础上,加大元数据管理软件、分析软件的开发力度,健全共享资源软件集。要加大对微社交软件的应用,构建融合共促的信息交互渠道,促进"微"数据信息的深度整合。二是发挥技术赋能作用。要充分运用网络信息技术对思想政治教育资源进行程序编码,丰富数据资源。要推动信息库升级换代,提高数据库存储能力。要充分发挥大数据算法功能,促进价值信息的有效集成。三是要紧跟数据技术发展,不断更新分布式文件系统、云计算平台和可扩展的存储系统等软件和平台建设,为"微"资源共享奠定技术基础。

二、健全微载体建设共建共享机制

融媒体时代,思想政治教育如同新闻内容一样,正从传统单一传递和表现形式向"多途、多屏、多样"的共生共建共享模式转变。实现图文、视频、H5 融媒体等思想政治教育"微"产品同屏共生、线上线下多元渠道协同推送,高校要强化以参与主体协商和关键要素聚合推进微载体建设共建共享。

---

① 张绍丽等:《基于资源共享的教育大数据信息平台构建及机制研究》,《现代情报》2017 年第 12 期。

（一）建立微载体参与主体协商机制

平等沟通和思想交流是达成共识的基础。协商作为一种组织形式和制度，是组织凝聚合力、消除阻力，优化决策的重要途径，是实现多元主体有序参与的根本保障。高校学生思想政治教育微载体建设作为一个复杂系统工程，其参与主体多元、载体构成多样、技术支撑复杂，构建健康有序的微载体传播矩阵，需要以健全立项审批机制，完善的业务与服务共享和运维分工协调会商等机制为保障。

健全微载体立项审批机制。标准作为公认的文件，是参与主体协商而形成的共同遵守的统一规范，是参与主体共同遵守的准则和依据，是维持组织秩序最佳化的保证。高校学生思想政治教育微载体作为复杂的系统工程，其建设需要以参与主体公认的统一标准为依据，只有这样，才能形成共识，形成建设合力。高校要建立载体立项审查机制，以达成统一标准和规范。一是要结合新媒体和微载体平台发展的实际，借鉴科研立项管理经验，出台思想政治教育微载体建设立项审查制度。二是要组建高校思想政治教育新媒体联盟，负责对思想政治教育微载体建设情况立项审查，对微载体承载媒介的选用、平台功能设计、内容模块设置以及数据库建设、推送形式设定等方面的建设标准和质量要求进行研讨、论证和协商，进而统一思想，明确建设主体数据采集和开放标准，提高微载体建设的科学化和规范化，确保多元主体协同。三是要强化微载体建设的过程标准管理，针对建设过程中出现的建设标准问题，定期对"微"载体建设达标情况进行梳理，广泛征求各建设主体意见，既解决参与主体协调、沟通不力的问题，也解决了各需求主体对平台标准要求不一的问题，进而提升主体参与的积极性和主动性。

确立业务与服务共享机制。高校思想政治教育微载体作为高校教育管理服务一体化智慧平台，是一个功能复杂的数字系统。传统教育管理服务部门职能的垂直、条块化，致使各子系统相对独立，数据共享难以实现，这就需要高校建立部门业务与服务共享机制，构建集约化的一站式服务平台。如微信企业号、智翔、泛微等各类智慧校园管理系统，以实现服务功能整合的最大化。为此，一是要推进部门业务融合，实现各部门业务的"同台"共舞。部门业务融合是微载体建设的核心标志。高校要在充分听取各方意见，了解不同部门的业务需求的基础上，按照"大平台小应用"建设思路，推进各部门核心业务整合，将建设粒度由"系统级"细化为"功能级"，实现"小应用"在"大平台"的垂直细分，进而推进各部门核心业务应用系统的融合，从根本破解"信息孤岛"和"应用孤岛"问题。高校要根据参与部门的业务需求,对功能模块进行集约与合理拆分。一方面,按照"一站式服务大厅"的模式,加大对功能模块的集成,实现部门业务整合,实现平台功能集约化;另一方面,按照微服务架构,运用小程序对复杂业务进行粒度化拆分,构建垂直细分的、多序列的专注微业务,以提高业务的精细化水平。二是推进微载体参与部门平台、数据、业务的协同共享,搭建一站式、个性化校园服务平台是落实服务共享的必由之路。一方面高校要坚持需求导向,落实学生中心,按照"自下而上、面向用户"的建设理念,以提升用户体验,优化服务流程为基本落脚点,全面整合参建部门的资源,为学生搭建提供集约化"一站式"服务的平台;另一方面,要强化个性服务,按照"服务精细化"等设计理念,打造垂直细分的、多序列的"组件化"服务模块,搭建多终端、跨平台、精智化的服务矩阵。

完善运维协调会商机制。高校学生思想政治教育微载体的有效运维是其功能发挥的关键。微载体的有效运维,需要参与主体、组织资源和推送平台等要素的协同。一是要强化组织共建。通过共建活动,密切组织间关系,发挥各组织的职能优势,实现组织间优势互补,促进组织协同发展。高校应结合校内各类组织的特点,充分发挥其特色优势,通过机制联结,促进参与主体协同。既要求涉关部门按照各自职能和规定开放本部门的物力和数据资源,也要求整合微载体建设等涉关部门人力资源,构建集信息采集、素材遴选、作品研发、网络应用、媒介传播等专业人员于一体的微载体运维队伍,这就要求高校要健全微载体建设队伍管理制度和规定,为微载体建设人力协同保驾护航。二是组织资源协同。要充分挖掘各级各类组织的潜在资源,实现资源使用的最优化。一方面,要求参与高校微载体运维的各部门,要强化分工协作,按照各自职能最大限度地整合本部门优势资源,如学籍管理部门要为微平台提供精准的学生元基础数据;教务部门要建好成绩管理、课程建设、教学安排等垂直管理小程序;宣传部门要发挥舆论引领作用,把好网络信息审查关;网络部门要做好硬件平台和数据库的建设和运维工作。另一方面,实现各部门的通力协作,需要建立相应的会商制度,定期和不定期开展运维情况通报会和研讨活动,统一思想,找准问题,推进资源整合、内容产品研发协同。

(二)建立微载体关键要素聚合机制

高校学生微载体作为一个传播矩阵,既包括微博、微信公众号、抖音等平台,也包括各类 APP 和小程序,承载工具比较分散。提高微空间思想政治教育的覆盖面,高校要建立构成要素贯通机制。

建立多元承载工具聚合机制。作为一个聚合体,高校学生思想政治教育微载体实现传播效率的最大化的前提,是推进多元媒介平台的深度融合,进而打造全程、全息、全员、全效传播的微载体矩阵。为此,高校要在加强网络基础、感知设备和云资源等设施建设,推进物联网、有线网、无线网整合,构建聚合的微载体网络应用环境的基础上,构建集身份识别、数据管理、业务开发等于一体的基础支撑服务平台,强化多元微媒体平台的聚合。一是要按照多元媒体融会贯通的理念,构建"3+5+N"的微载体传播格局,这是全程、全息、全员、全效育人的基础。"3"是指构建校园广播+电视+校报"三位一体"数字传播平台;"5"是指构建校园网络一站式服务平台+微博+微信公众号及各类圈群+抖音平台+学习APP平台的网络新媒体矩阵;"N"是指形成各类教育、管理和服务小程序+多样化的微视频作品同频共振的垂直服务和体验体系。"3+5+N"传播模式的构建可以实现多元网络载体的协同贯通,实现教育管理和服务全媒体"共振"的集群效应,提高思想政治教育传播力、影响力,发挥高校思想政治教育微载体"举旗帜、聚民心、育新人、兴文化、展形象"的时代使命。二是要按照全网协同、全媒贯通的要求,构建全员参与的思想政治教育格局。高校要整合校内外一切人力资源,通过健全微载体队伍建设的配套文件,建立人员选聘、激励、考核和评价等相关机制,打通选人用人"最后一公里",根据学生需求和业务分工,在搭建微载体"中央厨房"的基础上,建设"特色厨房",以拓展全员参与微空间思想政治教育、管理与服务的渠道,提升教育管理服务的个体化、特色化、差异化、分众化水平,让微空间正能量更强劲,主旋律更高昂!

建立多元要素优势聚合机制。构建整体推进、协调发展的微载体传播矩阵,促进思想政治教育的现代化,高校要推进传统思想政治教育经验、微媒体传播优势和网络数字技术优势的有效聚合。一是要构建优势贯通的研究机制。高校要建立思想政治教育、微媒体和数字技术融会贯通的研究机制,将其纳入学校科研规划,设立专项课题,给予经费支持。要组建科研和实践团队,将那些致力于网络新媒体工作的教职员工纳入团队,并将网络研究成果和作品纳入科研和工作考核,与职称和职务晋升挂钩,激发队伍积极性和主动性。二是要构建优势聚合的实践检验机制。实践是理论的源泉。高校思想政治教育作为高校立德树人的生命线,经过多年发展已形成了较为成熟的经验和做法,而随着网络、微媒体和数字技术发展的突飞猛进,高校网络新媒体思想政治教育应运而生,教育发展的滞后性,是思想政治教育难以与日新月异的媒体和技术发展同步的主要归因。为此,高校要树立创新和超前意识,科学把握微媒体和数字技术发展动态,加大思想政治教育、微媒体和数字技术聚合研究成果的线上实践检验力度,找准优势聚合的落脚点和提升微载体矩阵的传播力和影响力的核心要素,循序推进微载体的移动化、智慧化和可视化水平,实现思想政治教育目标与多元媒体的承续与有效衔接。

建立多元技术耦合赋能机制。随着5G移动通信技术、电子媒介技术、虚拟现实技术以及人工智能技术的不断演进,高校思想政治教育移动化、智能化和可视化已成为大势所趋,沉浸式体验也正逐步取代传统灌输模式而成为思想政治教育的重要方式。高校要结合实际,建立多元技术耦合赋能机制。一是建立5G技术加持耦合机制。第五代移动通信技术(5G技术)以其"无所不在、无所不包、无所不能"的"泛在性"特征和"高速率、大容量、低时延、低功耗"的传输优势,促进人工智能、数字和虚拟现实等技术的"互联",为高校思想政治教育微载体构成要素自洽互联提供了技术支撑,使学生"一机在手"沉浸式体验智能教育管理服务变为现实,提高了学生的参与性、介入性,达到一种"按需所取"的境界。高校要在加大5G网络建设的基础上,全面整合校内思想政治教育、网络运维、新闻传播等各方面优势资源,推进微载体"中央厨房"建设,为5G技术加持耦合多元技术赋能思想政治教育奠定基础。二是要健全数字技术耦合应用机制。高校学生思想政治教育微载体建设的宗旨,就是提升教育管理服务的"精智化"程度。大数据采集、存储和分析功能,为高校全面把握学生思想动态、行为特点、习惯偏好提供了技术支撑,为高校学生"精准画像"和教育过程的"精准记录"提供了全样本数据资源,为高校学生教育管理服务供需精准提供了现实依据。智慧、智能、智力是高校思想政治教育微载体建设的新标志。为此,面对教育主客体已是信息体的客观现实,面对传播载体融合和技术迭代的新契机,面对教育对象差异化、个性化需求的新要求,特别是面对后新冠疫情时代,学生数字化、信息化生存的新常态,高校要完善数字技术耦合应用机制,强化大数据、深度学习和算法技术的综合运用,提高队伍技术赋能水平,构建以网络信息元技术为支撑的移动化、智慧化的媒介传播新业态。

要构建媒体技术嵌入并行机制。5G的落地和人工智能技术的迭代,推动了4K、8K超高清传输技术以及VR、AR等虚拟和增强现实技术的融合发展,实现了多媒体、人工智能、传感和高分辨等技术的深度融合,加速了新媒体传播格局和形态的重构。为此,高校要构建媒体技术嵌入并行机制。一是要建立媒体技术嵌入机制。高校要树立技术赋能意识,时刻把握新媒体技术的发展动态,通过建立激励机制,鼓励微载体建设者守正创新,将新媒体技术有机融入日常工作。

要按照"互联网+"的理念,发挥新媒体时代人工智能、增强和虚拟现实、5G 传输等技术的优势,以构建 5G+4K+VR+AI"微"传播模式,实现思想政治教育移动化、可视化、智能化为目标,加快对新技术挖掘和应用,以先进高配的融媒体技术、鲜活生动的融媒体产品、新颖多样的呈现形式、创意有趣的受众互动,让高校思想政治教育微载体厚积重发,"硬核"出击。二是要推进媒体技术并行机制。高校在新媒体技术应用上,要坚持多元聚合、优势互补的理念,发挥多元新媒体技术聚合效应。在微载体产品研发上,即可运用媒体传播交互性的特点,制作多样化"表情包",也可发挥"云"传播、H5 微场景应用、4K 高清传输等技术,实施"现场"直播,打造"全媒全景全息"演播室,还可运用 3D 技术,以微动漫、竖屏微视频等形式在虚拟空间搭建仿真实景,打造"爆款"产品,研发微漫画、微表情、微访谈等多元化、系列化思想政治教育移动端"创意"产品,进而以全媒体矩阵、多元传播方式,开辟、巩固高校思想政治教育"微阵地"。

第三节　建立健全舆论引导与舆情监管体制机制

微媒体时代,确保主流话语在信息过剩乃至泛滥的空间①中不被遮蔽和冲淡,已成为高校必须面临和解决的新问题。高校要在加强技术支持、创新传播模式与内容、丰富传播途径和呈现形式的基础上,建立完备的舆论"管理"机制、规范的舆论"引领"机制和微空间舆论"协同治理"机制,构建一体化舆论引导与舆情监管机制,为思想政治教育微载体建设提供良好舆论导向和环境支持。

一、建立完备舆论"管理"机制

当前,微空间信息既丰富多元,又良莠不齐,给微空间信息管控和舆情治理,带来新挑战。面对众说纷纭的微空间环境,高校要主动出击,加强党对微媒体空间舆论工作的领导,建立完备的微媒体空间舆论领导体制;要健全微空间舆论管理机制,发挥高校主流舆论的引领功能,使微空间更加风清气正。

（一）加强党对微媒体空间舆论工作的领导

高校微载体空间舆论,是校园微媒体空间师生对某一议题的个人观点、态度和信念的集中反映,是校园微媒体空间师生价值观演变的集中体现和表征。作为一个集合体,校园微媒体空间舆论具有开放性、包容性、普遍性和评价性等特点。快速迭代的微社交媒体以"接地气"的话语风格、多样化的呈现形式、跨时

---

① 隋岩、曹飞:《论群体传播时代的莅临》,《北京大学学报(哲学社会科学版)》2012 年第 5 期。

空的传播模式、碎片化的传播内容和交互化的沟通方式推动着媒介和舆论格局的变化。为此,高校要"构建网上网下一体、内宣外宣联动的主流舆论格局……完善舆论监督制度,健全重大舆情和突发事件舆论引导机制。"①微时代,把握舆论领导权,是确保高校微媒体空间意识形态领导地位的关键。面对微媒体已成为高校舆论主阵地的现实,高校各级党的基层组织必须强化"首责"意识,担负起舆论引导和管控的"主体责任"。一是要加强教育,全面提升基层党组织负责人、党员领导干部和其他教职员工对舆论引导工作意义和价值的认知,提高对舆情信息感知、判断和把控的能力。二是要加强培训,全面提升高校微载体建设和运维主体,尤其是各级党组织负责人和党员领导干部的媒介能力,使他们善于把握各类微媒体传播的形态、特点,熟练掌握微媒体技术,在获取、研判信息的基础上,能够研发、生产和推送价值信息,以便在舆论来临之际,能够发挥带头作用,做好舆情管控和舆论引导工作。

(二)建立完备的微媒体空间舆论领导体制

微媒体空间信息沟通的交互性,既提高了受众参与信息交流和舆论探讨的积极性,也弱化了思想政治教育主体的地位。高校微媒体空间管控滞后于微媒体和技术发展与应用的现实,致使微媒体承载的海量信息良莠不齐、泥沙俱下,新自由主义、历史虚无主义、普世价值等不良社会思潮以及佛系"不为"、锦鲤"不劳"、主播系"不当"和"躺平"等价值标准尘嚣之上,面对众说纷纭的微空间环境,高校只有主动出击、趋利避害,以制度创新为基本切入点,才能在守正创新基础上,全面构建微媒体空间主流舆论格局。构建高校微媒体空间的舆论格局作为一项系统工程,离不开强有力的组织机制保障。一是要构建党委领导、多主体协同机制。以党委书记为第一责任人,统筹计划,按部门职能划分主管部门、领导的责任,形成统一领导、统一指挥的,有效应对微媒体空间舆论的管理责任制。二是要建立微媒体空间舆论"多方"联动机制,搭建学校党委、机关部门(团学、网信和宣传等部门)、院(系)、班(团)"四级"联动的舆论管理机制,以便根据舆论影响大小、程度,启动不同层级的舆情应急预案。三是要构建同级部门联动机制,以实现微媒体空间相关建设主体间的联合行动,进而形成"步调、行动、口径"统一,多元主体协同的舆情应对格局,全面提高微空间舆情应对效果。

---

① 《中共中央关于坚持和完善中国特色社会主义制度 推进国家治理体系和治理能力现代化若干重大问题的决定》,《人民日报》2019 年 11 月 6 日。

二、建立规范舆论"引领"机制

高校微媒体空间作为学生学习、生活的新场域,既是思想文化信息的空中集散地,也是社会舆论的线上放大器①。微空间舆论生成、传播样态,使青年学生更易受到微空间不良舆论导向的影响,进而"随波逐流"。高校要通过建立舆论研判与预警机制、建立以优质内容开展正面舆论引导机制,进一步强化对微媒体空间的舆论引导。

(一)强化舆论研判与预警机制建设

高校微媒体空间舆论引导的成效,关系到高校立德树人根本任务落实的成效。当前,国内外一些不法分子利用网络新媒体平台,肆意污蔑抹黑、造谣生事,致使师生可能因某一信息点的燃爆,而引发重大舆情危机,为此,建立舆情分析研判和预警机制,有效提取、辨别、评估、预判热点议题,进而提前介入、有序疏导成为高校舆论引导的关键。

要建立舆论调研与预警机制。一是要预先调研,积极引导。要找准问题症结所在,提前化解舆情危机。坚持问题导向是化解矛盾、解决问题的前提。实现对微媒体空间舆论的有效引导与"管理",要求微载体建设主体要全面了解微媒体空间舆论生成、发展与演化的规律,了解微空间舆论参与和生成主体——师生的思想和行为特点、关切和舆论关注,找准师生易产生焦虑、怀疑和猜测的关键问题,这是有效化解矛盾,实现舆论引导的基础。二是要未雨绸缪,预防为主。高校要进一步完善学生信息员、自媒体圈(群)主、学校舆情监控队伍"三方"舆情联动机制,落实舆情定期报送、直接报送和越级上报"三级"舆情报送机制,同时,积极回应群众关切,增强信息发布的及时性、针对性和专业性,让广大群众对重大信息和重要政策看得到、听得懂、信得过,不断坚定信心、凝聚共识。同时,要善于对师生的理性言论进行合理疏导,对师生的恶性言论要进行果断堵截。

要建立舆论研判能力提升与朋辈引导机制。一方面,要加强微载体建设领导、运维主体媒介和信息素养教育,使他们主动转变理念,增强主动知网、懂网、用网的意识,提升对微空间信息寻找和抓取、分析与判断、筛选和过滤、整合与提取能力,使他们具备在"信息流瀑"中科学分析与研判舆情的能力,做到"见之于未萌,识之于未发"。同时,要培养他们选择和思辨能力,增强把控舆情的主动性,使他们具备善用学生喜闻乐见的微模式、话语和事例修正错误、澄清事实的能力,进而化解学生因盲从意识而淹没理性的问题。另一方面,要构建舆论引导

---

① 金英:《新媒体环境下高校舆论引导机制研究》,《学校党建与思想教育》2018年第12期。

的朋辈互促机制。要加强网络新媒体媒介素养、媒介道德和法律教育,提升师生媒介、道德和法律素养,提高他们对信息的鉴别能力,减少盲从跟风、信谣传谣现象的发生。同时,要强化师生"知识网红"和"意见领袖"的培育,发挥朋辈在舆论引领中的骨干作用,正面回应师生困惑,凝聚群体情感。

要善用新技术,化舆情"危机"为教育"契机"。微传播时代,话题已成为牵动舆论的关键要素。5G 和人工智能技术的落地,推进了信息量的指数级增长、阅读端口的复杂多元、舆论生成主体的多元化和无门槛化、内容生产的智慧化、载体的平台化实现内容汇聚多来源、制度生产多媒体、内容发布多渠道,这些新变化都要求舆论研判和预警机制的变革。先进技术的有效运用是化解舆情危机的动力源泉。只有"不断提高技术研发水平,以新技术引领媒体融合发展、驱动媒体转型升级"①,才能增强微平台舆论研判和预警的智慧力。为此,高校要发挥大数据和人工智能技术对舆论走向的预警预测功能,运用大数据采集、关联分析和算法功能对师生群体"扫描"、对个体精准"画像",找准师生关注、关切的热点疑点问题,善用新媒体传播技术,以通俗易懂的理论、生动事例、接地气的话语,化舆情"危机"为教育"契机"。

(二)强化正面舆论引导机制建设

高校要在发挥传统舆论引导优势的基础上,顺应新媒体发展态势,在守正中创新,以优质内容研发和正面引导为基础,建好微载体矩阵,以提升高校思想宣传教育的传播力、引导力、影响力与公信力。

要建立优质内容研发机制。媒体只是信息传播的载体,新媒体时代"内容为王"。有深度、有厚度、有温度、接地气的品质作品,能够"让群众爱听爱看、产生共鸣,充分发挥正面宣传鼓舞人、激励人的作用"②。"建立以内容建设为根本、先进技术为支撑、创新管理为保障的全媒体传播体系"③,是高校微载体建设目标指向。优质内容是留住受众,提高平台传播力,引领网络舆论走向的关键。内容是舆论议题设置之本,优质内容具有自带流量的功能。以内容建设为根本,就要把内容的政治方向、舆论导向、价值取向放在首位。一方面,在人人皆主播的微媒体空间,纷繁复杂、鱼龙混杂的海量信息,增加了师生信息识别、判断和选择的难度。为此,高校微媒介载体建设和运维主体要切实担负起为师生引领方

① 《推动主流媒体在融合发展之路上走稳走快走好》,《人民日报》2014 年 8 月 21 日。
② 《习近平谈治国理政》第一卷,外文出版社 2018 年版,第 155 页。
③ 《中共中央关于坚持和完善中国特色社会主义制度 推进国家治理体系和治理能力现代化若干重大问题的决定》,《人民日报》2019 年 11 月 6 日。

向、解惑答疑的重任,运用大数据技术全面整合信息,针对师生思想和行为画像,科学设置价值议题,以积极向上的优质内容让师生在"微"信息互动中提升舆论鉴别力和把控力。另一方面,要发挥媒体传播和数字技术的赋能作用。高校要在借助智能化数据分析,预测"话题热度、寻找热门话题的深化方向与新角度、发现旧报道的新延伸方向、挖掘冷门话题的价值"①的基础上,找准舆论产生的归因,进而围绕问题合理设计议题,运用5H、虚拟和增强现实、3D仿真等技术,创新内容呈现和推送形式,改变传统"简单""保险"的话语模式,提高内容供给质量,以有场景、有人物、有故事、有真情实感的作品,把思想引领、价值导向、精神指引的内涵潜移默化地展现出来,在满足师生感官需求的基础上,提高师生思想认知和价值认同。

要建立正面舆论引导机制。舆论引导正确,能凝聚人心;舆论引导不当,易产生负效应。"在我国,舆论引导机制是党和政府及媒体,在社会舆论各构成要素生成传播规律的支配下,使其相互联系和作用,发挥引领和导向功能所形成的机构、规章和运行模式等的总和。"②高校作为文化和知识的集散地,要发挥其优势,使其成为正面舆论引导的新阵地。微媒体空间舆情危机多因受众信息获取不全、渠道不对称而产生,丰富内容、拓展信息获取渠道是消除受众"疑""惑"的关键。一是高校微媒体空间舆论引导要按照把握大势、区分对象、精准施策的原则,统筹规划、协调布局、系统推进。要选择适应媒体传播规律、符合对象话语风格和接受习惯以及兴趣偏好的载体、议题和内容呈现形式,分层、分级、分策实施舆论引导。二是高校要建立舆论引导专家团队,推进信息发布和政策解读常态化。针对微媒体空间高校师生对国家和学校改革、发展的关注、参与和监督意识的不断增强。高校要充分运用微载体平台发布权威信息,以主流舆论占据微媒体空间舆论的主导地位,把最真实的、最有价值的信息传递给师生,让师生了解情况,解除因信息不畅导致的误解和猜疑,化解舆论问题。三是高校要健全微媒体舆论引导产品研发团队和微媒体平台运维团队,充分发挥微媒体空间信息传播范围广、时效性强的优势,运用微视频、长图、微电影以及H5等融媒体作品,加强对党的理论、方针、政策的宣讲与解读;运用多种形式,展现中国共产党建党百年取得的巨大成就,让师生认识中国特色社会主义的制度优势、中国共产党领导的政治优势和集中力量办大事的体制优势;发挥模范人物的示范引领作用,构建

---

① 彭兰:《智能时代的新内容革命》,《国际新闻界》2018年第6期。
② 薛宝琴:《网络舆论引导机制研究》,人民日报出版社2018年版,第40—41页。

激发正能量、弘扬真善美的微传播矩阵。

三、建立舆论"协同治理"机制

微媒体空间舆论治理作为一个复杂的系统,涉及主体、资源、平台等多要素,只有各要素间配合好、协作好、衔接好,才能产生最优的治理效果。强化微媒体空间舆论的协同治理,保持微媒体舆论空间的安全稳定,是促进微空间舆情健康发展、营造良好网络舆论环境的重要环节。

(一)国家层面:建立完善依法监管机制

随着微媒体种类和传播形式的演变,尤其是应用的普及化,提升了微媒体空间舆论的地位。微媒体交互传播、即时传播和关联传播的特性,也使各种社会思潮、不良信息借助微媒体纷纷登场,更加大了微空间舆论引导和治理的难度。高校微媒体空间舆论监管作为一个复杂的系统工程,需要党和政府、网络运营、社会组织等多元主体协同共治。而党和政府作为政策和法律法规的制定主体,在微媒体空间舆论引导和治理中发挥着核心作用。为此,一方面,党和国家要强化制度建设,加快新媒体运维管理制度、相关政策、法律、法规和条例的制定和出台,使微空间舆论引导和舆情监督治理"有法可依""有据可查";另一方面,要加强对网络新媒体舆论的引导,牢牢把握意识形态话语权。国家和政府,要坚持移动优先策略,要管好用好微媒体,抓住"专家学者""意见领袖""知识网红""网红直播""网络主播"等关键少数,发挥他们的正向引领作用,以高质量的微文化精品,"巩固壮大主流思想舆论,弘扬主旋律,传播正能量,激发全社会团结奋进的强大力量"①,使微空间成为主流媒体移动传播的新阵地,成为舆论疏导与引领的新载体,成为思想引领、价值引领和文化传承的新高地;要本着对社会和人民负责的态度,明确职责分工,建立信息共享和协调机制,依法加强微媒体空间治理,通过健全微媒体搭载内容、质量审核制度,完善微平台和圈群管理制度,健全公民网络道德教育机制,推动微媒体空间治理的法治化和制度化。同时,要提升"技防"能力和水平,发挥云计算、人工智能等技术优势,增强微空间自我筛查和屏蔽能力。

(二)高校层面:建立完善舆论引导机制

每个微媒体都是以受众为中心的关联性平台。微社交媒体开放、互动、便捷的特点,增强了信息传播张力。微媒体平台的开放性和跨界传播打破了封闭的"象牙塔",使高校师生每时每刻都生活在社会这个大舆论场中。尤其微信及其

---

① 《习近平谈治国理政》第一卷,外文出版社 2018 年版,第 155 页。

衍生产品的简便易用、跨界传播、互动性强等特点,使其迅速普及、异军突起,其受众广泛、趣缘结构、相对封闭等特点,成为舆论扩散和舆情生成的新场域。高校学生作为微媒体的主要用户,其价值和知识体系都不完善、经历阅历不足,难免会受到圈群内舆论"领袖"的影响,甚至被利用成为舆论推波助澜的主力。这就要求高校要建立健全舆论引导机制。

要加强"融媒体"中心建设,发挥校园微媒体的引领作用。微社交媒体的快速发展,打破了学校与社会的"隔阂"。高校学生已成为微空间舆论的生产、传播和扩散者。高校只有主动入驻微空间,牢牢把握微空间舆论主导权,才能更好引领学生健康成长,守牢自己的主阵地。为此,高校要正确认识微媒体,把握媒体融合大势,按照"资源通融、内容兼融、宣传互融、利益共融"的原则,推进校内广播、电视、报纸等传统媒体与官方微博、微信公众号以及各类管理服务 APP 协同共进,建设集信息获取、研判分析、研发生产、精准推送于一体的"媒体联盟"和一站式社区,全面提升微空间舆论引导与监管的能力。

要加强微空间舆论引导手段和话语方式创新,让舆论引领"入脑、入心"。媒体传播和数字技术的迭代,给高校舆情获取、研判和预警提供了技术支持,高校要充分发挥大数据、云计算和人工智能等数字技术的作用,强化对微空间舆情信息的获取、分析与研判,做到"早预警";针对预警中发现的问题,要合理设置议题和话题,精心选择素材,合力组建"引导"团队,科学设计推送时机和载体,做到"早谋划";同时,运用 VR、AR、4H、长图、动漫等多种呈现形式,运用传统和新媒体矩阵,通过场景再现,模拟仿真还原"真相"等方式,对受众进行"早引导",以实现舆情监控与舆论引导效果的最大化和最优化。

(三)运营层面:健全舆论责任追究制度

2012 年,全国人民代表大会常务委员会通过的《关于加强网络信息保护的决定》明确规定:网络服务提供者应当采取各种措施,确保信息安全;网络服务提供者要配合主管部门依法履行职责并提供技术支持。2017 年 6 月 1 日起施行的《中华人民共和国网络安全法》规定:网络运营者要建立健全用户信息保护制度,加强对其用户发布的信息的管理,这些规定明确了网络运营商在网络舆论引导上应承担的责任与义务。随后,关于微博、微信、短视频管理规定相继出台,2021 年,首届中国网络文明大会明确了网络安全和生态治理系列法律法规和规章,为营造风清气正的网络空间夯实制度基础。

当前,随着网络的普及,数据与信息泄露、网络谣言与犯罪活动等现象依然存在,营造一个安全、有序、可信、健康的网络空间环境,已成为国家、社会和网络运维组织共同的目标。微社交媒体运营组织作为微社交软件运营的主体,除承担着运用现代化移动互联网手段,利用微媒体平台进行议题设定、内容研发、信息推送以及信息跟踪、分析和流量统计等任务外,还担负着微媒体平台舆论引导和监管的责任和义务。微媒体空间舆论的形成与网络运营关联密切。微社交媒体运营组织既可以从技术层面、也可从服务层面把握媒体的运行状况。微社交媒体平台议题设置、信息池建设以及内置算法的功能都隐含着研发者的价值导向。主流、正能量的议题设置、信息内容及算法价值赋能,可有效辨别和遏制不良信息传播,降低微空间舆论的生成。由此不难发现,微媒体运营组织价值赋能的优劣,决定着微空间舆论的走向。为此,微媒体运维企业(组织)要按照《中华人民共和国网络安全法》制定行业法规,切实把社会效益放在平台运维的重要位置,健全微媒体平台建设相关制度,建立微媒体空间监管和责任追究制度,全面提升微媒体运维主体的责任意识,提高他们自我管理、自我约束和自我服务的能力,使他们主动承担舆论监管与疏导、化解的责任。

(四)个体层面:完善学生教育提升机制

微信、抖音、微视频等微媒体以其沟通交互性强、使用便捷性高、感官体验性优等优势使其深受"微民"喜爱,并迅速普及并广泛应用,成为人们日常生活的新伴侣,然而,微媒体的强交互性和受众意见发表的低门槛,在促进"微民"交流互动的同时,也为舆论的生成和扩散提供了新的"沃土"。传播形式的演变,使传统媒体时代信息由"受众"变为接受、生产和传播者。微媒体信息生产的多主体,使信息传播呈现开放性、无序性和随意性的特点,这既为"微民"提供新的沟通与表达平台,也为不同"微民"群体提供利益诉求的"扩音器",推进了微媒体空间舆论"场域"生成,在一定程度上使网络空间舆论环境和形态更加复杂化。"微民"作为微传播的主体,既是微媒体舆论生产、传播的主体,也是舆论引导和监督的主体。面对微媒体信息承载海量性和复杂性的现实,国家、社会、高校和运维主体都加大了治理力度,但难免会有"漏网之鱼",这就需要充分发挥"微民"的主观能动性,为他们搭建参与微媒体空间信息和舆情监控的平台,营造全民参与微媒体空间舆论监督的氛围。高校要建立师生网络道德和法律、法规教育机制。首先,要建立信息和媒介素养培育机制。要建立信息素养和媒介素养提升日常培训制度,每学期都开设相关讲座和线上课程,确保教育常态化;要开展微信、微博、抖音等微媒体应用培训,使师生了解其特性及其不同微媒体舆情衍生机理。其次,要建立网络道德和法治意识教育机制。通过举办网络道德专题讲座,开展法律、法规教育知识大赛,组织网络道德、法律案例研讨,将相关教育纳入课堂教学,研发微课、长图、微视频等网络道德和法律教育作品,全面提升师生的网络道德和法治意识,使他们养成在网络微空间学法、知法、尊法、守法的习惯,善用法治思维和法律手段处理微媒体空间出现的各类问题,以维护师生微空间的话语权利与义务,维护微媒体空间舆论的良性发展。

第四节　建立健全"微"队伍发展体制机制

队伍是立教之本,兴教之源。随着高校思想政治教育微载体队伍建设的不断推进,队伍建设机制体制不断日臻完善,并逐渐形成从选聘配备到培养培训,再到考核评价一体化的队伍建设长效机制。然而,受传统因素制约,高校微载体队伍在遴选、配备、职业发展等方面还存在机制建设滞后于微媒体技术应用的现实问题,为此,高校要迎合媒体融合发展大势,推进微队伍机制体制建设,为微载体建设夯实人力基础。

一、完善"微"队伍遴选配备机制

面对复杂多变的信息空间,高校要想把握微空间的话语主动权,提高思想政治教育的话语地位,就必须配备一大批政治立场坚定、理论素养扎实、媒介技能高超的微媒体建设队伍。只有这样,才能牢牢占领微空间,提升微媒介载体的思想政治教育功效。

(一)准确定位主体队伍职业要求

习近平总书记指出:"国势之强由于人,人材之成出于学。""人才培养,关键在教师。教师队伍素质直接决定着大学办学能力和水平。"高校"要坚持教育者先受教育,让教师更好担当起学生健康成长指导者和引路人的责任"[1]。高校思想政治教育微载体建设作为一项系统工程,其建设主体涉及高校全体员工和部分学生骨干,但承担思想政治教育微内容研发和推送任务的主体主要包括:学校政工干部、思想政治理论课教师和部分专业课教师。从队伍组成、队伍的职能看,高校微载体建设队伍需要具备思政课教师和辅导员的双重职能。既要做到政治强、情怀深、思维新、视野广、自律严、人格正,也要具备教育教学能力、科研能力,同时还要具备较强组织管理能力、话语和文字表达能力等核心素养和能力。

面对教育"微"发展态势,高校思想政治教育微载体建设者的职业要求也需

---

[1]　习近平:《在北京大学师生座谈会上的讲话》,《人民日报》2018 年 5 月 3 日。

要进一步拓展。一方面,要始终做到"坚定'四个自信',保持人民情怀,记录伟大时代,讲好中国故事,传播中国声音,唱响奋进凯歌,凝聚民族力量。"①另一方面,"要不断掌握新知识、熟悉新领域、开拓新视野,增强本领能力,加强调查研究,不断增强脚力、眼力、脑力、笔力。"②双重身份需要"双重能力"。高校微载体建设者需要具有过硬的政治素养,也需要具有高强的调查研究能力和媒介传播能力,还需要具有较强的文字表述能力等,重点体现在以下"四力"上:一是在"强思辨力"上,要强化辩证思维、创新思维和底线思维意识,提升思辨能力,善于在众声喧哗、乱云飞渡的微媒体传播空间抓住要点、重点、疑点和难点,提出解决问题有效的方法。二是在"强观察力"上,要提升自我对事物敏锐的洞察力和感知力,要善于找准时代定位,把握社会亮点、焦点问题,抓住学生关注的热点、难点和疑点问题。要善于透过现象把握事物的"本质真实",抓住学生思想状态形成问题源头和关键症结。三是在"强挖掘力"上要提升自我的调查研究能力,能够善于从学生日常"微"学习生活中挖掘选题,从学生"微"交往实践中收集鲜活素材。四是在"强表达力"上,要提升自我文字和话语表达能力,善于运用网络话语、生活话语、"微"话语为学生解惑答疑,引导学生坚定理想信念,发挥"筑梦"导航作用,提升思想政治教育工作者微空间话语地位。

(二)健全完善主体队伍选聘配备机制

为政之道,首在用人。加强高校思想政治教育微载体建设,需要一大批政治强情怀深、思维新视野广、自律严人格正,知网、懂网、用网的线上思想先锋、理论能手、文化使者和网络达人,这对高校微媒体时代思想政治教育队伍的结构、素质、能力都提出了新要求,因此,只有完善队伍选聘标准,保证队伍数量,才能为高校思想政治教育微载体建设提供坚强的人力保证。

建立常态化主体队伍人才选聘机制。配齐队伍是保证工作顺利开展的前提。配齐思想政治教育微载体建设队伍,要求高校必须构建常态化人才选聘机制。一是渠道多元,保证数量。高校要树立大局意识,按照"大思政"理念,制定队伍发展规划,做到人才引进有计划、有岗位、有指标。一方面,要结合学校网络思想政治教育实际,科学设置网络思想政治教育岗位,合理确定编制人数,同时,也要将微载体队伍建设与辅导员、思政课教师融为一体,按照教育部要求,严格按照师生比1∶200和1∶350的比例设定专职辅导员和思政课教师的职数,以保

---

① 《习近平致中国记协成立80周年的贺信》,《人民日报》2017年11月9日。
② 《习近平谈治国理政》第三卷,外文出版社2020年版,第315页。

证网络思想政治教育主体队伍的数量。另一方面,要强化内部挖潜,保证队伍数量。以思政课教师为专职理论队伍来源,选拔微载体理论骨干,发挥思政课教师理论功底扎实的优势,以便将先进理论和思想以学生喜闻乐见的微表达方式传递给学生;以具有较高网络技能的行政管理人员为兼职技术队伍来源,发挥其网络技术优势,提高微平台的吸引力;以优秀辅导员和行政管理人员为管理服务育人队伍来源。通过师生微互动交流、解惑答疑,促进学生健康发展;以学生骨干为兼职队伍来源,让他们在参与中现身说法,发挥其聪明才智和教育引领作用。二是编制多元,灵活设岗。高校要按照优先考虑、优先保障、优先满足的原则,加大队伍引进力度。一方面,关口下移。在岗位、编制设定上要做到简政放权,赋予院(部)一定的用人自主权,以确保相关部门和学院能够根据思想政治教育微载体建设需要,针对目前队伍结构,依需设岗、按岗聘用、以岗定酬的原则,采取编制内和编制外、固定编和流动编、专职和兼职相结合的灵活多样、有效管用的用人方式。另一方面,畅通渠道。对网络和媒介传播专业人才、特殊人才的引进,可不受学校编制、指标限制,实行指标单列、待遇动态调整等政策。以项目制、年薪制、子女入学关爱计划、特殊岗位激励计划等高集聚的用人机制吸引高层次人才,形成人才集聚效应。同时,对校内有意愿参与微载体建设的行政干部、教师,学校可采取即时考核、即时办理转岗手续的办法,将符合标准人员及时安排就位;要按照分系列管理、按需设岗、公开招聘、平等竞争、择优聘用、有序流动的原则,构建"固定编+长期聘用+短期聘用+顶岗实习"相结合的聘用机制,按照能上能下、能进能出的原则,完善岗位竞争流动和退出机制。

健全主体队伍"资格"准入制度。德能兼备是队伍选聘标准。高校思想政治教育微载体建设工作者,要在符合思想政治教育工作者所需的职业素养和能力要求的基础上,具备新闻传播工作者所需要的"思辨力、观察力、挖掘力、表达力",掌握新媒体内容、产品、运营、技术等多方面的意识和素养。因此,对网络思想政治教育专业岗位人才的选聘,必须严把"五关"。一是把住"政治观",把中共党员作为选聘的首要标准,确保引进人员具有较高的政治素质、坚定的理想信念、强烈的事业心和责任感;二是把住"师德观",确保引进人员要忠诚党的教育事业,具有忘我拼搏、无怨无悔的奉献精神,真正做到明道、立德、治学、爱生,成为"学高""身正"的有道之师;三是把住"学识观",确保引进人员具有扎实的理论功底、广博的知识储备,能够以渊博学识塑造灵魂、生命和新人;四是把住"能力关",确保引进人员业务精湛、能力突出,既具有组织管理、沟通交流、表达能力、教育引导等能力,还要具备"思辨力、观察力、挖掘力、表达力";五是把住

"媒介素养关",确保引进人员具备良好的网络媒介素养和能力,善于投身网络媒介空间,与学生"打成一片",既要成为学生的良师益友,又要微空间学生成为成长成才的领航员,只有严把"五关",才能配备一支师德高尚、业务精湛、结构合理、充满活力的高素质思想政治教育微载体建设队伍。

二、健全"微"队伍层级培育机制

随着网络新媒体的发展,教育混合化、多样化已成为大势所趋。高校思想政治教育微载体建设工作者只有具备思想政治教育和网络媒介传播的"双重"素养和技能,才能完成线上线下双重任务。高校要建立"基础+常规+专项+高级研修"的四级培训体系,在重点抓好基础培训、专项培训和常规培训的基础上,分内容、多形式抓好高级研修,搭建培训"立交桥",着力提高队伍的思想政治素养、理论素养、专业素养和职业能力,逐步培养出不同层级的理论名师、文化使者和网络达人。

(一)完善岗前培训,把好上岗"第一关"

岗前培训是促进队伍成长与进步的基石。岗前培训、上岗培训作为高校教职员工最基本的培训形式,是员工了解工作目标、内容、职能、环境的基本途径,对员工转变工作理念,规范工作行为具有积极的促进作用。高校思想政治教育工作者,尤其是高校思想政治教育微载体建设工作者,其岗位具有特殊性,承担着铸魂育人,传播知识、思想和真理,塑造灵魂、生命和新人的时代重任,其岗前培训尤为重要。因此,必须强化思想政治教育微载体建设者的岗前培训,把好上岗"第一关"。要按照"先培训后上岗、不培训不上岗"的原则,科学制定岗前培训计划,在高校教师岗前培训的基础上,针对高校思想政治教育微载体建设工作的岗位特点和职业要求,进一步对新入职人员进行政治理论、工作技巧、意识形态安全以及媒介应用技能教育,尤其要强化舆情监测和引导方法培训,以提升新入职人员的网络舆情"筛查""把关"和"疏导"能力,对岗前培训考核不合格者,进行再强化培训,直到合格方可入职。

(二)注重常规培训,把好日常"教育关"

常规培训作为队伍提升的关键环节,具有不可替代的作用,是思想政治教育理论素养、专业素养和职业技能提升的重要途径。高校思想政治教育微载体建设作为新生事物,对队伍素养和能力提出新要求,加强微队伍常规培训:一是制定理论学习计划,明确学习内容,制定学习进度表,将学习情况纳入年度考核,与评优、评职、职务晋升挂钩,确保学习教育常态化制度化,统筹线上线下载体,积极开展系列培训,着力在学懂弄通做实上下功夫。二是落实定期专题研讨制度。

为提高每个成员的责任意识和参与意识,增强其发现和解决问题的能力,可制定个人专题研讨制度,由实施人员围绕微载体建设中遇到的相关问题,自行设定研讨议题,并组织院(部)、处(室)相关人员共同研讨。三是组织岗位技能专项培训。对入职一年内的人员进行在岗培训,每周定时对新入职人员进行岗位理论和技能专项培训,以快速提高队伍的理论素养和媒介能力。同时,坚持校内校外协同共进的原则,适时对网络思想政治教育人员进行校内定期集训和校外定期轮训。四是落实"传帮带"团队协作机制。为提高新入职人员的胜任力,高校要借鉴企业的师徒制,对新入职不足两年的年轻员工,实行以老带新"一帮一"结对子。高校思想政治教育微载体建设主管部门,要全面了解新入职思政人员的自身需求、专业特点和优势,按照优势互补的原则,为新入职人员配备"合适"的师傅,结成互帮对子。同时,按照强强联合的理念,组建名师工作室,发挥专家学者的引领作用,实现素养与能力的协同,实现理论和技术的优势互补,提高队伍整体战斗力。

(三)强化专项培训,把好专业"提升关"

微载体作为思想政治教育与微博、微信、抖音等微媒介有效融合的产物,要求微载体建设者具有过硬政治素质、扎实理论功底、精湛业务能力和一定的媒介素养和能力。然而,在微载体建设过程中,尤其在师生微交互中,思想政治教育工作者常常会感觉力不从心。究其原因,既有理论功底的原因,也有网络技术能力的问题。为此,加强微载体建设就必须在队伍建设上下功夫,把队伍专题专项培训放在重要位置,按照分层分类推进的原则,强化政治理论专项培训、媒介素养专项培训。

抓牢政治理论专项培训。教育者要先受教育。提升思想政治教育工作者的政治理论素养是实现铸魂育人的前提。一是完善马克思主义及相关理论专项培训。习近平总书记指出:"马克思主义不仅深刻改变了世界,也深刻改变了中国","我们要赢得优势、赢得主动、赢得未来,必须不断提高运用马克思主义分析和解决实际问题的能力。"[1]高校要强化微空间思想政治教育工作者马克思主义及相关理论的学习,通过规定必读和选读书目,举办经典著作学习交流,开展"读经典、学原文、悟原理"等活动,使思想政治工作者"把读马克思主义经典、悟马克思主义原理当作一种生活习惯、当作一种精神追求,用经典涵养正气、锤炼思想、升华境界、指导实践"[2]。进而全面掌握马克思主义基本理论蕴含的思想

---

[1]　习近平:《在纪念马克思诞辰200周年大会上的讲话》,《人民日报》2018年5月5日。

[2]　习近平:《在纪念马克思诞辰200周年大会上的讲话》,《人民日报》2018年5月5日。

磁性、理论引力,用马克思主义及相关理论观察、解读和引领时代,提高学生对网络媒介的辨别与把控能力。二是开展习近平新时代中国特色社会主义思想和相关论断专项培训。思想是行动的先导。对习近平新时代中国特色社会主义思想、关于教育、思想教育、媒介融合等相关论断的透彻理解和感悟,是微空间思想政治教育工作者政治、思想和行动自觉的保证。新思想、新论断的学习要做到常态化、制度化,在个人自学、集体互学、网络辅学的基础上,健全专题培训和研学制度以确保学习成效。要定期组织专题培训,让学员集中时间通学苦学,读原文、明原意、悟原理,确保吃透内涵、了解外延,明确精髓、领会实质。要开展专题研讨,以推动理论内化于心、外化于行,既要保证思想政治受洗礼,又要学用结合,学有所悟、用有所得,把学习成效真正转化为指导实践、推动工作的强大正能量。三是开展思想政治教育及相关学科理论专项培训。高校思想政治教育作为一种不断发展与完善的理论和实践形态,是高校思想政治工作者以符合社会要求的思想观念、政治观点、道德规范,对高校学生实施有目的、有计划、有组织的影响过程。可以说,做好微空间思想政治教育工作,需要以相关学科理论、专业理论、工作实务和法律法规知识为基础,不断创新思想政治教育微载体建设理念、思路、方法。因此,开展思想政治教育理论与实践专项培训,就要坚持问题导向,针对目前微载体建设队伍理论知识结构、学缘结构不合理的现实,从实际需求出发,制定个性化、差异化、定制化的专题培训计划,以满足队伍多样化需求,提高队伍的知识储备,提高工作艺术性。

落实新媒介素养专项培训。过不了网络关,就过不了时代关。成为运用现代传媒新手段新方法的行家里手,离不开良好的媒介素养。媒介素养是指人们对信息的选择、质疑、理解、评估能力、创造和生产能力以及思辨反应能力。简单说,就是指信息获取、分析、评价和传输以及信息判断和理解能力。其内涵包括对大众传播的认识、使用和批判。新媒介素养,是指在社交网络、互联网和移动革命的新样态下,适应新媒介环境和社会关系变化,构建广泛社交网络的能力。李·雷恩尼和巴瑞·威曼在《网络化:新的社会操作系统》一书中指出:新媒介素养包括:图像处理、导航、信息组织联通、多任务处理等能力和怀疑精神以及道德素养。简单说,就是新媒介环境中信息收集以及创造的能力。当前,高校学生思想政治教育微载体建设者媒介素养和能力不足,是制约他们投身实践的核心问题。作为线上媒介工作者,他们要想在纷繁复杂的微空间,准确获取、分析、处理和评估思想政治教育信息资源,进而创造性地转化和研发思想政治教育微信息,就必须具备新媒介素养。高校要健全媒介素养培训制度,定期开展媒介素养专题培训。一是日常培训常态化。围绕新媒体种类、特点、使用,按照校内校外相结合的原则,每学期都安排固定场次开展媒介知识讲座,每年都组织短期培训班,聘请校内外媒介专业人员对微媒体建设人员进行知识普及和政策专题培训,以提高他们了解新媒体发展的趋势、特点和规律,提高他们微媒体信息、知识获取能力以及信息选择判断、理解诠释、研判评估能力,增强他们与时俱进,以新应新、以新应变能力。二是专业培训层次化。围绕舆情引导、法律法规以及舆情管控政策等专业内容,根据微载体建设需求,结合微媒体建设者的实际,分层次选送他们参加不同层面的专业培训,对有潜质和发展意愿的思想政治教育工作者可鼓励和选派他们到专业院校继续深造和短期访学,对想提升实操能力的思想政治教育工作者可选派他们到新闻媒介单位、媒介运营机构和兄弟院校访学、挂职锻炼、学习考察,以提升微媒体建设人员的学历层次、知识结构,增强其信息辨识、反思、质疑和研发、创造的能力,以解决好"本领恐慌"问题,真正让他们成为新媒体应用的行家里手。三是实践研讨案例化。针对工作中遇到的实践问题,可根据工作需要,及时组织相关人员进行案例研讨,比如,围绕议题设置、师生互动、内容选取、信息创作、信息平台和推送时段选择,尤其要选取媒体舆情危机事件和兄弟院校"微"载体建设的成功案例等进行专题研讨,以提升"微"载体建设者的实操能力。只有这样,才能在瞬息万变、多元复杂的微空间中,充分认清社会阶层结构的多元化、媒体利益格局、诉求、构成的复杂化,以良好的素养和心态主动应对舆论突发事件,提高舆情研判和应对能力,做到有的放矢、因势利导,精准应对、灵活化解,提升教育引导的说服力、亲和力、影响力和公信力,进而借助新媒体,及时、充分、全覆盖推送主流信息,以完成意识形态引领、情绪疏导、矛盾化解的职责使命。四是赛事提升多样化。举办微课程、微视频、微操作大赛,提高"微"载体建设者的信息搜集、整合与研发能力技能。举办微论坛、微议题、微工坊、微公众号展示活动,开设"以案论道"工作坊,分享交流"微"载体建设经验,实现方法互鉴、经验共享。

(四)注重高级研修,把好骨干"发展关"

网络空间竞争的核心是人才的竞争,"要研究制定网信领域人才发展整体规划,推动人才发展体制机制改革,让人才的创造活力竞相迸发、聪明才智充分涌流。"①网络强国需要一支优秀的网络人才队伍,高校思想政治教育微载体建设同样离不开一支优秀的骨干队伍。加强骨干队伍建设是确保高校微载体建设

①《习近平谈治国理政》第三卷,外文出版社2020年版,第309页。

取得成功的关键所在。要树立在改进中加强的理念,注重培养骨干,强化微空间"思想先锋""人生导师"和"舆论领袖"培育,提高他们专业化和职业化水平,使他们成为网络微空间正能量传播骨干。

完善微空间"思想先锋"培育机制。人民有信仰,国家有力量,民族有希望。坚定学生理想信念,要求高校微媒体建设者既要成为微空间党的理论、方针、政策的宣传员和解说员,更要成为微空间学生解惑、释疑的灵魂和人生导师。一方面,高校要强化微空间"思想先锋"的培育。高校要把对微空间"思想先锋"的遴选作为首要工作,围绕政治过硬、学识渊博、理论功底深厚等条件和标准,聘请学术造诣高、科研能力强的各类"学术大咖"加入"微思政"队伍,建立"微思政"知名学者和专家库;要把思想政治教育队伍中,政治素养高、理论基础好的中青年思政工作者遴选出来,建立后备队伍。同时,要把好思想"总开关"。采取定期和不定期相结合、专题和日常培训相结合、线上和线下相结合,重点围绕马克思主义及其中国化理论、党的方针政策以及国际国内形势、社会问题等专题,通过组织研讨班、进修班,提升他们全球视野、大局意识和创新思维,帮助他们坚定理想信念,增强是非辨别能力,站稳政治立场,把好队伍思想的"总开关"。另一方面,打造"理论达人"。扎实厚重的理论素养,是以理论彻底性说服学生的关键。《教育部等八部门关于加快构建高校思想政治工作体系的意见》指出:要加大线上"马克思主义学者和青年马克思主义者培养力度……加快培养一批立场坚定、功底扎实、经验丰富的马克思主义学者"。要以《教育部办公厅关于实施 2018 年"高校思想政治理论课教师队伍后备人才培养专项支持计划"的通知》为指导,制定本校"青马工程"培养计划,针对青年思想政治教育微载体建设者个体发展需求,为他们量身定制继续深造和发展计划,在加强日常理论学习和定期培训、轮训的基础上,为他们提供在职攻读学位、脱产进修的机会,同时,要结合微时代的要求,通过推荐攻读传媒专业学位、专题进修等方式,提升他们媒介素养和网络危机应对能力,使他们早日担负起"思想先锋"的重任。

健全微空间"引领"提升机制。高校微空间思想政治教育既承担着学生思想引领的重任,又肩负着职业、生活导航的重任,因此,高校思想政治教育微载体建设者不仅要成为学生引领的"思想先锋",还要成为全面发展的"人生导师"。要结合微载体建设实际,针对微空间思想政治教育队伍在融合创新、实践应用、舆情处理等能力上存在的"短板",制定队伍能力提升与发展规划,以提升队伍运用微媒体开展职业生涯规划、心理咨询辅导、学业帮扶、人际交往等工作的能力。高校要在出台微空间思想政治教育"人生导师"遴选方案,明确选聘对象、选聘条件,组建以辅导员、心理健康教育人员和专业教师为主体的"微思政""人生导师"骨干队伍的基础上,加强队伍培训。一方面,制定针对性的技能培训方案,聘请校内外专家、学者和业务标兵、能手,对骨干进行职业生涯、心理咨询与辅导和学业帮扶专题培训;有计划选派队伍骨干参加国家、省(市)举办的各类学生线上教育培训班;适时组织校内专题研讨和案例分析会。另一方面,制定个性化事业发展支持计划。拓展学历学位进修途径,鼓励队伍结合自身优势继续攻读学位和进修深造。制定队伍研修计划,落实教育部实践研修要求,利用寒暑假组织骨干到国内革命圣地和红色教育基地进行实地考察、学习,实施人才"攀登计划",让专业和学术骨干通过培养,有实力申报国家社科、教育部人文社科和省级思政专项,以科学研究促专业发展,定期选派骨干到国内外高校实践研修和挂职锻炼。

健全微空间"舆论领袖"培育机制。微时代,打造一支"素质优良、能力过硬"的"网络能手"已成为培育"舆论领袖"的关键所在。高校要在组建一支师生舆论引领队伍的基础上,加大培育力度,以提高队伍理论功底和媒介素养,使他们熟悉微媒体规律,善用微媒体传播技术,具备网络舆情引导的技巧,进而培树自己的"网红"。一方面,建设校内实践平台,建立平台"发言人"制度,注重对微空间学生喜欢的高流量教职员和学生"网红""直播""话语领袖"的挖掘,吸引他们加入学校"舆论领袖"团队,为他们配备专业和技术指导团队,结合他们的话语风格,为他们量身定制培训内容,促进他们可持续发展,成为微空间正能量"代言人";另一方面,与新闻部门、企业、研究机构深度合作,建立实践基地,实施挂职锻炼。同时,实施"名师引领工程",通过建设"名师工作室",集聚人才,培育"话语领袖"后备力量,为把握微空间舆论的引导权、管理权和话语权夯实基础。

三、完善"微"队伍职业发展机制

增强队伍的成就感、幸福感、安全感,才会提升队伍的荣誉感、责任感,激发队伍的积极性、主动性和创造性。高校要坚持按照改善工作条件、提升物质待遇和加大精神激励的原则,从明确身份、提升待遇、促进发展、强化表彰、树立典型等方面健全微载体建设队伍的激励机制,为队伍发展提供动力源泉。

(一)健全师德培育和职业认同机制

国无德不兴,人无德不立。高校微空间思想政治教育队伍既是学生成长的"系扣人""引路人",也是学生成才的"大先生""筑梦人"。把好微空间思想政治教育工作者的思想政治关和道德关,才能确保微载体工作者以健康的"思想营养",为学生筑牢理想信念教育的"生命线",提供涵养精神力量的"动力源",打造塑造人格魅力的"主渠道"。

高校要按照《中共中央、国务院关于全面深化新时代教师队伍建设改革的意见》要求,"健全师德建设长效机制","推动师德建设常态化长效化",引导微空间思想政治教育工作者"以德立身、以德立学、以德施教、以德育德……做学生锤炼品格、学习知识、创新思维、奉献祖国的引路人",真正"成为先进思想文化的传播者、党执政的坚定支持者、学生健康成长的指导者"。目前,虽然国家、省(市)对高校师德标准已有明确意见,尤其是对高校辅导员、思政课教师这两支主体队伍已作出明确要求,并制定了相应的考核标准,但各高校在落实党中央、国务院以及国家、省(市)教育主管部门相关文件精神上,还存在一些不尽如人意的地方。近年来,高校教职员工网络"失德"现象频现的根源,就在于考核评价制度的不完善和不健全。一是要加强队伍思想政治教育。要健全学习制度,坚持用习近平新时代中国特色社会主义思想为队伍铸牢思想之魂;要强化价值观和文化引领,强化社会实践锻炼,增强责任意识;要发挥党建引领作用,发挥党员示范引领作用。二是要提升队伍职业道德素养。要强化教师师德师风专题教育引导,发挥传帮带作用,提升队伍树立高尚道德情操;要采取多种途径和手段挖掘典型、树立典型、宣传典型,发挥师德典型引领示范和辐射带动作用;要突出规则意识,强化队伍法治和纪律教育,发挥反面典型的警示作用,引导队伍养成自重、自省、自警、自励的意识。三是要将师德师风纳入管理全过程。要落实教育部等七部门印发的《关于加强和改进新时代师德师风建设的意见》要求,将师德考核摆在首要位置,实行一票否决;要健全监督体系,加强日常督导,对违反师德的人员依规依纪严格惩处,建立师德失范曝光平台,发挥反面典型警示作用。

高校要健全职业认同机制。高校要依据国家相关规定配齐队伍,把新媒体新技术引入教学,建好思政课资源和集体备课网络平台,推进校园新媒体网络平台建设,重点建设一批思政类公众号,将优秀网络文化成果纳入科研考评体系,设立网络思政工作专项经费。为此,一是找准队伍发展定位。出台彰显本校特色的网络思想政治教育队伍选聘、培养、考核和激励机制,将队伍纳入大思政队伍建设规划,为队伍职业发展找准落脚点。二是明确队伍的价值。将微思政工作纳入工作议程,摆在思想政治教育的重要位置,提高教职员工对微思政的认识,明确队伍的价值。三是明晰队伍岗位归属。将微思政工作人员纳入思想政治教育队伍,实行归口管理。要重点将宣传部门、网络部门以及教学部门专职从事网络的工作人员,纳入辅导员、思政课教师队伍,进一步明晰其身份定位。总之,明确的职业发展、价值和角色定位,可以提升队伍职业认同,增强其工作责任感和使命感。

(二)落实岗位津贴和职务晋升制度

党和国家十分重视思想政治教育队伍建设,对辅导员和思政课岗位津贴和职务(职级)晋升都作出了明确规定,有力地提升了两支队伍的获得感。然而,对网络新媒体思想政治教育队伍建设相关规定还需进一步补充和完善。

要健全微空间思想政治教育队伍岗位津贴制度。一是从辅导员和思政课层面看。从国家和省(市)层面看,国家高度重视思政课教师和辅导员岗位津贴的设置工作。2004年以来,关于高校思想政治教育的文件,多明确规定了高校要设立辅导员"岗位津贴",2019年又提出要因地制宜设立思政课教师岗位津贴的要求。要求把教师"从事学生思想政治教育计入高等学校思想政治工作兼职教师的工作量,作为职称评审的重要依据"。① 目前,各省(市)均设立了辅导员岗位津贴,绝大多数省(市)已在其落实国家思政课创新方案中,明确提出思政课教师岗位津贴的要求,且已开始执行思政课教师岗位津贴制度,将思政课教师岗位津贴发放落实到位,未来必将全面落实到位②;从高校层面看,辅导员岗位津贴基本上已普遍设定,思政课岗位津贴设定情况,多数高校已按照国家和省(市)要求,逐步落实到位。二是从微空间思政队伍层面看,除辅导员和思政课教师系列之外,微空间思想政治教育队伍基本上都未设定岗位津贴。高校思想政治教育微载体建设作为一项新生事物,并无现成经验可循,需要微载体建设人员深入探索,目前,高校各类思想政治教育微载体虽都有明确的建设主体,但相关建设人员却处于兼职者多,专职者少的现状。比如,多数地方省属高校的学校"官微"多由高校党委宣传部、学校招生办等部门的具体科室负责,"官微"仅为科室工作的一个小方面,既无专职人员,更无专业的研发和运维团队;学工系统和共青团系统官微平台,一般都设在学生工作部教育科和学校团委宣传部,工作人员也以兼职为主,更有甚者,一些高校运维团队是以学生为主体的;而其他教师工作室以及微信圈群,都由思政课教师、辅导员和个别专业教师兼职运维。面对这一现状,高校一方面要逐步设置微空间思想政治教育岗位,组建微空间思想

---

① 《中共中央国务院关于全面深化新时代教师队伍建设改革的意见》,《人民日报》2018年2月1日。

② 樊未晨:《这一年思政课走上创新加速路:一年来全国深化思政课改革创新综述》,《中国青年报》2020年3月24日。

政治教育建设团队;另一方面则应从待遇入手,既可将部分不属于辅导员和思政课教师系列,但专职从事微空间思想政治教育平台运维的专业人才纳入思政课教师或辅导员系列,也可参照本校辅导员岗位津贴设定标准,设置微空间思想政治教育平台运维工作人员岗位津贴,对于微空间思想政治教育工作人员八小时之外的工作应给予一定的加班薪酬补贴。同时,要为微空间思想政治教育工作人员开展工作创造便利条件,对办公空间、硬件设备和图书资源予以优先保障和优先配置,让他们有施展的空间、有称手的先进设备,以增强他们的存在感、荣誉感,进而提高责任感和使命感。

完善职务(职称)晋升机制。一是就辅导员和思政课教师看,一方面,从国家和省(市)层面看,党的十八大以来,尤其是2016年全国高校思想政治工作会议召开以后,党和国家把高校思想政治教育工作摆在了"关系高校培养什么样的人、如何培养人以及为谁培养人这个根本问题"的战略高度。高校思想政治教育队伍建设也迎来新的春天,关于辅导员和思政课队伍、思政课改革和高校思想政治工作体系建设的规定和意见相继出台,这些文件都对辅导员、思政课教师职务(职称)晋升和评聘予以明确规定,教育部在其下发的第43号令中明确了辅导员职务(职称)晋升实行计划单列、标准单设和单独评审的规定,并将网络作品纳入职称评聘科研成果统计。教育部在第46号令中对思政课教师专业技术职务(职称)岗位设置、比例核定、评聘标准、职务(职称)类型、科研成果认定条件、评委会组成等都做了详细的规定,突出了思政课学科和教学特点,为思政课教师职务(职称)评聘提供了政策保障。而在《关于深化新时代学校思想政治理论课改革创新的若干意见》和《教育部等八部门关于加快构建高校思想政治工作体系的意见》中,对辅导员和思政课教师职务(职称)评定又做了进一步的明确。围绕国家和教育主管部门出台激励政策,各省(市)也针对本省(市)实际,在辅导员和思政课教师两支队伍职务(职称)评定上制定了相应的激励政策,各地虽略有差异,但多以岗位、比例、评审单列为基本出发点,形成独具本地特色的激励方案。另一方面,就学校层面看,虽然国家和地方教育主管部门对高校辅导员和思政课教师职务(职称)评定提供政策支持,并进行了细化,但由于各高校思想政治教育队伍的现状不同,目前,虽然大部分高校在辅导员、思政课教师职务(职称)评定方面已按照标准要求予以落实,但落实的程度还存在不平衡的问题,既有按要求完全落实的,也有部分落实的,还有只落到文件中,并未具体实施的。二是就思想政治教育工作主体看,目前,微空间思想政治教育工作主体——辅导员和思政课教师职称评聘上还存在不充分的问题,除了主体队伍,其他承担微思政的工作人员职称评聘就更加不平衡和不充分了,他们既有评聘党务研究系列、研究系列,也有评聘专业职称,还有行政人员,面对这一情况,高校要结合微空间思想政治教育发展态势,在微空间思想政治教育队伍职务(职称)评聘上加大支持力度,一方面,要加强顶层设计,通过组建微空间思想政治教育团队,明确微空间思政人员身份,既可将微空间思想政治教育团队中辅导员和思政课教师系列之外的人员,按照其工作性质和岗位职责,将他们划归至辅导员系列或思政课教师系列,其享受职称晋升政策红利;也可将他们挂靠党务、研究和专业教师系列,在职称评聘时要参照辅导员、思政课教师职称晋升条件,单独出台评聘政策。同时,微空间思想政治教育队伍中高级职称比例设定应与辅导员和思政课教师中高级职称比例持平。另一方面,要推进网络作品科研成果认定工作,制定网络作品(成果)评价标准,将网络作品、平台知名度和影响力等评价指标按项目或论文等科研成果赋分。

(三)健全奖励评优和支持扶持机制

目前,在加大思政课教师和辅导员队伍奖励方面,国家和地方政府、高校都出台了一系列激励政策。但就微空间思想政治教育队伍整体评优机制还有待完善。

从国家政策导向层面看:思政课教师和辅导员队伍奖励和评优政策已十分明确。一是列入评选计划,加大倾斜政策。中共中央办公厅、国务院办公厅发布《关于深化新时代学校思想政治理论课改革创新的若干意见》指出:"要把优秀的思政课教师和辅导员纳入国家高层次人才评选项目,要在……评选上加大倾斜支持力度",要通过明确全国教育系统先进个人表彰中的思政课教师比例,加大对思政课在各类教学优秀成果奖评选中支持力度,进而将《新时代高等学校思想政治理论课教师队伍建设规定》落到实处。二是设立荣誉称号,加大宣传力度。中共中央办公厅、国务院办公厅发布《关于深化新时代学校思想政治理论课改革创新的若干意见》指出:"党和国家要设立荣誉称号对优秀思政课教师给予表彰,大力推选典型,要加大宣传力度,发挥典型示范引领作用。"要开展教书育人楷模、思政课教师和高校辅导员年度人物等先进典型的宣传选树,要按《教育部等八部门关于加快构建高校思想政治工作体系的意见》要求,"对长期从事辅导员工作、表现优秀的,按照国家有关规定给予奖励"。由此可以看出,对辅导员和思政课教师的奖励、表彰激励已上升到国家层面,这既充分彰显了党和国家对这两支队伍的重视,更显现出这两支队伍在人才培养中的地位和价值,同时,也增强了队伍的存在感、幸福感和成就感。但尚未明确微空间思想政治教育队伍的激励和评优政策,更未进一步对辅导员和思政课教师之外的微空间思想政治教育队伍的奖励和评优予以明确。

从省(市)教育主管部门看,多数省(市)结合本省(市)实际,对应国家层面的激励政策,围绕人才评选、评优评先、各类科研立项等方面制定本省(市)辅导员和思政课教师系列激励政策。一是纳入本省(市)高层次人才项目评选,并加大倾斜力度,在人才项目评选中设定名额、比例;二是单独设立评优项目,在优秀教师、优秀党务工作者等专项评选中单列指标,在省级教学成果和科研成果评奖中对思政类成果给予政策倾斜。加大队伍"选树"力度,并采取多种形式进行宣传,提升队伍的社会声誉;在科研方面予以大力扶持,省社科、教科和教育厅项目均设立思政专项、网络思政专项、辅导员专项等。目前,可以说,从省(市)层面看辅导员和思政课教师队伍奖励、评优和"选树"政策明确,但缺乏专门的、明确的关于微空间思想政治教育队伍的评优、奖励和选树的政策导向。

从高校层面看,各高校都能够积极响应落实党和国家、省(市)要求,在思政课教师和辅导员队伍奖励和评优等激励建设上加大了力度,出台了各自的政策,但还存在一定的问题,有些学校存在未能结合学校实际,只是照搬国家和省(市)文件,并未落到实处的问题。在校内人才项目评定中,还存在倾向于大项目、大论文等唯科研、唯论文等现象。微空间思想政治教育队伍激励机制建设滞后,为此,要落实队伍奖励、评优和选树机制建设。一是高校要从立德树人的高度认识微空间思想政治教育队伍建设的重要价值,将其纳入学校各类人才项目评定,并在指标、条件上予以倾斜,将微空间思想政治教育成果、作品纳入职务(职称)晋升、评优创先,并提高权重系数,调动队伍参与微思政育人的主动性和积极性;二是围绕微空间思想政治教育建设内容,组织微平台设计、微课程、微视频、微宣讲等制作大赛,设立先进个人、先进集体,并将评奖级别与各类教学大赛等同,与年度考核、职务(职称)评定挂钩;三是树立典型,发挥示范作用。加大对微空间思想政治教育工作中涌现的各类先进人物的选树,在学校师德标兵、三育人标兵、先进工作者评选中,单独为微空间思想政治教育队伍设立指标,对选树人员的优秀事迹通过线上线下各类媒体进行统一宣传,提高他们工作成就感,增强他们职业获得感。

第五节 建立健全微载体运行体制机制

高校学生思想政治教育微载体建设涉及多主体、多学科、多技术,需要以完善的运行机制保障各构成要素同向同行、共建共享。高校要在明晰高校学生思想政治微载体构成要素和运行机理的基础上,从构建多主体参与的全员育人机制、多层级联动的组织管理机制、多平台协同的衔接机制出发,推进高校学生思想政治教育微载体建设有序进行,实现教育功能的最大化。

一、构建多主体全员参与育人机制

构建多元主体共同参与机制,是推进高校学生思想政治教育微载体形成建设合力的制度支撑。其构建需要相关组织、人员和学生以共同参与为目标,健全组织间、群体间、个体间和对象间协同一体的参与机制,以推动微载体的有序发展。

（一）构建组织（机构）共同参与机制

建立校内组织主体共同参与机制。建设主体具有多样性与复杂性的特点,决定了高校学生思想政治教育微载体是多元主体,只有构建横向和纵向结合的共同参与机制,才能在载体建设的过程中实现多元主体同向同行、协同联动。一是要加强校内横向组织联动。就校内横向组织主体而言,既包括校内党政部门间的协同、也包括各学院间的协同。高校学生思想政治教育微载体作为系统工程,涉及校(院)党务、行政和教辅各主体单位,主体既多元又复杂。实现上述建设主体的共同参与,就需要在统筹规划、加强顶层设计的基础上,构建部门协同参与机制,以促进部门间沟通合作,形成育人合力。二是要加强校内组织主体纵向联动。高校学生思想政治教育微载体建设从纵向上看,校内组织主体包括学校党委行政班子、校部机关、院(系、所、办)、教研室、班级、寝室等多个层级。为此,加强和完善微载体不同层级组织主体的协同联动,是保障微载体建设系统协同和责任任务落地的关键。一方面,高校要建立层级目标包保责任制,通过目标和责任分解各个层级组织主体的参与意识,同时分层次、分类别建立激励机制,调动各个层级组织主体参与的积极性、主动性和创造性。另一方面,要坚持问题导向,将学生思想政治教育微载体建设融入人才培养的各个环节和各层级组织主体的日常工作,构建上下"协同攻关、联动协作、合力育人的工作机制"①。

建立域内相关主体共同参与机制。作为开放系统,高校学生思想政治教育微载体建设既需要校内参与主体协同,也需要学校与地方政府相关部门、企事业单位和兄弟高校的加强联系,以实现资源共享的目的。治理体系现代化需要加强校内与校外相关部门、组织的协同,以求得在相关政策制定、问题聚焦、资源共享等方面的协同联动。一是建立网络运营企业合作机制。移动网络是高校学生

---

① 冯刚:《推进新时代思想政治教育治理体系现代化》,《中国教育报》2020 年 3 月 19 日。

思想政治教育微载体建设的"核心"。优质、先进的网络传输硬件设施和软件设备是实现微载体移动化、智能化和视频化的"核燃料"。高校受资金、技术的因素限制,在移动网络平台建设上始终处于发展滞后"地位",为此,高校要加强与属地移动、联通、电信、铁通等网络运营商的合作,建立优势互补的合作关系,以"知识"换"技术"、以"用户数量""使用流量"换取"优质服务",吸引网络运营商投资共建校园网络平台,以提升校园网络基础设施和网络传输的水平和质量,构建全天候、全覆盖的高速网络公路,为高校学生思想政治教育微载体建设夯实网络"基础"。二是建立微媒体运维组织合作机制。高校学生思想政治教育微载体作为微社交媒体传播矩阵,可以说构成复杂,既有学校门户网站,也有校园官方"三微"(微博、微信、微视频类)公众号以及 APP 和各类垂直圈群结构,还有 PC 端和移动智能终端和"网络社区"(贴吧、BBS/论坛、公告栏、个人空间等网上交流空间),以及集约化的易班和一站式社区。为此,高校要建设高效的"微"传播平台,就需要运营商的技术支持和平台安全保障。一方面,加强沟通,适时对平台进行升级换代,提高平台聚类和细分功能,打造一体化的运维平台;另一方面,积极寻求运营商在平台信息安全和舆论、舆情监控方面的助力,建立信息沟通机制,做到科学预警,防患于未然,更好把牢微空间意识形态领导权。三是建立政府、域内企事业协作机制。高校作为人才和文化传播的阵地,虽然本身具有浓厚知识积淀和文化氛围,但在新闻传播领域、舆情监控、公共服务平台以及地域文化资源整合利用等方面仍存在天然劣势,需要与地方政府广播电视、文化宣传、网管、银行等部门和企业建立合作关系,为构建功能集约、应用垂直细分的移动化、智能化、视频化立体服务平台提供人力、平台、资源的支持和帮助。为此,高校要与属地新闻媒体建立良好的合作关系,借助其传播网络和采编人才优势,开展深度合作,为搭建智能化、视频化"微"平台,提供人力、技术和资源支持;要与地方人力资源和社会保障部门和企事业单位人事部门加强联系,按照资源互补、共建共享的原则,搭建域内人才供需一体化平台,实现信息推送、面试、签约的"云平台";要与地方银行、车站、公安局、社区以及餐饮行业等服务部门加强合作,构建服务师生的集约化生活服务平台;要与地方网络监督、国家安全、统战等部门建立合作关系,确保网络信息安全。同时,要与地方各级各类博物馆、爱国主义和文化教育基地建立协同共建机制,通过微载体建设,实现资源的协同共享。四是建立校际"信息共同体"机制。校际的深度合作和资源共享是推进高校信息化发展的重要环节。我国高校专业设置较细,各校因办学的差异,可以说各具特色和优势。为此,推进高校智慧校园建设,搭建学生教育管理服务移动化、智慧化、视频化平台,既需要借鉴国内兄弟院校的建设经验,更需要整合和借助各校优势资源,打造更加优化的一站式社区。一方面,要加强域内高校的合作,实现域内高等教育资源的共建共享。高校既要按照取长补短的理念,择优选择域内高校,建立资源共享联盟,又要按照特色、优势聚合的理念,建立特色资源共享平台,以打造域内共享"品牌",如东北师范大学构建的东三省高师院校就业创业共同体。另一方面,加大与域外其他国内高校的合作,要充分挖掘国内高校的优质资源,通过搭建 MOOC 平台、微课平台,实现优质课程资源和教育资源的协同共享。

(二)构建个体(主客)共同参与机制

建立教职工共同参与联动机制。一是以组建专兼结合的"微"队伍促联动。要结合微载体建设需要,按照微载体建设的任务分工,结合涉关部门(单位)的实际情况,成立相应领导小组和办公室,并在此基础上,由涉关部门(单位)指派专人负责本部门微载体建设的相关工作,组建微载体建设兼职队伍。同时,根据微载体建设的进程,按照岗位分工和职责,逐步设立专职岗位,并通过校外招聘、校内选拔等多种渠道组建微载体建设专职队伍。二是以构建集约化"微"服务平台促进校内岗位育人联动。高校要加大微载体平台的建设,将传统互不兼容的、条块化的工作职能和分工,进行有机整合和深度兼容,以改变过去各自为政的现状,促进各主体间相互作用、相互影响,最终形成协同联动的工作格局。三是以管理机制协同促进主体参与联动。高校"微"媒体建设组织机构协同是建设全员参与的前提基础。为此,高校要建立以各级各类涉关部门责任人为组成人员的上下联动的多层级协同管理机制,进而构建分工协同、有机统一的微载体建设局面,促进组织机构层级协同和人员队伍整合。同时,结合微载体功能模块,组建课堂教学、文化活动、心理教育、就业创业指导等方面建设团队,促进思政课与专业课教师、教学管理与日常管理队伍、辅导员与教师等多元主体的合作,打破"各自为政"的状况,实现全校机构联动、人员互动、渠道互通、资源共享,从而产生聚合效应。

建立师生共同参与联动机制。高校教职员工和学生作为传统高校思想政治教育的教育主体和对象,在微媒体空间思想政治教育实践中,二者因信息的交互性、主体平等性、表述的低门槛等特性,而发生深刻的变化,由主客二分主体性转为主体间性,为微空间思想政治教育主客体目标、语境、情感同频提供了现实依据,也为师生共同参与提供新场域。一是建立师生需求目标同构机制。共同的目标,是组织系统内部要素有效聚合形成合力的"原动力"。高校思想政治教育是立德树人工作。教职员工专业和育人事业发展的共同目标是全面提升与完善自我,这与促进学生成长成才的目标是一致的。高校学生思想政治教育微载体作为师生共同成长的新媒体平台,其建立的终极目标就是落实立德树人根本任务。从总体目标上看,是促进人的全面而自由发展。从具体目标上看,是为了培养社会主义合格建设者。从教职员工层面上看,微载体给教职员工教育管理服务提供了新的实践场域,促进自我品德与职业发展。从学生层面上看,微载体助力学生成长成才,为他们提供一站式服务和自我实践的新平台。在总体目标和具体目标设计上,微载体都是以师生的共同发展愿景为基本出发点的。在高校微载体建设中,虽然教职工与学生在微媒体空间的职责和地位不同,但师生运用平台开展教育管理服务交流"微"互动过程,却实现了师生的教学相长,在达成目标上实现了二者的一致性。微媒体空间为师生思想交流、情感交互提供了新的互动平台,促进了师生成长发展共同体的形成。"微"交互既消除了传统教育管理服务中师生地位的差异,也消除了师生的心理隔阂,使师生在彼此尊重、平等互动中共同探讨和解决现实问题,找出师生的思想交汇点、情感交融点和价值共鸣点,进而促进师生相知、共情和共意,更好地"敞开"心扉与相互"悦纳",相互尊重、相互促进。二是建立议题同构和话语共享机制。话语共享是师生精神同频共振的基础。思想政治教育话语共享,"不能被简化为一个人向另一个人'灌输'思想的行为,也不能变成由对话者'消费'的简单的思想交流。"①而是需要二者通过话语的深度交流,实现思想的交换,达成情感的同频。话语交流是教育管理服务的桥梁和纽带,对教职工话语的认知、认同和接受程度,决定着高校教育管理服务的达成效果。微载体所具有的主客交互平等性、虚拟性以及话语表达的多主体,一方面弱化了传统教育管理服务中教职工的主导地位,另一方面也降低学生的话语"准入"门槛,激发了学生参与的积极性和主动性。微媒体空间民主互动的话语氛围、真诚互动的话语生态,促进了师生的话语共享。议题设置是促进话题同构,实现话语共享的基础。微媒体空间师生共情交流语境的营造,需要师生共同的兴趣话题。话题是语境创设的中介,有效分析和调控话题,才能实现语境效果的优化。② 师生共情的热门话题源于科学的议题设置。加强微载体选题策划和议题设置,有助于师生围绕兴趣话题,深入交流,全面提升平台教

---

① [巴西]保罗·弗莱雷:《被压迫者的教育学》,顾建新等译,华东师范大学出版社 2001 年版,第97 页。

② 王晓奕:《通过话题调控优化教学语境》,《基础教育参考》2017 年第 2 期。

育引领力,增强管理服务效能。议题设置是微媒体空间提升学生注意力、引发思考,推动话题延展的关键。促进语境的同构,科学设置议题,既需要从师生关注关切的时政热点难点疑点入手,结合国家和社会发展,围绕中国共产党为什么"能""中国道路与政党建设""政党与国家治理""复兴梦、富强梦、振兴梦、人民梦"等设置议题,也可针对师生的疑惑,围绕西方热衷的"修昔底德陷阱"和"中国威胁论""普世价值"等设置议题,还可以结合师生的共同关注,围绕"校园文化建设""教育教学改革""学校发展规划"等设置议题,通过议题设置同构,使师生找到话语交流的切入点,思想交流的交汇点,情感和价值认同的共振点,调动和活跃师生参与热情,实现师生心理契约缔结、情感共鸣。同时,也可有意识地设计开放性人生话题,引导学生共同体悟人生主题,使"他们合作起来而共同成长"①。

建立学生"云朋辈"联动机制。"朋辈"即年龄相近、生存境遇相似的群体。朋辈群体,是指年龄、社会地位接近,兴趣、态度、价值观相似的群体。"朋辈"教育,是朋辈群体成员间的相互教育和示范引领。高校学生作为共同生活的特殊群体,具备开展"朋辈"教育的优势。共同的学习环境、生活特点,使他们可以发挥自身优势,及时掌握其他学生的思想和心理动态,了解他们的学习、生活需求,为其他学生化解思想、学习和就业困惑等方面的问题。同时,同龄人之间话语模式和行为方式的相似性,也为他们日常有效沟通奠定坚实的基础。高校学生思想政治教育微载体作为微媒体和网络新技术支撑下的产物,其主客平等交互化的传播特点,为高校学生开展"朋辈"互助提供了新的"舞台"。在高校学生思想政治教育微载体建设中,学生群体既是微载体教育管理服务的对象,也是微载体建设的实践主体,离开学生的参与,微载体也就失去了建设意义和价值。作为微媒介应用的主力,青年学生正以实际行动,践行着教育主客体的双重职责。为此,高校要建立"云朋辈"联动机制,以推进朋辈互助的"云端花开"。实现"云朋辈"联动,一是要发挥学生骨干在联动机制建设中的主导作用。高校要发挥学生党员、学生干部的云端示范引领作用。学生党员、学生干部在日常服务学生的过程中,不仅积累了丰富组织、管理经验,而且积淀了良好的人脉资源,他们在学生中威信较高,具有"一呼百应"的动员能力。为此,高校要充分发挥学生干部、党员素质高、能力强,学生信任度高、扩散节点关联性强的优势,将他们按照各自

① [巴西]保罗·弗莱雷:《被压迫者的教育学》,顾建新等译,华东师范大学出版社2001年版,第31页。

的优势和专长,纳入微载体建设相关团队,使他们能够根据自身和学生的需求特点,设置载体模块、遴选供给内容、设计推送模式、以共情的话语模式与学生沟通交流,实现"关键少数"与广大受众的有机联动。二是要发挥网络"意见领袖"和"网红"的引领和导向作用。微载体空间信息"节点式"网状传播已成常态,每个学生都将成为信息的"节点",网络"意见领袖""网红"受众广泛,"铁粉"众多,其扩散"节点"覆盖面大,延伸半径大,影响范围极其广泛,为此,高校要抓住"意见领袖""网红"之一"关键少数",强化他们的教育引导,使他们由"视觉引领"向"思想引领"转变,成为传播正能量的主体,提高其关联效果。三是要发挥结构合理的学生微载体建设专业团队联动保证作用。高校学生微载体队伍,因学生界别的转换,具有流动性大、稳定性差的特点,往往存在刚刚培养成型,就毕业离校的现象,导致学生骨干处于一届接一届始终轮换的发展态势,为此,高校要按照不同界别合理设置团队成员比例,以确保有两届学生骨干常在,解决队伍断层断档的问题,提高各年级学生的关联性,同时,四届学生队伍同在,也有利于实现年级间的关联,进而达成教育管理服务全覆盖的局面。

二、建立传播"节点"衔接联动机制

高校学生思想政治教育微载体作为一个涉及面广、结构复杂的微媒体传播矩阵,其运行过程涉及要素众多,既包括活动的主客双方,也涉及其运行的介体和外部环境。高校要坚持整体性、层次性和动态性的原则,健全要素衔接联动机制,着力构建循序渐进、螺旋上升的学生全程教育管理服务生态链。

（一）健全信息传播"节点"动力驱动机制

高校学生思想政治教育微载体作为"微媒体+"的聚合体,必然要遵循"内容为王"的传播理念。提升教育管理服务内容的传输的效度,离不开健全的"微"内容传播动力机制。运用微社交媒体开展学生教育管理服务,是高校思想政治教育微载体建设的核心。在微载体内容传播动力机制中,学生需求、内容吸引力和精准供给构成了微载体信息传播的动力生态链,为此,只有提升生态链中传播"节点"的驱动力,才能提升微载体教育管理服务的质量。

健全内容优化机制,提升信息传播动力。健全内容优化机制,是整合微资源,推动微内容研发,提升微内容吸引力,保证微内容供给质量的前提。健全内容优化机制,一是要完善资源整合机制。资源是内容研发的源泉。高校要健全资源整合制度,推进已有教育管理和服务资源的汇集、分析和整合,建立数字化资源库;要健全痕迹资源整合制度,在法律允许的范围内,强化对学生教育管理服务、学生学习和日常生活产生的痕迹资源的汇聚,建立学生基础数据资源库。

二是要健全优质内容研发机制。优质内容研发是提升供给质量的基础。高校要建立内容素材采编遴选制度,要在人工遴选的基础上,充分发挥大数据算法功能,通过数据关联分析,选择最佳内容素材;要健全内容研发制度,组织专家学者在充分分析学生需求特点、话语模式、阅读习惯的基础上,结合学生的偏好,按照注重原创、彰显个性、研发适合不同群体学生"口味"的细分内容,以提升内容的吸引力和感召力。三是要健全内容呈现优化机制。多元化的内容呈现是刺激学生感官,加深学生感受的基础。移动传输技术的发展,VR、AR、无人机拍摄、三维动漫等传播技术的普及以及人工智能等数字技术的应用,使微媒体智慧化成为现实,这就要求高校微载体内容研发人员,要把智能生产、智慧推送和多元呈现作为内容服务的落脚点,推进内容呈现形式的体验化、场景化。微时代,优质内容作为微载体信息传播生态链中的"核动力",健全了信息生态链,提升了平台价值和凝聚力。

健全需求反馈机制,提升用户信息拉动力。满足用户需求,是媒体传播的价值追求,也是媒体信息传播的终极目标。落实学生中心,提升立德树人质量,要求高校学生思想政治教育微载体建设,必须以学生为中心,以最大限度满足学生需求为价值追求。满足学生个性化、多样化、差异化需求,是提升学生对"微"平台信息传播的拉动力。一是建立学生需求数据分析机制。高校要发挥大数据的汇集和算法功能,强化对学生思想和行为数据进行关联分析,进而对学生偏好精准画像,细分学生需求。二是建立效果反馈机制。一方面,按照线上线下相结合的原则,在深入了解学生思想、心理和行为特点、掌握学生需求动态的基础上,运用数字技术即时分析学生平台登录时长、内容浏览、阅读等痕迹数据和内容,动态跟踪学生群体和个体需求变化,适时调整微载体建设策略。另一方面,面对学生个体的差异和需求的多样性,高校要充分发挥人工智能技术的作用,通过数据挖掘和关联分析,全面掌握用户的偏好和需求,提高匹配精智度,促进教育管理服务的个性化和定制化,同时,通过健全激励机制,调动学生参与教育管理服务的积极性和主动性,发挥其节点传播功效,促进教育管理服务内容的节点式扩散,提升教育管理服务的覆盖面。

健全推送技术支撑机制,增强载体凝聚力。作为高校学生思想政治教育信息传播动力机制的微载体,是一个功能集约化、服务垂直细分的聚合平台,需要以网络、媒体和数字等多元技术协同为支撑。可以说,微载体平台多元技术的协同应用,是促进微载体建设者与学生良性互动,提高平台到访率、回访率,增强平台沉淀力的关键。5G 网络的落地,助推了物联网、大数据、云计算和人工智能等数字技术的发展,实现了 VR、AR、4K、5H 等多重直播技术同频共振,也为高校学生思想政治教育微载体提供了新的技术支撑。一方面,在数据资源建设和对象"画像"方面,大数据技术为微载体提供了全样本对象行为"画像"数据和教育管理服务资源数据,云计算为数字资源高效整合奠定坚实基础,数据筛选和关联分析为潜在价值信息挖掘以及群体和个体"画像"提供智能工具,人工智能为载体"智慧、智能、智力"发展和供需匹配精准提供了技术保障;另一方面,在内容呈现和推送渠道方面,可发挥 5G 移动网络通信技术和多元媒体技术,集图、音、视等感官刺激于一体,运用长图、动漫、短视频、三维仿真展览、5H 融媒体产品等呈现形式,提高学生感官体验,让学生在现实参与、体验中,认知、认同。同时,不断拓展推送载体,在搭建微博、微信、抖音等公众平台的基础上,建设集教育管理服务于一体的功能集约、服务垂直细分的微媒体矩阵。生动活泼的内容展现和推送的渠道多元,既可以增强载体黏性,提高学生对载体信任度,也可以促进要素协调,增强微载体的聚合力,确保生态链稳定。

(二)健全信息供给"节点"层级联动机制

任何事物的发展都遵循一定的规律。高校学生思想政治教育微载体作为新生事物,其科学发展,亦需要把握学生成长规律、找准思想政治教育规律、契合微媒体传播规律、顺应网络和数字技术的发展规律。只有这样,才能彰显时代特点,把握思想政治教育、媒介传播和技术创新大势,更好满足学生个性化、多元化的需要,达成思想政治教育因时而变、因事而化、因势而新的目标。

把握节点,构建层级化"微"供给衔接机制。作为贯穿学生大学生活全过程的教育管理服务矩阵,符合学生成长成才和需求规律和顺序,是微载体建设的基本落脚点。这就要求其承载的教育管理服务内容要呈现序列性,要按照时间、空间节点的变化,在内容上体现延续性和递进性。

一是要构建学段"微"供给衔接机制。不同学段学生对学校教育管理服务的需求具有层次性的差异。高校只有把握学段节点,建立相邻学段供给衔接机制,才能保证教育管理服务的全程化。首先,高中和大学要有效衔接。高中阶段,学生主要精力都用在学习上,班主任几乎承担了学生教育管理服务的"全部工作",线上教育管理服务涉及较少。进入大学,学生失去高中班主任这一全职"保姆"的呵护,随之而来进入自我教育管理与服务的阶段,难免会给学生带来心理上、情感上的不适,为此,高校要充分考虑到高中与大学转段期间,教育管理服务模式转变给学生带来的落差和不适,通过建立供给衔接机制,以弥补学段差异。高校要抓住录取通知书送达到新生报到这一时间节点,充分发挥学生思想政治教育微载体矩阵的作用,围绕新生入学适应教育这一主题,通过垂直细分不同专题,如"我爱我家""校园风光""专业速览""校园管理你我""生活导航""校园生活123"等教育管理服务内容,以文字介绍、长图展示、短视频、微电影等形式,推送给学生,使他们报到前就已对学校有了初步的了解,进而避免了刚入校时的焦虑和恐慌。其次,本科阶段与研究生阶段的衔接。大学阶段,高校学生已逐步养成自我教育、自我管理和自我服务等能力,但从本质上讲,与研究生教育阶段的基本要求还存在一定差距,表现在:对教师授课方式适应性差、自主学习能力欠缺、知识水平和研究能力不足等现实问题,这也使新入学的研究生在入学初期比较迷茫,甚至"一头雾水"、无所适从。为此,高校要充分发挥微载体的作用,在本科后期就要围绕研究生阶段教育管理服务设置相应的知识介绍模块,运用微服务细分功能,对研究生阶段教育管理服务内容以垂直细分的小程序、微作品展现给学生,让学生做到"心中有数"。同时,要改变过去入学后再选导师的传统做法,通过平台建立师生直通车,通过线上参与导师组会和学术活动,让学生了解导师及其研究方向,在此基础上,充分利用从录取到入学这段空闲时间,积极与所选导师联系,进行师生互动,使之提前进入角色,以弥补衔接不畅,带来的教育管理和服务问题。

二是要构建阶段"微"供给衔接机制。从学生进入大学到毕业离校,学生教育管理服务大体可分为三个不同阶段,即初级阶段——第一学期入学适应阶段、中间阶段——专业与能力发展阶段、毕业阶段——毕业学年度。初级阶段主要集中在入学第一学期,这一阶段学生刚进入大学,处于环境、学习和生活适应阶段,主要以入学系列教育、规范性管理和基本生活服务为主。中间阶段,学生已初步适应大学教育管理和服务方式,重点以专业、能力提升为主,以辅助式自我管理和服务为主。毕业阶段,主要以考研、就业创业和生涯规划、职业道德和标准等教育为主,以毕业前引导式管理和精细化服务为主。当前,就上述三阶段教育管理与服务,不同高校有不同特色,但大体上看,初级阶段主要以线下为主、线上为辅;中间阶段,除了大型教育活动、课堂教学和实践教学外,多数为线上为主,如返校注册、缴费、选课、成绩查询、党团学习等;毕业阶段,由于学生实习、见习、就业等均在此阶段,此段时间除了课堂教学外,多为线上教育管理与服务。由于三个阶段教育管理与服务的内容、方式、途径的差异,因此三个阶段亦需做好衔接,以保证教育管理与服务的连续性和有序性。微载体不同模块细分应用要体现层级性,针对不同阶段设置不同的供给内容,尤其相邻阶段内容要体现连续性。微载体建设主体要在供给内容设置上,强化关联意识,以提高内容的关联度。要在建好载体"信息池"的基础上,提升微载体关联数据分析平台的智能水平,提高信息内容供给的精准度。要发挥"学生导师"的作用,做好线上线下的引领和疏导工作。

注重融合,构建集约化"微"供给机制。高校学生思想政治教育微载体建设的主要目的是提升高校学生教育管理和服务的质量,实现全员全程和全方位育人。为此要强化微载体矩阵对教育、管理和服务等功能的有效聚合,以实现育人的一体化。

一是顶层设计的集约化。实现功能集约化、服务细分化的目标,要求高校要坚持标准统一、数据统一、平台统一的原则,加强顶层设计,按照技术统一、功能统一、结构统一的要求,在同一数据体系上搭建多层级、多部门网站集群平台,构建面向多服务对象、多终端的垂直细分媒体服务矩阵,以实现高校教育管理服务的集约化。高校要结合学生需求、用户体验、网络治理等诸要素设计微载体矩阵的总体架构,按照满足同一技术平台,统一数据、用户、入口的标准,以实现业务接入、资源发布和展现统一,进而最大限度满足不同用户的业务需求和访问接入。要按照灵活、易用和实用的原则,针对平台的属性分类,从部署方式、功能实现、数据存储形式入手,搭建系统化垂直细分平台集群,以满足服务部门和学生个性化、定制化的需求。要按照移动化、智能化、可视化的目标要求,加强对新媒体传播技术和人工智能技术的应用,提高平台即时反馈能力,促进平台的持续优化和发展,最大限度提升平台的智慧化水平。

二是建设主体的集约化。建设集约化的微载体服务矩阵,就要推进参与主体的集约化。一方面,高校可参照"大部制"的管理模式,将校内相关部门整合,如将教务、学生、就业、公寓等部门进行整合,建立学生事务工作部,实行统一领导,从根源上解决部门协调整合不畅的问题,为微载体建设夯实组织基础;另一方面,高校可参照人民日报社"中央厨房"的建设模式,建设高校"微"媒体建设信息共同体,以实现资源、功能模块、产品内容的集约化。

三是资源和功能模块的集约化。打造集约化的学生教育管理服务微载体矩阵,高校要实现教育、管理、服务基础资源和功能模块的集约化。要推进资源的集约化。高校传统管理模式的窄化,使各部门资源处于相对独立的封闭体系,资源难以共享的现象时有发生,要实现学生基础资源共享,必须建设一体化的基础数据资源库。推进资源集约化是微载体平台建设的基础,既需要人力资源集约化,把擅长各项技能的人才聚集到一起,也需要数据资源集约化,促进数据的适时开放,提高数据共享率,还需设施平台等其他资源的集约化,实现设施平台的共建共享;要推进功能模块的集约化。为有效解决校内部门网站和功能模块相对分散无序的问题,高校按照技术、功能和结构统一的原则,对不同部门、不同系统的相似功能进行整合,以搭建功能齐全的功能模块,构建一体化功能实现平台;要推进新旧媒体功能集约化。要顺应媒体融合趋势,加快高校传统站群系统与新媒体在技术框架、应用场景上的深度融合,采用持续集成模式,升级内容管理平台支撑应用,强化微载体内容维护、提供和推送更新服务能力,以提升教育管理服务的精准化程度。

第六节　建立健全质量评价体制机制

教育评价是评价主体依据一定教育价值观,对照教育目标,对教育活动、过程和结果予以科学判定的过程。目标是质量评价的依归。思想政治教育微载体的特殊属性,决定其评价,要在守正中创新,以科学有效为着力点,以"内容全面、指标合理、方法科学"为标准制定评价体系;[1]要立足评价,通过总结、反思,反馈建议,不断改进和完善,进而形成工作闭环[2],以推动其不断创新创优。

一、建立评价目标导向和体系架构厘定机制

提升思想政治教育质量,增强教育的针对性、科学性和实效性,需要建好微载体。建好微载体,就必须发挥质量评价这一"指挥棒"的作用。目标和内容是科学完善的质量评价指标体系确立的依据,为此,高校只有明确微载体建设的评价目标和体系架构,才能在评价过程中做到有法可依、有据可循。

(一)建立评价体系目标导向机制

微媒体时代,信息传播方式的变革,使"微生存"已成为社会大众特别是青年学生学习、生活的新样态。思想政治教育作为上层建筑,是受生产力和生产关系决定的,具有阶级性,"每个国家都是按照自己的政治要求来培养人的"[3],其评价内容必须符合国家、社会和时代发展的要求。我党历来重视思想政治教育,将其看作是一切工作的生命线,不同的时代,工作重点不同,这也决定了其评价内容需在动态调整中不断发展与完善。

落实立德树人成效评价目标导向。健全微载体立德树人落实机制,提升微

---

① 《中共中央国务院印发〈关于加强和改进新形势下高校思想政治工作的意见〉》,《人民日报》2017 年 2 月 28 日。

② 冯刚:《改革开放以来高校思想政治教育质量评价的回顾与思考》,《教育与研究》2018 年第 3 期。

③ 习近平:《在北京大学师生座谈会上的讲话》,《人民日报》2018 年 5 月 3 日。

载体立德树人实效,关键是要时刻把握微载体建设的方向。一是要强化政治意识,筑牢"底线"思维。思则有备、有备而无患。微媒体空间信息传播的交互性、快捷性为高校思想政治教育提供了移动化、即时化的新平台,但微空间海量、杂乱、真假难辨的"信息流瀑",也在一定程度上遮蔽了高校思想政治教育价值信息的光芒,为错误信息和不良社会思潮沉渣泛起提供了新场域。为此,只有强化政治"底线"思维,才能把握机遇、应对空间信息传播失序的挑战,建好微载体。强化底线思维,要求高校微载体建设要把握正确的建设方向,即要突出微载体的政治导向。"没有正确的政治观点,就等于没有灵魂。"①"我国社会主义教育就是要培养社会主义建设者和接班人。"②为此,高校微载体建设始终以彰显马克思主义的指导地位、彰显社会主义办学方向,"为党育人,为国育才"作为其政治导向评价的首要标尺。二是要彰显"立德树人"价值功能。健全立德树人落实机制,是当前高校学生思想政治教育微载体建设的基本价值遵循和根本落脚点。当前,一些微载体建设者甚至以标签化、娱乐化、媚俗化的作品吸引学生,致使平台偏离了"立德树人"的价值导向。为此,微载体必须要成为落实立德树人任务,促进学生全面健康成长,培养中华民族伟大复兴时代新人的坚强阵地。这就要将微载体是否为学生全面、健康成长提供了铸理想信念之魂、植民族家国之情、树服务人民之旨、强素质能力之基、固品德修养之本的个性化、品质化、定制化的"精神食粮",是否为学生自由而全面发展提供了良好生态,作为微载体建设质量评价的核心指标,以确保微载体将帮助学生坚定理想信念、厚植爱国主义情怀、加强品德修养、增长知识见识、培养奋斗精神、增强综合素质③这六大核心任务落到实处,真正成为高校"立德树人"的"空中堡垒"。

突出"精智"供给质量评价目标导向。"人工智能技术的崛起、微媒体的火爆和移动智能设备的迭代,既开启微媒体智慧化的时代大幕,也为高校思想政治教育提供了新的打开方式。"④顺应人工智能背景下教育范式的变革,推进高校微媒体空间思想政治教育的精智化,已成为时代大势所趋。高校学生思想政治教育微载体,作为思想政治教育、微媒体传播和数字技术优势聚合的产物,其建设的终极目标是为了更好满足学生"数字化"生存的需求,将立德树人任务在微

---

① 《毛泽东文集》第七卷,人民出版社 1999 年版,第 226 页。

② 习近平:《在北京大学师生座谈会上的讲话》,《人民日报》2018 年 5 月 3 日。

③ 《习近平著作选读》第二卷,人民出版社 2023 年版,第 196—200 页。

④ 张宝君、孙志林:《智媒时代高校微空间思想政治教育的审视与创新》,《思想理论教育》2021 年第 2 期。

媒体空间落实、落细、落小。基于此,微载体供给的"精智"化已成为高校学生思想政治教育微载体质量评价的关键要素目标和评价标准。一是要素优势聚合度是微载体"精智"供给目标达成的基础指标。人工智能技术为微媒体传播和思想政治教育供需匹配提供技术依托。微媒体传播特性促进了思想政治教育的全员全程全方位。思想政治教育价值引导性,提升了微媒体价值赋能水平,媒体智能化,促进思想政治教育的个性化、多样化。三者相互关联、相互赋能。为此,微媒体优势功能、教育成功经验、人工智能技术三者在微载体建设中功能彰显的程度,微载体用户需求产品供给的精度和智慧化程度,成为微载体"精智"供给目标达成评价的基础指标。二是内容全息呈现度是微载体"精智"供给目标达成的核心指标。优质内容是信息传播的核心。融媒体时代,学生信息获取方式与阅读习惯的改变,要求高校微载体搭载内容要突出品质化和呈现全息化。微载体承载内容是否具有理论性、政治性、价值性和人文性;能否将理论化内容以喜闻乐见方式传授给学生、能否通过创设场景增强学生沉浸体验、能否提升教育时效性和获得感等目标内容,成为微载体供给内容"精准"的核心指标,为此,建设进展评价也要彰显精智化的特点,坚持以结构化的知识图谱为支撑,发挥媒体传输场景再现和可视化的优势,实现评价结果对微载体全场景、全流程实现即时测量与优化。三是队伍能力符合度是微载体"精智"供给目标达成的关键指标。人才是新技术赋能思想政治教育的前提。高校微载体"精智"目标达成,需要一支掌握思想政治教育和学生成长规律,"善用先进的理论、广博的学识、高尚的人格教育、引导学生的专家型'理论大咖',就要成为精通媒介传播和舆情传播理论,具备良好媒介素养和熟练技能,善用媒介传播技术驾驭微媒体和舆情传播的'行家里手',就要成为精通网络技术、善用人工智能技术的'网络达人'和'技术骨干'。"①为此,高校思想政治教育微载体建设队伍,能否具备将系统、科学理论知识转化为细小、生动的微系列产品的能力,能否具备让教育内容更新颖、形式更多元、感染力更强、沉淀性更好的能力,能否具备参与人工智能设计与开发,将正能量、年轻态、视频化等理念纳入算法模型的能力,能否具备提升智能系统精智性以及人机协同的能力,上述能力指标,成为微载体"精智"供给目标达成的关键指标。

(二)健全指标框架和内容体系设计机制

高校学生思想政治教育微载体作为系统的多媒体矩阵,其构成要素具有复

---

① 张宝君、孙志林:《智媒时代高校微空间思想政治教育的审视与创新》,《思想理论教育》2021年第2期。

杂、特殊、动态特点,其建设目标亦呈多元化。为此,其建设进展和效果评价指标设计,要紧紧围绕落实立德树人任务、促进学生全面健康成长这一核心目标,从微载体教育管理服务"精智"水平入手,在体现指标体系完整性、关键性、合理性以及操作性的基础上,按照分类分层逐级评价的理念,依据涉关内容、准则和微载体建设实践,科学设定指标项目体系、层级,将总体目标细分为层级实践内容与可检验的成果,以增强评价的可比性和操作性,健全与完善微媒体空间立德树人体制机制,提升微媒体空间治理能力和水平,加快推进思想政治教育现代化。

建立评价体系框架与内容筛选机制。高校学生思想政治教育微载体建设与成效评价体系虽说是一项新的评价体系,但其整体框架构建和各指标体系内容的设计并非无章可循,而是可以参照教育信息化、网络思想政治教育等成型评价体系的框架和内容以及相关领域行业专家的建议和意见的基础上,结合指标体系建构的实践操作予以修订和完善。建立评价体系框架与内容调研机制。评价主体要坚持以落实立德树人中心任务、促进学生全面健康成长为评价目标,充分调研国内不同地域、不同类别和层次高校学生微载体建设情况;要了解高校学生思想政治教育微载体建设平台构成、模块设置、功能效果等基本建设信息,统计分析各高校设施、平台、机制、队伍等相关评价架构和内容。以调研为依据,遵循"坚持标准制定不过高、指标确定不过细、体系构建着眼长远的整体思路"①,结合微媒体空间思想政治教育特点,按照整体性与关键性的统一、合理性与可操作性的统一的原则,既要着眼微载体建设与成效彰显的整体,又要把握建设重点;既要着眼微载体评价指标架构设计的合理性,又要把握评价内容的可操作性,从地位保障指标、基础设施指标、宣传教育供给指标、管理服务智慧化指标、平台安全机制指标、学生应用指标等方面搭建基础指标框架,并阐明各分指标模块内涵,按照基础指标模块细分二级指标模块、三级指标模块。

建立评价体系框架与内容"三级"评议机制。为达成评价指标体系完整、核心要素突出、架构逻辑合理、指标可操作的设计目标。高校在搭建体系基础架构和内容模型的基础上,建立"三级"评议制度。评价体系框架与内容的审议评定是保证评价体系科学、有效的重要环节。一是建立国内行业专家评议制度。行业评议专家的选择和确定对框架设计和内容优化具有指导性和决定性作用,既可把握目标方向,又可确保指标设置的科学性和可靠性。从专家职业和行业构

---

① 冯刚、史宏月:《建构高校思想政治教育工作质量评价指标体系的方法与路径》,《东北师大学报(哲学社会科学版)》2020年第5期。

成广泛性看,既要有高校党委书记、主管学生工作、学校智慧校园、教育信息化、网络安全的副书记(副校长),还要包括学生和团委工作、宣传工作、网络建设、媒体运维、思想政治教育、心理健康、公共管理以及相关企事业和社会组织等行业专家和领军人物;从专家分布地域和高校层面看,既要包含经济、文化发展不同地区的专家,也要包含国家一流大学、省属重点大学和普通高校的专家,还要包含理工、农医、师范、艺术以及职业类高校的专家;从专家学历和职称看,既要包括博士、教授、副教授,也要包括具体的行业精英和技术骨干,以保证专家理论功底、政策水平、工作经验和业务能力的优势互补。按上述遴选条件,组建 30 人左右评议专家(组)库,采用德尔菲法对高校学生思想政治教育微载体建设和效果基础指标框架和内容进行循环征询,根据反馈,适当修改和完善评价体系①,同时在专家(组)库中遴选 20 位专家,运用层次分析法进一步确定各评价指标的指标权重。二是建立实践主体评议制度。将第三方修订完善的指标框架和内容应用于评价实践,并组织教育主管部门、学校党委、各涉关部门、教职工和学生定期结合本校学生思想政治教育微载体建设、运维和实效对评价指标框架,对支撑指标框架进行修订、完善,对微载体网络基础设施、数据功能平台、内容研发厨房等新工作实践的理论升华,并以简洁的文本充实指标内容体系,以彰显学校地域特色、办学特色、文化特色。实施主体在评价过程中,要按照理论与实践相结合的原则,从提高指标内容可测性的角度出发,对内容指标进行检验,对滞后于时代、科技和学生行为变化的指标内容,要结合载体建设实际和对象的要求,结合关键要素,适时优化支撑内容,以达成细化、完善微观实操指标项的目的,进而避免评价脱离实际、脱离学生、脱离时代。三是建立第三方评议制度。将专家评议修订后的学生思想政治教育微载体建设和效果基础指标框架和内容交由第三方审定,并结合意见进一步完善。

建立评价指标要素凝练具化机制。实践是检验真理的唯一标准。搭建稳定性与发展性、全面性与针对性、内涵性与开放性、前瞻性与动态性相统一②的微载体建设和效果评价指标体系,必须遵循理论与实践相结合的原则,在评价实践中对评价指标要素进行提取、凝练和具化,以实现评价的科学性、规范性。一是坚持核心和辅助指标结合推进要素具化。指标体系建构是提升高校学生思想政

① 李志河等:《教育信息化 2.0 视域下高等教育信息化发展水平评价研究》,《远程教育杂志》2019 年第 5 期。

② 冯刚、史宏月:《建构高校思想政治教育工作质量评价指标体系的方法与路径》,《东北师大学报(哲学社会科学版)》2020 年第 5 期。

治教育微载体建设和效果评价的"核心工程"。构建指标架构科学、内容完整的评价体系,尤其是对重点突出、灵活易用、可操作性强的指标要素的提炼具化,是提升评价"精度"的关键。高校学生思想政治教育微载体建设评价,要坚持立德树人促进学生全面健康发展作为核心指标,而运用微社交媒体达成这一目标的实践活动,如基础设施、功能平台、队伍建设等均应纳入基本指标。然而,在评价实践中基础指标往往较为笼统、模糊,缺乏可操作性,对此,还需采取层次分析法,结合建设和评价实践,有针对性地将基础指标细化分解为层级多元的辅助支撑指标,以确保评价指标要素既全面、又具体,既稳定、又灵活,既突出核心、又兼顾辅助。二是坚持统一评价与特色支撑协同推进要素具化。为落实以评促建、以评促改的目的,克服评价"千校一面"的问题,高校学生思想政治教育微载体评价,亦应按照统一基础标准,尊重个体差异,体现特色优势,推动对标争先的理念,具化评价指标。当前,多数高校主动出击,按照"思想政治教育+微媒体"的理念,构建立体化微媒介载体传播矩阵。但因各种主客观因素影响,微载体建设不平衡、不充分问题依然存在。为此,一方面,高校应按照国家、省(区、市)上位文件和规定、微载体建设涉关的基础指标,结合实践工作,按照合格的标准设计和提炼基础评价标准,以推进各高校对标对规,自评自查;另一方面,要加大特色指标的权重,鼓励高校结合本校办学特色和实际创新创优,打造独具本校特色的品牌拳头产品,如课程思政微课程、地域红色资源开发共享、新媒体公众号打造等,进而构建基础指标和特色标准协同具化评价指标要素的发展态势。三是坚持内部评价与外部监测融合推进要素具化。评价方式的多元化,是提升评价效度的根本保证。"构建政府、学校、社会等多元参与的教育评价体系"[1],是确保质量评价长效运行的保障。微载体评价作为复杂系统工程,其建设和评价涉及教育主管部门、高校、高校师生、家长等多元主客体。为促进主客联动,提升评价参与度,高校学生思想政治教育微载体评价指标体系应按照自评与互评内容相结合的原则进行设计,在充分整合、分析内部评价指标要素的基础上,合理选取第三方对微载体评价的整体要素,实现内部评价与外部检测要素有效融合,以促进指标体系内涵性与开放性的统一。[2]

---

[1] 《中共中央国务院印发〈深化新时代教育评价改革总体方案〉》,《人民日报》2020年10月14日。

[2] 冯刚、史宏月:《建构高校思想政治教育工作质量评价指标体系的方法与路径》,《东北师大学报(哲学社会科学版)》2020年第5期。

二、健全评价指标内容动态调整机制

微空间思想政治教育承载工具、网络基础设施建设、数据功能平台建设以及推送和接收终端等设施建设资源、平台和工具等评价指标,这些评价内容要随着微社交媒体、通信和数字技术发展,不断拓展、丰富和完善。

(一)与时代要求同向,准确厘定评价核心内容

作为新生事物,高校学生思想政治教育微载体建设,既无成熟经验可循,亦无固定模式可用,需要健全完善的建设过程和结果评价机制,以保证微载体建设科学发展。内容是评价效度提升的重要依据。为此,强化评价指标内容优化是提高评价科学性、有效性和实效性的根本保证。

要以上位文件为目标内容的基本依据。新时代,高校思想政治教育迎来了新的发展机遇期,党和国家高度重视立德树人工作,中共中央和国务院、各部委以及各省(区、市)相继出台了一系列指导性文件、建议和要求,各高校在新时代大力加强和改进高校思想政治教育中也取得了许多成功经验,这既为高校思想政治教育范式创新提供目标导向,也为微载体建设提供行动指南和质量评价理论依据。高校微载体建设质量评价核心目标内容上要以中共中央、国务院、各部委出台的相关政策、文件中具体要求为上位文件依据,如《高校思想政治工作质量提升工程实施纲要》《关于加强和改进新形势下高校思想政治工作的意见》和《深化新时代教育评价改革总体方案》等。在细分目标上要以相关政策、文件的配套文件为理论依据。如在"微"队伍建设评价内容设定上,就要以教育部下发的辅导员、思政课和心理健康三支队伍建设的上位文件为依据,合理取材,以确保评价内容有据可循、有章可依。

要以新思想和系列讲话精神为核心内容。教育评价要"坚持立德树人,牢记为党育人、为国育才使命","坚持把立德树人成效作为根本标准"。[1]《深化新时代教育评价改革总体方案》的印发,既吹响了教育评价改革的"冲锋号",也拉开了高校思想政治教育评价创新的序幕。高校学生思想政治教育微载体建设,只有坚持正确的目标导向,在科学理论引导下,才能在不断改进与完善中,取得长足发展。提升评价的科学性、专业性、客观性,需要以完善的、层次结构合理的过程与效果评价指标体系为依托。始终坚持以马克思主义及其中国化时代化理论为指引,将习近平总书记关于立德树人、教育、思想政治教育、青年教育和思

---

[1] 《中共中央国务院印发〈深化新时代教育评价改革总体方案〉》,《人民日报》2020 年 10 月 14 日。

想政治理论课等论述精神实质,作为学生思想政治教育微载体评价内容体系建构的核心内容,这是检验微载体是否始终坚持社会主义办学方向、落实立德树人根本任务的核心标准。

要以实践经验和成功做法为内容来源。要借鉴国内高校的成功经验。一是要借鉴国内各级各类高校学生思想政治教育微载体建设成功经验,归纳凝练出具有共性和普遍价值的建设标准,并以此设计出具有普遍价值的评价内容体系,在此基础上,要正视学校层次、办学特点和生源特点的差异性,契合不同地区、不同高校实际,以标准的客观性与内容的全面性①保障其评价的实效性。二是青年学生是思想政治教育微载体建设的实践者和体验者,微载体评价内容设计亦应紧紧围绕微载体在承载工具选择、议题和模块设置以及产品研发、供给途径和手段选择是否符合学生身心特点、行为习惯和现实需求;围绕学生理想信念、品德修养、知识见识、综合素质是否取得培养成效等方面设计和选择评价内容。

(二)与技术发展同步,科学设定评价相关内容

高校学生思想政治教育微载体建设标准和评价内容设定,要在符合新时代思想政治教育总体要求的前提下,适时结合微社交媒体、网络和数字技术,尤其要紧跟智能技术再度崛起,引发媒体和教育智慧化新变化,在发展中完善、在守正中创新,以科学评价推进高校学生思想政治教育微载体科学、健康、有序发展。

建设标准和评价内容要与微媒体发展同框。微社交媒体信息交互的便捷性、新颖性、跨时空性以及呈现方式、推送渠道的多样性,使思想开放、乐于接受新生事物的大学生,迅速投身其中,成为"微"社交媒体应用的主力军。由此,可以看出自微博诞生起,高校学生就对应用微社交媒体"情有独钟",并与微信、抖音、快手、短视频的发展相伴而行,成为推动微社交媒体发展的重要力量。日常交往、购物、获取资讯、支付、娱乐等都离不开手机这一终端和其搭载的各类应用APP,"掌上生活"已成为他们的新"标签"。高校思想政治教育为顺应学生学习、交往和生活习惯及场域的变化,主动出击,其载体建设从微博公众号、微信公众号、抖音平台到"三微一端",再到微信公众号集群、趣缘圈群集群、垂直细分APP集群的微媒体传播矩阵,始终处于不断完善和延伸发展的状态。思想政治

---

① 冯刚、史宏月:《建构高校思想政治教育工作质量评价指标体系的方法与路径》,《东北师大学报(哲学社会科学版)》2020年第5期。

教育微载体的演进与发展,决定其标准和评价内容设定的动态化,一方面,应结合不同微社交媒体的传播特点和受众获取状态,设定建设标准和传播力的评价指标内容。另一方面,要结合微社交媒体功能和技术水平以及社会传播力的均值,合理设定建设标准和评价指标内容。其次,随着 5G 技术的落地,推动了VR、AR、5H、4K、3D 以及无人机拍摄等媒体传播技术的日渐成熟,推动了高校学生思想政治教育微载体品质内容产品生产、传输与呈现质的飞跃,集视听触感于一体的强感官刺激、重在场体验的呈现方式,激发了学生参与兴趣,促进了学生内化升华。为此,其标准和评价内容的设定,亦应将内容产品生产、传输与呈现的相关标准纳入建设标准和评价体系。

建设标准和评价内容要与网络传输、数字技术发展同步。一方面,微媒介载体的创新与发展的样貌,是设定思想政治教育微载体建设标准和评价内容的关键影响因素。自 20 世纪 90 年代,中国教育和科研计算机网 CERNET 的建立,互联网逐步进入校园,高校门户网站开始建立并逐步扩大。21 世纪的开启,随着数字化校园建设加速,高校层级网站快速崛起,高校网站步入"站群"管理阶段。之后,随着微博、微信、抖音等微社交媒体元年的开启,微社交媒体已逐步入驻校园,促进"思想政治教育+微媒体"样貌形成。从网络思政发展的历程看,网络传输从有线到无线、从 1G 到 5G、从 PC 端到移动端,其传输速度、覆盖区域和普及程度随网络技术发展而不断进步。为此,高校学生思想政治教育微载体质量评价,亦应随网络传输技术的升级换代而不断丰富、完善与发展。另一方面,数字技术的快速发展。大数据、物联网、云计算、区块链乃至人工智能技术的日趋成熟,既为高校准确把握学生思想、心理和行为状态,实施精准画像,也为高校实时动态把握微载体建设过程提供了技术支撑,同时,还为高校学生思想政治教育微载体提升价值观提供智能工具,为高校学生思想政治教育微载体智慧、智能、智力发展奠定了基础。为此,高校亦应将供需的匹配度、媒体的智慧度以及载体的数据汇集、关联分析等内容纳入建设标准和评价体系。

三、落实评价关键技术创新机制

作为时代产物,高校学生思想政治教育微载体质量评价,亦应顺应数字时代发展要求,结合微媒体空间思想政治教育的特点,充分发挥多元技术赋能优势,坚持以过程、增值、综合评价同频共进为着力点,构建全过程纵向评价和全要素横向评价相结合的智慧化评价体系,以发挥评价结果在微载体建设中的导向、鉴定、诊断、调控和改进作用,进而实现对微载体建设过程的"'全面性'质量监测、

'全员性'主体观照、'全方位性'数据搜集、'全域性'督导跟踪"[①]。

（一）构建评价数据智能汇储分析机制

基础性、过程性和结果性评价数据的全样本、多维多模态、伴随式采集，海量评价数据聚类分析和价值挖掘，尤其是载体微载体运维适时诊断、预测和调节，为高校微载体智慧化评价提供了数据采集、分析、诊断以及反馈和改进效果评价的闭环运行过程，促进了微载体结果、过程、增值、综合等多元评价方法的有效集成，提升了评价的精准度。

厘清数据源是数据有效采集的前提。高校学生思想政治教育微载体，作为多元媒体矩阵，其建设和评价要素呈现主体多元、模式多样、渠道多元的态势。目前，"微"平台建设涉及的数据源主要包括：资源类数据（平台运行机制数据、基础设施数据、教育资源数据）、行为类数据（主体行为数据、客体行为数据、主客交互行为数据）、宣传教育管理服务类数据（宣传教育类数据、智能管理服务类数据）、支撑类数据（评价类数据、网络安全保障类数据）。[②③] 资源类数据主要包括组织领导、网络基础设施、性能、投入等非结构化数据，可采集的教育教学、管理和服务以及政策、指导和督导类关联资源数据，例如，教育管理服务文件（规定）及其解读类、课程类、案例类、宣教类、视听作品类等非结构化数据。行为类数据主要包含：多元教育主体行为数据，即高校微载体实践参与主体（组织及个体）运用微载体实施教育、管理和服务等实践活动痕迹数据；学生行为数据，即学生思想和学习数据、行为和习惯数据以及在参与微载体实践活动中产生的即时痕迹数据。宣传教育管理服务类数据，包括参与微载体建设实践主客体基础数据（元数据）、学籍、奖惩、成绩、选课、图书借阅等结构化数据。支撑类数据，包括各类线上测试、竞赛和素质、能力评价以及各类问卷所形成的数据评价类数据以及网络安全、监控和舆情监督等关联和沉淀数据。

要建立数据智能采集机制。微载体数据采集要结合微载体建设与成果评价的要求，按照集中式、伴随式和周期性相结合的采集方式进行。一方面，对资源数据和教育管理服务主客体元数据的采集，要按照多渠道、多层面的原则，运用集中式和周期性采集方法，以提升数据来源的统一性和连续性。通过组建微载

① 朱成晨、闫广芬：《现代化与专业化：大数据时代教育评价的新技术推进逻辑》，《清华大学教育研究》2018 年第 5 期。

② 李振等：《教育大数据的平台构建与关键实现技术》，《清华大学教育研究》2018 年第 1 期。

③ 李志河：《教育信息化 2.0 视域下高等教育信息化发展水平评价研究》，《远程教育杂志》2019 年第 5 期。

体建设数据中心,组建专业数据采集队伍,按照统一标准和要求,采用集中式对日志数据、数据库记录、资源文件等进行导入,利用点阵数码笔、图像识别等技术对线下教育管理服务资源进行采集,①并按规范数据资源目录分类与管理。强化对校内外教育主体资源的挖掘、采集、整理,打破校内部门间、域内和国内校际"数据分离""数据割裂"壁垒,实现校际和校内微载体教育管理服务资源的协同共享,推进资源数据库建设。同时,推进"一张表"工程,建立师生个人信息中心数据库,构建部门间信息共享平台,加大对微载体主客体元数据资源的汇集,建好基础元数据库。另一方面,强化对微载体行为类、教育管理服务类和评价类平台运维和监管类过程数据的采集。微载体建设要素的复杂性,决定其数据具有场景多样、量化困难、汇聚复杂的特点。为此,上述数据的采集要按照"非入侵、伴随式"的数据采集方式②,"通过物联网感知技术、视频录制技术、图像识别技术"③以及自动记录、日志搜索分析、移动 APP 和网络爬虫采集④等平台数据采集技术,对实践过程实时生成的多源、异构、多模态的数据进行持续性采集,进而在数量上涵盖"全域性、全样本和细颗粒"数据;在数据类型上"关注表象性结构化数据,重视价值隐喻的半结构和非结构化数据";在数据质量上强化对"活动中产生的情境化和过程性数据"的纵深采集,"凸显真实性和客观性"。⑤

要建立智能数据处理与分析机制。数据的真实性、价值性和完整性是评价科学、精准的核心要素。传统高校思想政治教育评价主要围绕评价指标体系和经验,有选择性地采集数据,致使评价数据获取存在"盲区",同时,受采集条件限制,单一化、片段化、结构化等数据"贫瘠"现象时有发生,影响了评价的信效度。随着网络新媒体思想政治教育的发展,评价数据采集与分析虽取得了一定的发展,但仍存在历史数据、个体数据、样本数据供给不足,网络多源数据融合、关联、辨别困难和数据提取片面、不全等现实问题。⑥ 大数据时代,构建智能数据处理与分析系统,是促进"海量的数据规模、快速的数据流转、多样的数据类

① 李振等:《教育大数据的平台构建与关键实现技术》,《清华大学教育研究》2018 年第 1 期。
② 刘清堂等:《基于人工智能的课堂教学行为分析方法及其应用》,《中国电化教育》2019 年第 9 期。
③ 朱德全、吴虑:《大数据时代教育评价专业化何以可能:第四范式视角》,《现代远程教育研究》2019 年第 6 期。
④ 柴唤友等:《教育大数据采集机制与关键技术研究》,《大数据》2020 年第 6 期。
⑤ 朱德全、吴虑:《大数据时代教育评价专业化何以可能:第四范式视角》,《现代远程教育研究》2019 年第 6 期。
⑥ 李浩泉、陈岸涛:《论高校思想政治教育对大数据的有效运用》,《学校党建与思想教育》2020 年第 3 期。

型和低价值密度"专业化处理,实现数据增值的应然选择。① 数据处理,是平台
按照一致性和相关性的原则,通过采集、存储、检索、加工、变换和传输等环节,对
海量信息去粗取精、消除噪声,进行价值数据提取的过程。当前,高校微载体建
设和评价多运用 MPP 架构的数据库集群和 Hadoop 分布式文件系统 HDFS 技
术,搭建包括"文件系统、数据库、数据仓库、消息系统、内存存储系统"②的数据
存储集群。随着互联网、大数据技术的发展,尤其是区块链技术的成熟,其所具
有的信息存储"时间戳"技术,实现了信息来源的可溯性和可验性,为高校微载
体建设和成果评价"征信"提供技术支撑,解决了微载体评价"存证""循证"的
难题。③ 同时,大数据的算法功能,为微载体建设和成效数据的价值挖掘和分
析,提供了新的技术支撑。高校要综合运用聚类分析、关联规则挖掘、回归分析、
个性化推荐、过程挖掘、社交网络分析、语义分析和多模态分析等技术,④构建科
学的分析模型、预测模型,实现对微载体建设和成效数据的深度挖掘、精准计量、
深度分析,切实提高数据处理与分析的智能化水平,为评价提供全样本、全时空
数据,增强评价的"信度""效度"。

(二)建立多元评价和实时动态整改机制

落实立德树人根本任务,要"坚持科学有效,改进结果评价,强化过程评价,
探索增值评价,健全综合评价",要"创新评价工具,利用人工智能、大数据等现
代信息技术",构建"全过程纵向评价"和"全要素横向评价"相结合的智能评价
体系。⑤ 高校学生思想政治教育微载体作为教育、媒体、通信和数字技术聚合的
"结晶",移动化、智能化、可视化已成为其发展的应然要求。高校学生思想政治
教育微载体建设的成败,取决于其建设与成效评价质量。随着大数据、物联网、
云计算和人工智能等技术的发展与普及,为高校学生思想政治教育微载体评价
智慧化提供"核燃料",促进评价的转型与升级。

要主动跟进,以新技术引领评价。大数据的深度挖掘、采集、计量、分析功
能,实现微载体运行过程性、情境性数据的全景记录、全程跟踪和全方位捕捉⑥,

① 徐金雷:《大数据驱动教育评价变革》,《中国教育报》2019 年 12 月 21 日。
② 李振等:《教育大数据的平台构建与关键实现技术》,《清华大学教育研究》2018 年第 1 期。
③ 徐金雷:《大数据驱动教育评价变革》,《中国教育报》2019 年 12 月 21 日。
④ 李振等:《教育大数据的平台构建与关键实现技术》,《清华大学教育研究》2018 年第 1 期。
⑤ 《中共中央国务院印发〈深化新时代教育评价改革总体方案〉》,《人民日报》2020 年 10 月
14 日。
⑥ 朱成晨、闫广芬:《现代化与专业化:大数据时代教育评价的新技术推进逻辑》,《清华大学教育
研究》2018 年第 5 期。

为微载体"智慧运行"提供精准的"导航仪"。为此,评价主体要按照"原始数据的准备性评价、动态数据的过程性评价和关联数据的结果性评价"①相结合的原则,在初步设定评定指标的基础上,主动入驻微媒体空间,通过对学生思想政治教育微载体构成主体、客体、介体和环体等要素的关系及运行规律的深入了解,整体性、多维性、动态性和客观性把握其发展和演进过程,进而完善评价标准,修订评价指标和内容体系,为增强评价信、效、度夯基。同时,要全力跟进新技术。技术是提升评价智慧化的"决定力量"。大数据技术对微载体运行过程全样本全时空实时采集、清洗、集成、转换和归约以及深入挖掘、直观呈现和共享可视,确保评价数据采集的真实性与全面性、处理的准确性与有效性、分析的深刻性与丰富性、结果的系统性与精准性、反馈的及时性与有效性,为评价主体全系统、全环节、全场域把控微载体建设与成效提供了技术支撑。评价主体只有主动入驻微空间,全力拥抱大数据,才能科学、精准评价微载体。

要强化聚合,推进评价平台智能化。微媒体和人工智能的崛起,为思想政治教育插上智慧"双翼"。人工智能、区块链等技术的应用,推动微载体及其评价的智慧、智力和智能。媒体传播、大数据、人工智能等技术与思想政治教育的有效聚合,既促进教育主体"人体的延伸",也为技术引擎植入价值观的灵魂,促进了微载体新型评价"智库"建设。当前,面对微载体构成要素多元嬗变,评价指标滞后的问题;面对微载体评价系统内外影响因素繁杂、评价过程的内隐性与模糊性的现实问题;面对弱人工智能时代,全时全域数据集成和价值数据捕捉难的问题,高校微载体建设者和评价主体只有秉承开放和包容的姿态,积极学习和迎接人工智能技术,加大对智能化评价系统的研究与实践,才能推进思想政治教育评价、微社交媒体和人工智能等数字技术的深度聚合,实现评价的全时空数据集约、全员主体观照、全面监测反馈、全域跟踪督导。为此,高校要顺应人工智能发展态势,按照"让人做人擅长的事,机器做机器擅长的事"的建设理念,在智能延展、智慧内容和智识管理平台建设上下功夫,推进嵌入式"评价智能平台系统"建设,推进人机协同,发挥其"全域关照、立体全息和主体增值"作用,②进而实现"评价过程的自动化测定、精准化诊断与个性化反馈"③。

① 付安玲:《大数据时代思想政治教育评价的数字化变革》,《思想理论教育导刊》2019 年第 4 期。

② 杨鸿等:《大数据时代学生综合素质评价:方法论、价值与实践导向》,《中国电化教育》2018 年第 1 期。

③ 朱成晨、闫广芬:《现代化与专业化:大数据时代教育评价的新技术推进逻辑》,《清华大学教育研究》2018 年第 5 期。

　　最后,要注重协同,构建智能评价反馈闭环体系。高校学生思想政治教育微载体作为立德树人的新阵地,移动化、智慧化、可视化已成为其显著的时代标志。在网络通信、媒体传播和数字等先进技术支撑下,其建设过程和成效评价的"智慧化"已成为主体、介体、环体等要素变换的现实需要。然而,受"大数据架构的高经费问题、数据传播的保密性问题、数据存储的空间瓶颈问题、数据使用的伦理风险问题"①,以及高校基础设施建设、数据处理系统平台和建设团队建设等问题的影响,表面繁荣但尚不成熟仍是高校学生思想政治教育微载体的现实样态,而作为微载体建设"指挥棒"的智慧评价体系建设亦处于起步阶段。面对大数据、人工智能、区块链等技术在教育评价领域应用理论与实践研究的不断深入,高校只有树立微载体智慧评价理念,加大对思想政治教育微载体智慧评价体系建设,才能构建全面性、增值性、动态性、情境性和诊断性的评价系统。高校要结合微载体建设的特殊载体和场域,充分依托大数据和人工智能技术,发挥微载体评价数据全时空场域数据无损采集、多元方法的数据融合分析、直观可视化结果实时反馈能力,构建以全样本、全过程、全景式数据为支撑的智能评价体系,搭建"评价—反馈—改进—评价"良性互动闭环系统②,以提升高校学生思想政治教育微载体建设质量和教育实效。

---

① 　徐金雷:《大数据驱动教育评价变革》,《中国教育报》2019 年 12 月 21 日。
② 　朱德全、马新星:《新技术推动专业化:大数据时代教育评价变革的逻辑理路》,《清华大学教育研究》2019 年第 1 期。

参 考 文 献

一、经典文献

1.《马克思恩格斯全集》第 3 卷,人民出版社 2002 年版。

2.《马克思恩格斯全集》第 21 卷,人民出版社 2003 年版。

3.《马克思恩格斯全集》第 42 卷,人民出版社 2002 年版。

4.《马克思恩格斯文集》第 1 卷,人民出版社 2009 年版。

5.《马克思恩格斯选集》第 1 卷,人民出版社 2012 年版。

6.《马克思恩格斯选集》第 3 卷,人民出版社 2012 年版。

7.《马克思恩格斯选集》第 4 卷,人民出版社 2012 年版。

8.《习近平谈治国理政》第一卷,外文出版社 2018 年版。

9.《习近平谈治国理政》第二卷,外文出版社 2017 年版。

10.《习近平谈治国理政》第三卷,外文出版社 2020 年版。

11.《习近平谈治国理政》第四卷,外文出版社 2022 年版。

12.《习近平著作选读》第一卷、第二卷,人民出版社 2023 年版。

13.《习近平关于全面深化改革论述摘编》,中央文献出版社 2014 年版。

14. 习近平:《在文艺工作座谈会上的讲话》,人民出版社 2015 年版。

15. 习近平:《在全国党校工作会议上的讲话》,人民出版社 2016 年版。

16. 中共中央文献研究室编:《习近平关于社会主义文化建设论述摘编》,中央文献出版社 2017 年版。

17. 中共中央党史研究室:《历史是最好的教科书:学习习近平同志关于党的历史的重要论述》,中共党史出版社 2014 年版。

18.《毛泽东文集》第 7 卷,人民出版社 1999 年版。

19.《胡锦涛文选》第 3 卷,人民出版社 2016 年版。

二、专著

1. 邱伟光:《思想政治教育学概论》,人民出版社 1988 年版。

2. 李春:《高校思想政治教育概论》,河北教育出版社 1989 年版。

3. 芮明杰等:《思想、心理、行为:思想政治工作学探索》,重庆市人民出版社 1990 年版。

4. 教育部社会科学研究与思想政治工作司:《思想政治教育学原理》,高等教育出版社 1999 年版。

5. 王礼湛等:《思想政治教育学》(修订版),浙江大学出版社 1999 年版。

6. 陈秉公:《21 世纪思想政治教育工作创新理论体系》,吉林教育出版社 2000 年版。

7. 陈万柏等编:《思想政治教育学原理新编》,华中师范大学出版社 2000 年版。

8. 张耀灿等:《思想政治教育学原理》,高等教育出版社 2001 年版。

9. 陈秉公:《思想政治教育学原理》,辽宁人民出版社 2001 年版。

10. 陈万柏:《思想政治教育载体论》,湖北人民出版社 2003 年版。

11. 秦在东:《思想政治教育管理论》,湖北人民出版社 2003 年版。

12. 仓道来:《思想政治教育学》,北京大学出版社 2004 年版。

13. 王勤:《思想政治教育学新论》,浙江大学出版社 2004 年版。

14. 孙其昂:《思想政治教育学基本原理》,河海大学出版社 2004 年版。

15. 张耀灿等:《现代思想政治教育学》,人民出版社 2006 年版。

16. 陈秉公:《思想政治教育学原理》,高等教育出版社 2006 年版。

17. 张耀灿:《思想政治教育学前沿》,人民出版社 2006 年版。

18. 陈义平:《思想政治教育学原理》,安徽大学出版社 2008 年版。

19. 罗洪铁:《思想政治教育学原理》,西南大学出版社 2009 年版。

20. 郑永廷:《思想政治教育方法论》,高等教育出版社 2010 年版。

21. 季海菊:《新媒体时代高校思想政治教育的解构与重塑》,东南大学出版社 2014 年版。

22. 陈万柏等:《思想政治教育学原理》,高等教育出版社 2015 年版。

23. 刘建军:《新时期思想政治工作创新研究》,中国人民大学出版社 2015 年版。

24. 葛红兵:《思想政治教育话语体系研究》,中国文史出版社 2016 年版。

25. 张耀灿:《思想政治教育学科建设研究》,中国人民大学出版社 2017 年版。

26. 丁凯:《自媒体时代高校宣教网络建设研究》,中国人民大学出版社 2017 年版。

27. 徐健宝:《"微时代"背景下的高校思想政治教育》,东北师范大学出版社 2017 年版。

28. 王学俭:《思想政治教育理论与实践问题的研究视角》,中国人民大学出版社 2017 年版。

29. 郑永廷:《思想政治教育学原理》,高等教育出版社 2018 年版。

30. 吴潜涛:《思想政治教育教学与研究》,中国人民大学出版社 2018 年版。

31. 骆郁廷:《思想政治教育引论》,中国人民大学出版社 2018 年版。

32. 刘占军:《新时代大学生思想政治教育着力点研究》,陕西人民出版社 2019 年版。

33. 刘小春:《高校网络思想政治教育引论》,重庆大学出版社 2021 年版。

34. 鲍中义等:《微博的思想政治教育功能及实现路径研究:以在校大学生为例》,中国社会科学出版社 2019 年版。

35. 王利平、刘健:《网络环境下高校思想政治教育方法研究》,武汉大学出版社 2021 年版。

36. 左柏洲:《新媒体时代下的高校思想政治教育研究》,经济管理出版社 2019 年版。

37. 李林英、郭丽萍:《新媒体环境下高校思想政治教育教学研究》,人民出版社 2015 年版。

38. 邹慧:《新媒体时代思想政治教育创新研究》,中国社会科学出版社 2022 年版。

39. 许健宝:《"微时代"背景下的高校思想政治教育》,东北师范大学出版社 2017 年版。

40. 丽丽:《新媒体视阈下基于 VR 技术的思想政治教育研究》,知识产权出版社 2020 年版。

41. 中国百科大词典编撰委员会:《中国百科大词典》,中国大百科全书出版社 2001 年版。

42. 中国社会科学院语言研究所词典编辑室:《现代汉语词典》第 7 版,商务印书馆 2016 年版。

43. 林崇德等:《心理学大辞典》,上海教育出版社 2003 年版。

44. 高清海:《文史哲百科辞典》,吉林大学出版社 1988 年版。

45. 曲钦岳:《当代百科知识大词典》,南京大学出版社 1989 年版。

46. 彭克宏:《社会科学大词典》,中国国际广播出版社 1989 年版。

47. 郭庆光:《传播学教程》,中国人民大学出版社 2011 年版。

48. 严宏伟:《微媒体舆论引导:策略 · 方法 · 案例》,国家行政学院出版社 2013 年版。

49. 北京市新闻工作者协会:《中国媒体融合发展报告(2016)》,社会科学文献出版社 2017 年版。

50. 薛宝琴:《网络舆论引导机制研究》,人民日报出版社 2018 年版。

51. 王作冰:《人工智能时代的教育》,叶光森整理,北京联合出版公司 2017 年版。

52. 付雯:《大数据导论》,清华大学出版社 2018 年版。

53. [加拿大]马歇尔 · 麦克卢汉:《理解媒介:论人的延伸》,何道宽译,商务印书馆 2000 年版。

54. [巴西]保罗 · 弗莱雷:《被压迫者的教育学》,顾建新等译,华东师范大学出版社 2001 年版。

55. [加拿大]罗伯特 · 洛根:《理解新媒介》,何道宽译,复旦大学出版社 2012 年版。

56. [法]古塔斯夫 · 勒庞:《乌合之众》,秦传安译,新世界出版社 2013 年版。

57. [美]爱德华 · 希尔斯:《论传统》,傅铿等译,上海人民出版社 2014 年版。

58. [英]丹尼斯 · 麦奎尔:《麦奎尔大众传播理论》,徐佳等译,清华大学出版社 2019 年版。

三、期刊

1. 梁友佳:《思想政治教育要素构成的分析》,《佳木斯大学社会科学学报》2012 年第 4 期。

2. 杨增岽、张再兴:《关于思想政治教育要素问题的思考:“四要素说”与“六要素说”的对比分析》,《思想理论教育》2008 年第 19 期。

3. 佘双好、李秀:《关于思想政治教育途径、载体、方法关系的思考》,《马克思主义理论学科研究》2016 年第 1 期。

4. 石书臣:《思想政治教育概念的学科梳理和探讨》,《思想教育研究》2008 年第 8 期。

5. 武东生、冯乐:《对“政治教育”到“思想政治教育”概念演变的解析》,《思想理论教育导刊》2014 年第 8 期。

6. 侯勇等:《“思想政治教育”概念学科辨析与新认识》,《学术论坛》2010 年第 5 期。

7. 余一凡:《中国共产党“思想政治教育”概念的发展》,《理论与改革》2009 年第 2 期。

8. 倪愫襄：《思想政治教育概念的历史演进》，《思想教育研究》2012 年第 11 期。

9. 郑永廷：《论思想政治教育的本质及其发展》，《教学与研究》2001 年第 3 期。

10. 杨广慧：《探索新路子，寻找新载体》，《思想政治工作研究》1992 年第 10 期。

11. 赵野田：《试论思想政治教育的载体》，《思想教育研究》1999 年第 2 期。

12. 曾令辉等：《思想政治教育载体研究的回顾与展望》，《思想教育研究》2014 年第 10 期。

13. 杨威：《思想政治教育载体运用的三个维度》，《学校党建与思想教育》2009 年第 6 期。

14. 朱景林：《关于思想政治教育载体分类的研究》，《思想理论教育导刊》2014 年第 11 期。

15. 贺才乐：《思想政治教育载体及其研究价值》，《上海交通大学学报》2002 年第 2 期。

16. 贺才乐：《思想政治教育载体研究理路》，《学校党建与思想教育（高教版）》2003 年第 8 期。

17. 谭变娥：《试论德育的经济功能》，《前进》2001 年第 5 期。

18. 侯丹娟：《论思想政治教育的本体功能与具体功能》，《学校党建与思想教育》2014 年第 5 期。

19. 卢跃青：《试论德育功能与德育实效》，《教育探索》2001 年第 11 期。

20. 檀传宝：《德育功能简论》，《中国教育学刊》1999 年第 5 期。

21. 李辽宁：《思想政治教育功能研究综述》，《求实》2005 年第 1 期。

22. 万长军：《改革开放以来思想政治教育载体研究综述》，《理论月刊》2009 年第 8 期。

23. 尹德蓉、王顺双：《高校思想政治教育微信公众号用户接受行为的影响因素研究》，《学校党建与思想教育》2019 年第 23 期。

24. 袁翔、吴敏：《高校思想政治教育"微"生态系统重构：基于实证的政策效能分析》，《中国青年社会科学》2019 年第 5 期。

25. 刘丽琴：《"微时代"背景下高校思想政治"微教育"探析》，《学校党建与思想教育》2019 年第 4 期。

26. 朱斌：《"微时代"高校思想政治教育叙事话语创新：基于消费主义视角的分析》，《重庆邮电大学学报（社会科学版）》2017 年第 6 期。

27. 陈荣明：《微信传播视阈下高校思想政治教育工作实践研究》，《江苏高教》2017 年第 8 期。

28. 吴娟频、贾溢华：《高校思政教育的媒介环境变迁：从大众传播到微传播》，《新闻战线》2017 年第 14 期。

29. 刘润：《"微时代"高校网络思想政治教育体系构建策略研究》，《中国高等教育》2017 第 Z2 期。

30. 陆江峰：《对"微文化"融入高校思想政治教育的思考》，《学校党建与思想教育》2017 年第 6 期。

31. 李铁锤：《网络热词与网络流行语概念差异辨析》，《传媒观察》2012 年第 4 期。

32. 易鹏、王永友：《微媒体舆情监管困境与应对策略》，《中国行政管理》2017 年第 10 期。

33. 宫承波、田园:《构建"微时代"的对外传播体系》,《对外传播》2014 年第 6 期。

34. 马佳军、李雪松:《微媒体传播局限及对策研究》,《新闻研究导刊》2016 年第 13 期。

35. 谢伍瑛、赵周:《微媒体时代当代大学生媒介素养问题研究》,《东南传播》2014 年第 9 期。

36. 王肖:《大学生短视频热现象的原因分析、潜在风险及应对策略》,《思想理论教育》2021 年第 1 期。

37. 刘醒、张健:《从"最大变量"到"最大增量":自媒体时代高校思想政治教育的新视野》,《江苏高教》2019 年第 11 期。

38. 丁科、胡树祥:《网络思想政治教育的主体间性新论》,《毛泽东思想研究》2013 年 4 期。

39. 张森:《智媒时代思想政治教育符号叙事的透视、镜像及其实践》,《江苏高教》2021 年第 12 期。

40. 匡文波:《关于新媒体核心概念的厘清》,《新闻爱好者》2012 年第 10 期。

41. 刘滢:《以精准传播理念推进马克思主义大众化》,《人民论坛》2019 年第 13 期。

42. 魏强、周琳:《因事而化、因时而进、因势而新:做好高校学生思想政治工作的新要求》,《思想政治工作研究》2017 年第 3 期。

43. 李进付:《"因事而化、因时而进、因势而新"的内在意蕴及方法论意义》,《思想教育研究》2017 年第 5 期。

44. 陈万柏:《论思想政治教育文化载体的特征和功能》,《求索》2005 年第 5 期。

45. 肖薇薇、陈文海:《社会主义核心价值观青年认同的话语赋能》,《中国青年社会科学》2016 年第 1 期。

46. 张志勇:《改革八个教育评价指挥棒的政策建议》,《人民论坛》2019 年第 5 期。

47. 冯刚、胡玉宁:《"中国体验"中的青年品格:文化反哺的媒介化转向与实践》,《中国青年研究》2021 年第 12 期。

48. 李素丽、徐晓东:《教育数据资源服务的策略机制和实现路径研究:基于平台生态系统视角》,《电化教育研究》2021 年第 6 期。

49. 杨建华:《全媒体时代的"内容为王"有何新内涵》,《人民论坛》2020 年第 6 期。

50. 杨玉璞:《智媒体时代下的媒体融合研究》,《新闻爱好者》2017 年第 4 期。

51. 叶嘉琪:《论"微时代"高校思政微课建设路径的完善》,《东华大学学报(社会科学版)》2019 年第 3 期。

52. 徐趁丽、于金伟:《微课在高校思政教学中的应用思考》,《中国现代教育装备》2017 年第 23 期。

53. 张瑞敏、王建新:《大数据时代我国数据意识培养路径探析》,《大连理工大学学报(社会科学版)》2020 年第 1 期。

54. 徐佳:《"微时代"背景下高校校园舆论引导机制及实践路径》,《新闻爱好者》2019 年第 8 期。

55. 汪信砚:《论马克思的"自由个性"概念》,《学习与探索》2004 年第 5 期。

56. 王正非：《理解媒介温度：谈麦克卢汉冷热媒介理论》，《新闻传播》2018 年第 8 期。

57. 温旭：《VR 技术赋能高校思想政治教育的价值与应用》，《思想理论教育》2021 年第 11 期。

58. 史安斌：《细分网站：互联网发展新突破口》，《人民论坛》2016 年第 7 期。

59. 史安斌、王沛楠：《议程设置理论与研究 50 年：溯源·演进·前景》，《新闻与传播研究》2017 年第 10 期。

60. 毕红梅、欧玲：《新时代思想政治教育主客体面临的新表征、新质疑及其发展路向》，《思想理论教育》2019 年第 10 期。

61. 黄欣荣：《大数据时代的思维变革》，《重庆理工大学学报（社会科学）》2014 年第 5 期。

62. 骆郁廷、唐丽敏：《网络空间大学生思想活动的多变性及其引导》，思想教育研究 2019 年第 6 期。

63. 杨学成：《5G 时代的媒体智变》，《新闻战线》2019 年第 23 期。

64. 谭来兴：《论"易班"园地的构建与大学生社会主义核心价值观的培育》，《思想理论教育导刊》2019 年第 2 期。

65. 余俊渠：《易班平台在高校大思政建设中的功能与路径探析》，《广西民族大学学报（哲学社会科学版）》2019 年第 1 期。

66. 史龙鳞、陈佳俊：《新时代高校学生社区协同育人的机制研究：基于浙江大学"一站式"学生社区管理模式的观察》，《思想教育研究》2021 年第 3 期。

67. 李刁、陈志：《高校"一站式"学生社区教育管理模式的构建策略》，《学校党建与思想教育》2019 年第 12 期。

68. 陈清：《论人工智能融入高校思想政治教育的深层逻辑》，《江苏高教》2022 年第 1 期。

69. 程丙、王东莉：《新时代高校共青团"微"话语的表征及其优化：基于浙江省 10 所高校共青团微信公众号的实证研究》，《思想理论教育》2018 年第 11 期。

70. 刘星彤、陈燕：《高校官方微信意识形态话语权提升策略》，《出版广角》2018 年第 6 期。

71. 杨仁财：《人工智能赋能高校思想政治教育的挑战与应对》，《国家教育行政学院学报》2020 年第 5 期。

72. 王礼鑫：《马克思主义新认识论与人工智能：人工智能不是威胁人类文明的科技之火》，《自然辩证法通讯》2018 年第 4 期。

73. 胡盛祥：《微时代背景下高校管理态势、范式及路径》，《黑龙江高教研究》2017 年第 1 期。

74. 李春阳等：《基于微服务架构的统一应用开发平台》，《计算机系统应用》2017 年第 4 期。

75. 宋苏轩等：《教育信息化 2.0 背景下新一代高校智慧校园基础平台建设研究》，《现代教育技术》2019 年第 8 期。

76. 刘革平等：《基于流程驱动的高校智慧校园基础架构研究与实践》，《中国电化教育》2019 年第 4 期。

77. 吴玲玲、胡洪彬:《新时代高校思想政治工作问责制的理论架构和机制重构》,《黑龙江高教研究》2020 年第 6 期。

78. 张绍丽等:《基于资源共享的教育大数据信息平台构建及机制研究》,《现代情报》2017年第 12 期。

79. 彭兰:《智能时代的新内容革命》,《国际新闻界》2018 年第 6 期。

80. 冯刚:《改革开放以来高校思想政治教育质量评价的回顾与思考》,《教育与研究》2018年第 3 期。

81. 李志河等:《教育信息化 2.0 视域下高等教育信息化发展水平评价研究》,《远程教育杂志》2019 年第 5 期。

82. 冯刚、史宏月:《建构高校思想政治教育工作质量评价指标体系的方法与路径》,《东北师大学报(哲学社会科学版)》2020 年第 5 期。

83. 朱成晨、闫广芬:《现代化与专业化:大数据时代教育评价的新技术推进逻辑》,《清华大学教育研究》2018 年第 5 期。

84. 李振等:《教育大数据的平台构建与关键实现技术》,《清华大学教育研究》2018 年第1 期。

85. 刘清堂等:《基于人工智能的课堂教学行为分析方法及其应用》,中国电化教育 2019年第 9 期。

86. 朱德全、吴虑:《大数据时代教育评价专业化何以可能:第四范式视角》,《现代远程教育研究》2019 年第 6 期。

87. 柴唤友等:《教育大数据采集机制与关键技术研究》,《大数据》2020 年第 6 期。

88. 付安玲:《大数据时代思想政治教育评价的数字化变革》,《思想理论教育导刊》2019年第 4 期。

89. 朱德全、马新星:《新技术推动专业化:大数据时代教育评价变革的逻辑理路》,《清华大学教育研究》2019 年第 1 期。

90. 袁周南:《人工智能嵌入思想政治教育:背景、依据与路径》,《思想理论教育》2020 年第 8 期。

91. 崔聪:《人工智能时代思想政治教育的算法风险及其应对》,《思想理论教育》2020 年第 5 期。

92. 李怀杰:《人工智能赋能思想政治教育论析》,《思想理论教育》2020 年第 4 期。

93. 林峰:《人工智能时代思想政治教育的价值定位与发展》,《思想理论教育》2020 年第1 期。

94. 吴满意、景星维:《精准思政:内涵生成与结构演化》,《学术论坛》2019 年第 5 期。

95. 常宴会:《人工智能在思想政治教育中的应用前景和价值前提探析》,《思想理论教育》2019 年第 8 期。

96. 徐炜炜、徐睿:《大学生抖音使用状况的调研报告》,《思想理论教育》2019 年第 7 期。

97. 骆郁廷、李勇图:《抖出正能量:抖音在大学生思想政治教育中的运用》,《思想理论教育》2019 年第 3 期。

98. 高宇、胡树祥：《微视频 APP：网络思想政治教育的新场域：基于"快手正能量"的大数据分析与思考》，《思想教育研究》2017 年第 12 期。

99. 王贺：《论高校微信公众平台的思想政治教育功能》，《思想理论教育导刊》2016 年第 11 期。

100. 米华全、古长乐：《高校微信公众平台的思想政治教育功能和实现路径》，《重庆邮电大学学报（社会科学版）》2015 年第 6 期。

101. 余佳莹：《"微时代"大学生思想政治教育载体创新》，《人民论坛》2014 年第 32 期。

102. 黄春丽等：《微博时代大学生思想政治教育工作的新途径》，《思想政治教育研究》2013 年第 4 期。

103. 卢岚：《数字环境中分众思想政治教育研究》，《思想理论教育》2021 年第 6 期。

104. 罗红杰：《大数据与思想政治教育深度融合：前提认知·结构革新·实践策略》，《思想教育研究》2021 年第 12 期。

105. 冯刚：《思想政治教育数据分析的逻辑理路》，《河海大学学报（哲学社会科学版）》2023 年第 1 期。

106. 高盛楠、吴满意：《区块链赋能"大思政"教育的切入点、结合点和着力点》，《学校党建与思想教育》2023 年第 6 期。

107. 李文静：《沉浸式体验下高校思想政治教育发展路径研究》，《学校党建与思想教育》2023 年第 18 期。

108. 艾楚君等：《短视频对青年大学生价值观的影响及应对策略——基于 10305 名青年大学生的调查研究》，《中国青年研究》2023 年第 1 期。

109. 胡华：《智能思政：思想政治教育与人工智能的时代融合》，《思想教育研究》2022 年第 1 期。

110. 操菊华、熊娟：《人工智能赋能思政课教学的三重审视》，《学校党建与思想教育》2023 年第 12 期。

111. 赵建超：《元宇宙重塑网络思想政治教育论析》，《思想理论教育》2022 年第 2 期。

112. 石磊、张笑然：《元宇宙：思想政治教育的未来场域》，《思想教育研究》2022 年第 3 期。

113. 王慧媛：《探索元宇宙：思想政治教育媒介的进化与创新》，《学术探索》2022 年第 10 期。

114. 王少：《ChatGPT 介入思想政治教育的技术线路、安全风险及防范》，《深圳大学学报（人文社会科学版）》2023 年第 2 期。

115. 王少：《机遇与挑战：AIGC 赋能新时代思想政治教育》，《教学与研究》2023 年第 5 期。

116. 常宴会：《ChatGPT 对思想政治教育的潜在挑战及其应对》，《青年学报》2023 年第 3 期。

117. 卢岚：《从互联网到 ChatGPT：思想政治教育的技术重塑与建构逻辑》，《探索》2023 第 2 期。

118. 崔聪：《类 ChatGPT 技术赋能思想政治教育：图景、风险与实现》，《青年学报》2023 年第 3 期。

119. 卢岚、李双胜：《数字时代思想政治教育方法创新的三维审视》，《思想政治教育研究》2022 年第 3 期。

120. 王学俭、冯瑞芝：《数字技术与思想政治教育高质量发展的耦合逻辑及风险防范》，《北京工业大学学报（社会科学版）》2023 年第 3 期。

121. 吴满意、高盛楠：《思想政治教育数字化转型：理论内涵、核心指向与实践进路》，《思想理论教育》2023 年第 4 期。

122. 卢岚：《论思想政治教育数字化转型的问题域、逻辑域与价值域》，《贵州师范大学学报（社会科学版）》2023 年第 6 期。

123. 谈传生等：《元宇宙高校思想政治教育的研究综述与展望：基于等文献数据的可视化分析》，《长沙理工大学学报（社会科学版）》2023 年第 6 期。

124. 黄欣荣、刘亮：《ChatGPT 赋能思想政治教育：技术路径与可能问题》，《江西财经大学学报》2023 年第 6 期。

四、学位论文

1. 董世军：《现代思想政治教育载体论》，吉林大学 2008 年博士学位论文。

2. 赵佳寅：《大学生思想政治"微教育"模式研究》，吉林大学 2017 年博士学位论文。

3. 张冀：《高校微信公众平台思想政治教育功能研究》，西南交通大学 2020 年博士学位论文。

4. 庞娟：《新媒体时代大学生思想政治教育创新研究》，山西大学 2019 年博士学位论文。

5. 李佳：《信息化时代高校思想政治教育创新研究》，哈尔滨工程大学 2022 年博士学位论文。

6. 张瑞敏：《大数据背景下高校思想政治教育创新研究》，华东师范大学 2020 年博士学位论文。

7. 张力：《基于"易班"的高校网络思想政治教育模式构建研究》，东南大学 2017 年博士学位论文。

8. 曹一鸣：《新时代大学生思想政治教育载体运用研究》，南昌大学 2022 年博士学位论文。

后　记

思想政治教育载体自 20 世纪 90 年代提出以来,经过 30 多年的发展,已形成一套完备的理论和实践体系。作为时代产物,思想政治教育载体具有鲜明时代标记,因应时代和社会发展,是其永葆生机活力的"源泉"。

新媒体时代,微博、微信、微视频等新兴微社交平台不断涌现,移动通信技术 5G 规模化投入使用,AR、VR、H5 等新传播技术迭代更新,必将催化微传播生态的演进。信息传输的即时化与场域的跨界化、信息阅读的碎片化与内容的微小化、信息传播的扩布化与话语主体的多元化,营造了众声喧哗、民意啸聚的舆论场景。信息传播新样貌的生成,引发高校思想政治教育主体、客体、环体和介体的深刻变化。运用微媒介载体推进高校思想政治教育守正创新,提高其全员、全过程、全方位"立德树人"主阵地作用,成为高校学生思想政治教育面临的新课题。

新技术赋能高校学生思想政治教育,教育理念也要应时更新,实践模式更要及时跟进。课题组从"思想政治教育+微媒体"聚合的视角,围绕高校学生思想政治教育微载体建设展开深入探究。微媒体技术创新迭代,将高校学生思想政治教育实践落脚点与实施切入点,从"如何教育"转向"以何教育"和"何为教育"新业态。在"思想政治教育+微载体"实践中,"如何教育"强调主体、规则、方法,"以何教育"强调优势要素聚合效能最大化,"何为教育"则强调以何种思维重新定义思想政治教育。围绕这一转向,课题组通过自我检视、自我完善、自我提升,积极应对教育环境与对象的复杂多变,以沉浸式体验与受教育者同频共振,对高校学生思想政治教育微载体建设实践持续探究,努力丰富高校思想政治教育理论和实践体系。

本书是国家社科一般项目"'聚合效应'视域下高校学生思想政治教育微载体建设研究"(16BKS129)结项成果,是笔者吉林省社科结题项目"大数据时代高校微德育研究"的深化与发展,也是笔者近 20 年来对大学生思想政治教育持续探究的赓续。五年来,笔者和课题组成员深入调研、实践与探索,反复思考、研讨与修改,完成《大数据时代高校"微"德育模式研究》书稿撰写工作,并在《思想理论教育导刊》《思想理论教育》《高校教育管理》《江苏高教》《中国教育报》《中国青年研究》《社会科学战线》以及多种省级刊物发表相关学术论文 24 篇,其中,核心以上期刊论文 12 篇,总引用率达 200 余次,相关研究获批省级以上课题 4 项,相关实践应用成效明显,7 部网络微思想政治教育作品获国家级一、二等奖,7 项网络作品省级一、二等奖,较好完成预期项目研究目标。

由于课题组成员学缘和专业结构、学识水平、研究能力等诸多因素制约,作为一次积极尝试,本书在理论阐释、问题分析、实践探索等方面难免存在瑕疵,尚需要通过实践、时间检验,需要不断补充完善,恳请各位专家同行批评指正。

随着媒介传播形态智慧化进程的加速,尤其是"元宇宙"时代的开启,思想政治教育也进入崭新变革期。高校思想政治教育要强化"生命线"意识,树立聚合思维,强弱项,补短板,不断推进高校学生思想政治教育移动化、精智化、场景化,以技术赋能思想政治教育为支撑,以微载体建设为着力点,凝心聚力,提质增效,创优时代新人培养空间场域。未来,课题组将秉持"为党育人、为国育才"的时代使命与历史责任,继续围绕"思想政治教育+微媒体"这一主题,展开新的探索和研究,用新成果回应时代之问,续写高校学生思想政治教育新篇章。

责任编辑：翟金明

封面设计：汪　阳

图书在版编目（CIP）数据

"聚合效应"视域下高校学生思想政治教育微载体建
设研究 / 张宝君著. -- 北京 ： 人民出版社，2025. 5.
ISBN 978 - 7 - 01 - 027242 - 9

Ⅰ. G641

中国国家版本馆 CIP 数据核字第 2025JC1642 号

"聚合效应"视域下高校学生思想政治教育微载体建设研究
JUHE XIAOYING SHIYU XIA GAOXIAO XUESHENG SIXIANG
ZHENGZHI JIAOYU WEIZAITI JIANSHE YANJIU

张宝君　著

人民出版社 出版发行
（100706　北京市东城区隆福寺街 99 号）

北京九州迅驰传媒文化有限公司印刷　新华书店经销

2025 年 5 月第 1 版　2025 年 5 月北京第 1 次印刷
开本：710 毫米×1000 毫米 1/16　印张：22. 25
字数：388 千字

ISBN 978 - 7 - 01 - 027242 - 9　定价：116.00 元

邮购地址 100706　北京市东城区隆福寺街 99 号
人民东方图书销售中心　电话（010）65250042　65289539